Fernando Pessoa

Homoerotismo, Psicanálise, Sublimação

Durval Checchinato

Fernando Pessoa
Homoerotismo, Psicanálise, Sublimação

cia. de Freud

Editoração Eletrônica
FA - Editoração Eletrônica

Revisão
Mônica Martins

Editor Responsável
José Nazar

Rio de Janeiro, 2012

CIP-BRASIL. CATALOGAÇÃO-NA-FONTE
SINDICATO NACIONAL DOS EDITORES DE LIVROS, RJ

C443f

Checchinato, Durval, 1936-
Fernando Pessoa : homoerotismo, psicanálise, sublimação / Durval Checchinato. - Rio de Janeiro : Cia. de Freud, 2012.
439p.

Inclui bibliografia
ISBN 978-85-7724-094-4

1. Pessoa, Fernando, 1888-1935 - Crítica e interpretação. 2. Psicanálise. 3. Literatura homoerótica. 4. Sublimação. 5. Psicanálise e literatura. I. Título.

11-3944. CDD: 150.195
CDU: 159.964.2

cia de Freud
editora

Endereço para Correspondência
Rua Barão de Sertório, 48 - casa
Tel.: (21) 2293-7166 • (21) 2293-9440
Rio Comprido - Rio de Janeiro
e-mail: ciadefreud@ism.com.br

Sumário

Introdução 7

1. A pulsão e seus caminhos 17

2. A sublimação 31

3. Homoerotismo 45

4. Fernando Pessoa e a sublimação 99

5. Fernando Pessoa, homoerótico? 131

6. Na floresta do alheamento 317

7. O inconsciente em Fernando Pessoa 359

8. A opção pela sublimação confirmada 399

Bibliografia 437

INTRODUÇÃO[1]

Escrevo embalando-me,
como uma mãe louca a um filho morto.
Fernando Pessoa

Este trabalho não é crítica literária nem literatura. É tentativa de uma leitura psicanalítica da obra de Fernando Pessoa, pautada pelo postulado da sublimação.

O tema da sublimação volta várias vezes ao longo da obra de Freud, mas, embora tivesse mencionado a intenção de consagrar-lhe um trabalho, isso não ocorreu. Às vezes, divago a pensar que, no acervo de seus escritos, ele possa ainda ser descoberto. Assim penso por causa da magnitude desse conceito e de sua importância fundamental na construção da subjetividade humana e da civilização. A sublimação é descoberta e proposta por Freud como construtora dessa subjetividade e criadora da cultura. Só ela propicia e garante que o ser humano se torne humano.

Contudo, esse processo só é possível porque o ser humano está inserido na linguagem. É graças a ela que ele pode assumir a energia de suas pulsões e conduzi-la a uma segunda potência, à ordem moral e à ordem da criatividade, isto é, à ordem da cultura, ordem propriamente humana.[2]

---

1 Neste livro, são meus os grifos acrescentados às citações de outros autores e a tradução para o português das citações provenientes de obras publicadas em língua estrangeira, exceto onde indicado de outra forma.

2 Em *Psicanálise de pais, criança sintoma dos pais* (Companhia de Freud, 2007), desenvolvi o tema de que os pais são os principais agentes da formação subjetiva dos filhos. Estes são sintomas dos pais. Esse livro explicita, na prática, conceitos psicanalíticos aqui expostos e propõe a análise de pais como um recurso para encontrar soluções para os conflitos da vida familiar hodierna. Em vez de enviar crianças

Muito cedo em sua vida, Fernando Pessoa descobriu essa verdade: "A arte é, com efeito, o aperfeiçoamento subjetivo da vida" (Pessoa 1974, p. 351). Parece-me claro que, ao falar de arte, esteja a privilegiar a arte literária, pois sempre a colocou acima de todas as outras. Em Pessoa, o axioma de Freud – *a civilização é fruto da repressão* – encontrou a máxima realização.

Pelo prisma da sublimação, há quatro aspectos que me tangem ao percorrer sua obra: seu ideal de vida, a definição do autor homo, seu homoerotismo sublimado no *outrar* e seu saber sobre o inconsciente. A obra de Fernando Pessoa é tão vasta que poderia ser abordada de inúmeros outros aspectos, como, por exemplo, o literário, o filosófico, o histórico, o político, o econômico, o religioso, o social... Ao me restringir aos quatro tópicos escolhidos, encaro-os como aqueles que ele privilegiou para guindar sua vida à grandeza moral que atingiu.

Indefectivelmente, Pessoa perseguiu um elevado ideal de vida. Seu *intenso sofrimento patriótico* levou-o a manter um *intenso desejo de melhorar as condições de Portugal.* Consagrou-se a isso com uma missão. Manteve sempre um sentimento ético de grave responsabilidade perante a vida. De outro lado, ultrapassou essa fronteira e abriu-se largamente ao mundo. A Cortes Rodrigues, revelava em 19 de janeiro de 1915: "(...) agora tendo visto tudo e sentido tudo, tenho o dever de me fechar em casa no meu espírito e trabalhar, *quanto* possa e em *tudo* quanto possa, *para o progresso da civilização e o alargamento da consciência da humanidade*" (Pessoa 1974, p. 54). Pessoa pensa grande. No intuito de alcançar a realização de tão alto ideal, impõe-se uma disciplina severa e a tempera numa ascese incansável, "na posse plena de meu Gênio e na divina consciência de minha Missão". Ciente da riqueza de seus dons, tendo deles uma *divina consciência*, não lhe resta senão fazê-los frutificar como *minha Missão* diante da humanidade. Na "renúncia" e no "silêncio", edifica toda a obra: "Nada de desafios à plebe, nada de girândolas para o riso ou a raiva dos inferiores. A superioridade não se mascara de palhaço, é de renúncia e de silêncio que se veste" (Pessoa 1974, p. 42).

---

com distúrbios psíquicos ou de comportamento a tratamentos, considero esses sofrimentos como sintoma dos problemas dos pais. Os pais em análise, os sintomas dos filhos desaparecem. Elas se libertam dessa "Vegetação parasita" (Machado). Nem medicalização, nem psicoligização e nem psiquiatrização dos sintomas.

Minha leitura da obra pessoana se inspira na psicanálise e em Martin Heidegger. À psicanálise, recorro tentando buscar em seus próprios escritos, como se fosse uma associação livre, associações que abordam o mesmo tema, conceito ou, melhor, o significante que me toca.

Em princípio, o procedimento seria este: o enigma dos versos de Pessoa encontra em sua própria poesia ou prosa alusões que o iluminam. Na concepção freudiana e lacaniana, seria manter o princípio da escuta analítica, segundo o qual *o significante é aquilo que representa o sujeito para outro significante* (Lacan).

Em prosa, destaco particularmente o *Livro do desassossego. Desassossego*: em Pessoa, esse é o nome de angústia. Esse livro nos revela seus *desassossegos*, isto é, as angústias que o acompanharam ao longo da vida, a múltipla presença de objetos a interrogando seu desejo. Angústias de todas as circunstâncias, de todos os momentos, da *Hora*, sobretudo da Hora marítima, e do *Momento*, significantes por excelência eleitos por ele. Ele mesmo nos informa que as anotações nele consignadas seguem o ritmo da espontaneidade de seu inconsciente:

> Reunir, mais tarde, em um livro separado, os poemas vários que havia errada tenção de incluir no *Livro do Desassossego*; este livro deve ter um título mais ou menos equivalente a dizer que contém *lixo* ou *intervalo*, qualquer de igual afastamento.
>
> Este livro poderá, aliás, formar parte de um definitivo de *refugos*, e ser o *armazém* publicado do *impublicável* que pode sobreviver como exemplo triste. Está um pouco no caso dos versos incompletos do lírico morto cedo, ou das cartas do grande escritor, mas aqui o que se fixa é não só inferior senão que é *diferente*, e nesta *diferença* consiste a razão de publicar-se pois não poderia consistir em a de se não dever publicar (Pessoa 1982a, pp. 6-7).

Precioso, pois, para uma leitura psicanalítica o destaque "(...) *formar parte de um definitivo de refugos e ser o armazém publicado do impublicável*", e ainda mais, "aqui o que se fixa é não só interior senão que é *diferente* e nesta *diferença* consiste a razão de publicar-se". *Refugos, armazém publicado do impublicável, diferente* falam claramente do inconsciente e de suas manifestações, assim como de sua subjetividade.

Em outro escrito, assim anuncia o *Livro do desassossego*:

> Invejo – mas não sei se invejo – aqueles de quem se pode escrever uma biografia, ou que podem escrever a própria. Nestas impressões sem nexo, nem desejo de nexo, *narro indiferentemente a minha autobiografia sem fatos, a minha historia sem vida*. São as minhas *confissões*, e, se nelas nada digo, é que nada tenho que dizer.
>
> Que há (- de alguém) confessar que valha ou que sirva? O que nos sucedeu, ou sucedeu a toda a gente ou só a nós; num caso não é novidade, e no outro não é de compreender. *Se escrevo o que sinto é porque assim diminuo a febre de sentir*. O que confesso não tem importância. *Faço paisagens com o que sinto. Faço férias das sensações*. Compreendo bem as bordadoras por mágoa e as que fazem meia porque há vida (Pessoa 1982a, p. 12).

"Nestas impressões sem nexo, nem desejo de nexo, *narro indiferentemente a minha autobiografia sem fatos, a minha história* sem vida". Não encontramos aí a regra fundamental da associação livre, que todo psicanalista propõe ao seu paciente para que a análise seja possível? Mais valiosos que *os fatos* são os retornos do inconsciente, "*minha história sem vida*". O escrever lhe é *ex officio*, ato sublimatório confessado: "diminuo a febre de sentir", passa-o para real: *faço paisagens com o que sinto*, e apazigua seus impulsos: *faço férias das sensações*.

O *Livro do desassossego* é realmente a expansão de seu inconsciente:

> Na minha alma ignóbil e profunda registro, dia a dia, as impressões que formam a *substância externa da minha consciência de mim*. Ponho-as em palavras vadias, que me desertam desde que as escrevo, e erram independentes de mim, por encostas e relvados de imagens, por aleias de conceitos, por azinhagas de confusões. Isto de nada me serve, pois nada me serve de nada. Mas *desapoquento-me escrevendo, como quem respira melhor sem que a doença haja passado*.
>
> Há quem, estando distraído, escreva riscos e nomes absurdos no mata-borrão de cantos entalados. Estas páginas são os rabiscos da minha *inconsciência intelectual de mim*. Traço-as numa modorra de me sentir, como um gato ao

sol, e releio-as, por vezes, com um vago pasmo tardio, como *o de me haver lembrado de uma coisa que sempre esquecera* (Pessoa 1982a, pp. 249-250).

"Rabiscos da minha *inconsciência* (...) como o de me haver lembrado de uma coisa que sempre esquecera (...) e me examino como a um quadro na sombra". Essa abertura às manifestações do inconsciente recheia todas as páginas desse livro de *minha confissão*. Fernando Pessoa tem uma certeza que percorre toda sua obra, a de que sua produção literária é fruto de seu inconsciente: "Estas páginas são os rabiscos da *minha inconsciência intelectual de mim*". Assim, "*quando escrevo, visito-me solenemente*", e o efeito é imediato: "Mas *desapoquento-me escrevendo*, como quem respira melhor sem que a doença haja passado". Pois, de verdade, "os rabiscos da minha inconsciência intelectual de mim" não cessam de não se escrever. Como consegue tal façanha? Graças à consciência aguda de sua divisão subjetiva:

> Tudo se me evapora. A minha vida inteira, as minhas recordações, a minha imaginação e o que contém, a minha personalidade, tudo se me evapora. Continuamente sinto que fui outro, que senti outro, que pensei outro. Aquilo a que assisto é um espetáculo com outro cenário. E aquilo a que assisto sou eu (Pessoa 1982a, p. 24).

Essa divisão subjetiva, ele a observa *assistindo-a*: "E aquilo a que assisto sou eu". Ao dizer *sou eu*, sabe bem que ele é fruto de sua própria história:

> Encontro às vezes, na confusão vulgar das minhas gavetas literárias, papéis escritos por mim há dez anos, há quinze anos, há mais anos talvez. E muitos deles me parecem de um *estranho*; desreconheço-me neles. Houve quem os escrevesse, e fui eu. Senti-os eu, mas foi como em outra vida, de que houvesse agora despertado como de um sono alheio.
>
> É frequente eu encontrar coisas escritas por mim quando ainda muito jovem – trechos dos dezessete anos, trechos dos vinte anos. E alguns têm um poder de expressão que me não lembro de poder ter tido nessa altura da vida. Há em certas frases, em vários períodos, de coisas escritas a poucos passos da minha adolescência, que me parecem produto de tal qual sou agora, edu-

cado por anos e por coisas. Reconheço que sou o mesmo que era. E, tendo sentido que estou hoje num progresso grande do que fui, pergunto onde está o progresso se então era o mesmo que hoje sou.
Há nisto um mistério que me desvirtua e me oprime.

Ainda há dias sofri uma impressão espantosa com um breve escrito do meu passado. Lembro-me perfeitamente de que o meu escrúpulo, pelo menos relativo, pela linguagem data de há poucos anos. Encontrei numa gaveta um escrito meu, muito mais antigo, em que esse mesmo escrúpulo estava fortemente acentuado. Não me compreendi no passado positivamente. Como avancei para o que já era? Como me conheci hoje o que me desconheci ontem? E tudo se me confunde num labirinto onde, comigo, me extravio de mim (Pessoa 1982a, pp. 24-25).

Diante desse extravio, o enigma da subjetividade inconsciente o invade de maneira pungente: "Meu Deus, meu Deus, a quem assisto? Quantos sou? Quem é eu? O que é este *intervalo que há entre mim e mim?*" (Pessoa 1982a, p. 25). Na interrogação desse *intervalo*, a grande descoberta de sua vida: *outrar*.

Essa ciência de sua divisão interior é-lhe dolorosa, mas sabe que a verdade de si só é possível graças a essa paradoxal *Spaltung*, isto é, ao fato de estar dividido, porque inserido no simbólico. Então, sua regra é: "Saber interpor-se constantemente entre si-próprio e as cousas é o mais alto grau de sabedoria e prudência" (Pessoa 1982b, p. 194).

Como consequência: "Tudo quanto o homem expõe ou exprime é uma nota à margem de um texto apagado de todo. Mais ou menos, pelo sentido da nota, tiramos o sentido que havia de ser o do texto; mas fica sempre uma dúvida, e os sentidos possíveis são muitos" (Pessoa 1982b, p. 204). *Mas fica sempre uma dúvida*, é essa fenda da subjetividade, essa falta de poder apreendê-la que vai movimentar continuamente o poeta na busca de sua obra. Pessoa é a ilustração viva de que o sujeito humano não é substância nem essência e, sim, um lugar. Um lugar que soube ocupar movido pelo *cuidado da verdade* e impulsionado pela cadência do *outrar*. Outrar incessantemente na criação e na criatividade da obra literária.

A falta-para-ser em Fernando Pessoa energiza o seu *leitmotiv* para a criação constante. Assim, sua depressão intermitente lhe calha sempre como um imperativo para dizer o que lhe vai na alma. Nele, encontramos um exemplo claro de que a depressão, ao contrário de se erigir em óbice, é um estímulo à produção. A depressão, quando classificada como enfermidade mental, entidade mórbida, é um desastre para o paciente, cuja vida perde o sentido, já não tem perspectiva, pois foi declarado que ele porta uma doença. Ora, passar por um estado depressivo é algo que faz parte da existência humana, sobretudo nas crises do amadurecer: puberdade, menopausa, andropausa ou fatos disruptivos.

A psicanálise encara a depressão de outra maneira. Primeiro, ela não existe, não é entidade mórbida nenhuma. É o sujeito que está deprimido e se encontra diante de uma retomada de sua vida, uma parada provocada pelo seu inconsciente, com a mensagem de que já não dá para viver a vida como vinha sendo vivida. A depressão é singularmente própria de cada sujeito: ela é resultado de uma história passada vivida, em certos aspectos, neuroticamente fora do esquadro do próprio desejo. Por isso, é sempre reencontro com a própria história, testemunha de que já não se pode continuar vivendo como se viveu. Ela é paradoxalmente, em que pese o sofrimento desse estado de espírito, um benefício para o sujeito que consegue dela aproveitar, promessa certa de uma vida melhor. Quando a psiquiatria diagnostica depressão, o diagnóstico cai como uma sentença. E se o paciente é afastado do trabalho, ele se recolhe na cama à espera de que os antidepressivos e ansiolíticos resolvam "sua doença". Nada mais enganoso: "Assim, a resposta à dor psíquica não é buscada pela via da palavra, mas pelo consumo abusivo dos psicofármacos que prometem adicionar a substância faltante ao psiquismo deficitário. O remédio age em lugar do sujeito, que não se vê responsável por seu desejo e por suas escolhas (Kehl, *Folha de S. Paulo*, caderno "Mais", p. 8, 6/9/2009). Passa-se ao corpo a responsabilidade daquilo que é psíquico e, pior, sendo apenas sintomáticos, os psicofármacos podem acabar cronificando em patologia, o que coloca o paciente numa enrascada sem saída para o resto da vida.

Nada pior do que investir a energia psíquica no cultivo da "doença mental". Essa conduta coloca o paciente numa posição passiva, levando-o a recalcar ainda mais a causa que o precipitou em tal estado, e a cronificação o espreita.

Incrivelmente, Fernando Pessoa descobriu sozinho o absurdo de se entregar a tal conduta. Maria Rita Kehl, em seu belo livro sobre a depressão, escreve: "O depressivo ignora o valor de sua castração como sustentação do desejo" (Kehl 2009, p. 233). Pessoa se serviu continuamente dessa *sustentação*, conheceu a depressão em seus sinuosos caminhos, mas dela tirou proveito. Em 14 de março de 1916, escrevia a Sá Carneiro: "Escrevo-lhe hoje por uma necessidade sentimental – uma ânsia aflita de falar consigo. Como de aqui se depreende, eu nada tenho a dizer-lhe. Só isto – que estou hoje *no fundo de uma depressão sem fundo*. O absurdo da frase falará por mim". E ele explicita o fundo sem fundo de sua depressão:

> Estou num daqueles dias em que nunca tive futuro. Há só um presente imóvel com um *muro de angústia* em torno. A margem de lá do rio nunca, enquanto é a de lá, é a de cá; e é esta a razão íntima de todo o meu sofrimento. Há barcos para muitos portos, mas nenhum para a vida não doer, nem há desembarque onde se esqueça. Tudo isto aconteceu há muito tempo, mas a minha mágoa é mais antiga.
>
> Em dias da alma como hoje eu sinto bem, em toda a minha consciência do meu corpo, que sou a criança triste em quem a vida bateu (Pessoa 1982a, p. XLIII).

E no *post scriptum* a confissão completa:

> P.S. – Escrevi esta carta de um jato. Relendo-a, vejo que, decididamente, a copiarei amanhã, antes de lha mandar. *Poucas vezes tenho tão completamente escrito o meu psiquismo*, com todas as suas atitudes sentimentais e intelectuais, com toda a sua histeroneurastenia fundamental, com todas aquelas *intersecções e esquinas* na consciência de si-próprio que dele são tão características (Pessoa 1982a, p. XLV).

Pessoa reage a seu estado depressivo sempre com seu vigoroso ideal de ego. A Cortes Rodrigues, assim escreve:

> *Quebro esse encantamento* [*sic*!] *de depressão* para lhe escrever hoje, e isto para que não faltasse em responder à sua carta. (...) Espero poder mandar-lhe os poucos versos que tenho feito. Que, *apesar de tudo*, e *através de tudo, trabalho*

sempre, produzo sempre. Mesmo nos pântanos do meu espírito há lótus que florescem (Pessoa 1974, p. 51).

Quebrar o *encantamento da depressão*, esse é o segredo da análise a ser descoberto em cada caso e, então, sobretudo, não largar o trabalho, pois, caso contrário, seria malbaratar a pulsão no cultivo do *encantamento*, vórtice *do fundo sem fundo*. Sem a quebra do *encantamento*, não há histerização e sem histerização não há possibilidade de análise. O mesmo se diga dos estados psicóticos. Em sentido contrário, Fernando Pessoa, "no fundo de uma depressão sem fundo, com um muro de angústia em torno (...) *apesar de tudo, e através de tudo, trabalho sempre, produzo sempre*". Nada de energia jogada no ralo da "doença". É a pulsão de morte imperando a pulsão de vida. Pessoa descobriu cedo que o *encantamento da depressão* é o entregar-se ao devaneio dela e que, ao contrário, seu encantamento se quebra quando ela é transformada em *opus*, sobretudo o literário: "Toda a literatura consiste num esforço para tornar a vida real (...) *São intransmissíveis todas as impressões salvo se as tornarmos literárias*" (Pessoa 2006b, p. 28).

Outro aspecto que impressiona particularmente na leitura de Pessoa é o modo como encara seu homoerotismo. Confessa-o e dele fala com a espontaneidade de seu inconsciente em borbulhões. Não faz julgamentos de valor nem alardeia escândalos ou provocações. Assume-o integralmente, diz-nos como nele funciona e nos revela como ele foi a energia que pariu sua obra. Seus impulsos delicados, tenros ou violentos, sádicos ou masoquistas, todos indistintamente, encontram abrigo em sua *translação* sublimatória de verso e prosa. Expõe-nos seu caminho. Lhanamente. Testemunho vivo de uma existência sublimada. Em nenhum momento, propõe-se como exemplo ou conselheiro. Fala-nos do homoerotismo dele. Faz jus plenamente à tirada de Keats: "A verdadeira poesia se caracteriza por um fino excesso".

Em quase todo o meu trabalho, sirvo-me também de Martin Heidegger. Seus escritos sobre *a fala (die Frage)* e *a palavra (das Wort)* são simplesmente deslumbrantes. É admirável ao demonstrar como a fala se desdobra e a palavra enreda. Sua análise é filosófica, não literária e menos ainda linguística. Heidegger nos desvela o mistério da fala.

A fala re-vela. Revela e vela. A fala fala na confidencialidade.

A fala fala pelo verbo da palavra, pelo micróbio da palavra (F. Pessoa), pelo significante (J. Lacan). A fala "fez o homem". A palavra é a morada do ser. No abrigo da palavra o ser é. Ex-siste. Precede o cogito.A fala fala ao sujeito, constituindo-o. A fala fala na singularidade do sujeito. Os pais falam e o verbo da palavra fala na confidencialidade de cada filho.

O mistério da fala: aquilo que fala a um não fala a outro. Os pais falam, os filhos ouvem, mas cada um escuta "na confidencialidade". Só a escuta de quem ouve des-vela o verbo da palavra.

Heidegger consegue nos transmitir um modelo de análise de texto, reflexivo, consequente e profundo. Sugere-nos que escrever é sério, ler é um trabalho árduo e interpretar é o efeito de um entendimento lúcido e exigente da *mensagem em si* e não o resultado de uma fantasia precipitada do leitor ou de uma teoria reducionista.

Isso posto, espero que o leitor possa também se beneficiar da mensagem que o conceito de sublimação propõe, sobretudo tão vivamente concretizado na vida admirável de Fernando Pessoa. Sem sublimação, não há civilização possível. Trata-se de uma descoberta preciosa de Freud. Para o Humano, ela é o farol, o caminho. A sublimação intima todo ser humano para o aviamento de sua energia (pulsão), para a superação de si e para a grande e infinda obra da cultura e da civilização. É este e não outro o fim do tratamento analítico.

Quinta da Peroba, dezembro de 2011

1

A PULSÃO E SEUS CAMINHOS

Poursuivront passionnément la lumière.
Jacques Lacan

Por instinto desnaturo os instintos.
Fernando Pessoa

A clínica psicanalítica, em razão do enfoque epistêmico, tem sua maneira original de encarar a escolha sexual do ser humano, designada por Freud de "escolha de objeto".

Existe para a psicanálise apenas uma energia, que mantém e leva o ser humano, seja ele homem ou mulher. Essa energia, Freud a chamou de *pulsão* (*Trieb*). A pulsão é, como ele a definiu, uma "energia constante" (*konstant Kraft*), isto é, não tem repouso, está em permanente ebulição e, livre em sua fonte somatopsíquica, procura *caminhos*, aviamentos.

Que são os caminhos da pulsão? No animal, a energia toma uma forma pré-codificada. O novo casal de passarinhos criado este ano vai fazer na próxima primavera a parada nupcial e o primeiro ninho, exatamente como seus "pais" e seus "ancestrais". Essa forma *sempre a mesma* de inelutavelmente levar a vida para a frente neste mundo se denomina *instinto* (*Instinkt*), mas a energia vital, ao movimentar o ser humano, toma formas diversas. É por isso que Freud percebeu que não a podia designar por instinto. *Pulsão* foi o termo que achou melhor convir para caracterizá-la. A pulsão é energia no ser humano. Ela é sexual, isto é, o ser humano sempre está dividido dela e dela tem de dar conta a vida toda, ininterruptamente, submetendo-a ao domínio da linguagem, da cultura. Em sua essência, essa energia é totalmente plástica e sua manifestação Freud a denominou de *libido*. Pode ser aviada de infinitas maneiras.

Ao adotar o termo pulsão, Freud fez uma descoberta epistemológica. Percebeu, na escuta dos pacientes, que o sofrimento psíquico estava além da ordem biológica. Pulsão é energia codificada na linguagem do inconsciente, determinante da singularidade do sujeito. Ao ter descoberto a possibilidade de escutar esse *saber que não se sabe*, Freud deu um passo epistemológico auspicioso para o conhecimento do sujeito.

TRILHAMENTOS DA PULSÃO

Freud construiu a teoria da pulsão *clinicamente*: toda essa teoria, elemento por elemento, colheu-a da escuta do sofrimento humano. "A psicanálise", dizia ele, "foi criada pelo estudo de doentes incapazes de se adaptar à existência e à intenção dela. É grande triunfo para ela ver numerosos infelizes reencontrarem uma possibilidade de viver" (Freud 1970b, p. 16).

A energia da pulsão, diferentemente dos sempre mesmos caminhos do instinto, emprega vias as mais diversas. Essas vias praticamente não são determinadas pela própria geração e, sim, por aqueles que recebem o filhote humano. Mesmo antes de ele nascer, há já toda uma cultura ("maneira humana de assumir a natureza") que a *determinará*. A pulsão, desde seu nascimento, para poder tomar existência depende *in totum* das vias oferecidas essencialmente pelos pais. São seus cuidados e a linguagem que empregam no acolhimento da criança que determinam os caminhos dela.

É aí que surge, então, a distinção genial de Lacan entre prazer e gozo. O prazer está ligado à satisfação de uma necessidade, ao passo que o gozo se concretiza na satisfação da pulsão. A pulsão envolve-se nas demandas criadas essencialmente pela mãe e também pelo pai e pelos cuidadores. Há "um gozo em estado primeiro que vem conjugado com o resultado da satisfação de um prazer, o que é próprio também ao animal, e há um gozo em formas desviadas ou sublimadas, as quais engajam a criança na civilização

(Lacan 1986, pp. 235-244). Mas isso veremos mais adiante. Continuemos a reflexão sobre a pulsão.

Essa inserção da pulsão na constituição do humano, torna-a algo muito complexo. Ela ultrapassa a noção pura e simples de energia. Desde que essa energia movimente a vida num ovo humano, ela adquire uma dimensão histórica, insere-se numa história singular. "Esta dimensão", diz Lacan, "se marca pela insistência com a qual se apresenta, enquanto se reporta a alguma coisa de memorável, porque memorizado. A rememorização, a historização, é coextensiva ao funcionamento da pulsão naquilo que se chama o psíquico humano" (Lacan 1986, pp. 248). A pulsão do sujeito é a história do sujeito.

Que é o existir de uma pulsão? É simplesmente uma *representação* libidinizada. A pulsão, energia no humano, tem uma única possibilidade de se manter: servir-se dos instrumentos de representação, ou seja, utilizar-se de *palavras*, das palavras que lhe são oferecidas. Isso implica algo espantoso: as palavras *sobredeterminam* a pulsão. Mas esse processo, chamado por Freud de processo primário, nós não o conhecemos diretamente. Ele é da ordem do mito, isto é, totalmente inconsciente. Conhecemos apenas o resultado dessa operação, ou seja, tomamos conhecimento apenas do representante da representação da pulsão.

Este representante, por sua vez, é *sobredeterminado*, a tal ponto que já não há possibilidade de mudar sua representatividade. Ela poderá ser substituída, metaforizada, mas será sempre representação. A pulsão imprime-se definitivamente nesse registro. Na prática analítica, nós o chamamos de significante, um representante inteiramente singular ao sujeito.

Esse processo constitui o que Freud chamou de *inconsciente.* O inconsciente se constitui por um conjunto, uma rede de representações recalcadas ao longo da vida. O inconsciente é a linguagem de cada um, uma linguagem absolutamente própria. Lacan a denominou de **a**língua, uma língua à parte, especial, porque é exclusiva do sujeito. Mesmo ao tomarmos consciência de um representante do inconsciente, um significante, sua mensagem permanece, em parte enigmática para nós. É esse outro lado enigmático do representante que a análise procura revelar.

Freud descobriu que a pulsão, ao sobredeterminar-se num significante, fixa-se numa encenação que ele chamou de *fantasma* e, nessa encenação, há algo que a concretiza para o sujeito, que a especifica, algo que Freud chamou de *objeto*. O fantasma, diz Lacan, é a "instituição de um real que cobre a verdade" (Lacan 1966, pp. 873) e, em outra parte: "Da mesma maneira uma certa ordem do construído é exigível daquilo que é para se atingir como tela fundamental no fantasma inconsciente" (Lacan 1966, pp. 235-236).

O fantasma institui o real para o sujeito, mas há algo da ordem do construído que é exigível, ou seja, o objeto. O objeto é algo imaginário, mas se constitui como algo tirado da realidade. Lacan genericamente o chamou de objeto **a**, porque é um objeto outro (***a**-utre*) da realidade, é um "objeto" psíquico. Por isso, sempre objeto parcial. Em todo representante mental, temos um "objeto" que, ao mesmo tempo, é real, imaginário e simbólico. Simbólico, pelo simples fato de que é representante, ou seja, "linguagem", palavra, letra; real, porque se constitui daquilo da realidade que o processo primário imprimiu (marca do sujeito, significante dele); e imaginário, porque é o fantasma que lhe outorga consistência, concretude. Esse objeto, uma vez constituído, não cessa, por seu turno, de provocar o próprio sujeito à sua procura. É o retorno desse objeto no fantasma que suscita e mantém o desejo em moto perpétuo.

O sujeito é, pois, constituído por esse objeto, num movimento ao qual se une e do qual se separa.[1] O sujeito é ex-cêntrico a esse objeto, nele se vê e por ele é movimentado! Freud dizia que a posição do sujeito é assintótica a ele mesmo. Ora, é exatamente a lembrança (saudade!) sempre renovada desse objeto que nós chamamos de desejo. É por isso que o ser humano, diferentemente do animal, que funciona de maneira sempre a mesma, é um ser de desejos. E, pois, como a constituição de desejos é algo absolutamente específico e original a cada indivíduo, o desejo erige a subjetividade do inconsciente.

Freud se deu conta de que a pulsão, embora a mesma, pode variar ao infinito, pois se especifica pelos significantes e pelos "objetos" que a determinam. Assim, a fundação de uma zona erógena, em que pesem os genitais, pode ocorrer em qualquer parte do corpo: o lóbulo da orelha, a sobrancelha,

---

1 Lacan sintetizou essa descoberta com a fórmula $ ◊ a: sujeito barrado (*fal'ente*), abrindo-se e fechando-se aos seus objetos a, isto é, movimentando-se em seus desejos.

o cabelo... Isso é da máxima importância para a clínica, sobretudo para tentar entender a complexa sexualidade humana.

Em 1919, após a tragédia da guerra de 1914, as meditações de Freud se voltaram para uma descoberta que muito o atormentou. Que o ser humano seja impulsionado por uma "força vital" que o impele ao prazer e à continuidade da vida já não lhe era novidade. Em 1905, nos "Três ensaios sobre a sexualidade", já se estendera longamente sobre os caminhos dessa energia. Mas, nessa época (1919), em "Mais além do Princípio do Prazer", por tudo memorável e que encontrou ferrenhos opositores, Freud, chocado com a estúpida hecatombe da guerra de 1914, cada vez mais se vê tomado por esta outra ideia: seria o ser humano impelido por outra pulsão, a pulsão de morte? A *destrudo* (destruição), assim a denominou (denominação que não se manteve), seria outra força, que impele o homem à morte, à destruição de si ou de outrem? Nota-se que não se trata da morte natural, destino último de todo vivente. Assim, ele se perguntava: como um paciente repete o seu sintoma se este o faz sofrer?

Freud entendeu que a pulsão em si não tem destino, não tem compromisso algum. Para que se humanize, é condição *sine qua non* que se lhe ofereça um. O perigo da pulsão é que, para ela, em si, é indiferente o amor ou ódio, eros ou tânatos. Ela é apenas "força constante". Aviá-la, eis a sina inescapável do ser humano, se é que tal elege ser. Todo ser humano sabe que o gozo é extremamente versátil: ele pode provir de realizações civilizatórias como, infelizmente, da violação dos direitos do outro. Diante disso, Freud tem uma intuição clinicamente irrefutável: quanto ao ser humano, não há como não se cuidar. Só fugindo dos impulsos da "destrudo" é que se pode usufruir dos benefícios da pulsão de vida. Diuturnamente, o ser humano se vê preso ao dilema angustiante desse paradoxo. Trata-se de uma pulsão que o impulsiona a não se descuidar para não morrer ao gozo de tânatos. Freud tremeu diante dessa ideia, mas nunca mais abriu mão dela. Assim, escrevia a seu amigo Eitington, psicanalista em Berlim, que o nome *destrudo* não resistiu pela simples razão de que a pulsão de morte não é outra coisa senão a pulsão de vida, mas a pulsão de vida que *obriga o ser humano a viver em exílio*, isto é, a aviá-la pela linguagem. O processo sempre renovado de se fazer humano é essencialmente um processo simbólico contínuo. O ser humano só pode ser humano além do princípio de prazer, sempre em ausência, na representação da palavra.

O homem é homem porque fala. Heidegger, um pouco mais tarde, viria a desenvolver a mesma ideia: "(...) é bem a fala que torna o homem capaz de ser o vivente que ele é enquanto homem (...) o homem é homem enquanto é aquele que fala" (Heidegger 1986, p. 13).

Portanto, a pulsão de vida, paradoxalmente, dimana da pulsão de morte, ou seja, a pulsão de morte impele o ser humano para a pulsão de vida, e isso num moto contínuo, até que a pulsão de morte execute a tarefa final.

A CASTRAÇÃO

Toda a clínica psicanalítica, assim como seu universo teórico, baseia-se numa tripla estrutura fundamental: édipo, castração e sublimação. Hoje, o conceito de édipo é alguma coisa integrada na cultura. É veiculado no linguajar popular e em todos os meios de comunicação. No entanto, quando Freud descobriu essa realidade estrutural do sujeito humano e a sistematizou nos meios científicos da época, ele foi simplesmente ironizado, se não execrado. *Édipo Rei*, de Sófocles, é a exposição literária dessa estrutura, mas foi Freud quem percebeu sua importância clínica para o sujeito.

Édipo é uma estrutura inerente ao próprio surgimento do ser humano. A criança entra no mundo numa aparente relação dual com a mãe, mas, na verdade, essa relação é realmente terciária, pois se dá com a mãe e com o pai, e sobretudo com o simbólico, o Outro, que a constitui como tal. Nessa relação, a criança passa por todas as vicissitudes de encontro e desencontro, de alegria e dor, de amor e ódio, de sedução e repulsa, de construção e anulação. Ora é a figura da mãe que se impõe, ora é a figura do pai que desponta. O pai, entre a mãe e a criança, é sempre o terceiro: aquele que intervém, dispondo e ordenando as relações familiares. A criança irá desenvolver, num "crescendo", uma relação mista de sedução e admiração, se homem, pela mãe, e, se mulher, pelo pai, atingindo o pico por volta dos cinco anos, no ápice da fase fálica. É então, no auge dessa relação, que ocorre a castração, determinante para o resto da vida.

A castração é uma operação contínua a que o ser humano está submetido. Todo o tempo, somos solicitados para regrar nossos impulsos segundo lei ou norma que reja a existência humana. É a castração que liberta o ser humano da escravidão de suas moções impulsivas. A castração, nesse caso, equivale ao processo de repressão que gera a civilização. "A civilização", dizia Freud, "é fruto da repressão". E esse é exatamente o conceito de sublimação. O ser humano tem um destino grandioso: vem à existência para entrar na cultura e dar continuidade a ela. Todo ser humano, como um ser *fal'ente*[2], estruturalmente é convocado à sublimação de suas pulsões. Elas não podem ou não deveriam se perder num *gozo podre de sintomas* e, sim, transformarem-se em civilização, isto é, em obras de partilha e solidariedade.

Édipo e castração são dois conceitos e duas vivências inseparáveis. Freud construiu toda a psicanálise em torno do Édipo: "O complexo de édipo", diz ele, "é algo tão substantivo que não pode deixar de produzir consequências, qualquer que seja o modo em que se caia nele ou dele se saia". A castração é fonte de potencialidades e de sofrimentos ou perversões. "A castração, em psicanálise", observa Maria Rita Kehl, "não é um vazio de morte: é o vazio pulsante a partir do qual emergem as moções de desejo" (Kehl 2009, p. 233).

Freud denomina o édipo de *shibolet* da psicanálise. Assim como para os galaaditas a pronúncia desse vocábulo indicava quem era amigo ou inimigo (os efraimitas, que o pronunciavam *sibolet*), édipo sinaliza a verdadeira psicanálise. No fim da vida, Freud dirá que a rocha da castração será a segunda estrutura que garante sua clínica. E Lacan, retomando esse ponto de vista de Freud, simplesmente a essência da psicanálise, afirma que, sem édipo, "alui todo o edifício da psicanálise".

A castração é, pois, um conceito central para a teoria psicanalítica. Ela inclui dois sentidos básicos: um diz respeito à forma estrutural da escolha sexual no homem e na mulher e outro, mais universal, engloba todo momento de renúncia ("repressão") que o ser humano tem de enfrentar para se humanizar ao longo da vida. Este segundo processo sempre se efetua conforme o modelo da castração estrutural, ocorrida no ponto crítico, como

---

2 *Parlêtre,* em francês:. Minha proposta de tradução, já que o francês usa "*être*" para "ser" e "ente" (Lacan chega a usar "*l'être de l'étant*" para poder traduzir Heidegger), eu proponho: fala-ente $\Rightarrow$ *fal'ente*, uma vez que o ser humano é o único "ente" que fala, já que "ser" não é senão efeito de fala, é ex-sistência.

veremos adiante. Assim, a castração compreende a castração da placenta, do desmame do seio, do desmame da mamadeira, da marcha, da prática da linguagem, do controle esfincteriano, da escola maternal e do pré, todo e qualquer corte que a vida, para ser humana, exija do homem. É, paradoxalmente, condição estruturante do sujeito. De todo modo, é ela que determina a normalidade ou a anormalidade do sujeito (Lacan 1966, p. 826)..

O "êxito" na passagem da castração propriamente dita está na razão direta da maneira como pai e mãe capacitam a criança pelas castrações preparatórias. É por isso que Freud fala de "complexo de castração", o que, de modo algum, inclui conceito de inferioridade (como "ter complexos") e, sim, um conjunto de representações (significantes) e lembranças carregadas de valor afetivo. O complexo de castração está, pois, intimamente ligado ao complexo de édipo.

A ESCOLHA DE OBJETO

Lacan, ao desenvolver sua teoria sobre o estádio do espelho, primeiro momento em que o ser humano vislumbra a unidade precária de seu corpo, psiquicamente espedaçado, e de sua subjetividade, serviu-se das belas pesquisas de Wallon sobre a psicologia do desenvolvimento da criança.

Semelhantemente, para poder entender a estruturação da sexualidade humana, valho-me do conceito de *estampagem* (*Prägung*, em alemão, e *imprinting*, em inglês), estabelecido por Heinroth (Chauvin 1975). Esse biólogo observou que os filhotes de ganso chocados em incubadora o seguiam quando ele se deslocava. Por sua vez, o biólogo holandês Konrad Lorenz decidiu estudar o que moveria os filhotes a seguir a mãe ou, por outra, como mãe e filho estabelecem o vínculo do "conhecimento" mútuo, vínculo de consequências vitais para a sobrevivência da espécie. Lorenz confirmou que a estampagem é realmente um fator importante e decisivo nesse "reconhecimento".

Porém, a estampagem supõe outro dado: o *ponto crítico*. *Ponto crítico* é o momento fatal para cada espécie animal; passado esse momento, dificilmente ou impossivelmente se estabelecerá a ligação entre mãe e filho, ou seja, é a *estampagem* que garante esse "reconhecimento como o reconhecimento da espécie". O experimento foi realizado com patos selvagens. Lorenz descobriu que, para eles, o ponto crítico da estampagem seria logo após o picar dos ovos. Assim, retirou logo os patinhos e colocou-os numa sala fechada com uma pata de papelão em movimento circulatório, oferecendo ao mesmo tempo comida e luz para aquecimento. Após algum tempo, recolocou no ambiente a pata-mãe e os patinhos não a seguiram. Continuaram seguindo a mãe de papelão. Lorenz repetiu o experimento, mas dessa vez quem se movimentava no quarto fechado era ele próprio. Os patinhos "imprimiram" sua imagem. É belo e até comovente vê-los a nadar num lago ao redor de Lorenz e a mãe-pata isolada a nadar sozinha. Em outra experiência, um gaio que, no ponto crítico, fora estampado com Lorenz, já adulto, na época da parada nupcial, trazia vermes e tentava introduzi-los na boca de Lorenz, como os machos de sua espécie fazem com as fêmeas nessa ocasião.

Com o gado zebu, a estampagem ocorre de maneira precisa. Ela se dá imediatamente após a parição (ponto crítico), quando a vaca se volta para seu fruto e o lambe. A partir daí, mãe e filho se reconhecerão para sempre. Pode-se retirar o bezerro da mãe, colocá-lo no bezerreiro para o pernoite, soltá-lo no dia seguinte junto com seus pares e, com certeza, mãe e filho se reconhecerão. Mas, se por acaso, a mãe não lambeu seu fruto logo após a parição, ela o rejeitará como bezerro estranho. O campeiro, o retireiro têm ciência desse fenômeno, tanto que denominam de *enjeitado* o bezerro que não é aceito pela mãe. De outro lado, como o leite da vaca zebu só "desce" com o bezerro mamando, quando morre um bezerro que foi estampado, tiram-lhe o couro e o colocam sobre o lombo de outro, que é conduzido para mamar na vaca. Esta lambe o couro de seu filho e aceita que o estranho a sugue, mas basta remover o couro para que a vaca o repila.

Baseados nessa experiência da natureza, buscamos entender o que se passa com o ser humano na hora da castração. Seria o ser humano também sujeito a um fenômeno semelhante, a estampagem? Haveria um ponto crítico em seu desenvolvimento? A meu ver, isso não padece dúvida. Na clínica, Freud constata que a característica primacial da pulsão, oposta à do instinto, é a plasticidade ou a polimorfia. Como observamos anteriormente, em virtude dessa característica, a pulsão toma a forma que se lhe oferece, segundo a linguagem que a acolhe e a denomina, ou seja, a sexualidade humana se complica, porque é determinada pela linguagem, pela fala. Há certas estruturas básicas da sexualidade que portam uma forma para cada ser humano.

A psiquiatria, desde Kraft Ebing, distingue quatro estruturas: heterossexualidade, homossexualidade, transexualidade e perversão. Aos aficionados da clínica, inútil dizer que não há heterossexualidade, homossexualidade, há simplesmente heteroeróticos, homoeróticos e, em cada um, a *sexualidade é absolutamente singular*. De outro lado, Freud insiste constantemente em que o ser humano se caracteriza pela bissexualidade, uma que enquadra e dirige a sexualidade do sujeito, propiciando-lhe satisfação, e a outra, a que lhe fica subjacente. Ele jamais abriu mão dessa constatação clínica. A sexualidade não é estanque.

Essa questão, que Freud diz ter aprendido de Fliess, é para ele uma certeza clínica adquirida. Em nota de 1919, acrescentada ao texto sobre Leonardo, ele afirma explicitamente:

> A investigação psicanalítica trouxe, para o entendimento da homossexualidade, dois fatos isentos de toda dúvida [*sic*!], embora sem que por isto creia ter esgotado a causação da aberração sexual. O primeiro é a já mencionada fixação das necessidades amorosas na mãe; o segundo se expressa na tese de que **todas** as pessoas, mesmo as *mais normais, são capazes de eleição homossexual de objeto*, a consumaram alguma vez em sua vida e a *conservam*, entretanto, *no inconsciente*, ou bem se asseguraram contra ela por meio de enérgicas contra-atitudes (Freud 1988, p. 93).

Isso é tão verdadeiro que é simplesmente impossível que, numa análise de heterossexual, não acabe aparecendo um sonho ou um ato falho relacionado a um recalque homoerótico. O mesmo inversamente acontece, com a análise de um homossexual. Ele acaba fazendo um sonho heterossexual, mas, no fim, a censura o impede de consumá-lo. Essa observação é correlata a outro fato, de que todo paciente em análise um dia trará um sonho edípico explícito. É por isso que sublinhamos o texto de Freud.

Outra tese cara a Freud é a de que as patologias sexuais e outras, como as neuroses e as psiconeuroses (psicoses) jamais são estanques. A perversão pode ir com a heterossexualidade como a histeria pode vir tingida de traços obsessivos, e assim por diante. Acrescentaríamos, ainda, que seria ingênuo pensar que essas estruturas deem conta da imensa polimorfia sexual humana, mas uma coisa é certa: a estrutura ou a forma que prevalece no momento da estampagem é determinante. Assim, o homoerotismo, uma vez instalado, *jamais* poderá ser removido ou substituído, por exemplo, pelo heteroerotismo. Aliás, além de inútil, com que finalidade?

Como se instalaria essa estrutura da escolha de objeto? Partimos da constatação da total plasticidade da pulsão. A pulsão se representa por meio do sistema de significantes que lhe é apresentado. Ela se torna "objeto" numa tela (fantasma) que é própria ao sujeito. Esse "objeto" é essencialmente *resto* de alguma *coisa vista ou ouvida* (Freud) pelo sujeito. É um objeto enquanto objeto transposto *para* o sujeito. É um objeto libidinizado. Nele, o sujeito se vê identificado e se reconhece, mas esse objeto em si não é especularizável como o é a imagem do corpo próprio. Esse objeto é constituinte do sujeito e, ao mesmo tempo, desencadeador de seu desejo. Freud explicita:

> A criança que tem fome gritará desesperadamente ou bem se agitará. Mas a situação permanece a mesma, pois a excitação proveniente de uma necessidade interior responde a uma ação contínua e não a um choque momentâneo. Aí só pode haver mudança quando de uma maneira ou de outra (...) adquire-se a experiência da satisfação que põe fim na excitação interna. Um elemento essencial dessa experiência é a aparição de certa percepção (o alimento no exemplo escolhido) cuja *imagem mnésica permanecerá associada com o traço de memória da excitação da necessidade.* Desde que a necessidade se represente, haverá, graças à relação estabelecida, disparo de um impulso (*Regung*) psíquico que investirá de novo a imagem mnésica dessa percepção na memória e provocará de novo a própria percepção, isto é, reconstituirá a situação da *primeira* satisfação. É esse movimento que nós chamamos de *desejo*; a reaparição da percepção é o cumprimento do desejo e o investimento total da percepção originada da excitação da necessidade é o caminho mais curto para o cumprimento do desejo (Freud 1971, p. 48).

O passo dado por Lacan foi ter nomeado esse *traço de memória* (letra) de objeto a. O sujeito é precisamente esse objeto e se especifica pelo desejo que ele lhe suscita e pelo mais do gozo que ele propicia. Então, paradoxalmente, podemos dizer que o destino da pulsão é único: ela só existe porque é *a*-viada.

O processo de castração é um movimento dinâmico de repressão (a-viamento), no qual o sujeito se insere e do qual jamais sairá. É o preço e a condição de entrar para a civilização, a cultura. A pulsão de morte o impele para que viva na pulsão de vida, sempre além do princípio de prazer. Uma vez implantada uma estrutura sexual, o homem não terá como não viver sempre nela em toda e qualquer atividade que fizer, mesmo a mais espiritual.

Mas como se realizaria a implantação de uma estrutura sexual? É aqui que vem ao nosso socorro o dado da etologia: a estampagem.

Sabemos que a castração que fixa a estrutura sexual ocorreria por volta dos *cinco* anos, mas ela é o somatório direto dos "instrumentos" anteriores que os pais forneceram para os demais cortes no desenvolvimento da vida da criança. Esses "instrumentos" consistem em atitudes de sedução, espanto, reprovação, ironia, repressão, em costumes, hábitos, em valorização ou acolhimento e, essencialmente, na fala (código familiar, significantes privilegiados, escala de valores) com que os pais se relacionam com a criança, sobretudo a maneira como lidam com a *diferença sexual*. Essa linguagem se especifica num campo simbólico e dela a criança tem vasto domínio aos cinco anos: conhece seu corpo e as diferenças sexuais. Num determinado *momento*, mítico, impossível de ser previsto, visto ou determinado, pois só *a posteriori* o conhecemos, o ser humano, homem ou mulher, dá um passo definitivo em sua subjetividade: no auge de certa indefinição sexual gostosa, graciosa e inconsequente, própria da imaturidade biológica, *imprime-se uma estrutura sexual* e, em seguida, a criança mergulha na fase da latência. Trata-se de uma estampagem. Ela se dá sem esforço e é instantânea. Ela é *imaginária*, porque se realiza numa captação imaginarizada da maneira como a diferença sexual foi apresentada à criança ao longo dos cinco primeiros anos. Ela é *real*, porque é essencialmente a instituição de um real, de uma estrutura definidora no inconsciente. E ela é *simbólica*, porque nessa escolha de objeto funda o ser do homem na morada de uma palavra especificante de sua sexualidade singular. Esse *imprinting* consiste no estabelecimento de uma relação de objeto com o próprio corpo e o corpo do outro. Essa "eleição de objeto" estrutura definitivamente o sujeito e o determinará em todas as suas futuras relações consigo mesmo, com o outro sexo, com o mesmo sexo, com outrem e com o mundo. Tudo, absolutamente tudo, o que o sujeito vier a fazer, levará a marca sexual desse caráter impresso (estampagem) nesse momento mítico do ponto crítico. Estabelecida essa estrutura, a clínica o demonstra, ela jamais mudará. Essa *castração*, por isso Freud usou desse termo, é para sempre. As outras, que ocorrerão na cotidianidade da vida, como disse, dela serão apenas desdobramentos.

Resumindo: Todo ser humano que vem a esse mundo nasce macho ou fêmea, mas essa diferença anatômica só passa a existir quando a linguagem a constitui e a assume dando-lhe uma tendência específica., A pulsão, polimorfa, neutra por natureza, estampa-se numa escolha inconsciente, indelével, representada por um significante mestre ou primordial que comanda a cadeia da sexualidade subsequente do sujeito numa singularidade absoluta. E aí está a diferença estrutural de instinto: a sexualidade humana, *subvertida pela linguagem*, é rigorosamente subjetiva, ou seja, não é igual em ninguém.

Freud, espicaçado de pruridos médicos, várias vezes se perguntou se o homoerotismo, por exemplo, não seria fruto da hereditariedade. Não responde a questão, deixa-a em aberto. Mas o que a clínica lhe devolve é que o homoerotismo é invariavelmente fruto de uma relação edípica centrada na mãe para o homem e, para a mulher, no pai.

A experiência clínica parece poder sustentar que toda e qualquer forma de sexualidade humana deve sua estruturação *só* e *exclusivamente* à "eleição de objeto", vivida pelo sujeito em seu Édipo no ponto crítico da castração. A partir daí, em *todas* as suas atividades e atitudes, em suas escolhas, mas sobretudo do parceiro/a, ele não fará outra coisa que repetir o reencontro sempre impossível com esse objeto. Toda proposta pretensiosamente terapêutica que tente mudar essa estrutura é preconceituosa, ideológica, se não de má-fé. A única terapêutica possível é a mesma para qualquer forma de estruturação sexual: consiste em o sujeito ressubjetivar continuamente a estrutura jamais acabada que lhe é própria, isto é, viver *sua* divisão entre si e o objeto e render-se a ela, isto é, assumi-la. Só isso lhe permitirá o grau de liberdade relativa de que fala Freud e o tornará um sujeito produtivo, útil para si e para outrem. A patologia pode estar presente em qualquer forma de sexualidade (heteroerótica ou outra), desde que o indivíduo não assuma ou assuma mal a estrutura sexual que adquiriu na estampagem e que lhe é singularmente própria. Mais uma vez, o destino do ser humano é um só, viver além do princípio de prazer, constantemente impulsionado pela pulsão de morte. E esse destino especialmente humano, a psicanálise o denomina *sublimação*.

Escólio: Estampagem não é estampa nem forma. É uma marca dinâmica que define o instinto em função da sobrevivência, da preservação da espécie, do gregário e do sexo. Ela é baliza, conduto da energia vital.

No ser humano, é a representação de uma escolha de objeto sexual que as pulsões dinamizam em representantes da representação diante de estímulos internos (fantasias) e externos. De outro modo: ela não é uma marca, mas um marcador da pulsão sexual e, "pour cause", das pulsões. Marcador enquanto um objeto a sobredeterminante, uma letra ou um significante-mestre, fundante. Estampagem de um objeto "a" no centro da intersecção de um nó berroneano, cujos real, imaginário e simbólico estruturam o específico da posição sexual própria de cada sujeito humano. A estampagem desse objeto assombra num fantasma fundamental e sobredetermina as vias do desejo nos desdobramentos das demandas.

Estampagem: nem forma, nem fôrma; antes uma "fórmula" singular ao sujeito. "A estrutura não é a forma... é a estética fundamental... em que a linguística introduziu na ciência seu estatuto incontestável: **com a estrutura definida pela articulação do significante como tal...** Pois o estruturalismo é ou não aquilo que permite colocar nossa experiência como o campo onde id (ça) fala? Se sim, a distância da estrutura desvanece, já que ela aí opera não como modelo teórico, mas como uma máquina original que coloca em cena o sujeito". Daí, "hypotheses non fingo, je trouve", não invento hipóteses, eu acho. (Lacan, J. 1966, p. 649)

2

A SUBLIMAÇÃO

Tudo quanto fazemos, na arte ou na vida,
é a cópia imperfeita do que pensamos fazer.
Fernando Pessoa

O homem é algo que deve ser superado.
Friedrich Nietzsche

AVIAMENTOS DA PULSÃO

Freud, nos *Três ensaios de teoria sexual*, faz a seguinte afirmação:

> Os historiadores da cultura parecem contentes em supor que mediante esse desvio das forças pulsionais sexuais de suas metas e sua orientação para metas novas (processo que merece o nome de *sublimação*), adquirem-se poderosos componentes para todos os ganhos culturais. Acrescentaríamos, então, que um processo igual acontece no desenvolvimento do indivíduo e situaríamos seu começo no período de *latência* sexual da infância (Freud 1987, pp. 161 e 162).

Freud sempre constrói todos os seus conceitos com base na linguagem da vida cotidiana. Não emprega ou não cria termos sofisticados. Usa dos disponíveis no vocabulário corrente. Sublimação é um deles. Tira-o da química: mudança de estado de um elemento, conservando seus componentes específicos. Assim, a água pode passar ao estado sólido ou ao gasoso sem deixar de ser H_2O. Freud toma a liberdade de usar esse termo para designar o que há de mais elevado no ser humano: a transformação da pulsão (sexual) em "produtos socialmente positivos".

Vimos que a pulsão se caracteriza por uma absoluta plasticidade. De maneira muito simplificada, podemos dizer que ela pode seguir três caminhos, embora esses caminhos, mais uma vez, possam estar imbricados: 1º) um destino genital, a multiplicação da espécie e/ou o gozo sexual; 2º) um destino patológico, por exemplo, a incapacidade psíquica para o coito; e 3º) um destino sublimado, isto é, a "translação" (Fernando Pessoa) da pulsão para "todos os ganhos culturais", seja na arte, seja na ciência, seja na religião. A sublimação é deslocamento, metonímia, da pulsão em metáfora de prosa ou poesia. Em Fernando Pessoa, ela se vale de um neologismo auspicioso: *outrar*.

Retomemos a citação de Freud. O texto contém três afirmações derivadas diretamente da clínica. A sublimação é fruto de:

- Desvio da meta sexual para novas metas.
- Reemprego da energia, que produz "todos os ganhos culturais".
- Processo encetado de maneira espontânea na fase de latência de todo ser humano.

DESVIO DE META

A meta da pulsão, que lhe é inerente, é a procura de satisfação. Entre suas realizações possíveis, destacam-se: a conservação e a transmissão da vida. A continuidade da vida na Terra se deve a esse imperativo impresso em todo ser vivente. No ser humano, porém, essa mesma energia pode ser encaminhada a outros fins que não necessariamente o da propagação da espécie ou, simplesmente, o da realização sexual.

Todavia, se a pulsão é desviada nem por isso ela muda de natureza. Se a água corrente se dispersa pelo prado ou, canalizada, chega às casas, para servir aos hábitos civilizados, fervida ou congelada, é sempre a mesma água. Se a pulsão, que é sexual em sua própria natureza, é desviada de seu fim genital ou mesmo erótico, ela não perde essa natureza. Transforma-se apenas, pela muda de objeto.

A possibilidade de desvio de meta faz um corte radical entre os seres humanos e os outros seres animais: os animais têm tudo instintualmente predeterminado e o ser humano tem *tudo*, desde seu nascer, a *ser determinado*. A fímbria da humana liberdade possível habita esse corte. O ser humano pode encaminhar essa energia para a continuidade da vida, a procriação, como também para a criação artística, científica ou religiosa. O homem cria, não obedece a um imperativo, como a passarinha que sempre faz ninho da mesma maneira. Ele constrói sua casa no estilo que lhe apraz, como edifica monumentos, cenotáfios ou túmulos. Freud escreve:

> A pulsão sexual coloca à disposição do trabalho cultural uma quantidade extraordinária de forças, e isso, sem dúvida, graças à sua propriedade particularmente pronunciada de deslocar sua meta sem perder essencialmente em intensidade, chama-se capacidade de sublimação, essa capacidade de mudar a meta, que na origem é sexual, contra outra, que já não é sexual, mas que é psiquicamente semelhante à primeira (Freud 1970a, p. 33).

Ganhos culturais

Uma maneira simples de definir a cultura é entendê-la como "toda maneira de assumir a natureza". Consiste na assunção da natureza pelo homem e na transformação dela. A natureza que segue o curso que lhe é inerente deixa a ordem que lhe é natural e passa para uma segunda ordem: a ordem da cultura. Tudo começa com a própria pulsão: uma energia que absolutamente não pode ficar no estado natural. Ela tem de ser elevada a outra ordem, à ordem da representação. O ser humano sempre a vive nessa ordem, jamais no estado de natureza. Nenhuma realização de prazer permanece no plano físico, embora seja no corpo que as coisas aconteçam, mas, sim, no plano de uma representação fantasmática e simbólica da coisa. Como ser de representação, o ser humano, para se constituir e para se manter humano, está destinado a viver no exílio de si mesmo. Sua humanização se consuma tanto mais quanto mais souber encaminhar sua pulsão na efetuação de "produtos" que o alcem ao plano civilizatório. Todo ganho cultural é fruto direto do aviamento da pulsão para fins outros que não o fim genital, erótico.

LATÊNCIA

Após um momento de florescimento sexual, por volta dos cinco anos, momento em que acontece a castração, duas coisas ocorrem na vida da criança: o édipo entra em declínio e uma acalmia sexual a coloca num estado de indiferença quanto aos interesses propriamente genitais. A criança, sobretudo a menina, transforma sua sexualidade em relações de *ternura*. Volta-se para os jogos infantis. Nesses jogos, age segundo a matriz (estampagem) que lhe estruturou a sexualidade na passagem do édipo. Se esta se estruturou heterossexualmente, levará a criança a jogos que representam a função do adulto do mesmo sexo. Assim, o menino imitará o pai e se organizará com amigos que revivem os heróis de sua época (Tarzan, Batman, os atuais) e a menina passará a brincar com bonecas, de casinha. No jogo com bonecas, ela, graças à castração, representa as funções de maternidade, de dona de casa, de esposa, de professora, de atriz. Esses jogos simbólicos constituem, por sua vez, o molde que permitirá a assunção da passagem da puberdade, na qual o filho vira homem e a filha se torna mulher. Latência é o período de descobrir o Outro e dele desfrutar gostosamente em fantasias!

A latência é o período por excelência da sublimação: a criança troca o objeto diretamente genital exacerbado do período da castração para viver sua sexualidade nos jogos simbólicos. Essa vivência é a condição *sine qua non* para ela, quando adulta, conseguir sublimar a pulsão. Se esse período for "queimado", o homem ou a mulher terão dificuldade para conseguir sublimar.

Qualquer tipo de identificação sexual supõe que se respeite o período de latência. Toda criança o viverá segundo o código estatuído pela castração: heteroerótico, homoerótico, transerótico... O grau de sublimação atingível na vida adulta é diretamente proporcional ao nível de sublimação vivido nessa fase.

Incorrem em grande erro, e em grave prejuízo para seus filhos e a humanidade, os pais que, por motivos os mais diversos, não respeitam essa fase do desenvolvimento infantil. Despertar a sexualidade numa fase em que ela realmente está em latência é sempre desastroso para a criança. A erotização desse período não só limita a possibilidade de sublimar como também tira a oportunidade de uma vida sexual adulta equilibrada.

Hoje, a televisão, a internet, certos tipos de filme, novelas e revistas antecipam uma sexualidade para a qual a criança não está preparada. "A sedução", alerta Freud, "lá onde ela age, *perturba* o desenvolvimento natural dos processos de desenvolvimento; ela, muitas vezes, tem consequências *importantes e duráveis*" (Freud 1970a, p. 145).

Toda e qualquer exacerbação da sexualidade resulta em consequências sérias para a vida adulta da criança. A obcecação sexual limita todo tipo de produção séria na vida. O homem sexualmente obsediado se faz incapaz de ser útil para si e para os outros. É um ser peado ao sensual, inibido ao voo do espírito. O sexo assim exercido tem a estrutura de um vício, ou seja, o indivíduo está preso a um gozo fixo, que o impede de ser sujeito de desejo. Ele simplesmente é um *a-sujeitado* ou *a*-viciado.[1]

Se a fase de latência não for respeitada, a criança acaba tendo dificuldade de estudar, de se concentrar, de dormir de maneira repousante e de estabelecer laços de amizade que a situem socialmente em sua idade e em seu meio. Cabe-lhe, a título certo, mas injustamente porque vítima, a denominação de criança desajustada. É por isso que Freud afirma, com sua experiência clínica: "O destino da pulsão mais importante parece ser a *sublimação*, no qual objeto e meta sofrem uma mudança de via, de sorte que a pulsão originariamente sexual tenha sua satisfação numa *operação que já não é mais sexual* senão que recebe uma valorização social ou ética superior" (Freud 1975, p. 251).

A criança que não foi poupada no período da latência e, ao contrário, foi seduzida para uma sexualidade precoce, enfrentará no florescimento dos impulsos sexuais da puberdade um verdadeiro turbilhão. A sublimação que a vida exige do ser humano para superar essa última fase da formação do caráter e da subjetividade em mutação fica comprometida.

1 Vide a excelente e original contribuição psicanalítica de Aurélio Souza (Souza 2003) sobre a fixação do objeto a (*a-viciado*) nos drogados de toda espécie, que os impede de serem sujeitos de desejo e os escraviza *à vontade de gozo* dos perversos (Cf. Lacan 1966, p. 778).

HOMOERÓTICOS E MULHERES

Falando sobre a sublimação, Freud faz duas observações intrigantes: uma sobre os homoeróticos e outra sobre as mulheres.

A respeito dos homoeróticos, tece o seguinte comentário: "A constituição dos portadores de inversão, os homossexuais, se singulariza por uma particular aptidão da pulsão sexual para a sublimação cultural" (Freud 1986, p. 170). Como veremos, Fernando Pessoa e tantos outros homossexuais, como William Shakespeare e Walt Whitman, produziram obras de excepcional grandeza. O mesmo vamos encontrar na arte pictórica e na música. Isso é um fato. Mas que pensar da observação clínica de Freud? A que título a constituição homoerótica *se singulariza por uma particular aptidão* para a sublimação? Notemos que Freud observa apenas, nem prova nem justifica.

É difícil um homoerótico procurar a análise, como observa Freud, e mesmo que a procure, nela com frequência não muito persevera. Penso que o problema, tanto do lado do psicanalista como do lado do homoerótico, resida, primeiro, na dificuldade de estabelecer a transferência e, segundo, em sustentar a perseverança do pacto analítico. A oscilação do homoerótico o fragilizaria no jogo de amor e ódio inerente à situação analítica. Mas, quando essa mesma oscilação entra num processo de contínua integração, processo esse que se desdobra todo ao longo da vida, como veremos em Fernando Pessoa, aí ele consegue ordenar a sua pulsão para objetos outros que não os diretamente eróticos.

Nesse sentido, o homoerótico, na sublimação, pode se desiludir da satisfação material imediata da pulsão. Cessa o jogo de passar de um companheiro para outro, porque o percebe inútil ou impossível na consecução da realização do objetivo sublimatório. Ao contrário, descobre-lhe o engodo e procede *de sorte que a pulsão originariamente sexual tenha sua satisfação numa operação que já não é mais sexual senão que recebe uma valorização social.*

O heteroerótico pode seguir o mesmo caminho ao buscar suplementação afetiva e sexual junto de uma companheira. Ambos podem ver suas vidas se desdobrarem, entre outras realizações sublimatórias, como na manutenção da família, na criação e educação dos filhos, condição essencial para a continuidade da civilização.

O homoerótico, de outro lado, sabe que jamais poderá formar um *casal* com seu companheiro, pois, por definição, *casal* é um significante que supõe macho e fêmea na natureza ou homem e mulher na ordem humana, e não apenas indivíduos que aceitem exercer fantasisticamente essas funções. A falta de um significante que especificamente apreenda a união homoerótica é algo muito sério. Isso não a tornaria frágil e, consequentemente, comprometeria sua durabilidade, sobretudo porque procura imitar a moral conjugal?

No entanto, o que é mais fundamental e, quiçá, disruptivo na união homoerótica é que, na falta de uma moral que lhe seja específica, ela se porta copiando a moral conjugal. A cultura atual caminhou muito na assimilação do homoerotismo, mas estamos longe de uma moral homoerótica. Estou convencido de que esta tem de ser criada por homoeróticos. Sem essa moral que lhe seria especifica, a relação homoerótica fica combalida.

E as mulheres? A observação de Freud é simplesmente espantosa: "A experiência também mostra que às mulheres, a quem, em sua condição de portadoras genuínas dos interesses sexuais do ser humano, é concedido em *menor grau o dom de sublimar* a pulsão, basta-lhes, sim, o lactente, porém não o menino crescido, como substituto do objeto sexual" (Freud 1986, p. 174).

Repugna-me sempre falar sobre sexualidade feminina. Além de não me assistir tal direito, sinto que cometeria uma temeridade. Prefiro me render à minha total ignorância ou, melhor, à suplementação dela.

Estaria diretamente em jogo a própria castração feminina, a inveja do pênis (Freud), a mascarada (Lacan)? A sensibilidade para a busca contínua da complementaridade fálica? A meu ver, são as mulheres que devem falar da sexualidade delas. Que poderiam elas dizer desta afirmação de Freud: "portadoras *genuínas* dos interesses sexuais da humanidade?". Que significaria tal frase na cabeça de Freud? E esta, que parece uma sequência de sua lógica: "é-lhes concedido em *menor grau o dom* de *sublimar*"? Tereza d'Ávila, Cecília Meirelles, Clarice Lispector, Hannah Arendt, Françoise Dolto, Maud Mannoni... e tantas e tantas... Às mulheres, a palavra.

Ouso pensar que tal afirmativa é uma leitura da situação das histéricas de Freud. Portanto, um dado da cultura da época, que o século passado e nosso reduziram a pó. As mulheres do tempo de Freud pouco ou nada podiam sublimar, porque estavam *submetidas*, como ele diz, aos três Ks, *Kinder* (crianças), *Küche* (cozinha), *Kirche* (igreja, misógina), ou, melhor dizendo, não tinham autonomia para dispor da pulsão sexual e transformá-la em obras da cultura.

À clinica, compete acolher o real que faz sofrer, sem qualquer pré-juízo. Sobretudo, que pudemos e podemos constatar que a mulher é tão capaz de sublimação quanto o homem, se não mais; *vide* as mulheres geniais, excepcionais, heroínas mesmo, sobretudo do século passado e deste, nos mais diversos campos do trabalho, da política, do saber, da arte e da religião.

PROCESSO

Quais são as condições para que a sublimação opere?

O processo de sublimação compreende sempre o retorno do recalcado, só que, em vez de se proceder a um novo recalque, com a formação de um compromisso que resultaria num sintoma, a pulsão que movimenta o recalcado é assumida pelo sujeito no nível do ego e reencaminhada para um objeto socialmente ou esteticamente valorizado. Essa assunção no nível do ego é denominada *narcisação*. O ego se caracteriza como "uma sedimentação dos resignados investimentos de objetos, contém a história dessas eleições de objetos" (Freud 1989b, p. 31), mas, para que esses investimentos não se transmudem em sintomas, precisam sofrer uma transformação operada no nível do próprio ego. Assim Freud a descreve:

> A transposição assim cumprida de libido de objeto em libido narcísea leva consigo, manifestamente, uma renúncia das metas sexuais, uma dessexualização e, portanto, uma espécie de *sublimação*. Mais ainda. Aqui se coloca uma questão que merece ser tratada a fundo: não é esse o caminho universal da sublimação? Não se cumprirá toda sublimação pela mediação do ego, que primeiro muda a libido de objeto em libido narcísea para, depois, quiçá, colocar-lhe [*setzen*] outra meta? (Freud 1989b, p. 32).

Para ser realmente sublimada, a pulsão precisa, pois, ser admitida pelo ego e concretamente reaplicada em algo estético ou transcendental, superando o caminho do recalque. Essa "cons-ciência" da pulsão é condição *sine qua non* para o processo de sublimação. Sua ausência é que explica, por exemplo, o tipo de pessoa que se propõe a viver o celibato, mas que, sem escolha de desejo, vocacionada, acaba de fato apresentando uma castidade amarga, explodindo em mau humor, irritações generalizadas, ou a solteira que diz nunca ter achado um companheiro digno e, por isso, achou melhor não se casar, mas leva uma vida agressiva e mal humorada. A sublimação resulta na alegria do dom ou no gozo da conquista cultural.

Essa condição impõe, de outro lado, um esclarecimento importante. Se a sublimação presume um desvio da meta genital ou simplesmente erótica para outro objetivo, social ou cultural, isso supõe que o sujeito tenha um *ideal* artístico, religioso ou científico. É esse ideal que direciona o encaminhamento da pulsão e, ao mesmo tempo, fornece ao sujeito força transcendente para a superação em pauta. Freud o denominou ideal de ego, mas sublimação não é a mesma coisa que ideal de ego. Ou, melhor, toda sublimação é ideal de ego, mas não vice-versa.

> Que alguém tenha trocado seu narcisismo pela veneração de um elevado ideal de ego não implica que haja alcançado a sublimação de suas pulsões libidinosas. O ideal de ego reclama por certo uma sublimação, porém, não pode forçá-la. A sublimação continua sendo um processo especial, cuja execução é por inteiro independente de tal incitação... A sublimação constitui aquela via de escape que permite cumprir essa exigência sem dar lugar ao recalque (Freud 1989a, pp. 91-92).

Exemplificando, tomemos o caso da paciente que se queixa de não poder compreender por que tanto sacrifício em sua vida não frutificou em libertação, mas, em seguida, dá a razão dessa frustração. A vida inteira agiu segundo os princípios ideais do pai e nunca cuidou de criar os próprios. O ideal de ego pode tanto levar à sublimação como à modorra psíquica. A pulsão só leva à sublimação se for narcisada, disponível no ego, e reutilizada a serviço do próprio sujeito, ou seja, à realização de seu desejo, de um projeto social ou cultural.

A narcisação da pulsão afasta o mecanismo da formação reativa, como, por exemplo, as reações de asco, pudor, antipatia, fuga. O sujeito não parte para a produção artística como fuga da ameaça da pulsão sexual. A pulsão é acolhida no nível do ego como um impulso libidinizado que o sujeito recebe e permite que ele o impulsione à produção do *opus*. "Sinto em mim um fogo que não posso deixar extinguir-se, que, ao contrário, devo atiçar, ainda que não saiba a que espécie de saída isso vai me conduzir", dizia Van Gogh. A marola que poderia afogar acaba aproveitada no prazer de sua energia. Van Gogh muitas vezes alucinava sua mão, como se ela estivesse em exoscopia, e punha-se a vibrá-la com o pincel, dominado por um jorro criativo interior tão forte que acreditava ser um objeto estranho a si. O mesmo fenômeno vamos encontrar em todos os verdadeiros músicos e escritores.

Fernando Pessoa, por sua vez, fala de *crise de abundância* (Pessoa 1974, p. 41). No mesmo sentido, *a minha sensibilidade é uma chama ao vento*... poeta, inelutavelmente poeta. *Poeta nascitur non fit* (Pessoa 1974, p. 37). *Crise de abundância*! Como, *crise*? Sim, porque o imperativo é dar conta de que o *vento* que anima *a chama* não a apague.

O conhecido cantor Ney Matogrosso, homossexual, interrogado por um jornalista sobre a verve de sua criatividade, respondeu: "Esse negócio é tão louco que não paro. Acredita que já tenho o repertório do próximo disco? Não posso conter, é um fluxo. Não fico pedindo nem chamando. Vem. Antes de eu terminar um, o outro já está. Antecede. Isso me deixa tranquilo em relação a uma continuidade" (*Folha de S. Paulo*, 18/10/2009).

Crise de abundância... chama ao vento. Antes de terminar, o outro já está... Antecede. Simplesmente, *outrar*.

Álvaro de Campos assim se exprimia:

Depois de escrever, leio...
Por que escrevi isto?
Onde fui buscar isto?
De onde me veio isto? Isto é melhor do que eu...
Seremos nós neste mundo apenas canetas com tinta
Com que alguém escreve a valer o que nós aqui traçamos?
(Pessoa 1995, p. 394).

Esses versos emanam de uma certeza inabalável: Pessoa constata que sua criação literária dimana do inconsciente. Confessa-o lealmente: "Seremos nós neste mundo apenas canetas com tinta/Com que *alguém* escreve a valer o que nós aqui traçamos?".

Quem é esse *alguém*? Evidentemente, o grande Outro que, em borbotões, devolve-lhe um vasto caudal de lampejos ininterruptos em verso e prosa. A narcisação da pulsão permite que o sujeito dela se aproprie, nela se veja e a subjetive. Esse ato de subjetivação (apropriação) o liberta de qualquer idealização, pois sua pulsão não escoa pelo ralo de devaneios, mas, sim, transforma-se em *opus*. Sua produção não será algo conforme ou adaptação a uma realidade, física ou social. Ao contrário, o sujeito institui um novo real diante da realidade sempre a mesma.

Lacan, no Seminário da Ética, explicita o ato da criação: *creatio ab nihilo suo, criação do nada seu*. Trata-se de algo que nunca existiu que vem à luz do dia, como civilização, cultura. Exemplo: o vaso do oleiro que circunscreve o vazio. Lindamente, disse Pessoa: "A civilização consiste em dar a qualquer coisa um nome que lhe não compete, e depois sonhar sobre o resultado. E realmente o nome falso e o sonho verdadeiro criam uma *nova* realidade. *O objeto torna-se realmente outro, porque o tornamos outro. Manufaturamos realidades*" (Pessoa 1982a, p. 39).

Para Pessoa, *dizer é renovar*: "Toda literatura consiste num esforço para tornar a vida real. *Por isso*, são intransmissíveis todas as impressões salvo se as tornarmos literárias" (Pessoa 2006b, p. 28).

Concluindo, nem formação reativa, nem ideal de ego solto, nem idealização, nem recalque... sublimação é um ato criativo da pulsão. Uma vez narcisada, ela é reempregada numa nova assunção da natureza. Pessoa tinha esta lucidez sobre a sublimação: "(...) contribuo talvez para engrandecer o universo, porque quem, morrendo, deixa escrito um verso belo deixou mais ricos os céus e a terra e mais emotivamente misteriosa a razão de haver estrelas e gente" (Pessoa 1974, p. 83). Ao mesmo tempo em que é movido por tão elevado ideal, dimensiona-se humildemente diante de sua obra, delegando aos pósteros o juízo sobre elas:

> Uma vez chamaram-me poeta materialista,
> E eu admirei-me, porque não julgava
> Que se me pudesse chamar qualquer cousa.
> Eu nem sequer sou poeta: vejo.
> Se o que escrevo tem valor, não sou eu que o tenho:

O valor está ali, nos meus versos.
Tudo isso é a absolutamente independente da minha vontade
(Pessoa 1995, p. 235).

REALIZAÇÃO

Ao descrever a origem da sublimação Freud a coloca como uma realização da pulsão epistêmica. Em seu trabalho sobre Leonardo da Vinci, denomina-a de *vigorosa pulsão de investigar* e a chama de *hiperpotente*.

A criança, desde antes da aquisição da fala, já é movida por ela, que se acentua de maneira intrigante na assim chamada "fase dos por quês". Simplesmente, dispara na conquista do mundo e quer saber tudo, até mesmo "por que a chuva cai em pé e corre deitada" ou "por que a carroceria do caminhão está carregada de nada". É a pulsão epistêmica que leva o homem à incessante investigação de seu próprio mundo interior e do mundo que o cerca. É o motor de toda sublimação possível. É ela que impele o homem ao além do conhecimento imediato e da sensação do prazer ou da estagnação no gozo.

Lacan, em seu seminário sobre a ética da psicanálise, indica três caminhos na obra da civilização, que conjugam o princípio da sublimação: a arte, a religião e a ciência. E eu, com Freud, acrescento o trabalho. A arte se relaciona ao mecanismo da histeria: na pintura, na escultura, na literatura, há mil maneiras de dizer os sintomas. A religião se relaciona à neurose obsessiva, porquanto, na perquirição contínua da vontade de Deus, o ser humano, embaraçado em mil prescrições secundárias que só visam à manutenção do poder clerical, pode passar ao largo de seu desejo e do desejo de Deus a seu respeito. A ciência, segundo Freud *a mais perfeita das sublimações*, implica na estrutura da paranoia, quanto mais se sabe, menos se sabe. Há sempre um saber que sabe sem que eu saiba.

Nesse processo, a falta-para-ser mantém o homem na incessante busca de um saber que não acaba jamais. O grau de sublimação possível se define como a *identificação à potencialidade simbolizante do Outro* (Hornstein 1990, p. 44). Ora, na arte, na religião e na ciência, a *potencialidade simbolizante do Outro* é simplesmente infinita, ou seja, jamais total ou completa.

Fernando Pessoa, tendo descoberto esse tesouro muito cedo em sua existência, explora-o a fundo e a infindo na estética do outrar. Outrar é-lhe colocar em prática a convivência com o Outro. Foi a maneira que encontrou para a prática da sublimação em sua vida. Outrar era-lhe deslocamento contínuo de suas pulsões às *potencialidades simbolizantes do Outro*.

Mas é preciso observar que é impossível sublimar tudo e todo o tempo. A vida humana seria inviável. Notemos, porém, que Fernando Pessoa atingiu tal grau de desapego das coisas materiais que a prática da sublimação literária era-lhe tão familiar quanto a respiração. Tudo fazia por não perder nenhum lampejo.

O trabalho, a meu ver, a justo título, aparece como alta realização sublimatória para o homem. O trabalho realizante é algo carregado de sentido, vivido na *potencialidade simbolizante do Outro*. A dona de casa, o operário, o liberal, o intelectual... qualquer profissional que, no afã de suas tarefas, paute-se por um sentido outro que o prazer ou o ganho imediatos, certamente sublima suas ações como o cientista, o artista ou o religioso. Se a sublimação consiste em sempre procurar uma *identificação na potencialidade do Outro*, o trabalho realizado do enfoque constante de um sentido de vida, um sentido social de responsabilidade, de solidariedade humana, será sem dúvida uma realização sublimante. Inútil acrescentar que o trabalho não vocacionado, o trabalho forçado ou contrariado, porque fora da realização do desejo, sobre dificilmente ser sublimatório, será sempre neurotizante.

Poderíamos, enfim, resumir a realização da sublimação: serão sublimatórios todos os atos que representem um ganho cultural, todo ato ou obra que contribua para o crescimento pessoal, isto é, a superação de si mesmo e o crescimento da humanidade.

Concluindo, a sublimação é um conceito maior da psicanálise, pois ela define o destino especificamente humano. O ser humano, graças à linguagem, gravita o mundo do desejo, além do âmbito da necessidade que compartilha com todo animal. O desejo, fruto da fala, resulta da leitura subjetiva do mundo dos viventes e não viventes. A sublimação, essência do humano, eleva o ser humano a superar a ordem da natureza e a vivê-la na ordem da cultura. Sublimação e desejo permitem *o aperfeiçoamento contínuo*, a resubjetivação incessante e seu desdobramento em obras que alimentam a cultura e dignificam a humanidade.

A sublimação faculta a superação do gozo, improdutivo e inibidor: *o gozo não faz energia* (Lacan 1974). A sublimação possibilita que o desejo se mantenha vivo na resolução contínua dos conflitos pessoais e na solução dos problemas humanos, muito além de interesses e ambições que amesquinham o ser humano.

A sublimação, finalmente, é a única fonte da cultura, porque é ela que articula a repressão das pulsões e as *translada* para ciência, arte e religião, os três bastiões da civilização. Daí a afirmação de Freud: "De uma maneira muito geral, nossa civilização é construída sobre a repressão das *pulsões*" (Freud 1970a, p. 33).

3

HOMOEROTISMO

Il est impossible de changer une identité sexuelle affirmée.
J.D. Nasio

INTRODUÇÃO

O termo *homossexual* foi criado pelo médico húngaro Karoly M. Benkert em 1860, e é interessante notar que ele tinha a intenção de *acolher* a diferença sexual, dando-lhe uma denominação de respeito. Nesse mesmo sentido, Sandor Ferenczi, em 1914, propôs que o termo homossexualidade fosse substituído por *homoerotismo*, mais abrangente, indicativo não só da estrutura homo como da atração (eros) inerente à construção sexual do sujeito humano.

O homoerotismo tem duas faces históricas. Uma de total rejeição, ou *pré-conceitos*, na sociedade civil, mas sobretudo religiosa, e outra de uma lenta aceitação a partir do Renascimento (sobretudo nas artes) e, especialmente, na literatura, desde o final do século XVIII. A história do homoerotismo é trágica. A rejeição a homoeróticos concretizou-se ao longo da história humana em acontecimentos cruéis, perseguições, condenações à fogueira ou à câmara de gás, prisões e exclusões de todo tipo, como a classificação como doença pela psiquiatria.

D. Eribon (2008, p. 27) descreve de maneira magistral como os homossexuais foram discriminados ao longo da história: "No começo, há a injúria. Aquela que todo *gay* pode ouvir num momento ou outro da vida, e que é o sinal de sua vulnerabilidade psicológica e social. A injúria assim lançada pode marcar o homossexual, o *insulto* cai como um *veredito*. O mesmo autor registra como Sara Miles "descreve muito bem o que pode sentir um *gay* quando é alvo de injúria: a primeira vez que alguém disse veado e que entendi que era eu (...) o mundo brutalmente se revelou com essa simples palavra que brotava como uma explosão fora da frase, algo que eu não deveria ter feito, algo que eu não deveria ter sido, veado" (Eribon 2008, p. 27). Como terrível consequência: "Aquele que lança a injúria (veado) me faz saber que tem domínio sobre mim, que estou no poder dele. E esse poder é primeiramente o de me ferir" (Eribon 2008, p. 28).

André Fischer (2008, p. 26) assim analisa o sofrimento do homossexual:

> Será que héteros, mesmo os mais simpatizantes, se dão conta dos detalhes do cotidiano que complicam a vida da maioria dos *gays* e lésbicas?
>
> Ter que represar em público o afeto pelo ser amado. Ao terminar um romance, ser forçado a fingir que nada aconteceu. Ser obrigado a mentir sobre o nome da pessoa por quem se está apaixonado. Habituar-se ao medo de ser flagrado em um bar que frequenta. Não poder apresentar amigos à família. Viver eternamente com o estado civil inalterado. Ser vítima de uma das mais covardes manifestações de ódio, a violência homofóbica. Dissimular sua orientação sexual em entrevistas de emprego e, se for contratado, ter que criar uma vida dupla fictícia para uso profissional. E por aí vai.

Vai assim o cruel preconceito, regendo uns e outros.

Todas as línguas têm uma série de gírias que exprimem essa rejeição ao homoerotismo e não raro o ridicularizam, no fundo, como defesa subjetiva: *raça de tias*, *raça maldita*, *vício inominável*, *androginia*, *hermafroditismo da alma*, *inversão*, *alma de mulher em corpo de homem*, *sodomita*, *uranista*, *veado*, *bicha*... Sempre que o diferente (cor, raça, sexo, religião, nacionalidade, hábitos) nos interroga, em geral, adotamos uma atitude de defesa ou de rejeição e nos apegamos à ficção imaginária de que estamos do lado certo e bom. Nada mais revelador de nossa insegurança quanto à identidade pessoal ou sexual. É precisamente isso que denominamos preconceito. Um conceito *pré* com que convivemos em nosso imaginário como dogma e que outras identificações sexuais vêm interrogar. Nada mais precioso para indicar nossa fragilidade subjetiva. Instituímos o imaginário como uma cidadela intransponível, o que, além de tosco, é estúpido ou ignorante. O perigo subjetivo do preconceito é que ele se nos impõe com a impostura de um fundamentalismo.

A propósito de dogma, é bom lembrar que as religiões monoteístas têm todas um fechamento doutrinário, se não moralista, sobre o homoerotismo. Na Igreja Católica, que instituiu o celibato por decreto no Concílio de Trento e na qual grande parte do clero atual é homossexual, ocorreu um fenômeno interessante. Na falta de vocações, isto é, no desinteresse cada vez maior dos jovens por uma carreira clerical conservadora e medieval, a Igreja resolveu abrir suas portas aos homossexuais. Estes, por sua vez, acorreram em massa, descobrindo na mãe-igreja a continuidade da mãe superprotetora, onde o cumprimento de ritos lhes garante a sobrevivência, provinda da esmola dos fiéis.

Porém, o grande problema é que os homossexuais passaram a ser considerados e tratados como os tradicionais sacerdotes, que não tinham essa escolha de objeto, e a maior parte se viu sem escuta e sem paradigma para viver o celibato. A cultura *gay* passou a imperar em seminários, ordens religiosas e paróquias, sem outro parâmetro institucional que a repressão e o *feigning*. Com a queda radical dos limites entre vida pública e vida privada e com a consciência cada vez mais aguda dos direitos humanos, os escândalos de abuso sexual de sacerdotes (heteros ou homos) vieram a público, tornaram-se objeto da justiça e, incrivelmente, para reparação de algo moral, exigiram-se somas fabulosas. Diante dessa situação, o papa Bento XVI reconheceu o pecado, afirmou na Austrália que os culpados devem ser condenados pela justiça e que as vítimas devem ser amparadas, mas tudo isso depois de ele mesmo ter vetado o acesso de homossexuais ao sacerdócio católico (19/5/2008).

Duas considerações: primeira, qual é a responsabilidade da igreja-instituição de ter admitido tais indivíduos ao sacerdócio e não os ter amparado? Ao contrário, emprega o jogo da ocultação, transferindo-os geograficamente, em vez de enfrentar o problema, já que a responsabilidade da admissão lhe foi própria.

Nesse sentido, há certa ingenuidade religiosa em formadores de sacerdotes ao aceitar homossexuais e os tratar como heteros. Assim, por exemplo, não é nada fácil para homossexuais conviver exclusivamente com homens no clero, no convento ou no exército. Clinicamente falando, não é de bom alvitre nem prudente o homoerótico se impor tal enfrentamento. É exigir-lhe um comportamento quase heroico. Nem todos estão preparados para tal abnegação. Além disso, num ambiente exclusivamente masculino, o homoerótico facilmente passa a ocupar o lugar da mulher faltante. Convento ou exército para homoeróticos é menos uma questão de direito que suscitação de uma problemática.[1] Aqui, vale a advertência de André Fischer (2008, p. 109) sobre a fuga dos homossexuais do específico das características próprias: "Batem em teclas desafinadas com o avanço da sociedade, reproduzindo valores ultrapassados. Lutam por temas absolutamente dispensáveis, como aceitação de *gays* nas forças armadas e defesa do casamento tradicional, que fazem de maneira acirrada".

De outro lado, fica também difícil entender a atual proibição da Igreja de acesso ao sacerdócio. Não seria isso uma flagrante discriminação? O evangelho e, explicitamente, os apóstolos Pedro e Paulo primam em eliminar a acepção de pessoas em *A Nova Era do Espírito*. Por que não podemos conceber que um homossexual, movido pelo Espírito Santo, possa abraçar o voto de castidade e o celibato, dedicar sua vida ao próximo e santificar-se no sacerdócio? É interessante notar que João, *o apóstolo que Jesus amava* (João 20.2), foi considerado homossexual. E nenhum outro autor bíblico escreveu melhor e mais belo que ele, sobre o amor de Deus para com os seres humanos. A verdade é que, fechada em um conservadorismo autoritário e preconceituoso, a hierarquia se recusa a se abrir ao entendimento da questão homo. Por falta de discernimento, ingênuos ou teimosos, os formadores dos seminários acabam em equívocos dramáticos.

Importa observar que todo movimento de libertação homo e, consequentemente, da obtenção de direitos civis, partiu da literatura. Walt Whit-

---

[1] Os interessados nesse assunto poderão ler *Acompanhamento de vocações homossexuais*, de José Lisboa Moreira de Oliveira, publicado pela editora Paulus em 2007. O livro é fundamentado e, em que pesem os critérios propostos para aceitação de vocações homo, não deixa de elaborar certa ingenuidade. Sem mudança na estrutura atual do sacerdócio e da vida religiosa da Igreja, a tentativa desse livro é mais um alerta ou uma acomodação inócua.

man (1819-1892), sem dúvida alguma, foi quem, com *Folhas de relva* (1855), deu impulso decisivo a essa virada, cujos efeitos chegam até nossos dias. Sua influência foi decisiva no grupo de Oxford – Oscar Wilde (1854-1900), John A. Symonds (1840-1893), Walter Pater (1839-1894) –, na França – Marcel Proust (1871-1922), André Gide (1869-1951) – e na Alemanha – Magnus Hirschfeld (1868-1935). *Folhas de relva* impulsiona Wilde, que publica *O retrato de Dorian Gray* (1890). Ambas as obras passaram a ser *bíblias* de homossexuais no século XX. *Córidon* (1924), de Gide, seguiu na mesma esteira, com grande influência, e *Em busca do tempo perdido* e *Sodoma e Gomorra*, de Proust, alimentam a mesma linha de pensamento.

Na Espanha, no impulso dessa corrente literária de libertação dos homossexuais, importa destacar o grande poeta Federico García Lorca (1898-1936), que fez seu *coming out* em Nova York e, sobretudo, em Cuba, que amava carinhosamente como réplica de sua querida Andaluzia. Em *Poeta em Nova York* dedica, como Fernando Pessoa, uma ode a Walt Whitman, citada em parte a seguir. De volta à Espanha, foi monstruosamente assassinado pelos esbirros do ditador Franco. Na *Ode a Walt Whitman*, Lorca o saúda em 37 versos de declaração homoerótica:

Nova York de lama
Nova York de arame e morte

Nem um só *momento*, velho formoso Walt Whitman,
Deixei de ver tua barba cheia de mariposas,
Nem teus ombros de veludo gastos pela lua,
Nem tuas coxas de Apolo virginal

Nem um só *momento*, formosura *viril*

Sonhavas ser um rio e dormir como um rio

Nem um *momento*, Adão de sangue, macho,
Homem só no mar, velho formoso Whitman,

Os *maricas*, Walt Whitman, te sonhavam.

> Os *maricas*, Walt Whitman, os *maricas*
> Turvos de lágrimas, carne para o chicote
> Bota ou mordedura dos domadores
> (Folha de S. Paulo, 27/7/2008).

Em Portugal, Fernando Pessoa, de quem nos ocupamos nesta obra, viria a cantar explicitamente a lírica do homoerotismo e seu amigo Mario de Sá-Carneiro, em *A confissão de Lúcio* (1914) o exporia de maneira franca e bela.

Contemporaneamente, na França, Michel Foucault (1926-1984) mereceria um capítulo à parte, sobretudo por sua monumental *A história da loucura*. Foucault analisa minuciosamente como o homossexual passou a fazer parte do mundo da *desrazão* e, por isso mesmo, foi objeto de encarceramento. O hospital geral tinha várias funções e uma delas era excluir da sociedade os indesejáveis ou os que a punham em perigo, sobretudo a família:

> A partir do século XVII, a desrazão não é mais a grande obsessão do mundo; cessa de ser também a dimensão natural das aventuras da razão. Assume o ar de um fato humano, de uma variedade espontânea no campo das espécies sociais. O que era outrora inevitável perigo das coisas e da linguagem do homem, de sua razão e de sua terra, agora assume figura de personagem. Personagens, de preferência. Os *homens da desrazão são tipos que a sociedade reconhece e isola*: há depravado, dissipador, *homossexual*, mágico, suicida, libertino. A desrazão começa a se medir conforme certa distância em relação à norma social [...]. A partir do século XVII, o homem de desrazão é um *personagem concreto retirado de um mundo social real, julgado e condenado* pela sociedade de que faz parte (Foucault 1978, pp.102-103).

A psiquiatria, em seu jogo histórico de aliada do poder, sobretudo serva do poder político e farmacêutico, apossou-se da homossexualidade como *doença*:

> Logo, uma nova espécie apareceu no movimento do Grande Encarceramento, sob o efeito da nova moral e das normas que ela instala: o *homossexual*,

> um ser novo formado no espaço social e moral da idade clássica e moldado por sua lógica de exclusão. É sobre ele que vai pousar o olhar *médico*, o da *psiquiatria*, e depois, da psicanálise (Eribon 2008, p. 329).

Assim, na Classificação Internacional das Doenças, sob o número 302, são listados os desvios e distúrbios sexuais, o primeiro da lista é o homossexualismo. Em 1974, a American Psychiatric Association (APA) faz um plebiscito para decidir se o homossexualismo continua ou não como uma doença. Nada se decide e, finalmente, em 1987, mais de dez anos depois, ele é definitivamente abolido como tal e o termo *parafilia* (que não sobreviveu) é introduzido. A psiquiatria brasileira, sempre sem posição própria, seguiu submissamente a imposição americana. Essa prática médica é um escândalo, pois significa que a psiquiatria, ao tratar os homossexuais como doentes, propunha-se a *curar* sua *doença* sexual.

A psicanálise, em sua história, também teve seu momento obscuro. Karl Abraham, em Berlim, e sobretudo Ernest Jones, em Londres, opuseram-se obstinadamente a aceitar homossexuais como analistas. Jones chega mesmo ao seguinte disparate preconceituoso: o homoerotismo é "um crime repugnante: se um de nossos membros o cometesse, atrairia para nós um grave descrédito" (*apud* Roudinesco 2009, p. 353).

A Internacional Psychoanalytical Association (IPA), influenciada por Jones e sobretudo por Anna Freud, mantém atitude repressiva contra homossexuais, excluindo-os de suas fileiras. Freud e Otto Rank tinham opinião liberal e jamais se preocuparam em transformar homoeróticos em *bons* pais de família, como propunha Anna Freud.

Mas foi Jacques Lacan quem abriu as portas da psicanálise tanto para a análise de homossexuais como para a admissão de candidatos a psicanalistas, aqueles que resolvessem assumir a responsabilidade por sua formação.

A concepção de Freud sobre a homossexualidade já fora definida em uma nota de 1915, acrescentada aos "Três ensaios sobre a sexualidade (1905)":

> A investigação psicanalítica se opõe terminantemente à tentativa de separar os homossexuais como uma espécie particular de seres humanos. Na medida em que estuda outras excitações sexuais além das que se dão a conhecer de

> maneira manifesta, sabe que todos os homens são capazes de eleger um objeto de seu próprio sexo e o tenham mesmo consumado no inconsciente (Freud 1989, p. 132).

Mais explicitamente, numa carta de 9 de abril de 1935, para uma mãe americana que se queixava do fato de o filho ser homossexual, Freud assim respondeu:

> A homossexualidade não é uma vantagem, evidentemente, mas nada há nela de que se deva ter vergonha: não é um vício nem um aviltamento, nem *se pode qualificá-la de doença*; nós a consideramos uma *variação da função sexual* provocada por uma suspensão do desenvolvimento sexual. Diversos indivíduos sumamente respeitáveis, nos tempos antigos e modernos, foram homossexuais, e dentre eles encontramos alguns dos maiores de nossos grandes homens (Platão, Leonardo da Vinci etc.). É uma *grande injustiça perseguir a homossexualidade como um crime*, além de ser uma crueldade (*apud* Jones 1969, p. 223).

Termina carta afirmando ser inútil querer transformar um homossexual em hetero:

> Ao pedir se me é possível vir em sua ajuda, a senhora quer, sem dúvida, me perguntar se posso suprimir a homossexualidade e fazer com que a heterossexualidade a substitua. A resposta é que, de maneira geral, não podemos prometer alcançar isso. Em certo número de casos, chegamos a desenvolver os germes estiolados das tendências heterossexuais que existem em todo homossexual; na maior parte dos casos, *a coisa não é possível.* (*Ibidem*)

Vejamos, então, como a psicanálise desenvolveu essa concepção de Freud.

J.D. Nasio faz a seguinte afirmação sobre homoerotismo em seu livro *Um psicanalista no divã*: "A homossexualidade não é nem uma perversão nem uma doença, mas uma *modalidade própria do amor, uma maneira particular de amar e de se sentir amado*" (Nasio 2002, p. 65). Essa postura é psicanalítica, porquanto a psicanálise se abre a toda forma de identificação sexual sem a submeter a classificações, uma vez que a sexualidade é singular em cada sujeito e a psicanálise cuida do sujeito. Nasio explicita sua concepção clínica: "Para nós [psicanalistas], o homossexual é antes de tudo um ser fundamentalmente narcíseo, isto é, apaixonadamente ligado a seu corpo, à sua imagem e ao órgão masculino, tanto ao seu como ao do seu companheiro". E acrescenta (p. 68):

> Mas, atenção, não se veja nesse egocentrismo um amor de si sereno e complacente. Ao contrário, o narcisismo do homossexual muito o faz sofrer. É um narcisismo exacerbado, cruel, que o torna frágil e hiperemotivo; às vezes, é tão convencido que se torna intransigente e agressivo, outras vezes, ele se desvaloriza de tal modo que sucumbe no isolamento e na mágoa.

Na pesquisa da origem dessa identificação, Nasio (pp. 68-69) se alia a Freud:

> A psicanálise considera que a homossexualidade (masculina) foi provocada por uma parada na evolução sexual do menino, em virtude de um transbordamento de *ternura materna* que submerge a criança. *A ternura excessiva* da mãe para com o filho – procurando muitas vezes compensar a ausência do marido – fixa a criança imatura numa completidão de prazer que esta não pode senão nela sucumbir. Sem dúvida, há ternuras abafantes, a da mãe de futuro homossexual é um exemplo. Mais tarde, tornando-se homem, fortemente impregnado do prazer de outrora, procurará imperiosamente reencontrar a mesma voluptuosidade e a mesma felicidade. *Tal procura de sensualidade se lhe torna onipresente a ponto de lhe modelar o corpo e lhe impor uma maneira de amar.*

E elucida o ponto de vista psicanalítico (pp. 68-69):

> Mas o que é notável é que esse refinamento do homossexual, seus gostos, suas escolhas afetivas são ditados por uma *cena imaginária* que o habita permanentemente, sem que jamais ele a perceba. Em vez de uma cena de contornos definidos, trata-se de uma *imagem fluida*, não consciente, incluindo dois personagens principais, *ele*, a *criança*, e *sua mãe* o envolvendo num amplexo sensual... Esse *fantasma incestuoso*, embora inconsciente,

decide sobre a orientação sexual do jovem... Uma cena impressa na infância, permanecida escondida e, sem que ele saiba, representada pelo sujeito, no teatro de sua vida amorosa.

Isso posto, vejamos como podemos desdobrar esses conceitos.

PLASTICIDADE DA PULSÃO

A característica fundamental da pulsão é, como vimos, a sua plasticidade. No animal, como foi explicitado, a energia é energia ligada aos ditames precisos do instinto e visa precipuamente à conservação e multiplicação da espécie. No ser humano, ela é energia livre e se liga a *traços mnésicos*, ou seja, letras, palavras ou leis que a sobredeterminam.

A plasticidade da pulsão se molda, pois, pela representação, e sua *força* sendo *constante* não cessa de se representar num representante. No desenvolvimento do ser humano, como vimos, há uma encruzilhada dramática: é a fixação da pulsão numa das formas de sexualidade no momento da castração, momento semelhante ao vivido no ponto crítico da estampagem dos animais. A castração, como tal, ocorre por volta dos cinco anos. Então, nesse preciso e mítico momento, o que de específico ocorreria para *significantizar* a pulsão de certas crianças em pulsão homoerótica? O que as levaria a "eleger um objeto" do mesmo sexo como seu suplemento?

HOMOERÓTICO

Como vimos, a castração, determinante na "eleição de objeto", opera-se pela intermediação de um operador especial (nome-do-pai), semelhante ao da estampagem e, num momento preciso, no ponto crítico. No animal, a estampagem se efetua na escolha do companheiro da espécie, ela é instintual e apenas imaginária. No homem, além da captação imaginária, opera-se o que lhe é essencial, um registro simbólico, porque a função paterna do nome-do-pai é um operador simbólico. Mas a castração não é algo *ex abrupto*. Se ela se concretiza num ápice do desenvolvimento da primeira infância, na verdade, houve toda uma sustentação anterior que a conduziu a essa singular determinação da escolha sexual de objeto.

Se a castração inclui uma "eleição de objeto" que, cristalizando-se num ponto crítico semelhante ao da estampagem, define a estrutura da sexualidade do sujeito, isto só se dá porque essa eleição foi se fazendo aos poucos, operando-se através do "instrumental" simbólico (linguagem) oferecido prevalecentemente pelos pais, sobretudo, pela maneira como os pais trataram a diferença sexual dos filhos e lhes facultaram a apropriação do corpo próprio. O processamento dessa *eleição* não é, pois, *voluntário, livre*. Além de ser inconsciente, pois é efetuada pelo processo primário, essa eleição é *imposta* pelas condições da educação. É por isso que Freud denomina essa determinação sexual de castração. Foi Lacan quem a colocou no plano simbólico, consistindo num processo em que o sujeito deixa de ser o fálus da mãe, *objeto de desejo da mãe*, e começa por se determinar em tudo pelo inconsciente dessa *escolha*, articulando-a na linguagem. Ela é um resto, objeto, fruto de um recalque primário, disparador e ordenador do sujeito desejante, rica em potencialidades. E como "o sujeito está em exclusão interna de seu objeto" (Lacan 1966, p. 861), cada vez que o objeto dessa *escolha*, isto é, seu objeto sexual, assombra na tela de seu fantasma, ele será excitado por um desejo que emana da estrutura (objeto a) da escolha. Então, está aí o maior paradoxo da existência humana: se o ser humano é um ser livre, ele não o foi na escolha do objeto sexual na castração. Mais paradoxalmente ainda: poderá ser livre e, portanto, realizado, desde que exerça a sexualidade segundo sua castração.

Freud, em *Hans*, adverte que não existe um instinto homoerótico especial. "Não é", diz ele, "uma particularidade na vida pulsional, mas na *escolha de objeto*, que faz o homossexual" (Freud 1970c, p. 171).

Contudo, na origem de todo homoerótico, há quase sempre uma mulher forte e um pai frágil:

> Todos os nossos varões homossexuais haviam mantido, em sua primeira infâ ncia, olvidada depois pelo indivíduo, uma ligação erótica mui intensa com uma pessoa do sexo feminino, em regra geral a mãe, provocada e favorecida pela *hiperternura* da própria mãe, sustentada, demais, por um *relegar* do pai na vida infantil (Freud 1988, p. 92).

De outro lado, *a contrario*, uma coisa é certa para Freud: "De toda maneira, parece como se a presença de um pai forte assegurasse ao filho varão, na eleição de objeto, a decisão correta por alguém do sexo oposto" (Freud 1988, p. 93).

Esse texto de Freud é clinicamente ilustrativo. Em primeiro plano, podemos entender que a característica primacial do amor homo – *a ternura* – tem sua origem nessa *hiperternura da própria mãe*. Invariavelmente, o pai de um homoerótico é uma figura apagada, mansa, passiva ou, pelo menos, minimamente interveniente. "A falta de um pai forte na infância não raro favorece a inversão" (Freud 1987, p. 133). A mãe não será necessariamente uma figura masculinizada, mas será sempre uma criatura sedutora, impositiva, que marca presença na tomada de decisões do filho. Não é a mãe que açambarca o desejo do filho, como a mãe que pode gerar um esquizofrênico, nem a mãe que se impõe como modelo único à identificação do filho, podendo criar um transexual, nem a mãe persecutória, que oferece matriz psíquica à filha paranoica, nem a mãe obsessiva, que abre possibilidade para um filho depressivo, mas, sim, a mãe que seduz o filho, não para dormir com ela, mas que acaba se impondo a ele como modelo de identificação, embora guardando ele certa masculinidade.

A posição da mãe para Lacan é sempre considerada chave, tanto no caso da psicose como da neurose ou da identificação sexual: "(...) se a marca do pai interditor é quebrada, o resultado é exatamente o mesmo" (Lacan 1998b, p. 208) e, em outra obra, "tudo depende do caso que a mãe faz da palavra do pai" (Lacan 1966, p. 579). Lacan afirma:

> Embora tendo as mais estreitas relações com a mãe, *a situação não tem importância senão em relação ao pai*. O que deveria ser a mensagem da lei é tudo o contrário, e se encontra, ingerido ou não, nas mãos da mãe. A mãe tem a chave, mas de uma maneira muito mais complexa do que aquela que implica a noção global e maciça da mãe provida de um falus. Se o homossexual se acha identificado a ela não é absolutamente porque, pura e simplesmente, ela tenha ou não tenha o adjeto (pênis), mas *enquanto detém* as *chaves da situação particular que prevalece na saída do édipo*, onde se julga o ponto de saber qual dos dois detém, enfim, a potência. Não *qualquer potência, mas mui precisamente a potência do amor* (Lacan 1998b, pp. 211-212).

Se, na dialética edipiana, continua Lacan,

> é o pai que faz a lei à mãe, aqui, o de que se trata e que pode revestir formas diversas, se resume sempre a isso: *é a mãe que acaba fazendo a lei do pai num momento decisivo.* Isso quer dizer precisamente que, *no momento em que a intervenção interditante do pai deveria introduzir o sujeito na fase da dissolução de sua relação ao objeto do desejo da mãe, e cortar na raiz toda possibilidade para ele de se identificar ao fálus, o sujeito encontra ao contrario na estrutura da mãe o suporte, o reforço que faz que essa crise não ocorra.* No momento ideal, ao tempo dialético em que a mãe deveria ser considerada como privada do adjeto, de tal maneira que nesse beco o sujeito não mais soubesse literalmente a que santo invocar, ele, ao contrário, encontra sua segurança. Isso sustenta o golpe perfeitamente, pelo fato de que ele *experimenta que é a mãe a chave da situação* e que dela ela não se deixa nem privar nem despossuir (Lacan1998b, p. 208).

Não estaríamos aqui diante de uma situação perversa? Roudinesco tece o seguinte comentário sobre essa posição de Lacan:

> Assim como Lacan psicotiza a clínica das neuroses, da mesma forma tende a ver perversão em todas as manifestações do amor. É nesse contexto que ele faz da homossexualidade, *enquanto tal,* uma perversão e não uma orientação sexual perversa. Se quisermos compreender como Lacan reintroduz a homossexualidade na categoria não das perversões sexuais, mas de uma estrutura perversa, devemos partir desse *a priori* (Roudinesco 2009, p. 57).

Ele "faz da perversão uma estrutura universal da personalidade, da qual o homossexual seria a mais pura encarnação" (Roudinesco 2009, p. 58). Mas a autora não deixa de observar que essa teorização talvez seja a explicitação da própria personalidade de Lacan. De qualquer modo, o homossexual para Lacan seria o *perverso sublime.*

Joel Dor assim resume essa identificação: ela é fruto do "apelo sedutor e da cumplicidade libidinal da mãe, associados à complacência silenciosa do pai" (Dor 1991, p. 62). Mas, em grau diferente do perverso, que não reconhece a função do "Pai Simbólico, representante da Lei, e se pauta pelo desafio e pela transgressão" (*ibidem*). Se o homossexual é fruto do *apelo sedutor e da cumplicidade libidinal da mãe, associados à complacência silenciosa do pai*, caso essas condições não ocorram, provavelmente o homossexual não venha a existir. Isso é uma hipótese clínica muito verossímil, embora beire a utopia. Na prática, teríamos de contar com mães que se propusessem a ter em seus maridos seu objeto sexual e a manter cumplicidade libidinal só com eles. Suporia ainda mais: que abraçassem sua função de ser *inúteis* a seus filhos.[2]

Em Fernando Pessoa, encontramos a realização dessa reflexão de Lacan. Gaspar Simões assim descreve a relação de Fernando com a mãe: "A ternura que Fernando Pessoa, aos cinco anos, volve inteira para sua mãe, depois da morte do pai e do irmão, é alguma coisa tão *intensa* e *anormal* que se dirá o poeta ter esgotado aí por completo todas as disponibilidades amorosas da sua alma" (Simões 1991, p. 49). Nas palavras do próprio Pessoa:

> Ai, quem me dera no tempo
> Em que o amar era um bem!
> Ai, o amor do meu pai,
> Os beijos da minha mãe!
> (Pessoa 2006a, p. 42).

Sá–Carneiro perdeu a mãe aos dois anos e o pai, inteiramente entregue à carreira militar, "acabou por mandá-lo para a Quinta de Camarate, ao cuidado dos avós e de uma ama analfabeta, mas dedicada e carinhosa. Aí passou sua infância, sem mãe e *afastado* do pai, criança sensível, magoada, isolada. Decerto por esse motivo foi tão amimado, tão excessivamente protegido, tão rodeado de meiguice e indulgência" (Sá-Carneiro 1985, p. 10). Importante observar que para lá foi aos dois anos e, num ambiente de *meiguice e indulgência*, por volta dos cinco anos, não pôde escapar da *eleição de objeto* homossexual.

Ternura é um significante mestre para o homossexual, porque a mãe – o Outro – lha forneceu em abundância, inundando-o de carinho.

---

2 Mãe suficientemente boa é aquela que sabe ser suficientemente *inútil* ao filho. Cf. D. Checchinato. *Psicanálise de pais: Criança sintoma de pais*. Rio de Janeiro: Companhia de Freud, 2007, sobretudo o capítulo "Presença e ausência".

Lúcio assim se expressa: "E sofri... ela era tão pouca coisa, mas a verdade é que sofri... sofri de ternura... uma ternura muito suave... penetrante... aquática... Os meus afetos, mesmo, foram sempre ternuras" (Sá-Carneiro 1985, p. 124).

E Ricardo, a se justificar diante de Lúcio:

> Sim! Sim! Triunfei encontrando-a! (...) Pois não te lembras já, Lúcio, do martírio da minha vida? Esqueceste-o? (...) Eu não podia ser amigo de ninguém (...) não podia experimentar *afetos* (...) Tudo em mim escoava em *ternura* (...) eu só adivinhava *ternuras* (...) E, em face de quem as pressentia, só me vinham desejos de carícias, desejos de posse – para *satisfazer* os meus *enternecimentos, sintetizar as minhas amizades* (Sá-Carneiro, 1985, p. 131).

E a mulher homoerótica? No caso da mulher homoerótica, é o pai que se impõe à filha como modelo, fragilizando a figura da mãe. Atraída por esse ideal de ego, a filha acaba se identificando a ele e, observa Lacan, em vez de permanecer no édipo, o que a faria feminina na busca da suplementação fálica, sai dele e se investe de certas insígnias do pai. De todo modo, Lacan frisa que essa relação, quer com a mãe, quer com o pai, jamais é uma relação dual e sim terciária: "Está aí uma situação estável, de maneira alguma dual, uma situação plena, uma situação a três pés (1998b, p. 211).

Esse esquema teórico é tirado da observação clínica, mas não é exclusivo. Os caminhos da *eleição de um objeto* são múltiplos. É o caso, por exemplo, de um pai que acolhe a filha rejeitada pela mãe por lhe ter nascido mais uma mulher. Diante da recusa da mãe, o pai, *malgré lui*, acabou se lhe impondo como ideal de identificação e a filha se tornou homoerótica. Lacan abre outra possibilidade: é o acaso do amor excessivo do pai pela mãe e que dela depende. Aqui, a função do fálus, ou melhor, a função paterna se perde na ambiguidade.

Essa hiperimposição do ideal feminino culmina por suscitar uma identificação cuja estrutura se caracteriza essencialmente pela ambivalência, uma vez que, embora seduzido pela mãe, ele porta no próprio corpo uma identificação com o pai. E é por isso que, em geral, o pai se torna objeto de seu ódio.

Freud assim descreve o processo:

> Após esse estádio prévio, sobrevém uma transmutação cujo mecanismo se nos resulta familiar, mas cujas forças pulsionantes já não apreendemos. O amor para com a mãe não pode prosseguir no ulterior desenvolvimento consciente e sucumbe no recalque.
>
> O garoto reprime seu amor pela mãe, colocando-se ele mesmo no lugar dela, *identificando-se a ela* e tomando sua própria pessoa como modelo à semelhança do qual escolhe seus novos objetos de amor. Assim, se tornou *homossexual*; na realidade deslizou-se para trás, até ao autoerotismo, pois os garotos a quem ama agora, já crescido, não são senão pessoas substitutivas e novas versões de sua própria pessoa infantil e *os ama como a mãe o amou a ele ainda criança* (Freud 1988, p. 93).

Contudo, é preciso considerar que essa eleição de objeto vem contaminada desde tenra idade. Em *Hans*, Freud afirma que a criança que se transforma num adulto homoerótico passa por uma *fase anfígena*, fase em que é *indiferentemente* tomada como objeto da ternura e de desejos sexuais. Diz-se, em justo apreço, que o homoerótico é um *efeminado*. Não é uma mulher, como também o transexual anatomicamente masculino é um homem, mas na estampagem (castração) se fez mulher na escolha de objeto.

Essa posição sexual, homem dividido com o feminino (ou a mulher dividida com o masculino) é, então, algo da própria *estrutura* do homossexual. Depois de muitos anos de clínica psicanalítica, deduzo o seguinte: ao constatar que Freud não abre mão da bissexualidade humana. Descobri que, numa análise de heterossexuais bem perlaborada, dois fenômenos ocorrem invariavelmente, pelo menos um sonho edípico e um sonho homossexual. São momentos culminantes da análise. Nesse caso, o sonho homo é velado ou jamais consumado. A censura o interrompe. Normalmente, logo após a interpretação, ato analítico, o analisante costumeiramente afirma: "Reconheço-me nesse sonho, mas ele não diz nada para minha vida prática. Até me repugna pensar em ter relação com outro homem". O mesmo ocorre com mulheres heterossexuais. Os homossexuais, por sua vez, invariavelmente trarão para a análise um sonho heterossexual, mas o ato no sonho é sempre censurado na hora e não se consuma. Eis dois critérios clínicos para discernir essas duas estruturas.

Parece-me, então, que, ao manter a ideia da bissexualidade humana, Freud se referia ao caso descrito. Uma sexualidade bem definida na escolha de objeto hetero, respeitando a diferença sexual, e a outra, latente, sem apelo ao desejo sexual.

De outro lado, quanto à bissexualidade praticada, notei que o sujeito o faz por desafio, transgressão ou exibicionismo. De verdade, ele é um homossexual mal assumido, que foge a agir segundo a determinação de sua escolha de objeto. O mesmo se diga do heterossexual que assim age. Nesse caso, não se deveria pensar numa prática perversa?

Porém, é a bipartição (*bifurcação* em Fernando Pessoa) interna ao homossexual que lhe acarreta a dificuldade e o sofrimento específicos a essa forma de sexualidade humana. Foucault se interpôs com firmeza à *homossexualidade* proposta pela liberação sexual dos anos 1960-1970 e entendida no mito da *grande fusão* de todos numa sexualidade indiferenciada: "A promessa de que amaremos as mulheres no dia em que não nos condenarem mais por sermos *gays* é utópica. E é uma utopia perigosa (...) por se fazer ao preço de uma condenação da relação monossexual" (*apud* Eribon 2008, p. 401). Portanto, cai por terra o mito da bissexualidade e, ao mesmo tempo, não se respeita a *homossexualidade*.

O homem e a mulher heterossexuais se veem identificados à diferença sexual ancorada em seus corpos e são movidos por um desejo, geralmente imperativo e prazeroso, de se suplementar pelo corpo do outro. Cada um pode dar o que o outro não tem.

Ora, isso não ocorre com os homossexuais. O significante do feminino que determina o desejo do homossexual conflita com portar um corpo que é de homem. Esse *feminismo* é uma cópia, um modelo, um *significante* psíquico que não encontra uma identidade com o real da diferença sexual. A homossexualidade se instala como conflito na e da diferença. Vem daí a característica da oscilação.

No seminário 21, depois de, no seminário 20, ter estabelecido a radical diferença na sexuação do homem e da mulher, na 11ª exposição, de 9 de abril de 1974, Lacan afirma o seguinte: "Parece difícil contestá-lo, já que não se esperou até que eu escrevesse as fórmulas, as fórmulas quânticas da sexuação, para que uma quantidade séria de pessoas fosse marcada como homossexual. *Nem de um lado nem de outro*. Isso seria indiscutivelmente certo". Mas Lacan prossegue dizendo que o termo homossexual também é inadequado como nominação. *Nem de um lado, nem de outro* talvez seja a explicitação do que acabo de expor com base em minha clínica psicanalítica.

Eribon (2008) fez estas duas observações: "Proust descrevia os homossexuais como mulheres dotadas de um corpo de homem" (p. 113) e "Toda dificuldade da autenticidade para um gay é que é bem difícil saber como se identificar com uma identidade que é necessariamente plural, múltipla: é uma identidade sem identidade ou, mais exatamente, uma identidade sem essência. Uma identidade a ser criada" (p. 139).

O homossexual só poderá conquistar identidade na medida em que se entregar à sua autenticidade. Só possui identidade (nunca acabada) aquele que foge ao "personagem fantasma" que a sociedade lhe atribui ... "um lugar particular e inferiorizado na ordem sexual em que todo gay deve um dia "tomar partido" e escolher a si mesmo ou, então, renunciar à liberdade para se aniquilar como pessoa a fim de dobrar-se às exigências da sociedade que o insulta como homossexual, mas lhe recusa o direito de dizer-se gay (...) "a autenticidade, primeiramente e antes de tudo, é uma recusa dessa ordem" (...) Assim a autenticidade consiste na decisão de assumir o que se é, ser homossexual "para si" e não apenas "em si", isto é, sob o "olhar do outro" e da sociedade que constituem o "em si" dos homossexuais mesmo quando estes dissimulam que o são, já que é esse "olhar do outro" que constitui a imagem e o papel atribuídos ao homossexual na sociedade e faz disso uma identidade "descreditável", condenável (Eribon 2008, p. 138). " "Muitos judeus inautênticos, escreve Sartre em "O ser e o nada," brincam de não ser judeus".

Identidade não é estereótipo, nem imaginário, é subjetivação da sexualidade real, aquela que é própria: "Se há "identidade" trata-se de uma identidade pessoal que se cria na relação com uma identidade coletiva" (id. ib. p.139). Uma vez alcançada essa subjetivação embora precise ser sempre recriada, reinventada, ela é tranqüilizante, pacificadora, pois resulta da castração, da rendição ao real.

Na verdade, *stricto sensu*, o homoerótico seria um compósito imaginário (fantasma), estruturalmente homem com traços feminis. A homossexualidade é uma identificação equivocada da diferença sexual. Equívoco definitivo a gerar a busca incessante da identidade homoerótica. Na relação triangular, no momento da castração, ele se identificou com a mãe, mas ao mesmo tempo reconhece, pela intermediação de seu pênis, que é *também* idêntico ao pai. Uma coisa é certa, o homoerótico prestigia o pênis a partir de sua posição feminil, passiva. Mas nem sempre as coisas assim se passam: é possível ser indubitavelmente homoerótico e não dar tanta importância a pênis próprio ou, mesmo, importância nenhuma. A psicanálise não classifica a sexualidade, escuta a *posição* de sua diferença singular.

Essa posição feminil é valorizada e cultivada dentro da cultura *gay* como característica da tendência. Exemplo disso é um dicionário de termos homoeróticos lançado no Brasil em 2006. Apropria-se do nosso clássico Aurélio e o feminiza: *Aurélia, dicionária da língua afiada*. A editora, Editora do Bispo, vira da *Bispa*. Essa propensão faz parte do universo *gay*. Em Michel Foucault, ela é cultivada com afinco, sobretudo nas correspondências em que trata seu companheiro como mulher: "Pois bem, senhora". A propósito, Eribon faz a seguinte observação:

> Aliás, deve-se ressaltar que, até o fim da vida, Foucault continuou a falar com muita frequência no *feminino* quando estava em companhia de amigos homossexuais: dele, dos outros... Utilizava principalmente essas maneiras tão características da conversa *gay* que consistem em feminizar os *prenomes ao fazê-los preceder do artigo a* ou, *então*, em colocar o mesmo artigo antes do nome próprio (que ele também feminiza, quando é possível) (Eribon 2008, p. 299).

Pessoa fez disso uma regra, uma condição para o homoerótico:

> Aprende meu amor a ser mulher,
> Se eu te visse bordar, coser, falar-me
> Como ao esposo fala a esposa, dar-me
> Teu corpo quase castamente...
>
> Aprende a ser mulher... Engoma, cose
> Eu adoeço só para velares
> À minha cabeceira, em fresca pose

> Se eu vivesse contigo, dia a dia,
> Eu seria mulher, trabalharia
> Seria só formosa, satisfeito
> Da minha pobre vida... e fria...
> (Pessoa 2006a, p. 190-191).

Sá-Carneiro, em *A confissão de Lúcio*, pelo seu personagem Ricardo Loureiro, assim o confessa: "Ah, como eu me trocaria pela linda mulher que ali vai... Ser belo! Ser belo! (...) ir na vida fulvamente (...) ser pajem na vida (...) haverá triunfo mais alto?" (Sá-Carneiro 1985, p. 86). E mais à frente:

> – Ah! meu querido Lúcio – tornou ainda o poeta –, como eu sinto a vitória de uma mulher admirável, estiraçada sobre um leito de rendas, olhando a sua carne toda nua... esplêndida... loura de álcool! A carne feminina – que apoteose! Se eu fosse mulher, nunca me deixaria possuir pela carne dos homens – tristonha, seca, amarela: sem brilho e sem luz (...) Sim! Num entusiasmo espasmódico, sou todo admiração, todo ternura, pelas grandes debochadas que só emaranham os corpos de mármore com outros iguais aos seus – femininos também; arruivados, sumptuosos (...) E lembra-me então um desejo perdido de ser mulher – ao menos, para isto: para que, num encantamento, pudesse olhar as minhas pernas nuas, muito brancas, a escoarem-se, frias, sob um lençol de linho... (Sá-Carneiro 1985, p. 88).

Mas essa busca do feminil acarreta sofrimento, pois é imitação de mulher que não corresponde ao real do corpo. É essa discordância interna que faz sofrer. André Fischer chega a afirmar o seguinte: "Esses homens que se expressam com gestuais mais femininos acabam sofrendo uma discriminação maior dentro da própria comunidade *gay*" (Fischer 2008, p. 35).

Essa preservação e esse cultivo do feminino alimentam o indelével vínculo identificatório à mãe. Sá-Carneiro chega a descrever como mulher seu personagem Sérgio Warginsky: "Enfim, se alguma mulher havia entre nós, parecia-me mais ser ele do que Marta" (Sá-Carneiro 1985, p. 94). Essa dependência da mãe, às vezes tatuada até no próprio corpo – *gracias, madre* –, é óbice pesado contra o amadurecimento psíquico do homoerótico. É muito forte a tendência para ser filho exibido da mãe, mas esse culto da mãe garante uma infantilidade preservada.

O homoerótico, ao contrário do transexual, quase sempre privilegia e até mesmo venera o pênis: "É a alta estima em que os homossexuais têm o membro viril que fixa o destino deles" (Freud 1970c, p. 171). Mas a identificação à mãe prevalece: o homoerótico, como a mãe, é aquele que se suplementa com o pai, ou seja, com um homem. O homoerótico é um homem que gosta de frequentar as mulheres, mas como prolongamento da mãe: admira-as, imita-as em seus ademanes e adereços, mas tem restrição ao contato com o corpo delas.

Daí, diz Freud, que uma das características do homoerótico é o *horror feminae*. *Horror da mulher* como parceira física. Fernando Pessoa confessa: "O meu *horror* às mulheres reais que têm sexo é a estrada por onde eu fui ao teu encontro". Permite-se apenas imaginar uma relação fictícia com uma senhora de sonho: "Para só tu, senhora dos sonhos, que eu posso conceber amante sem conceber macula porque és irreal. A ti posso-te conceber mãe, adorando-a, porque nunca te manchaste nem do *horror* de seres fecundada, nem do *horror* de parires" (Pessoa 1982a, p. 293).

Freud explicita esse *horror feminae* da seguinte maneira:

> Se esta representação da mulher com pênis se fixa na criança, resiste a todas as influências posteriores da vida e torna o homem incapaz de renunciar ao pênis em seu objeto sexual, então tal indivíduo, com uma vida sexual normal por outro lado, tornar-se-á necessariamente um *homossexual* e procurará seus objetos sexuais entre os homens que, por outros caracteres somáticos e psíquicos, lembram-lhe a mulher. *A mulher real, tal como será conhecida mais tarde, permanece para ele impossível como objeto sexual*, pois lhe falta o excitante sexual essencial e, até mesmo, em relação com outra impressão da infância, pode tornar-se para ele objeto de aversão (...) Quando mais tarde as partes genitais da mulher são percebidas e concebidas como inúteis, evocam essa ameaça (de castração) e, por esta razão, provocam no homossexual *horror* em lugar de prazer (Freud 1970a, p. 20).

Lacan também afirma que, paralelamente *à exigência do pênis no parceiro*, os homossexuais apresentam um medo acentuado diante do órgão da mulher, *porque, nos dizem, isso lhes sugere a ideia de castração*. Igualmente, fala-se que esse horror estaria ligado ao temor do contato com uma vagina dentada. Essa fantasia existe, sem dúvida, mas não é apanágio de homos apenas. Lacan avança outra ideia: "É quiçá verdade, mas não da maneira que se pensa, pois o que os para diante do órgão da mulher, é precisamente que ele é considerado em muitos casos como tendo ingerido o fálus do pai e o que é temido na penetração é precisamente o encontro com o fálus" (Lacan 1998b, p. 211).

Meu ponto de vista é outro. Penso que esse horror à mulher e, sobretudo, à sua genitália dimana da própria maneira como se opera a castração do homossexual. Não conseguindo se desligar da mãe, a posse de outra mulher se lhe afiguraria como a violação do interdito conflituoso de seu édipo. E isso lhe causa repugnância. Vem daí, da estrutura da sexualidade homo, e desse *horror feminae*, a razão por que se torna frustre a tentativa de o homoerótico procurar o casamento como "solução" de sua condição sexual. Freud assinala essa tentativa, assaz encontradiça, no estudo de um caso de homoerotismo feminino.

O pai da jovem se viu desorientado quando descobriu que a filha era realmente homoerótica; usou de recursos os mais variados para dissuadi-la dessa inclinação. Tomou-se de cólera, tentou sufocar o homoerotismo dela com ameaças e "oscilou entre diversas concepções, todas igualmente penosas: se devia ver nela um ser vicioso, degenerado ou enfermo" (Freud 1975, p.142). Acudiram a um médico, a quem confiaram a tarefa de "devolver a filha à normalidade" (*sic*!). Mas como isso pouco adiantou "a homossexualidade de sua filha tinha algo que lhe provocava a exasperação total" (Freud 1975, p. 143). Embora nessa época Viena votasse desprezo à psicanálise, o pai dessa jovem não hesitou em recorrer a Freud: "(...) e se esse caminho fracassasse tinha em reserva o mais poderoso antídoto: um rápido casamento estava destinado a despertar os instintos naturais de mulher e a afogar suas inclinações antinaturais" (Freud 1975, p. 143).

É evidente que essa maneira machista e preconceituosa de considerar a mulher homo não leva em conta que um verdadeiro *horror hominis* (repugnância da relação hetero) a governa intimamente na relação sexual com homens. Esse *horror de homem* pode-se tornar um sofrimento atroz quando ela se vê forçada e não respeitada. Se casada, a separação tem dias contados.

O homoerótico (ou a homoerótica) que procura "solução" para seu dilema no casamento elabora equívoco: problemático para si, para a companheira e, sobretudo, para os filhos, se os tiver. Mais dia, menos dia, a relação com a "esposa" e o partilhar da vida, tendo ele de animar a outra parte, a masculina, podem tornar sua existência uma infelicidade sem consolo. Aos poucos, o companheiro, como tal, começa a ficar distante, movido por impulsos homoeróticos. Se tem relações sexuais com a esposa as tem o mais espaçada, rápida e abruptamente possível, apenas para cumprir o *debitum conjugale*. A ejaculação precoce invariavelmente (se não a falta de ereção) lhe vem logo em auxílio, para evitar em tempo a relação indesejada. Esse tipo de ejaculação faz do homoerótico uma reserva para a mãe. A relação é-lhe um desencanto, se não uma repulsa. Não raro, ele precisa que a esposa principie por masturbá-lo ou condiciona o intercurso à relação anal. No caso de a esposa ser movida a desejos heterossexuais, o mal-estar se instala: vai do incômodo à frustração, da frustração à repulsa e o conflito estoura. As obrigações do lar, do casal, para muitos, pouco a pouco, tornam-se penosas. O cuidar dos filhos (alimentação, choro, higiene, escola) vai, não raro, tornando-se difícil. Ou, paradoxalmente, o pai homoerótico acaba acaparando as funções da mulher no lar, estendendo-se em cuidados *maternos* com a prole, prepondo-se à mãe, o que esta acaba não aceitando. Em geral, esse drama se desdobra em outro, quando ele acaba encontrando um companheiro por quem se apaixona. A sequência é conhecida: separação e impasse traumatizante para todos, sobretudo para os filhos. Nesse caso, haveria outra solução?

Todavia, a mesma clínica pode comprovar que nem sempre as coisas assim se passam. Há homoerótico que consegue formar família e manter relacionamento razoável e realizante com esposa e filhos. Talvez isso dependa do *grau* de homoerotismo ou, como dizia um paciente homoerótico, da "incompetência masculina". Aqui vale o adágio a exceção confirma a regra... do Outro Amor.

Usando um termo precioso para Freud, o fator *quantitativo* talvez tenha aqui função real. Nossa linguagem é pobre demais para apreender o mistério do ser humano. Tudo depende do significante que subsume a identificação. Nesse sentido, é oportuno o conceito *posição* usado por Lacan para definir que a sexualidade não existe, o que existe é a *posição singular* que cada sujeito ocupa em relação a ela, e isso em qualquer forma de manifestação dela no humano. Esse conceito coloca a escuta do analista de chofre a serviço da *pura diferença*: "O ser sexuado não se autoriza mais do que *por si mesmo*" (Lacan 1974, pp. 21-29). E é a acolhida *à posição* que possibilita a escuta do sujeito.

De outro lado, poder-se-ia pensar: a união entre homoeróticos não seria uma solução? Na prática atual, isso já não é uma hipótese. Mas fale-se em *união*, porquanto casamento é um contrato cujo objeto é o corpo de um homem e o corpo de uma mulher. Casamento supõe, pois, homem e mulher num pacto de escolha e de partilha mútua, suplementar dos corpos, regido pela moral conjugal. Ora, isso, em se tratando de homoeróticos, seria de outra ordem, uma união de corpos iguais que, portanto, não pode ser regida pela mesma moral nem pelo mesmo direito. O direito é cansativamente repetitivo, conservador, avesso à criatividade e infenso ao novo. O artigo 1.514 do Código Civil brasileiro reza: "O casamento se realiza no momento em que o *homem* e a *mulher* manifestam, perante o juiz, a sua vontade de estabelecer vínculo conjugal e o juiz os declara casados".

Todo homoerótico nasce numa família e cresce num ambiente que é heterossexual. A própria sociedade humana é baseada na heteronormatividade. A criança e o jovem homoeróticos desde cedo veem esse modelo de troca afetiva e crescem com ele na cabeça. Mas, quando vierem a verificar seu desejo homo, o conflito se instalará. É-lhes problemático, de imediato, exercer sua sexualidade e, quanto mais insistem em repetir o assimilado modelo hetero de trocas afetivas, mais conflita a realização que lhes é específica. Mais esse mimetismo é procurado, mais problemática ou frágil fica a relação homo. Esta é de outra ordem, de outra moral. Segundo o testemunho de verdadeiros homossexuais, esse amor é da ordem da ternura. Por uma questão de lógica e de coerência e, mais ainda, de identidade, todo homossexual que se preza deveria se proteger de qualquer imitação da relação da moral conjugal, que só traz acréscimo de sofrimento para si e para terceiros. O amor homo é *Outro Amor*, como diz Fernando Pessoa. Os homossexuais precisam encarar o desafio deixado por Foucault: existiria uma *homonormatividade*? André Fischer (2008, p. 65) timidamente avança nesse sentido:

> Relações entre pessoas do mesmo sexo carecem de referências públicas, por isso, vivemos tendo que criar nossos próprios parâmetros. Isto pode significar

> uma grande *vantagem*. Apesar de para muitos parecer mais fácil e seguro [equívoco!] seguir o modelo heterossexual de relacionamento, é possível estabelecer *novos* papéis, abandonando as velhas expectativas, construindo um *novo* padrão de convivência. Ou, melhor ainda, chegar à conclusão de que simplesmente o *novo* padrão pode ser a *falta* de padrão.

Termina sugerindo que os parceiros descubram uma relação de acordo com suas *especificidades*. E hoje podemos constatar que há uniões homoeróticas que se estendem por longos anos e mesmo até a morte. Queremos crer que esses parceiros descobriram a maneira homo de amar e conseguiram se libertar da moral conjugal.

Pode-se perguntar: que procura o homossexual em seu companheiro? Freud e Nasio, como vimos, respondem que procura o mesmo amor que tiveram de sua mãe, "tornando-se homem, fortemente impregnado do prazer de outrora, procurará imperiosamente a mesma voluptuosidade e a mesma felicidade" (Nasio2002). Ora, essa *mesma voluptuosidade e a mesma felicidade* que marcaram o sujeito na convivência com a mãe, certamente ele não encontrará no parceiro, pois, na implantação do objeto de seu fantasma, esses dois significantes só podem remetê-lo ao significante mãe. "A homossexualidade", afirma Joël Dor, "resultaria essencialmente de uma reação de defesa narcísea diante da castração, durante a qual a criança fixaria eletivamente a representação de uma mulher provida de um pênis. Essa representação persistiria então no inconsciente de uma maneira ativamente presente, e influenciaria todo o dinamismo libidinal posterior" (Dor 1991, p. 100).

Dois obstáculos se interpõem no relacionamento homo. Primeiro, o narcisismo exacerbado que esse amor incondicional da mãe gerou e que sustém o homoerótico em sua subjetividade:

> Mas, atenção, não se veja nesse egocentrismo um amor de si sereno e complacente. Ao contrário, o narcisismo do homossexual muito o faz sofrer. É um narcisismo exacerbado, cruel, que o torna frágil e hiperemotivo: às vezes, é tão seguro que se torna intransigente e agressivo, outras vezes, ele se desvaloriza de tal modo que sucumbe no isolamento e na mágoa (Nasio 2002).

Então, o conflito se instala desse lado por uma estrutura de origem. Michel Foucault é exemplo testemunhado dessa *mágoa* que, na *História da loucura*, ele denomina de *dimensão trágica* ou *dilaceramento trágico*: "Os amigos de Foucault, seus condiscípulos da École Normale Supérieure, no fim dos anos quarenta e no início dos anos cinquenta, conheciam sua vulnerabilidade psicológica e essa fragilidade, que faziam dele um personagem estranho, enigmático, às vezes, insuportável" (Eribon 2008, p. 302).

Em segundo lugar, como consequência dessa estrutura, a *instabilidade afetiva dos sentimentos amorosos* (Nasio 2002, p. 66) acaba imprimindo fragilidade nas uniões homo, comprometendo a constância no intercâmbio amoroso e a fidelidade na permanência da união.

Seria pensável que o aspecto masculino ou másculo (até *sarado*) de um topa com a dificuldade de encontrar resposta na semifeminilidade de outro e vice-versa? Aliás, nem isso é sinal de bom desempenho. Contudo, não estaria aí o aspecto que atrai no relacionamento homo? A posse apaixonada, um de outro, seria a tentativa de empregar um meio rápido e intenso para superação desse conflito? A procura de uma mulher, fuga para um falso *coming out*, a fim de com ela se casar, não se inscreveria nesse mesmo jogo?

Em geral, a união homo vem carregada de ciúmes, sempre sintoma certo de um amor doentio, um real tormento.

O único amor *verdadeiro* entre uma mulher e um homem é aquele baseado no desejo. O casamento alicerçado na vontade ou em interesses escusos como *status*, dinheiro, ascensão social não tem consistência alguma e, brevemente, será regido pelo ódio, mesmo sub-reptício, e não pelo amor. Aqui podem imperar desprezo ou ciúme. Os ciúmes são tentativas de *controlar* o outro até fisicamente, mantendo-o ao alcance do olho ou telefonicamente e, em dias de hoje, sobretudo, pelo celular ou via internet e, não raro, pela intermediação esdrúxula de detetive. Essas invectivas são sinal certo de que o casal já não é guiado por trocas de amor e que o casamento está seriamente ameaçado.

O casamento verdadeiro é constituído continuamente na certeza de que o desejo do desejo da mulher é do marido e vice-versa. Portanto, o casamento verdadeiro é sustido por um amor que emana do desejo, isto é, pelo fato de cada qual ser objeto eleito do desejo do outro. Isso só acontece porque a diferença sexual alimenta a emanação desse desejo.

O resultado dessa relação construtiva deliciosa é um bem-estar em que a tranquilidade e a paz de espírito estão presentes. Essa união é conforto inestimável nas provações da vida e arrimo precioso para as arrancadas da existência. Os ciúmes aqui não cabem, pois, caso vingassem, maculariam a fidelidade do desejo do amor. E a infidelidade passa longe, pois, nesse consórcio de desejos, não entra o desejo por terceiros. A troca é tão intensamente vivida que esse problema não tem vez. Um penhor de felicidade? Sem dúvida, mas ao alcance do ser humano prudente, com alguma sorte. Aqui vale a palavra de Cristo: *o que Deus uniu o homem não separe.*

Então, como não dispomos senão desse paradigma conjugal, cabe a pergunta: esse projeto de amor hetero é baseado no desejo, e como seria o projeto do amor homo baseado no desejo dentro da união *gay*? Se, no fantasma fundamental do homoerótico, o objeto de amor é a mãe, como conciliar isso na relação homoerótica? O desejo caracteriza a especificidade da subjetividade humana. Só a efetivação dele traz a realização do homem e da mulher. Ora, se isso é específico ao verdadeiro amor hetero, como seria a realização do amor na relação de desejos homoeróticos? André Fischer (2008, p. 65) testemunha o seguinte: "(...) as chances de alguém querer exatamente o mesmo que você, com a mesma intensidade e no mesmo momento, são de uma em um milhão, para ser bem otimista. (...) Pode parecer difícil, quase impossível. Mas quando funciona é imbatível". Não seria o caso paradigmático do Cardeal Newman e seu companheiro "de cabelos de ouro", Ambrose St. John: "Desde o momento da sua morte continuo me criticando por não lhe ter feito entender o quanto senti o seu amor". Ao morrer, em estreito "conúbio", teve seu desejo cumprido ao ser enterrado no mesmo túmulo do amigo (IHU 17/09/2010).

Vejo como de fundamental importância para a humanidade que os homossexuais viessem a explicitar como a especificidade de seu amor pode se concretizar na realização do desejo, essência da subjetividade humana.

Uma observação sobre homossexualidade e literatura

Vejamos algumas observações sobre homoerotismo. Um livro datado de 1989, de Paulo Heicher Filho, *Um tema crucial* (Editora Sulina), aborda "aspectos do homossexualismo na literatura". Esse livro labora certas contradições, sobretudo quando afirma que os homoeróticos são pessoas "iguais a todos os homens apenas com uma preferência sexual que no fundo não podem dominar e de que assim não são nem culpáveis" (p. 93). De outro lado, porém, defende que agora os homoeróticos podem se curar (*sic*!) sobretudo pela psicanálise steckeliana. Mas, afora isso, o livro apresenta certas observações de valor. Denuncia a tendência inumana e estúpida de encarar o homoerotismo com preconceito. Comentando o livro *A meta*, de Darcy Penteado, assim escreve:

> (...) aborrecendo a inutilidade do lamento, Penteado resolveu viver rindo e trepando. Não é toda verdade, longe disso. Há uma mentira a si mesmo nessa extroversão a rir, que desumaniza como toda má-fé. Ele próprio e sobretudo seus personagens são quase reduzidos a máquinas de trepar e achar graça. Um passo adiante e teríamos a *bicha-louca*, ou seja, a *rendição da autonomia individual* à reprovação alheia, esse horror de desumanidade provocado pela desumanidade coletiva. (Heicher 1989, p. 90)

Mais adiante, o autor emite uma sentença de sabedoria humana: "A maioria [dos homoeróticos] não concede que se assuma senão no escândalo, por si um novo instabilizador. É um destino à sombra da angústia [sic!] (...) toda *obsessão sexual*, *homo* como também *hetero*, é um *mal porque obstrui a vocação humana*" (p. 92). O autor afirma que, sem essa obsessão, os homoeróticos poderiam sem inconveniência viver sua vida sexual. Mas aponta o verdadeiro caminho quando coloca um ideal de realização para os homoeróticos:

> Na civilização de que todos participamos, queira-se ou não, o julgamento dos indivíduos se faz pelos *valores culturais* que realizam, não por *idiossincrasias* particulares sem alcance social. O *caráter*, a *inteligência*, a *criação* é que contam, tanto em heteros como em homos. Fora disso é a barbárie, por mais coberta de dignidades que busque se apresentar (Heicher 1989, p. 93).

Tendo em vista a dificuldade de manter-se numa estabilidade afetiva, o homoerótico tende a apelar, procurar a identidade no escândalo, fazer *rendição da autonomia individual à reprovação alheia.* O círculo vicioso do preconceito é de pronto relançado.

Essa perda de dignidade leva o homoerótico ao aviltamento: uma vez nessa rampa, é difícil parar. Mas não é verdade que o homoerótico precise desse descaminho. É necessário sempre partir da ideia de que o homoerotismo é uma das estruturas sexuais humanas. Se tal, trata-se de acolhê-la e não de vê-la como patologia ou preconceito social. Cada estrutura sexual humana pode ser resgatada num ponto de equilíbrio e dignidade tais que não *obstruam a vocação humana* para a construção da solidariedade e da cultura e preservem o princípio de que *o julgamento dos indivíduos se faz pelos valores culturais que realizam.*

Felizmente, nem todo homoerótico tende à *rendição da autonomia individual* ou à tragicidade da morte cruel.

Leonardo da Vinci

Em 1910, Freud fez um estudo sobre Leonardo da Vinci. Nesse estudo, é totalmente secundária a infinda discussão sobre a questão do abutre ou do milhafre, a ave que, no sonho, teria afagado os lábios de Leonardo com suas asas. O que é precioso nesse texto é o conhecimento clínico de Freud sobre o homoerotismo. Ele afirma que nada sabemos da vida sexualmente ativa de Leonardo, provavelmente foi nenhuma. Leonardo, sem dúvida foi um dos maiores gênios da humanidade, mas conseguiu pintar apenas 17 quadros, dos quais a Gioconda, com seu olhar enigmático e interrogativo, é sua obra-prima. Leonardo se caracterizava por uma inconstância ímpar. Seu gênio o levava a altos voos: pintura, medicina, engenharia, arte da guerra... Bastava se deparar com um problema, largava de pronto o que fazia e já se punha a estudá-lo. O fausto de seu gênio pode ser visto no Museu Nacional das Ciências e das Técnicas Leonardo da Vinci, em Milão.

Esse procedimento de Leonardo desgostava demais seus clientes, que ficavam em vão esperando por suas encomendas, embora já as tivessem pagado. Freud assinala dois fatores que parecem fundamentais no impedimento de uma vida mais produtiva: o apego à mãe e à comunidade de discípulos. Quanto à mãe:

> Tivemos de admitir que, em Leonardo, o acaso de seu nascimento ilegítimo e a excessiva *ternura* de sua mãe exerceram a influência mais decisiva na formação de seu caráter e em seu destino, e o recalque sobrevindo após essa fase da infância condicionou a *sublimação* da libido em sede de saber e na inatividade sexual de toda sua vida (Freud 1991, p. 246).

Em outro texto, sobre o sorriso da Gioconda, Freud escreve: "Leonardo, ao conseguir dar ao rosto de Gioconda o duplo sentido do sorriso: promessa de uma *ternura* sem limites e presságio ameaçador de desgraça, permaneceu ainda fiel ao conteúdo de suas primeiras lembranças, pois a *ternura* excessiva de sua mãe lhe foi fatal, selou seu destino e as carências de seu ser e de sua vida" (Freud 1988, p. 108). Freud assinala que a obsessão de Leonardo pela mãe foi até ao extremo da vida dela: "É nos mínimos pormenores que anota os cuidados e as despesas que teve com ela em seus últimos dias de vida" (Freud 1991, p. 240). Quanto aos discípulos:

> Desde sempre se tem destacado que só tomou como discípulos rapazes e jovens chamativamente belos. Tratava-os com bondade e consideração, velava por eles como sua própria mãe atendeu a ele. Dado que os havia elegido por sua beleza e não por seu talento, nenhum deles (Cesare da Sesto, G. Boltraffio, Andrea Solaino, Francisco Melzi e outros) se tornou um pintor destacado. A maioria não conseguiu se tornar independente do mestre e, após sua morte, desapareceu sem deixar uma fisionomia mais precisa para a história da arte. E quanto aos outros, que por suas criações podem chamar-se de direito seus discípulos, como Luini e Bazzi, apelidado Sodoma, é provável que não o tenham conhecido pessoalmente (Freud 1988, p. 95).

Essas observações de Freud são clinicamente preciosas: Leonardo, ao que consta, não convivia com esses discípulos com fins de sexo explícito. Cuidava deles com carinho, medicava-os quando doentes, mas não prescindia deles. Consequência: deixava de produzir em sua vida pessoal e amarrava os discípulos numa dependência afetiva tal que os inibia no seu desenvolvimento. Nunca passaram da mediocridade. Lá estão eles, pequenos como sempre foram, ao redor da estátua dominante do mestre, na praça defronte o teatro Scala de Milão.

De um lado, tendo em vista a beleza e a preciosidade dos trabalhos de Leonardo, é de se perguntar: que teria esse gênio produzido num voo mais livre de dependência de mãe e amarras afetivas estéreis? Leonardo, no relacionamento com os discípulos, cometeu o equívoco de uma relação dual, o que esteriliza os frutos da relação terciária. Quando a pulsão fica presa na "obsessão sexual", não consegue alçar voo civilizatório ou consegue apenas marejar no alagadiço do deslumbramento, do gozo e não irrompe em construção de vida. Isso é o que a clínica psicanalítica averigua.

De outro lado, que pensar de tantos "gênios" em condições semelhantes às de Leonardo, que simplesmente desapareceram ou nada produziram? Freud, sobre Leonardo, diz simplesmente que não sabe o que fez de Leonardo, Leonardo. Por que Leonardo não se entregou à devassidão, à pedofilia ou a uma neurose obsessiva sem saída? E apenas acrescenta: "A psicanálise permanece impotente para explicar essas duas particularidades de Leonardo: sua tendência extrema ao recalque das pulsões e sua extraordinária capacidade para a sublimação das pulsões primitivas" (Freud 1991, p. 246).

Em todo caso, preocupa-me deveras que muitos gênios, enfastiados pela mediocridade do ensino ou do não acolhimento de sua diferença genial, desanimem e se percam em compensações desestruturantes, se não mortíferas, drogas ou psicose. É uma perda inestimável para a humanidade.

Mudança de homoerótico?

Uma questão angustiante para muitos é a seguinte: seria o homoerotismo reversível? Seria ele transformável, por exemplo, num heteroerotismo? A clínica nos sugere várias considerações.

O homoerotismo já estruturado pela castração na estampagem do ponto crítico será absolutamente irreversível. Não é possível mudar uma estrutura constituída e constituinte. Ela definitivamente impõe o modelo de realização sexual, fixado pela eleição ambivalente de objeto: "O homem homossexual é alguém que renuncia à sua masculinidade, da mesma forma que a lésbica renuncia à sua feminidade" (Eribon 2008, p. 101). Roudinesco (2009, p. 58) escreve: "Porque faz da homossexualidade uma perversão, Lacan considera que os homossexuais não são curáveis".

Mas suponhamos que os pais se deem conta de que seu filho de *dois, três, quatro* anos apresente características secundárias homoeróticas – jeito efeminado, trejeitos típicos, maneirismos da voz, procura de coisas femininas (maquiagem, adereços, roupas) – e procurem um psicanalista para discutir suas preocupações. Teórica e clinicamente, pode ocorrer o seguinte: se não desejam essa escolha sexual para o filho e, numa análise de pais, tiverem o ensejo de detectar as ligações da mãe com a criança (que geram essa situação identificante) e a mãe se dispuser a se castrar desse filho, permitindo a entrada do pai em cena, provavelmente esse processo, que caminhava para uma identificação homoerótica (primária) poderá ser detido. Nesse caso, a identificação heteroerótica pode prevalecer. Dado que o ser humano está apenas socialmente sujeito ao cronológico, a meu ver, sempre se deve tentar esse *trabalho*, que depende do tempo lógico, *se assim o ideal dos pais o almejar*. Mas é importante atentar a isto: só *a posteriori* sabemos como um sujeito passou pela castração na estampagem no momento do ponto crítico, que se dá por volta dos cinco anos, como vimos.

Hoje, minha experiência já provecta em análise de pais, comprova que essa reversão do encaminhamento da identidade sexual do filho é alcançada em muitos casos.

Outra questão espinhosa para a clínica é o homoerotismo enrustido. Tendo em vista a rejeição social ao homoerotismo, o homoerótico pode se ver em situações muito difíceis. Como não há possibilidade de recalcar indefinidamente uma estrutura sexual constituinte, a volta do recalcado pode trazer dramas os mais diversos: neuroses de angústia, fobias, paranoias insuportáveis, por vezes, enlouquecimento e até suicídio. O diagnóstico, não raro, é muito difícil, se não doloroso. O próprio Freud se enganou ao julgar que o presidente Schereber se psicotizou por causa de uma homossexualidade latente, quando, na verdade, como esclarece Lacan, o sintoma da homossexualidade está invariavelmente inerente à paranoia.

Thomas Mann, o autor imortal de *A montanha mágica*, em sua novela *Morte em Veneza*, com a maestria de um *psicanalista experimentado* expõe de maneira brilhante, e ao mesmo tempo refinada, a evolução de uma homossexualidade enrustida. Revela como Gustav Aschenbach, de 45 anos, em plena andropausa, época de ajuste de contas com *coisas psiquicamente não resolvidas ou mal resolvidas*, de repente, num passeio no campo, é profundamente tocado por um estranho personagem: "(...) sentia o coração pulsar num misto de terror e enigmática atração". Sentimentos estranhos – *unheimlich* – se apoderam dele:

> Ele sabia perfeitamente por que motivo a tentação surgia tão inopinadamente. Era desejo de fuga, que ele confessava a si mesmo, essa nostalgia de distância e novidade, esse desejo de libertação, desobrigação e esquecimento – impulso de se afastar da obra, do cenário cotidiano de uma obrigação rígida, fria e apaixonada. Amava, na verdade, seu trabalho e quase já amava a luta enervante, a cada dia renovada, entre sua vontade tenaz e orgulhosa, tantas vezes posta à prova, esse cansaço crescente, de que ninguém devia suspeitar e que nenhum indício de fraqueza ou negligência no produto acabado deveria trair (Mann 2003, p. 9).

Como não poderia deixar de ser, sua *mãe*...

> (...) um influxo de sangue mais agitado e sensual viera acrescentar-se à família na geração precedente, por intermédio da mãe do escritor [Aschenbach]: a fusão de uma escrupulosidade profissional austera com impulsos ardentes e obscuros fez surgir um artista, este artista especial. [Gustav, movido por um] desejo de libertação, desobrigação e esquecimento – impulso de se afastar da obra, do cenário cotidiano de uma obrigação rígida, fria e apaixonada, parte para Veneza. Uma estranha [unheimlich] expansão de seu íntimo... uma espécie de inquietação errante... um sentimento tão vivo, tão novo levam-no a descobrir Tadzio... [À vista dele, sozinho, a caminhar na praia] Sentiu surgir e impor-se a vontade, a simples ideia de aproveitar a oportunidade e travar conhecimento, ligeira e alegremente, com aquele que, sem saber, lhe proporcionara tanto arrebatamento e agitação, a vontade de falar com ele e deleitar-se com sua resposta, com seu olhar. O belo caminhava devagar, era possível alcançá-lo, e Aschenbach apressou o passo.

Analisando a alucinação e o encantamento de Gustav, o autor reflete:

> Só que chegara a vez de aquele que *envelhecia* não desejar a sobriedade, chegara o momento em que a embriaguez lhe era muito cara. Quem consegue

> decifrar a essência e a peculiaridade de uma alma de artista! Quem pode entender a profunda fusão dos instintos de disciplina e devassidão que lhe serve de fundamento! Não desejar o salutar retorno à sobriedade é, sem dúvida, devassidão. Aschenbach não tinha mais disposição para autocrítica; o gosto, o estado de espírito próprio da idade, respeito próprio, maturidade e simplicidade tardia não o tornavam propenso a dissecar causas e a determinar se fora por escrúpulo, ou por devassidão e fraqueza, que não levara a cabo seu intento (Mann 2003, pp. 60-61).

O *deus estranho* – *unheimlich* – de seu impulso dominante leva-o a várias tentativas de abordar *o belo*, mas sua rígida formação moral e educação severa mantêm-no apenas nos arredores da corte. E, numa dupla frustração, vê esvair-se a realização de um desejo que denegou a vida toda por meio de uma *extrema necessidade de disciplina*. Gustav muito realizou na vida, mas sua homossexualidade, ele a recalcou, amordaçou, não a sublimou. Veio daí a explosão dela na andropausa. Nenhum psicanalista, gosto de sugerir, deveria atender um homossexual sem antes ler, analisar esse fino *estudo* de Thomas Mann.

Num processo de análise, sobretudo pela análise dos sonhos ou atos falhos, esses homoeróticos enrustidos (aliás, mais raros) podem vir a assumir sua subjetividade e cessar o sofrimento patológico, mas trata-se de um processo doloroso. O tempo de concluir se torna penoso, já que as consequências subjetivas e sociais são graves. A análise verdadeira sempre tem consequências sérias na vida de um sujeito. Implica mudanças, não raro, radicais. Contudo, quando se trata de reencontro com uma identificação diuturnamente denegada, o desdobramento sempre é muito sofrido, mas, ao mesmo tempo, libertador. Quando a intervenção do analista se faz no tempo do sujeito, a angústia chega ao auge, mas simultaneamente produz uma difusa pacificação interior. É a reconciliação do sujeito consigo mesmo, fim primacial da análise: "*Wo Es war, soll Ich werden*", como dizia Freud, "Onde id era, devo eu advir".

Naquela mesma carta de Freud à mãe americana de um filho homossexual, ele resume o que a psicanálise pode proporcionar a um homossexual, como aliás a todos que a procuram:

> O que a psicanálise pode fazer por seu filho se situa em nível diferente [do que mudar sua homossexualidade]. Se ele está infeliz, neurótico, dilacerado por conflitos, inibido em sua vida social, então, a psicanálise pode trazer-lhe a harmonia, a paz de espírito, uma plena atividade quer permaneça homossexual ou mude (*apud* Jones 1969, p. 224).

Em si, para a psicanálise, o homoerotismo não é, pois, uma estrutura patológica, torna-se uma patologia apenas quando ou é rejeitada, pura e simplesmente (enrustida), ou o sujeito perde seu controle (*como, aliás, em qualquer forma de sexualidade*), isto é, quando abre mão de seu desejo e mergulha exclusivamente na procura do gozo.

A perda da dignidade leva a um verdadeiro aviltamento do sujeito, seja ele homo ou hetero. Ele já não tem controle da libido, ela se torna um vício e ele já não consegue encaminhá-la para um fim realizante para si e para outrem. Abole-se a sublimação, fim por excelência do ser humano em sua existência. Assim são aqueles que se denominam bichas-loucas, caçadores de homos, frequentadores irresistíveis de saunas e de banheiros de *shopping* para espiar pênis, quartos escuros ou prostíbulos... A impudência caracteriza-os em tudo. Tais indivíduos, como diz Freud, dificilmente procurarão a psicanálise (ou outras saídas) e, se a procurarem, será certamente em vão: essas pessoas, movidas pela pulsão solta, apresentam séria dificuldade de manter pactos, muito menos o da análise, como, aliás, qualquer viciado.

Todo hetero ou homo pode incidir na *rendição da autonomia individual*. Num homossexual que *solta as frangas*, despeja suas *bichices*, há comportamento característico. Quando um galináceo permanece preso durante certo tempo, ao ver-se livre, sai correndo, corcoveando, girando dum lado para outro, com as asas abertas e o cacarejo solto. É curioso que, ao desatar o recalque de uma homossexualidade retida, o homossexual se solte em requebros semelhantes. E aí, claro, é franga e não frango, como é do gosto. Homoerotismo é uma coisa, bichice é outra, sintoma dispensável.

Entre nós, célebre se tornou a figura de Clodovil Hernandes, homem de atitudes impudentes e insultantes. De um narcisismo exasperado, colocava-se diante dos outros como o filho eleito da mãe acima de qualquer suspeita, com gritinhos: *ai que hipócrita*, *ai que cafona*, *ai que feia*... Humilhava as pessoas sem pestanejar, como quando uma senhora reclamou do caimento do vestido por ele confeccionado: "O vestido está maravilhoso, perfeito, o que não está bem são seus peitos caídos". Por ocasião de sua morte (18/3/2009), uma jornalista assim dele falou: "Embora não hesitante em se apresentar homossexual, Clodovil não lidou bem com o fato de ser *gay*. Nos últimos tempos, dizia que, dada a escolha, ele teria optado por 'nascer homem', como se tivesse nascido, sei lá eu, petúnia ou beterraba" (Bárbara Gancia, *Folha de S. Paulo* 20/3/2009). Nesse sentido, mais fina é a análise do jornalista Xico Sá (*Folha de S. Paulo* 19/3/2009):

> Com sua política do barraco permanente, Clodovil Hernandes conseguia divertir e constranger ao mesmo tempo. Foi uma espécie de Macunaemo, como muitos brasileiros de hoje, com a devida licença de Mário de Andrade pelo trocadilho com o seu herói sem caráter.
>
> O modista, apresentador e representante do povo no Congresso Nacional juntava o folclore da esperteza selvagem com a emoção sem controle dos ditos emos, abreviação do inglês para *emotional hardcore*, gênero musical apreciado por jovens do mundo todo.
>
> Em vez do "ai, que preguiça!" da literatura, Clodovil tinha a sua penca de outros ais: "ai, que hipocrisia", "ai, que cafona", "ai, que saco!", "ai, que feia!".
>
> Era o mesmo herói, com ou sem caráter, capaz de constranger o presidente da Câmara, na época Arlindo Chinaglia (PT), e os militantes do mundo GLS. Para o político, chiou com a falta de educação no Congresso; para os *gays*, disse que, se pudesse escolher, "seria homem, loiro e nascido em Berlim".
>
> Um Macunaemo que negou a selva e a cafonice para ser o mais preconceituoso possível, quase tanto quanto seu quase meio milhão de eleitores de São Paulo. Preconceito que ele recebia de volta, na TV e nas ruas, como se não passasse de uma "bicha" caricata de piada do Costinha. Nada politicamente correto, Clodovil sabia jogar o jogo e estava preparado para o próximo barraco.
>
> Cada vez que assumia uma condição, o cabra fazia questão de negá-la. Na vida, na profissão ou na política. O estilista que não era da moda, o *gay* que queria ser macho hétero, o político que se fingia de eleitor cínico. Tem algo mais Macunaemo?

Mas mais contundente foi o comentário de Luiz Mott, líder do movimento *gay* no Brasil: "(...) foi um *gay* alienado, exibicionista e que desperdiçou sua inteligência e sua audácia em favor de um projeto de vida furado, completamente ultrapassado e elitista" (*Folha de S. Paulo*, 20/3/2009). Como psicanalista, acabrunha-me destino humano tão trágico, vítima de um narcisismo enroscado e explorado por uma mídia e um público ávidos de perversão. Quando a *sublimação* se ausenta da existência, o humano chafurda no gozo podre do sintoma, a vida gira em círculo na repetição, não consegue avançar e a construção subjetiva e cultural fica estruturalmente comprometida!

Voltemos à questão de Freud sobre a maior aptidão do homossexual para a sublimação. Em Gradiva, lembremos, ele afirma: "Sua constituição o singulariza também por uma particular aptidão da pulsão sexual para a *sublimação* cultural" (Freud 1986, p. 170). Então, a pergunta: por que o homoerótico seria mais apto para a sublimação? Penso que, em tempos de Freud, tempos de repressão dura aos homossexuais, estes, hipercensurados, talvez encontrassem um caminho mais curto, "obrigatório", para a retração ou para a sublimação, uma vez que qualquer manifestação homoerótica era considerada criminosa, patológica ou imoral. Porém, esse não é o caso em dias de hoje. A repressão aos homossexuais abrandou e eles se sentem mais livres para práticas homoeróticas. Ora, essa *particular aptidão da pulsão sexual para a sublimação cultural* seria confirmada nesse novo mundo globalizado? Será que não se tornou mais difícil para eles essa *aptidão* tão desejável para a paz subjetiva e para a cultura? De todo modo, vale a lei: quanto mais gozo sexual, seja ele hetero ou homo, menos sublimação.

É fácil verificar que, durante o século XX e sobretudo nesse início do século XXI, as mudanças a respeito dos homoeróticos são radicais. Seus direitos negados desde sempre se viram respeitados, ao menos na sociedade ocidental.

Mas cabe a pergunta: por que os homoeróticos precisam organizar as paradas *gays*? As paradas *gays* têm origem numa revolta, qual revoada, contra uma batida policial num bar de Nova York em 1969, em Stonewall. Deriva daí a celebração anual do orgulho *gay* que se espalhou pelo mundo todo, sobretudo nas grandes capitais. Não é exato dizer que foi a partir daí que o mundo *gay* adquiriu visibilidade. A subcultura *gay* sempre sobreviveu entre a ocultação e a manifestação: clubes, boates, cafés, bares, bairros. E, igualmente, entre a manifestação e a repressão. Em 1960, por exemplo, o parlamento francês votou uma emenda que definia a homossexualidade como um *flagelo* social, tal como o alcoolismo e a prostituição (Eribon 2008, pp. 35-36).

Mas volta a pergunta: por que as paradas *gays*? Por que os heterossexuais não organizam paradas de orgulho hetero? Isso não significaria que nem os *gays* e nem a sociedade heteronormativa convivem tranquilamente com essa maneira de viver a sexualidade? De outro lado, por que as organizações homoeróticas suportam tão mal opiniões religiosas ou morais que não admitem a prática da homossexualidade? Se estão convictas do que defendem, por que responder com intolerância a outra intolerância? Aprofundando um pouco mais essa reflexão: essas paradas timbram em ser exutórias e, como em sua origem, ostentam um aspecto de desforra (*défoulement* ou *protesto*). De todo modo, elas têm a fragilidade de ser manifestação de massa. Os indivíduos nelas inseridos padecem da psicologia de massa, fundem-se num ego coletivo. A empolgação unifica o ego, sugerindo uma sensação de proteção e fortaleza, mas essa vivência é falsa, perfunctória, esvai-se, não perdura mais que até o término da exibição. Em nada liberta o sujeito propriamente dito. Além disso, para muitos, sobretudo do interior do país, é apenas um *coming out* subjetivamente vazio. A luta de prestígio é o pior caminho da construção do humano. Conduz à submissão, se não à morte do outro.

Martin Luther King e Mohandas K. Gandhi adotaram caminho contrário, o da não violência, e, com sua força moral, libertaram seus países de injuriosa colonização dos brancos. Não é incrível que uma humilde senhora negra, Rosa Louise Parks, recusando-se a sair de uma cadeira de ônibus reservada aos brancos, tenha conseguido eliminar definitivamente essa vergonhosa injúria racista nos Estados Unidos? Nada resiste à grandeza moral. Seus portadores podem até ser eliminados por aqueles que por ela se sentem desmoralizados, mas ela vingará na história. Foi assim que surgiu Martin Luther King. Rosa foi condecorada com medalha de ouro pelo congresso norte-americano (em 1999) e seus restos mortais (24/10/2005) repousam na rotunda dos heróis pátrios do Capitólio, em Washington. E a Casa Branca pôde ser ocupada por um negro!

O jornalista André Fischer produziu crônicas das paradas de São Paulo de 2000 até 2008. Nas primeiras, estampa entusiasmo e ufania com o crescente número de pessoas e, nas últimas, vai ficando desiludido. Já na primeira, define a parada de São Paulo: "cujo caráter mais comercial (...) marca o reconhecimento da causa pela sociedade organizadora" (Fischer 2008, p. 144). Da primeira à última crônica, o jornalista percebe que os homossexuais interessam muito às empresas, pelo filão de compras que podem representar. Empresas "interessadas em conquistar o mercado [*sic*!] GLS" (p. 46). Então, fica difícil entender que as empresas são movidas pelo *reconhecimento da causa*, que, suponho, seja a da discriminação homofóbica. E essa consciência é clara: "só é preciso tomar cuidado para não desvirtuar o princípio da coisa [?] e acabarmos tendo um desfile de logotipos (p. 146) (...) A organização é acusada de estar tornando evento demasiadamente comercial" (p. 147).

Outro aspecto que o jornalista pinça é "provar que somos cidadãos conscientes e com direito à *visibilidade*" (p. 147). E essa visibilidade tem o custo da exposição dos homossexuais à curiosidade pública: "Produções estrambólicas, beijos e até mesmo um nuzinho aqui e lá são esperados e muito bem-vindos" (p. 146) (...) O clima estava ótimo, todo mundo beijando, todo mundo, sem distinção de sexo" (p. 147) (...) No Rio, (...) mais do que uma imensa multidão de barbies, bonecas, bolachas, simpatizantes, curiosos, adolescentes e crianças" (p. 157). Mas o jornalista se dá conta de que se expor é propiciar uma nova exploração dos homoeróticos. Há algo perverso em *exibicionistas conseguindo atenção* e curiosos satisfazendo seus desejos ocultos. É muito ingênuo interpretar que "manifestaram com sua simples presença a simpatia pela causa" (p. 153). Oxalá fosse verdade! Os voyeuristas é que se sentem felizes por serem assim interpretados!

De outro lado, o mesmo jornalista se sente amparado pela imprensa: "Felizmente, existe uma complacência da imprensa, que pula a parte de putaria forte que marca as paradas, como as desnecessárias finais na praça da República ou nas dunas do Lido" (p. 161). E a violência explode, como consequência de provocações: "Estou sem voz, com um baita galo na cabeça e algumas pequenas escoriações e, assim mesmo, muito feliz com o que vivi na avenida" (p. 151) (...) Porém, foram incontáveis os assaltos – só entre amigos foram mais de dez". E como, para tudo, cria-se uma teoria como justificativa: "É algo incontrolável em uma multidão desse tamanho. Chato que deixa de ser um evento para a família [que família?], não mais pelo fato de ser *gay* [?], já que não é mais isso que choca [?], mas pela violência" (p.163). Gerada, logicamente, pela parada!

Fischer, assim como registra um aumento na multidão com o sonho de ser a maior manifestação *gay* do mundo (êta, Brasil!), também descreve um suposto amadurecimento *gay*. Primeiro, a garotada, antes da parada, ia se divertir no Hopi Hari: "(...) a mais insólita e divertida forma de reafirmar sua identidade sexual: um dia gritando [sic!] no parque de diversão" (p. 151). Depois, foi proposto um programa especial, com filmes, documentários: "Estamos virando gente grande. E isto porque a Feira de Negócios *Pride & Attitude* contou com grandes firmas, bancos (...) Isto é prova de que estamos virando gente grande (p. 162). Supõe-se, primeiro, que os homossexuais não eram *gente grande* e, segundo, que agora são por determinação externa, pelo fato de que grandes empresas querem aproveitar o cabedal mercadológico *gay*. "Pela primeira vez, patrocinadores compareceram, e na imprensa *só* se exaltava o tamanho do mercado *gay*" (p. 163). E se os homossexuais e outros assim não fizerem, não há patrocínio para a parada e aí, nos moldes atuais, ela não acontece. Mas, pela honestidade da causa, vale a pena pagar esse preço? Parece-me cínico, se não sádico, saber-se explorado pelas grandes empresas como *mercado* e dizer que elas estão lá para apoiar a *causa*!

Mas André Fischer cai na real. Já na introdução: "Infelizmente, até agora, toda essa visibilidade não foi traduzida na conquista de direitos efetivos" (p. 139). *Visibilidade* é a ilusão imaginária mais atroz para a subjetividade humana hodierna: nem que seja uma simples tomada na TV. E esse gozo egoico é vivido como se fosse realização subjetiva! "A visibilidade acarreta uma imensa responsabilidade", adverte Fischer (p. 152) e, mais incisivo: "A comunidade GLBT deve encarar a luta por seus direitos e responder por seus deveres" (p. 153). São muito encontradiças as reivindicações dos *direitos* homoeróticos, mas muito raramente o apelo à assunção dos *deveres*. E que seriam esses deveres específicos dos homossexuais?

André Fischer sinaliza para horizontes reais, fora da visibilidade vazia: "Sem apologias, os *gays* simplesmente dão maior valor a certos presentes de Deus" (p. 25). Estaria ele falando da ternura ou da beleza do amor homo? "Não estou fazendo uma apologia do sexo casual nem da prostituição – eles *não* resolvem questões mais sérias de amor-próprio e relacionamento" (p.39). Testemunho da experiência e não de ilusões transitórias. E o princípio central: "Reconhecer a existência de uma miríade de possíveis manifestações da libido e *respeitar* todas as expressões de afeto é o melhor caminho para a sociedade se engajar na busca de uma convivência mais harmoniosa" (p. 32). Se tal, primeiro, trata-se de assumir a própria diferença e, se assumida, por que visibilidade, provocações, sacanagens, exibicionismos? "As pessoas já estão se cansando da ditadura estética barbie" (p. 13) ou das "barbies turbinadas" (p. 154).

Faltam aos homoeróticos solidariedade e atitudes públicas eficientes, que se transformem em ações concretas contra a discriminação homofóbica ou o assédio moral, onde quer que essas injustiças apareçam. Exemplo claro da inoperância da comunidade *gay* foi a edição 2010 do Big Brother Brasil da Globo. Um exibicionismo tosco de um *vencedor* homofóbico registrado no twitter da @mafiadourada: "O grande problema desse BBB 10 foi juntar *gays* a seres humanos". Essa indecência moral, além de tudo, viola a constituição brasileira. A jornalista Ivana Bentes pergunta: "Onde está Jean, o homossexual que ganhou uma das edições? Que mudanças ele trouxe para a causa *gay*? (...) É esse o componente viral do programa" (*Folha de S. Paulo*, 1/4/2010). O Jean ficou sem apoio ou assistência da solidariedade *gay*.

O autor que seguimos aterrissa no real. A primeira crônica (2000), ele a intitula *Pavão misterioso* (que é o hino da parada, mas nada melhor que a metáfora do pavão para inconscientemente mostrar a vacuidade da parada ou da visibilidade; quanto mais o pavão se expõe, mais mostra o que não interessaria mostrar). E a última crônica é a prova desse vazio: seu título, "Xoxa. Não deixa de ser esquisito ver militantes *gays* usando esses eventos para fazer *pregação* no meio da rua. Sei lá (...)". E a conclusão é triste, se não dolorosa: "O fato é que, de concreto, não vejo resultados. Por concreto, entendo resultados práticos" (p. 161). E também: "Era isso que se via, era isso que quem chegava compartilhava. Ouvi a palavra *xoxa várias vezes*" (p. 164). É, a pós-modernidade apresenta um *xoxo* cada vez mais profundo: quanto mais se produz ou se consome sociedade de espetáculo, mais vazio e solidão sobram ao sujeito. É o culto do imaginário em cadeia. Não é à toa que a depressão grassa devastadora em nossos dias.

A confirmação do exposto veio da boca do próprio organizador da Parada Gay 2009, César Xavier: "Não queremos isolamento. A parada surgiu como manifestação de protesto. Não é carnaval" (Folha de S. Paulo, 16/6/2009). A luta de prestígio leva mesmo ao pior: desta feita, 57 pessoas feridas. Além disso, o que significa *parada gay não é carnaval*? Se não fosse (ninguém perguntou!), porque dizer que não é? Oxalá fosse, pois poderia ser expressão cultural, folclórica de uma parte da humanidade que se denomina homoerótica. De outro lado, se parada *gay* é protesto, protesto contra quem ou contra o quê? Não corre o risco de ser um autoprotesto contra uma condição mais problemática de ser, o ódio inerente à estrutura de que falam Pessoa, Foucault e outros?

É preciso desmascarar a impostura de certa ditadura da cultura *gay* ("ditadura estética da barbie", segundo Fischer), que facilmente pode resvalar para o desafio ou a insolência. Não apenas na parada, mas até em certos ambientes eclesiásticos, conventos e outros, ela pode se impor de maneira atrevida ou inconsciente. Tendo em vista o modo como as paradas *gays* têm sido realizadas em São Paulo, podemos perguntar: se elas têm a finalidade de alcançar igualdade de direitos civis, direito à cidadania da diferença, por que *protesto*? Atrevimentos, atitudes despudoradas ou escandalosas, vários tipos de provocações não testemunham mais atos perversos do que homossexualidade verdadeiramente assumida ou reivindicação social? As paradas gays mostram menos a essência e a dignidade do Outro Amor que estereótipos que pouco contribuem para a causa.

Na heterotopia homossexual proposta por Foucault, encontramos uma dupla saída para o homoerotismo. De um lado, a luta por uma política *gay* de *direitos* e *deveres* e, de outro, possibilidades novas de *invenção subjetiva*, *subjetivações*, *prática de si*, *estilo de vida*, *reinvenção de si mesmo continuamente*, único caminho para assumir verdadeiramente seu desejo. "Devemos", diz ele, "não só nos defender, mas nos afirmar, e nos afirmar não só como identidade, mas como *força criadora*. Trata-se de fato de criar uma *nova* cultura" (*apud* Eribon 2008, p. 393). E conclui: "Mas, em todos os casos, o sujeito livre nunca é dado, sempre deve ser feito" (p. 412). É preciso outrar! Foucault desmascara energicamente a vivência da visibilidade em detrimento da autenticidade do homoerótico assumido.

O orgulho *gay*, por sua vez, também aponta para mais uma reflexão: *orgulho* como sinônimo de *amor-próprio* exagerado ou altivez só reforça a identificação narcisista do homossexual, como sendo o único, o melhor ou o mais querido (da mãe). Exibir esse orgulho é simplesmente reforçar uma fantasia que recalca o real do sujeito. Como, orgulho? O orgulho de uma identificação sexual que não se pediu para ter e que se constitui em maior sofrimento para ser assumida e conduzida?

Orgulho, no sentido de *soberba*, é ilusão de poder, prepotência, o que também propicia uma identificação falsa, pois coloca o sujeito em puro imaginário, num ego hipertrofiado. E isso, diante das inevitáveis limitações do real, desperta as reações mais violentas. Finalmente, orgulho como *brio*, sentimento da própria dignidade, seria o sentido que levaria em conta o desejo próprio de não abrir mão de si, de zelar pela concretização de ideais e transformar as qualidades pessoais em obra. Mas, nessa acepção, exibições de qualquer tipo nem sequer entram em pauta e as fantasias narcíseas são desfeitas, uma a uma, diante do real do retorno do recalcado ou do real da vida cotidiana. *Brio* é silêncio, concentração, disciplina, é preocupação com aquilo que conta: *as obras*, e não basófia em fantasias ou exibicionismos. Se o homoerótico é verdadeiramente assumido, consegue estar bem consigo e com o outro.

A potência sexual é uma fonte preciosa de prazer e gozo para o ser humano, um conforto em seu peregrinar, mas desde que se trate de uma sexualidade administrada pelo desejo e não desgovernada pelo gozo. A sexualidade integrada é produtiva e realizante. Ela dispensa ostentação, provocação, prepotência, violência ou narcisismo exasperado. Ela se funda no respeito ao outro, no encantamento e no consentimento mútuo. Ela produz maturidade e crescimento subjetivo.

Hoje, os homoeróticos podem se constituir em união reconhecida pelo Estado. Podem até adotar filhos. Mas só o tempo dirá no que esses "avanços" podem resultar em realização e felicidade para eles e para os "filhos". Estes, com certeza, apresentarão uma subjetividade que a clínica psicanalítica atual desconhece e aqueles, sem estrutura psíquica para a criação de filhos, acabarão em impasses conflituosos e sofrimentos inimagináveis. O amor homo é estruturalmente de outra essência. De *per si*, não é prolífero. De sua natureza, é *Outro Amor*. Como se estruturará a subjetividade da criança construída na convivência com dois homens com características femininas ou com duas mulheres com traços masculinos? Como poderão se castrar na diferença sexual, essas crianças que não dispõem do imaginário dela na consistência da cotidianidade da vivência homo? Ora, a clínica demonstra claramente que sem um pai (real) que propicie a representação imaginária da diferença sexual, a representação simbólica da castração, isto é, da função do nome-do-pai, ou fica impossível (psicose) ou deficiente. Lacan diz textualmente:

> Não se chamaria de complexo de castração aquilo de que se trata se, de certo modo, isso não colocasse no primeiro plano que, para o (falus) ter, é preciso, primeiramente, que se tenha colocado que não se pode tê-lo, de modo que a possibilidade de ser castrado é essencial na assunção do fato de ter o falus. Eis aí um passo a transpor, e onde deve intervir em algum momento, eficazmente, realmente, efetivamente, o pai (Lacan 1998b, p. 186).

Sem ser o portador, é pura ilusão querer bancar a função paterna, e piores são as sequelas desastrosas de querer ignorá-la: "De quebra, tentar dar a prova de que se tem o falus na realidade é, ao contrário, demonstrar que não o tem ou, ao menos, que não se está seguro de tê-lo" (Dor 1991a, p. 83). De todo modo, para o sujeito da psicanálise, o significante fálico é fundamental. Ele é dirimente para a sexualidade do homem e da mulher. É o significante da castração, portanto, do desejo: "O homem não é sem o ter e a mulher é sem o ter" (Lacan).

No caso de dois homos, falta a mãe para a criança na concretude da vivência amorosa e, no caso de duas lésbicas, falta o pai. O nome-do-pai é um significante universal, um operador simbólico, que tem uma função estruturante na ordenação do sujeito. Sua eficácia consiste em propor ao sujeito um espaço de identidade sexual e uma matriz de ricas potencialidades ou de patologias. Ora, nessa reduplicação de pai ou de mãe, cria-se uma figuração em que a diferença do outro sexo na convivência afetiva diária não encontra representação imaginária. Não podemos esquecer que a castração simbólica operada pelo nome-do-pai, que funda o sujeito em seu inconsciente, efetua-se na dialética do desejo da mãe em relação à criança e ao pai. Ela só se opera se a mãe renuncia ao desejo do filho para atender à sua fidelidade ao desejo do marido. Ora, em adoção homo, isso é extremamente complicado, se não patogênico. Consequentemente, como será, então, a inserção subjetiva e social desses filhos?

A meu ver, a adoção de filhos em união homo é outra *imitação* (identificação imaginária!) do casamento hetero. Além da incapacidade psíquica (Outro Amor!) para tanto, os homossexuais homens expõem as crianças a um modelo de criação em que a função da mãe, essencial para a criança, *inexpugnável* (Dor 1991a, p. 58), fica excluída. Considere-se o inverso, no caso das mulheres homo. Ora, do ponto de vista da formação da subjetividade humana, isso é grave, já que a diferença sexual fica indefinida na vivência. O choque que essas crianças terão diante de seus coleguinhas criados por pai e mãe não poderá não ser traumático. A adoção de filho por parcerias homo, sobre ser uma apropriação indébita para o Outro Amor – o verdadeiro amor homo –, imprime o peso de uma impostura da parte dos unidos para o filho e para a sociedade. Ora, isso é demasiadamente conflitivo para formação subjetiva da criança, é conflitivo para o desempenho do amor homo.

Por isso, discordo *in totum* de Roudinesco, quando afirma: "O que a incomoda [a comunidade psicanalítica], o que a perturba, o que a torna às vezes paranoica, violenta, injuriosa, é que homossexuais *praticantes*, isto é, casais do mesmo sexo tendo relações carnais, queiram comportar-se como neuróticos comuns: ter filhos e viver em família" (Roudinesco 2009, p. 68). A meu ver, isso é apenas um aspecto do problema, e talvez o lado do preconceito. A questão é muito mais séria: a subjetividade humana, a verdadeira, constrói-se com base no real e não no imaginário puro. Imitar a ordem familiar ou a adoção de filho é próprio de outra estrutura. Ao se impor essa maneira de *neuróticos comuns*, os homossexuais não estariam levando em conta a estrutura do Outro Amor de que são portadores e cujo testemunho e inventividade poderiam ser inovadores para a sociedade (Foucault). Ora, se esse é o real para eles, como construir subjetividades fora dessa estrutura? Mais ainda, o que o pensamento de Roudinesco não leva em conta em nenhum momento: que consequências sofrerá a subjetividade das crianças que crescem num ambiente de ambivalências sexuais? A afirmação de Roudinesco dá por certo e adquirido que *o desaparecimento da cena primitiva*, fundadora da diferença anatômica dos sexos, não seja substituído por um real estranho e quase "monstruoso, como se essa diferença anatômica corresse o risco de ser suprimida ou desaparecer sob o peso de uma pretensa homogeneização dos sexos. Que curiosa fantasia! Essa diferença sexual *não* está prestes a ser abolida *nem* as outras diferenças correm o risco de encobri-las" (Roudinesco 2009, p. 68).

Essas afirmações parecem-me, no mínimo, precipitadas: primeiro, a clínica psicanalítica ainda não começou a receber sujeitos cuja subjetividade tenha se estruturado em uniões homo; segundo, tendo em conta o efeito da pretensa *homogeneização* dos sexos (tão bem desmascarada por Foucault), não seria prematuro afirmar que a diferença sexual está tão imune a ser abolida ou encoberta e, pior, a não ter consequências devastadoras nas subjetividades? Por frágil ou flácido que o nome-do-pai se apresente, *et pour cause*, estamos longe de poder avaliar clinicamente as consequências das mudanças hodiernas na estrutura familiar. "O mal-estar contemporâneo", observa M.R. Kehl, em contraponto a Roudinesco, "tem relação com a inconsistência do pai imaginário, figura central no complexo" (Kehl 2009, p. 279). E ainda: "A atual crise do sujeito da psicanálise – o que não significa seu desaparecimento – tem relação com as inconsistências das formações imaginárias que sustentam o lugar simbólico do pai como representante da Lei" (Kehl 2009, p. 280).

No olho do furacão, sem distância histórica ou clínica, não podemos prever que tipo de ser humano estamos a gestar nessa *homogeneização dos eixos vertical e horizontal das identificações (Kehl, 2009, ib.)*. Não podemos esquecer que somos massa de passagem de uma verdadeira mutação.

Uma coisa é certa: verificamos um aumento considerável de homossexuais em nossos dias e, a meu ver, com esse ritmo de fragilização da função paterna e da função materna, esse número vai crescer muito mais. De outro lado, a parceria homo ao imitar a moral conjugal na adoção de crianças, o mundo hetero se ilude ou se conforma com esse procedimento, que escamoteia a real natureza do amor homo. E os juízes são figurantes no mínimo ingênuos nesse simulacro.

Se os homossexuais e as lésbicas se dedicassem a dar ao mundo um testemunho do específico de seu amor – ternura –, poderiam contribuir vivamente para ajudar eliminar a violência da sociedade hodierna, assim como poderiam ser uma força decisiva na salvação da mãe Terra, violentada e exaurida impiedosamente pela *gulodice da minoria insaciável*, de alguns poucos, indiferentes a ela e aos outros, que têm o mesmo direito de dela usufruir. Ah! como os homoeróticos perdem tempo e malbaratam sua energia ao imitar ou copiar os heterossexuais ou em ações inúteis – gandaias –, que não viram obra para a humanidade avançar. Os homoeróticos, se é que desejam dar testemunho de sua dignidade, poderiam cuidar um pouco mais de si mesmos, protegendo-se em associações ou comunidades de amparo mútuo, quer para preservar direitos, quer para cumprir seus deveres de ajuda e solidariedade em sua inserção na sociedade. Exemplo triste da falta de solidariedade entre homos é o abandono em que vivem os provectos em idade, dolorosamente apelidados de *bichas velhas*. Os ideais de solidariedade humana, de dignidade homo, de obras de civilização e cultura só são possíveis de ser alcançados se os homossexuais encaminharem sua energia, suas pulsões, para realizá-los e não para chafurdar no pântano da desordem afetiva e sexual. Os homossexuais já deram provas suficientes de que são capazes de desvirtuar suas potencialidades em usos e abusos que nada constroem. Esse é o caminho do xoxo, da solidão e da depressão. Angústia do sem-sentido de viver.

A psicanálise surgiu graças às histéricas, e elas eram assim porque viviam manietadas numa família patriarcal todo-poderosa e numa sociedade machista eivada de preconceitos rígidos contra a mulher. A psicanálise, porém, sobreviveu à queda dessa família. Consegue amparar filhos de orfanato, de pais separados, filhos de criação independente (monoparental) e filhos de família ordenada com pais se amando e se respeitando, inseridos na moral conjugal. Mas como fará ela com filhos fora dessa moral ou com uma moral a ser ainda criada? Ou, pior ainda, como escutar filhos de pais homossexuais *imitando* a moral conjugal? Se édipo e castração embasam a estrutura fundamental da subjetividade, como será a subjetividade de uma criança que não pode contar com a relação pai x mãe imaginariamente consistente da moral conjugal? É até difícil imaginar como será a estrutura psíquica de tal criança. Ela não estará em posição esquizofrênica perante os demais sujeitos humanos?

Teatralizar a função de pai (no caso da lésbica) e de mãe (no caso do homo) é querer passar uma mentira desestruturante para a criança. Ao descobrir esse teatro, ela corre o sério risco de se cindir numa psicose ou de se afundar numa depressão sem saída.

De outro lado, como bem observa Elizabeth Roudinesco em *A família em desordem* (Jorge Zahar, 2006), homens e mulheres vão continuar se amando e não dispensando a vida conjugal na família. Haverá, então, uma nova discriminação estrutural entre os filhos dessas duas procedências? Fora de dúvida. Tanto na subjetividade dessas crianças perante as outras, com pai e mãe, como destas em relação às primeiras. Estou além da inserção social, falo de uma condição básica, isto é, da condição subjetiva edípica. Joël Dor diz, muito apropriadamente: "Um pai não pode ser uma mãe; da mesma forma, uma mãe não pode substituir um pai" (Dor 1991a, p. 57). E conclui:

> Pode-se sempre questionar: por que tais casos-modelos [homo] não induzem efeitos simbólicos da mesma maneira que a vetorização habitual da função paterna?
>
> Para reter apenas um caso-modelo, deliberadamente exemplar, vamos evocar a amplitude dos *tormentos imaginários* com que se defrontam os pares de mulheres homossexuais que têm filhos. Num casal como esse, por que uma das parceiras femininas não poderia acaso assumir a função paterna, por mais que se esforçasse para isso junto à criança?
>
> A solução desse problema, por mais que as homossexuais experimentem sofrimento ao tentar resolvê-lo, é infelizmente bem mais simples: *está ligada, fundamentalmente, ao real da diferença entre os sexos*. Ora, quer se queira sabê-lo ou não, esta é *irredutível*. O papel materno é *inexpugnável*, no sentido de que é instituído e sustentado pela questão da *diferença dos sexos* aos olhos da criança. Por sua vez, a *função paterna* não é operatória simbolicamente *a não ser por proceder diretamente dela*. Em outras palavras, é a *lei do fálus* que é determinante (Dor 1991a, p. 58).

Pois somente o significante fálico pode simbolizar a diferença dos sexos. E Dor arremata seu pensamento psicanaliticamente preciso:

> Certamente, é suficiente que o significante Nome-do-Pai seja convocado no discurso materno, para que a função mediadora do Pai simbólico seja o significante. Mas é necessário ainda que esse significante Nome-do-Pai

seja referido *explicitamente* e *sem ambivalência* à existência de um terceiro marcado em sua diferença sexual em relação ao protagonista que se apresenta como mãe. É *somente* a esse título que, na ausência do pai real, o significante Nome-do-Pai pode ter todo seu alcance simbólico. Por essa razão, é claro que *não poderia existir função materna no sentido de uma equivalência simetricamente substituível à função paterna* (Dor 1991a, pp.70-71).

O significante será sempre significante da falta no Outro: S (A).

Diante do exposto, causa espécie o relato de um caso de lésbicas publicado na revista *Época* (junho de 2009, pp. 102-108). Tudo começa com uma professora (M.) que se apaixona por uma aluna (C.), que declara: "Não consigo me apresentar como homossexual (...) até hoje, continuo gostando de homens". E, simultaneamente, confessa que a mestra se postou perante ela "como se fosse um homem, me tirando a roupa com os olhos".

M., *dona de um olhar mais masculino que muitos homens*, diz desde o início: "E era eu, claro, que ocuparia a posição de noivo"(homela, Lacan). C. faz eco: "A M. não seria minha mulher, mas meu marido". Mas, eis que, em C., começa bater o desejo de ter um filho. M. se dá conta de que só pretender *ocupar posição masculina* nada podia fornecer à C. do que ela precisaria para engravidar e ser mãe. Dentro da mesma lógica fictícia: "Era claro para mim que eu teria a função paterna na vida do bebê, mas ele não poderia me chamar de pai". A angústia entre o imaginário e o real apertando o cerco. De fato, como exercer a função paterna sem ser pai?

Em sucessivas sessões de análise, num consórcio imaginário com o analista, descobriu um factoide para aplacar esse impasse. Subitamente, criou um neologismo: *pami*, uma palavra-valise, que tem *pa* de pai e *ami* de mami. A partir daí, acreditou que, embora mulher, pudesse se apresentar ao filho como *pami*, qual se pai fosse, mas não "poderia me chamar de pai, porque no real não era", e nem de mãe, pois a mãe, real, era C..

Obtidos no banco de esperma, os espermatozoides de doador com as características escolhidas, a própria M. não podendo oferecer nem pênis, nem espermatozóide, se encarregou de manipular a seringa e vangloriou-se da *pontaria*. Vieram gêmeos: uma menina (M.C.) e um menino (J.A.). Mas o doador não é tido em conta de pai, "pai não vem da genética ou do sangue, mas do coração". E fez-se de conta que o pai genético pode ser dispensado. Bastaria escanteá-lo. E a impostura assim se concretiza: "Do mesmo modo [como?!] que os amiguinhos têm pai e mãe, o J. A. e a M.C têm *pami* e mamãe". As crianças receberam nome composto: o nome da avó deles mais o nome da mãe de M. foram dados a M.C. e J.A. levou o nome do avô mais o nome do pai de M. Peso de significantes-mestres, que as coloca fora da "paternidade" *pami* e da maternidade real. São os avós que os nominam, em nome e sobrenome. Destino confuso. Igualmente, no dia dos pais, a uma criança: "Você tem pai, eles têm *pami*". À escola, é enviada uma carta-instrução sobre como diretora e professoras devem manter o artifício.

A dificuldade de sustentar tal geração de filhos aflora no fato de que ambas recorreram aos ancestrais para nomear as crianças assim nascidas e revestiram as paredes da casa com as respectivas árvores genealógicas. Busca inconsciente de autenticar o que não podiam. Tentativa de criar uma nova forma de "família" humana, mas foge-se ao real da inovação. E isso se entende bem na afirmação irretorquível de Joël Dor. Ele fala, no texto citado, da "amplitude dos *tormentos imaginários* com que se defrontam os pares de mulheres homossexuais que têm filhos", pois a função paterna "está ligada, fundamentalmente, *ao real* da *diferença* entre os sexos, que é *irredutível*". Por isso, *pami* é um embuste de real. "Segue que a função materna, *inexpugnável*, é sustentada pela *diferença* dos *sexos* aos olhos da criança", como "a função paterna não é operatória simbolicamente *a não ser por proceder diretamente dela*", ou seja, "é o fálus que é determinante". E Dor conclui, psicanaliticamente: "*não poderia existir função materna no sentido de uma equivalência simetricamente substituível à função paterna*". Isso, ousadamente praticado no real, confere pura impostura, com consequência imprevisível para a subjetividade da protagonista e da criança.

Enfim, o que mais estranha nesse caso é que se trata de pessoas que se nominam psicanalistas.

Outro caso de que tenho noticia trata de duas homossexuais que assim agiram para ter filhos: com espermatozóides de banco, uma emprestou os óvulos, que, fecundados, foram transferidos para o útero da outra. Num texto de Francine Lima que tenho à mão, leio: "Nem A. nem M. pretendem disputar na justiça a guarda das crianças". Nem precisariam, o caso anterior já conseguiu registro, "ignorando" que há um pai. "O que elas querem", continua a articulista, "é sair da maternidade juntas, com um documento que permita registrar as crianças no cartório com o sobrenome de cada uma e o nome das duas mães na certidão de nascimento. *Como qualquer família normal*".

Aqui, a mesma coisa. É preciso apelar à família normal para normalizar o que foi um artifício genético e uma exclusão da diferença sexual. Em ambos os casos, as protagonistas se dão conta da dificuldade ou impossibilidade de sustentar, por imitação, a família humana, porque o homem, aquele que porta a diferença fálica, é usado apenas como doador, mas não é reconhecido em sua função e é ocultado como dispensável. Há um aspecto perverso nessa jogada, porquanto o *desafio* e a tentativa do *domínio do Outro* se fazem presentes.

Agora, para completar a transgressão, só falta aparecer a geração de um clone. André Fischer (2008, p. 111) chega à seguinte conclusão: "Mesmo não sendo adepto fervoroso, ainda acredito no bom e velho papai-mamãe como o melhor método para gerar crianças". Realmente, o amor homo é "Outro Amor". Quando os homossexuais abandonam o amor homo e copiam o amor hetero, cometem equívoco de consequências graves.

Não há *fundamentação no Real* nem *consistência* no *Imaginário* para uma lésbica que pretenda exercer a função paterna na realidade. Do mesmo modo, é pura fantasia um homem efeminado ter a ilusão de exercer a função materna. Essa fantasia ou teatralização é perigosa para a subjetividade dos protagonistas, mas mais ainda para o filho. *Trata-se de um faz-de-conta* (impostura) *insustentável*. O pai de Schereber estava convicto de que podia exercer a função paterna no real e não no simbólico. Deu no que deu, seu filho não encontrou outra saída, senão no delírio de transformar seu corpo em corpo de mulher, fecundado por Deus, e criar uma nova humanidade, ou seja, para escapar da perseguição real do pai, não achou solução para o impasse (*foraclusão*), senão buscar recurso na paranoia.

A análise de pais heterossexuais demonstra que, se a mãe se apresenta fálica ao filho e/ou o pai encarna uma posição maternal,

> num caso como no outro, não se trata senão de *problemáticas identificatórias*, isto é, dispositivos imaginários. Por essa razão, tais posições identificatórias

> não têm o alcance simbólico que lhes é respectivamente ligado. Quando muito, constituem *parâmetros perturbadores* e invalidantes para a criança se dar conta do fálus em sua trajetória edipiana (Dor 1989, p. 70).

Sempre que a criança se depara com uma negação, uma ambivalência ou escamoteação na apresentação da diferença sexual, ela incorrerá numa identificação sexual no mínimo perturbante ou conflitiva. Unicamente a circulação do fálus faculta-lhe uma identificação tranquilizante quanto à diferença sexual e, portanto, uma identidade sexual definida.

A solução do homoerotismo está em se desligar definitivamente da moral conjugal, que rege o casamento de um homem e uma mulher. Enquanto não for criada uma moral própria para o homossexual, fora do modelo conjugal, os homossexuais continuarão desorientados, simulando esse modelo, os heteros persistirão em submetê-los a esse mesmo modelo, e o impasse persistirá. Os homossexuais se expõem ao ridículo e traem o Outro Amor ao copiar o modelo hetero de casamento desde a cerimônia até a convivência ou a adoção de filhos. Trata-se de uma *simulação* sem *consistência* (imaginária) no real de sua sexualidade, o que é estruturalmente problemático. Além disso, quanto mais insistem nessa cópia, mais adiam a conquista do bem-estar possível em si mesmos e o respeito de sua posição na sociedade.

Finalmente, uma palavra sobre o direito. O direito, vetusta biga romana tirada a cavalos domesticados, é muito pouco inventivo ou criativo. Os juízes se atêm à letra que envelhece ou mata. Não conseguem inovar. Buscam num positivismo cego a "segurança" de suas sentenças. Assim, a união entre homossexuais é algo que principia a ser reconhecida. Mas o juiz que declara *casados* dois homossexuais labora pelo menos três ignorâncias com aparência de modernidade: primeira, esse termo é absolutamente impróprio, porque, sendo cópia, não é performativo, já que sem fundamento *in re*; segunda, porque revela desconhecer o que é o amor homo; e terceira, as razões supra sendo inconsequentes, importaria criar novo direito, que contemplasse a união específica a homoeróticos.

E, por isso, opino ser também incongruente e não salutífera a ratificação da adoção de filhos pelos homoeróticos. Estes deveriam se opor a essa prática para o bem-ser deles e das crianças, já que isso nada tem a ver com a essência do Outro Amor. É muito grave para ambos não levar em conta a estrutura psíquica da subjetividade humana, emergente que é do édipo e da castração.

Não se pode confundir a estrutura do casamento hetero com a estrutura da união homo. Esta, ao imitar aquela, está votada ao fracasso por dois motivos: primeiro, porque a imitação não é mais que identificação imaginária e, consequentemente, fulcro de patologias; segundo, evidentemente, porque foge à construção da que lhe seria própria. Se a contínua construção da subjetividade humana, baseada em *sobre seu desejo não ceder*, é difícil, e mais ainda para o homoerótico, por que sobrecarregá-la de sofrimentos complicadores e dispensáveis? Além disso, o que justifica levar crianças inocentes a adquirir uma subjetividade complexificada?

São os homoeróticos que precisam encarar corajosamente sua condição subjetiva e definir como ela acontece. Os heterossexuais são ineptos para sobre eles teorizar. Penso que o mesmo vale para homens que querem falar sobre a sexualidade feminina; elas é que têm a palavra.

Enfim, é preciso dizer que Fernando Pessoa, como veremos, não caiu nos engodos imaginários de um homoerotismo imediatista e sem rumo. Ao contrário, ao reconhecê-lo, assumiu-o integralmente e, por isso, pôde dele falar finamente e encaminhar as demandas de suas forças pulsionais para obras da cultura. Cedo se deu conta de que o homoerotismo é de outra têmpera que a heterossexualidade. E, feita a descoberta, esforçou-se denodadamente para assumir uma vida consequente.

4

FERNANDO PESSOA E A SUBLIMAÇÃO

Vivo mais porque vivo maior.
Fernando Pessoa

Há um poeta em mim que Deus me disse...
Fernando Pessoa

Fernando Pessoa é exemplo vivo de sublimação, consciencios a e fielmente construída.

Logo de início, o que admira nele é a consciência de seu gênio e, em consequência, a responsabilidade assumida de torná-lo operoso para o crescimento da humanidade.

Maria A. Galhoz, na introdução à obra poética de Pessoa, refere-se sucessivas vezes à elevada consciência moral desse homem excepcional: "Desde a adolescência que Fernando Pessoa dialogou, entre o orgulho e a agonia, com a sua convicção de ter sido marcado pelo gênio e quis, com determinação consciente, realizar uma obra de *superior destino, que antepôs a qualquer outra satisfação possível*" (Pessoa 1995, p. 43).

Aqui, afirma-se que há três coisas indispensáveis para um homem realizar uma obra de *superior destino*: a genialidade (que é um dom), a consciência dela (que é o ideal) e a renúncia a *qualquer outra satisfação possível* (que é a condição *sine qua non*). Ou seja, a genialidade é frutífera apenas se se desdobra em obras para um mundo a ser conquistado. Uma conquista jamais acabada. Dessa verdade, Pessoa assim falou: "O mundo é para quem nasce para o conquistar".

"Dentro desse exílio", continua Galhoz, "que foi a sua vontade e a sua diferença, inclinou-se a servo e pretexto de sua oculta força, a de ser poeta, e *quotidianamente* a cumpriu com a exemplaridade estoica do dever e o silencioso respeito de um rito" (Pessoa 1995, pp. 43-44).

POETA, "quotidianamente" POETA. Pessoa se fez servo do dom precioso de sua genialidade: ser poeta. No compromisso de um *dever* e *no silencioso respeito de um rito*, consagrou seus dias a transformar em obra o apanágio de suas virtualidades: "Adentro do meu mister, que é literário, *sou um profissional*, no sentido superior que o termo tem; isto é, sou um trabalhador científico, *que a si não permite que tenha opiniões estranhas à especialização literária*, e que se entrega" (Pessoa 1974, p. 84). Poeta, quotidianamente poeta, porque *se entrega* integralmente ao dom, a ponto de poder afirmar: *sou um profissional do mister literário*, *um trabalhador científico*, tal que tudo que lhe é alheio é, por princípio, excluído. Opção fechada: a copiosa energia de sua genialidade diuturnamente entregue ao *mister literário*, a tal ponto que *viver não é necessário, o que é necessário é criar* ou *tudo vale a pena, se a alma não é pequena*.

Foi essa disciplina, mantida por propósito indefectível, que fez Pessoa afinar as cordas de seu espírito, recolher as energias de todo seu jorro criativo e produzir a imensa obra, talvez a mais alta da literatura portuguesa. Ele tem intuição da grandeza de que é suporte: "E isto leva a crer que deve estar para muito breve o inevitável aparecimento do poeta ou poetas supremos desta corrente e da nossa terra, porque fatalmente o Grande Poeta que este movimento gerará deslocará para segundo plano a figura até agora primacial de Camões" (Pessoa 1995, p. 18). Sabia ele que estava a falar de si? Quero crer que o conhecimento de sua genialidade lhe dava essa antevisão.

Para poder chegar a esse patamar, manteve disciplina tal em seu espírito que permitiu eliminar-lhe toda mediocridade, aprimorar-se por meio de uma ascese rígida, manter a quotidianidade do comprimento do dever e alimentar supremamente os ideais pátrios: "Nele tal atitude foi, dir-se-ia sem renúncia, alheia a deleite ou a sacrifício, instrumento fiel e lúcido que se tornou de uma *vocação* sentida grave e fatal" (Pessoa 1995, p. 44).

Pessoa tinha horror em pensar que seu gênio pudesse pairar na mediocridade de uma vida mais ou menos vivida. Não via disjunção alguma entre potencial intelectual e responsabilidade moral: "Não há maior tragédia do que a igual intensidade, na mesma alma ou no mesmo homem, do *sentimento intelectual e do sentimento moral*... Não foi o excesso de uma qualidade, mas o excesso de duas, que me matou para a vida" (Pessoa 1995, p. 52). *Me matou para a vida*, isto é, ouso pensar, para tudo que pudesse movê-lo a disjungir-se do *sentimento intelectual e do sentimento moral.*

É muita grandeza humana! Há certos momentos no caminhar da humanidade em que um dos humanos se alça a um pináculo deslumbrante. Pessoa, sem dúvida, marca esse ponto na integridade de sua vida ímpar: nada que o afaste da operacionalização de seus talentos a serviço da humanidade.

Pessoa morto para a vida! Freud disse que os poetas disseram sempre o mesmo que a psicanálise descobriu. Em Pessoa, essa afirmativa toma tal vulto que diria, lendo-o, que não sei se estou a ler Freud ou Lacan: "O excesso de duas [qualidades] que me matou para a vida". O homem não tem saída, senão a moral, mas não a moral feita, a moral dos livros de moral ou a moral das interdições das religiões e, sim, a moral que dimana do fundamento da moral, a que provém do interdito. Esta eleva, cria, a outra inibe, rebaixa, equaliza ou, não raro, produz seres humanos de duas faces.

Não se pode viver o simbólico sem morrer para a vida. É no exílio, na renúncia constante que o ser humano se faz homem, se faz mulher. Paradoxalmente, a pulsão de morte é condição de humanização, pois a pulsão de vida já está aí, "força constante", mas força sem eira nem beira. O ser humano é o único ser que tem o "privilégio" do nada pronto. A criação lhe é injunção de destino. É no instituir a beira e a eira de suas pulsões que se constitui humano. Pessoa tinha consciência tão aguda da dimensão humana da pulsão de morte que a qualificava de "tragédia". Por isso, não lhe havia lutar por meias medidas: "Meu orgulho, porém, nunca sofreu que eu me permitisse menos que o que minha inteligência poderia fazer. Nunca pude conceder a mim mesmo a autorização para o *meio-termo*, para qualquer coisa menos na obra que a minha *personalidade inteira* e o *meu desejo todo* (e a minha ambição toda) (Pessoa 1995, p. 52). E assim definiu *o meu desejo todo (e a minha ambição toda)*: "Eu, da raça dos descobridores, desprezo o que seja menos que descobrir um novo mundo!" (*apud* Crespo 1990, p. 233).

Lacan, ao definir a ética que a psicanálise propõe para o sujeito humano, concisamente a consignou num princípio único e universal: "sobre seu desejo não ceder". Diante de todo seu agir, jamais fugir à responsabilidade de seu desejo, pois é o desejo que faz o sujeito humano. Pessoa viveu com extrema lucidez esse princípio, a ponto de perquirir sua realização em todo seu existir: *a minha personalidade inteira e o meu desejo todo (e a minha ambição toda)*. Programou sua existência buscando "saber encontrar a cada sensação o modo sereno de ela se realizar" (Pessoa 1982a, pp. 95-96). Abominou o medíocre, o morno, o insosso, o indefinido, o mesquinho... *a alma pequena*.

Três fatores facultaram a Pessoa a constância na construção de sua obra poética: seu emprego com o patrão Vasques (pseudônimo?).De todo modo, real ou imaginário, *seu* patrão, o sonho e o arroubo da Palavra.

O PATRÃO VASQUES

O sócio do patrão Vasques houve por bem tirar uma fotografia de todo o pessoal do escritório onde trabalhava Pessoa. Este, ao se ver na fotografia, escreve:

> Sofri a verdade ao ver-me ali, porque, como é de supor, foi a mim mesmo que primeiro busquei. Nunca tive uma ideia nobre da minha presença física, mas nunca a senti tão nula como em comparação com as outras caras, tão minhas conhecidas, naquele alinhamento de quotidianos. Pareço um *jesuíta frustre*. A minha cara magra e inexpressiva nem tem inteligência, nem intensidade, nem qualquer coisa...

Em seguida, descreve como via o patrão Vasques:

> Há ali rostos verdadeiramente expressivos. O patrão Vasques está tal qual é – o largo rosto prazenteiro e duro, o olhar firme, o bigode rígido completando. A energia, a esperteza do homem – afinal tão banais, e tantas vezes

repetidas por tantos milhares de homens em todo o mundo – são todavia escritas naquela fotografia como num passaporte psicológico (Pessoa 1982a, pp. 170-171).

O *olhar firme*, a *energia*, a *esperteza* do patrão Vasques garantem a Pessoa um referencial de constância, um ideal de homem, *um passaporte psicológico*, isto é, Vasques, muito mais do que o patrão que o emprega, pela primitiva ausência do pai, é-lhe presença do pai simbólico, regrando seu édipo e propiciando-lhe o aviamento das pulsões em sublimações literárias.

Todos temos o patrão Vasques, para uns visível, para outros invisível. Para mim chama-se realmente Vasques, e é um homem sadio, agradável, de vez em quando brusco mas sem lado de dentro, interesseiro mas no fundo justo, com uma justiça que falta a muitos grandes gênios e a muitas maravilhas humanas da civilização, direita e esquerda. Para outros será a vaidade, a ânsia de maior riqueza, a glória, a imortalidade... Prefiro o Vasques *homem meu patrão*, que é mais tratável, nas horas difíceis, que todos os patrões abstratos do mundo (Pessoa 1982a, p. 84).

Vasques homem meu patrão, *mais tratável que todos os patrões abstratos do mundo*, homem real, concreto, cotidiano, e não modelo de patrões fictícios ou fantasiosos! *Padre-patrone* que o traz à realidade da vida e lhe inspira constância no aproveitamento de suas energias criativas.

Os avatares de sua pulsão encontravam no patrão Vasques a firmeza necessária para a efetivação de sua produção. Pessoa tinha clara essa verdade. Sabia da volubilidade e da volatilidade de sua fantasia. Agarrava-se, pois, firmemente ao seu emprego, menos pelos proventos de seu sustento do que pela garantia de sua constância. O patrão Vasques, *homem sadio, agradável, com uma justiça que falta a muitos grandes gênios e a muitas maravilhas humanas da civilização*, era-lhe *homem meu patrão* nas horas difíceis, estrutura estável e permanente, presença viva de ideal de homem.

Monotonizar a existência, para que ela não seja monótona. Tornar anódino o quotidiano, para que a mais pequena coisa seja uma distração. No meio do meu trabalho de todos os dias, baço, igual e inútil, surgem-me visões de

> fuga, vestígios sonhados de ilhas longínquas, festas em aléias de parques de outras eras, outras paisagens, outros sentimentos, *outro eu*. Mas reconheço, entre dois lançamentos, que se tivesse tudo isso, nada disso seria meu (Pessoa 1982a, p. 63).

Por quê? Porque a falta de disciplina o embarcaria no devaneio dessas fantasias, a vida passaria e nada ou pouco teria produzido. Percebe, então, a importância de seu trabalho de ajudante de guarda-livros:

> Mais vale, na verdade, o patrão Vasques que os Reis de Sonho; mais vale, na verdade, o escritório da Rua dos Douradores do que as grandes aléias dos parques impossíveis. *Tendo o patrão Vasques, posso gozar o sonho dos Reis de Sonho*; tendo o escritório da Rua dos Douradores, posso gozar a visão interior das paisagens que não existem. Mas se tivesse os Reis de Sonho, que me ficaria para sonhar? Se tivesse as paisagens impossíveis, que me restaria de impossível? (Pessoa 1982a, p. 63).

O patrão Vasques o esteia no real e suas fantasias, em vez de escoarem para o ralo do devaneio, ele as impele à força do simbólico em constante criatividade. A função paterna do patrão Vasques fica evidente, quando confessa *tenho o patrão Vasques, posso gozar o sonho dos Reis do sonho*, porque liberto do gozo da mãe. E passa em revista os *Reis do Sonho*:

> No entrechoque de pobres diabos sempre com fome – ou com fome de almoço, ou com fome de celebridade, ou com fome das sobremesas da vida... no confronto dos que vencem no amor... vencem na política... vencem na arte... nas maratonas sexuais... outros especializam no conflito físico... uns são grandes *sádicos*... grandes *pederastas*... brutais com mulheres... Há os poetas! (Pessoa 1982a, pp. 78-79).

Por entre esses *especialistas* do sadismo, da pederastia, dos *brutais com as mulheres*, há ele, porque *há poetas*!

Liberta-se de todos, graças ao pé firme em sua realidade quotidiana:

> Não conheço melhor *cura* para toda essa enxurrada de sombras que o conhecimento direito da vida humana corrente, na sua realidade comercial,

> por exemplo, como a que surge no escritório da Rua dos Douradores. Com que alívio eu volvia daquele manicômio de títeres para a presença *real* do Moreira, meu chefe, guarda-livros autêntico e sabedor, mal vestido e mal tratado, mas, o que nenhum dos outros conseguia ser, o que se chama *um homem*... (Pessoa 1982a, p. 79).

A quotidianidade de seu trabalho chão, monótono, era para ele a *cura* das atrações da inconstância ou das solicitações de voos-devaneios. Essa quotidianidade paradoxalmente lhe garantia a quotidianidade da poesia, isto é, do real da escrita. Pessoa consegue ser ele mesmo graças a *Moreira, meu chefe*. Usufruiu de um referencial, *o que se chama um homem*, e nos instrui sobre a riqueza desse consórcio: "Ah, compreendo! O patrão Vasques é a *Vida*. A Vida, monótona e necessária, mandante e desconhecida. Este homem banal representa a banalidade da Vida. Ele é *tudo para mim, por fora* (Pessoa 1982a, p. 173). *Vida* vem impressa em maiúscula. Vasques, patrão, não lhe mantém a vida apenas fornecendo-lhe proventos. Vasques, porque patrão, é pai em função paterna e ordena a *Vida*, aquela que é profícua, aquela que o liberta de uma relação dual com a mãe, aquela que o liberta da posição de fálus para poder usufruir do gozo fálico. Vasquez supre aquilo que a ausência do pai precocemente morto não lhe propiciou. Como?

> E, se o escritório da Rua dos Douradores representa para mim a vida, este meu segundo andar, onde moro, na mesma Rua dos Douradores, representa para mim a *Arte*. Sim, a *Arte*, que mora na mesma rua que a Vida, porém num lugar diferente, a Arte que alivia da vida sem aliviar de viver, que é tão monótona como a mesma vida, mas só em lugar diferente. Sim, esta Rua dos Douradores compreende para mim *todo* o *sentido* das *coisas*, a *solução* de todos os enigmas, salvo o existirem enigmas, que é o que não pode ter solução (Pessoa 1982a, pp. 173-174).

A contraprova da importância estruturante do escritório da Rua dos Douradores, Pessoa fornece no episódio de *o moço do escritório foi-se embora*. Numa fantasia viva, mostra o que seria para ele perder o patrão Vasques e os colegas do escritório:

> No corredor, encontrando-nos casuais para a surpresa esperada da despedida, dei-lhe eu um abraço timidamente retribuído, e tive contra-alma bastante para não chorar, como, em meu coração, desejavam sem mim meus olhos quentes... O que se partiu hoje, pois, para uma terra galega que ignoro, não foi, para mim, o moço do escritório: foi uma parte vital, porque visual e humana, da *substância da minha vida. Fui hoje diminuído. Já não sou bem o mesmo*. O moço do escritório foi-se embora... Meu Deus, meu Deus, o moço do escritório foi-se embora (Pessoa 1982b, pp.176-177).

Apavora-o a partida do colega, porque pode dimensionar que deixar o escritório ser-lhe-ia esvair-se a Vida, isto é, a possibilidade de perder seu referencial, a presentificação da função paterna e, consequentemente, de malograr a produção de seu *opus*: "Sim, esta Rua dos Douradores compreende para mim *todo* o *sentido* das *coisas*, a *solução* de todos os enigmas...". A *Arte* tornou-se possível a Pessoa graças à consistência imaginária de Vasques, *homem meu patrão*, de Moreira, seu chefe, *o que se chama um homem*. Esses referenciais do real mais a quotidianidade do escritório lhe fornecem a batida da constância e da perseverança.

Pessoa foi mais feliz que Leonardo da Vinci, perdido no jorro criativo de seu gênio e na sexualidade mascarada da convivência com seus mancebos. Pessoa teve a sorte de encontrar o patrão Vasques. Nenhum homoerótico se torna útil para si e para a humanidade se, de alguma maneira, não reencontrar o pai que a mãe lhe roubou. Quantas vezes, no término da análise de um homoerótico, a descoberta do pai e a reconciliação com ele se tornam coisas não só comoventes, mas de uma riqueza psíquica altamente subjetivante.

> *Os sonhos*
>
> *Fui educado pela Imaginação,*
> *Viajei pela mão dela sempre,*
> *Amei, odiei, falei, pensei sempre por isso,*
> *E todos os dias têm essa janela por diante,*
> *E todas as* horas *parecem* minhas *dessa maneira*
>
> (Pessoa 1995, p. 350).

Pode-se dizer, sem exagero, que a cada página de Pessoa, sobretudo no *Livro do desassossego*, encontramos uma referência dele ao *sonho* e à importância máxima dele em sua vida. O sonho, vez ou outra, diz respeito ao sonho noturno, sobretudo ao pesadelo. Mas, quase invariavelmente, sonho em Pessoa é sinônimo de imaginação, o sonhar acordado ou simplesmente a fantasia em voo. A fantasia imprime-lhe um duplo movimento: primeiro, o ato de receber o jorro inundante e exuberante de sua genialidade e, segundo, o ato de administrar essas fantasias, isto é, impreterivelmente não se evolar nos jatos delas e aí permanecer passivo, mas, ao contrário, passá-las imediatamente ao verbo (o *Livro do desassossego* é exatamente isso) para transformá-las no real da escrita:

> Em mim o que há de primordial é o hábito e o *jeito de sonhar*. As circunstâncias da minha vida, desde criança sozinho e calmo, outra[s] forças talvez, amoldando-me ao longe, por hereditariedades obscuras a seu sinistro corte, fizeram do meu espírito uma constante corrente de *devaneios*. *Tudo* o que eu sou está nisto, e mesmo aquilo que em mim mais parece longe de destacar o sonhador, pertence sem escrúpulo à alma de quem só sonha, elevada ela ao seu maior grau (Pessoa 1982b, p. 117).

Mas quantos gênios, quantos artistas, quantos escritores permanece ram a vida *inteira* amarrados em suas fantasias e atormentados dolorosamente por se darem conta de que não passaram para o real a abundância que os invadia. Assim, perderam-se, como atualmente "perdem-se" para a humanidade seres humanos que muito poderiam alevantá-la. Pessoa, porém, cônscio do papel de sua genialidade e de seus possíveis desdobramentos para a vida, soube bem tirar proveito delas. "Quero", escrevia ele em 1914, "para o meu próprio gosto de analisar-me, ir, à medida que a isso me ajeite, ir *pondo em palavras* os processos mentais que em mim são *um só*, esse, o de uma vida devotada ao sonho, de uma alma educada só em sonhar (Pessoa 1982b, p. 117).

Esse pensamento nos dá a chave de que o real, o imaginário e o simbólico não podem vir separados. De um lado, a separação de um desses elementos traria a loucura e, de outro, o entrosamento defeituoso desses registros acarretaria a neurose, o que seria um obstáculo à produção artística.

Pessoa desenvolveu o "gosto" pela análise das fantasias nele imensamente ricas. Essa análise consistia em traduzi-las sempre em palavras, isto é, amarrá-las ao simbólico. A escrita colocava-as na ordem do real. Pela palavra escrita, reduzia a ilusão imaginária ao real, permitindo-se "transladá-la" na concretude da escritura e, assim, coarctando-a, dimensionava-a no registro seguro do simbólico. Esse registro contínuo no simbólico lhe possibilita, como testemunha o *Livro do desassossego*, construir sua subjetividade ao longo da existência. Fez dessa ascese uma ética de vida: "Não durmo. *Entresou*" (Pessoa 1982a, p. 66), por isso, "no meu coração há uma *paz de angústia*, e o meu *sossego* é feito de resignação (Pessoa 1982a, p. 71). A angústia é o quinhão da *Spaltung*, do *Entresou* e o sossego possível; a paz dela é fruto da *resignação*, da renúncia ao imaginário solto. Nada melhor para expressar *não consigo nunca esquecer a minha presença metafísica na vida* do que esse oxímoro *paz de angústia*. É o objeto a marcando presença.

Freud, num artigo fundamental, "O poeta e as fantasias", assim resume a questão: "O fato de que as fantasias proliferam e se tornam hiperpotentes cria as condições para a caída numa neurose ou numa psicose; ademais, as fantasias são os estados prévios mais imediatos dos sintomas patológicos de que nossos enfermos se queixam. Neste ponto se abre uma ampla ramificação lateral até à patologia" (Freud 1986, p. 131). Fica claro que a realidade psíquica se estrutura pela fantasia (fantasma). É ela que vai instituindo o real. A patologia aparece quando o sujeito perde a dimensão dela como fantasia, quando já não consegue ordená-la, seja porque ela domina completamente (psicose), seja porque perturba a tal ponto que se torna *estados prévios mais imediatos dos sintomas patológicos*.

Em 1908, em "As fantasias histéricas e sua relação com a bissexualidade", Freud reduz as fantasias aos sonhos diurnos, ou seja, aos devaneios. Explica-nos que os devaneios têm uma importância dupla: primeiro, porque "essas fantasias são cumprimentos de desejos, engendrados pela privação e pela saudade" e, segundo, porque "proporcionam as chaves para entender os sonhos noturnos, o núcleo cuja formação não é outro que essas fantasias diurnas complicadas, desfiguradas e mal entendidas pela instância psíquica consciente" (Freud 1986, p. 141).

Portanto, o que torna as fantasias importantes e consequentes para o ser humano é que elas *realizam* seu desejo. Ora, é exatamente isso que vai resultar em criatividade ou patologia. Freud chega à seguinte conclusão:

> *Todos* os ataques histéricos que pude indagar até agora provaram ser os tais sonhos diurnos de involuntária emergência. De fato, a observação não deixa subsistir dúvida alguma: dessas fantasias há tanto inconscientes como conscientes, e logo que tenham se tornado inconscientes podem se tornar também patógenas, vale dizer, expressar-se em sintomas e ataques (Freud 1986, p. 142).

São, portanto, as fantasias inconscientes que oferecem perigo para o equilíbrio psíquico. Freud, nesse mesmo precioso artigo, esclarece que a fantasia é inconsciente por dois motivos: porque o é desde sempre ou porque, fruto do recalque, é retorno do recalcado. Como não temos outra energia que mantenha esse movimento, senão a pulsão sexual, o homem não escapa ao dilema de ter de se posicionar como sujeito diante dessa emergência, que é absolutamente contínua. Então, surge a pergunta: se a fantasia é a realização de desejos, o que a torna patológica ou problemática para o sujeito? Simplesmente, o fato de esses desejos não serem assumidos ou não se *transladarem* em *opus*.

Freud, sempre no mesmo texto, dá um exemplo de autoerotismo, sobre a formação da fantasia: masturbação. Após uma primeira excitação local, haveria uma descoberta. "Mais tarde, esta ação se fusionou com uma *representação-desejo* tomada do círculo do amor de objeto" (Freud 1986, p. 143). Freud está analisando aqui a fantasia, mas fala de *representação-desejo*. Literalmente, uma fantasia que exprime ("representa") um desejo. Eis aí a patente do objeto a lacaniano, que figura como original na formulação, mas, de fato, é original na descoberta de Freud.

Lacan, na sequência dele, vai distinguir três aspectos fundamentais da realidade psíquica, que Freud aqui intui. Primeiro, a questão da fantasia, que, para evitar equívocos, podemos chamar de fantasma. Ela consiste na representação imagética que institui *um* real. Segundo, o *objeto* que se instala nessa estrutura psíquica do fantasma; esse objeto é um resto de *coisas ouvidas ou vistas* (Freud), que nos constitui sujeitos especificamente ao real que o fantasma criou. Esse real é uma *criação* inconsciente à qual não temos acesso direto. Esse "objeto" que é *meu* objeto, é precisamente eu. Os objetos que são meus e são eu, registrados ao longo de minha *ex-sistência*, constituem o *software* de minha subjetividade. Esse *software*, que é absolutamente singular para cada sujeito, é reativado pela pulsão em todo instante em que um significante que o representa entra na tela de meu fantasma. Os objetos são como os astros, sempre retornam ao mesmo lugar (Lacan). O meu *software* é uma memória que jamais esquece. Ele pode ser obnubilado pelo vírus do recalque, da neurose ou da psicose, mas ele está lá. O objeto a é a minha história, melhor, é a verdade de minha subjetividade. É o real dela.

Bem se pode compreender que Lacan lamentasse que descobriu tarde em sua carreira de psicanalista a clínica do real.

Enfim, é preciso lembrar: eu não tenho acesso nem ao processo (primário) que o produziu em mim, nem ao objeto que em mim se formou. E aí está o paradoxo: num processo de junção e disjunção, eu me ligo a esse objeto e dele me desato, pois ele, por uma circunstância ou outra, volta à tela de meu fantasma e dela desaparece. Nesse momento, não o "vejo" como um objeto externo que posso manipular, especularizar, "vejo-o" como "Eu"; por isso, ele me coloca em meu narcisismo e me desperta uma saudade enigmática, a saber, um *desejo*. Essa volta do "objeto" pode me despertar um gozo, quando posso "copular" com ele, traduzir sua demanda em outra, mas ele me faz sofrer, às vezes horrivelmente, quando não posso gozar dele.

Freud, no exemplo da masturbação, levanta a seguinte hipótese: a um indivíduo que supere essa prática, o que pode acontecer?

> Quando logo a pessoa renuncia a esta classe de satisfação masturbatória e fantasiada, a fantasia mesma, de consciente que era, torna-se inconsciente. E se não se introduz outra modalidade de satisfação sexual, se a pessoa permanece em abstinência e não consegue *sublimar* sua libido, vale dizer, *desviar* a *excitação sexual* para *uma meta superior*, está dada a condição para que a fantasia inconsciente se refresque, prolifere e abra passagem como sintoma patológico, ao menos numa parte de seu conteúdo, com todo poder da ânsia amorosa. Por isso, os sintomas histéricos não são outra coisa que as fantasias inconscientes figuradas mediante conversão (Freud 1986, p. 143).

Freud afirma, então, dois conceitos clínicos: o primeiro é que não há como sopitar os fantasmas, eles retornam sempre ao mesmo lugar. Mas esse retorno não causará sofrimento (*abra passagem como sintoma patológico*) se eles forem encaminhados à criatividade (*desviar a excitação sexual para uma meta superior*) e, segundo, todos os sintomas não são senão retorno do recalcado. Eis por que um analista "abandona prontamente os sintomas para dirigir-se às fantasias das quais procedem. A técnica psicanalítica permite, primeiro, coligir a partir dos sintomas essas fantasias inconscientes e, logo, fazer que se tornem conscientes para o enfermo" (Freud 1986, p. 143). Impõe-se, pois, uma conclusão: se os fantasmas são a realização de desejo, os sintomas também o são, embora de maneira distorcida.

E o poeta? Que articulação dos fantasmas fez Pessoa não sucumbir neles, que articulação fez com que não representassem para ele obstáculos ou inibição à criatividade? Freud, em "O poeta e as fantasias", afirma que "a novela psicológica em seu conjunto deve sem dúvida sua especificidade à inclinação do poeta moderno a *cindir seu* eu por *observação* de si, em *eus-parciais* [e ele não conhecia Fernando Pessoa!] e a *personificar* logo em *vários heróis* as correntes que entram em conflito em sua própria vida anímica" (Freud 1986, p. 133).

Pessoa, primeiro, fez uma opção definitiva em sua vida: *sublimá-la*, ou seja, *desviar a excitação sexual para uma meta superior*, e, segundo, ao partir-se em seus *eus-parciais*, jamais renunciou à soberania de sua subjetividade, embora a desdobrasse (*personificar logo em vários heróis*) em seus heterônimos:

> O mal da vida, a doença de ser consciente, entra com meu próprio corpo e perturba-me. Não haver ilhas para os inconfortáveis, alamedas vetustas, inencontráveis de outros para os isolados no sonhar! *Ter* de viver e, por pouco que seja, de agir; ... *Ter* de estar aqui *escrevendo* isto, por me *ser preciso à alma* fazê-lo, e, mesmo isto, não poder *sonhá-lo* apenas, *exprimi-lo sem palavras, sem consciência mesmo*, por uma *construção de mim próprio* em música e esbatimento, de modo que me subissem as lágrimas aos olhos só de me sentir expressar-me, e eu *florisse*, como um rio encantado, por lentos declives de mim próprio, cada vez mais para o *Inconsciente* e o *Distante sem sentido nenhum exceto Deus* (Pessoa 1982b, pp. 116-117).

Para a *construção de mim próprio*, Pessoa amarra tudo em ordem à sublimação com a mais precisa definição... *desviar a excitação sexual para uma meta superior*, desdobra-se em *eus-parciais*, e *escrevendo*, *por me ser preciso à alma*, pois *ter de viver* ele não poderia *exprimi-lo sem palavras, sem consciência mesmo*.

É escrevendo que Pessoa desce ao mais profundo de sua alma, ao *Inconsciente* e ao *Distante*, para aí *construir* sua subjetividade e fazê-la "florir" *sem sentido nenhum exceto Deus*. Descreve assim seu método:

> Porque eu não só sou um sonhador, mas sou um sonhador exclusivamente. O hábito único de sonhar deu-me uma extraordinária nitidez de visão interior. Não só vejo com espantoso e às vezes perturbante relevo as figuras e os décors dos meus sonhos, mas com igual relevo vejo as minhas ideias abstratas, os meus sentimentos humanos – o que deles me resta –, os meus secretos impulsos, as minhas atitudes físicas diante de mim próprio. Afirmo que as minhas próprias ideias abstratas, eu as vejo em mim, eu com uma *interior visão real* as vejo num espaço interno. E assim os seus meandros são-me visíveis nos seus mínimos (Pessoa 1982b, p. 118).

O impulso de escrever se lhe tornou dever moral primário: "Ter de estar aqui escrevendo isto, por me *ser preciso à alma fazê-lo*". À sua alma, é preciso escrever *por uma construção de mim próprio*, pois, sem escrever, não construiria sua subjetividade e, como várias vezes declarou, teria sido tragado pela voragem da loucura. Suas fantasias, suas *ideias abstratas, eu as vejo em mim, eu com uma interior visão real as vejo num espaço interno*. Essa *visão real* toma corpo, porque *fantasias e ideias abstratas* se traduzem em escrita. Fernando mergulha na riqueza de seu interior (*com uma interior visão real*) *e assim os seus meandros são-me visíveis nos seus mínimos*.

Pessoa desce aos recônditos de seu ser nesse desdobramento sem fim em *eus-parciais*, heterônimos e outros (*vários heróis*). E o que resulta de toda essa viagem através de seus sonhos é um conhecimento cada vez mais amplo de si:

> Por isso, conheço-me inteiramente, e, através de conhecer-me inteiramente, conheço inteiramente a humanidade toda. Não há baixo impulso, como não há nobre intuito que me não tenha sido *relâmpago* na alma; e eu sei com que gestos cada um se mostra. Sob as máscaras que as más ideias usam, de boas ou indiferentes, mesmo dentro de nós eu pelos gestos as conheço por

> quem são. Sei o que em nós se esforça por nos *iludir*. E assim à maioria das pessoas que vejo conheço melhor do que eles a si próprios. Aplico-me muitas vezes a sondá-los, porque assim os torno meus. Conquisto o psiquismo que explico, porque para mim *sonhar* é *possuir*. E assim se vê como é natural que eu, *sonhador* que sou, seja o analítico que me reconheço (Pessoa 1982b, pp. 118-119).

Esse "método" faculta-lhe um conhecimento cada vez mais completo de si mesmo e de outrem. Tão profundo era esse seu conhecimento, que os dramáticos clássicos chegavam a desgostá-lo: "Nunca nenhum drama me contentou. Conhecendo a psicologia humana com uma nitidez de relâmpago, que sonda todos os recantos com um só olhar, a grosseira análise e construção dos dramatistas fere-me, e o pouco que leio neste gênero desgosta-me como um borrão de tintas atravessado na escrita (Pessoa 1982b, p. 119). O verdadeiro sonhador só vê o que é importante nas coisas e nas fantasias. Por isso, "Quem sabe escrever é o que sabe ver os seus sonhos nitidamente [e é assim] ou ver em sonho a vida, ver a vida imaterialmente, tirando-lhe *fotografias* com a *máquina do devaneio*, sobre a qual os raios do pesado, do útil e do circunscrito não têm ação, dando negro na chapa espiritual" (Pessoa 1982b, pp. 119-120).

Escrever, para Pessoa, é, pois, tirar *fotografias* com a *máquina do devaneio*. O devaneio não o extravia da vida, não o tresmalha do real, fazendo-o desgarrar-se numa cascata infinda de um sonho que leva a outro. Ao contrário, transforma o devaneio em instrumento de trabalho e o reproduz em fotos de escrita para a realização de si, mas, sobretudo, para o engrandecimento da humanidade: *sonhar é possuir, conhece o relâmpago na alma: sei o que em nós se esforça por nos iludir* e *assim o torno meu.*

O poeta tem a varinha de condão de tudo transformar no belo, mesmo aquelas fantasias que o comum dos mortais não ousaria tornar públicas. Freud diz:

> Na técnica, para superar esse escândalo que, sem dúvida tem a ver com as barreiras que se levantam entre cada eu singular e os outros, reside a autêntica "*ars poetica*" (...) O poeta tempera o caráter do sonho diurno egoísta por meio de variações e encobrimentos, e *nos suborna com um ganho de prazer*

puramente formal, quer dizer, *estético*, com o que nos brinda na figuração de suas fantasias (Freud 1986, p. 135).

De que ordem seria esse prazer? Freud responde que seria da ordem do *prazer prévio*, daquele prazer que frequenta os entornos do ato sexual, porque é um prazer que exclui o ato genital. Mas e quem lê o poeta, que gozo tem? "Opino que todo prazer estético que o poeta nos proporciona acarreta o caráter desse prazer prévio e que o *gozo genuíno* da obra poética provém da liberação de tensões no interior de nossa alma" (Freud 1986, p. 135). Esse *gozo genuíno* seria autêntico gozo fálico, não sexual, pois é especificamente um gozo fora do corpo (*hors corps*, segundo Lacan), na linguagem. É satisfação psíquica de usufruir de poder ter escrito ou dito aquilo que do real (*opus*) retorna como belo e bom: "Depois de escrever, leio.../(...)/De onde me veio isto? Isto é melhor do que eu..." (Pessoa 1995, p. 394).

O poeta nos encanta literalmente, porque nos diz a verdade nossa, exprime o que sentimos e não conseguimos dizer, alivia-nos de tensões que não chegamos a soltar, nos educa a transformar em estética aquilo que nós mesmos achamos insuportável em nós. "Quiçá contribua em não menor medida a este resultado que o poeta nos habilite a gozar em seguida, sem remorso ou vergonha alguma, de nossas próprias fantasias" (Freud 1986, p. 135). Ou seja, o poeta nos ensina como escapar à psicose ou à neurose. Ele nos conduz à posse do nosso ser por meio da transformação das fantasias em obra de criação. Aquilo que poderia ser caldo de cultura de patologias se metamorfoseia em atos que dignificam e libertam o ser humano, porque edificam a subjetividade. É nisso que consiste a civilização para Pessoa. Volto a citar:

> A *civilização* consiste em dar a qualquer coisa um *nome que lhe não compete*, e depois sonhar sobre o resultado. E realmente *o nome* falso e o sonho verdadeiro criam uma *nova* realidade: *o objeto torna-se realmente outro, porque o tornamos outro*. Manufaturamos realidades. *A matéria prima continua sendo a mesma, mas a forma, que a arte lhe deu, afasta-a efetivamente de continuar sendo a mesma* (Pessoa 1982a, p. 39).

Lacan diria que esse *objeto* realmente *outro* foi elevado a dignidade da Coisa. *A forma que a arte lhe deu* é precisamente a *creatio ex nihilo suo*, *a criação do nada dela* e, por isso, *afasta-a efetivamente de continuar sendo a mesma.*

É a *nominação* que cria os objetos, sopra-lhes o espírito do simbólico e os torna vivos e comunicantes. Por isso, "um amor é um instinto sexual, porém não amamos com o instinto sexual, mas com a pressuposição de outro sentimento. E essa pressuposição é, com efeito, já outro sentimento" (Pessoa 1982a, pp. 39-40).

Pessoa vivia tão profundamente essa ascese de tudo reduzir à dimensão do real da escrita que mantinha o hábito de anotar suas ideias em todos os momentos do dia, mas, sobretudo, na tasca ou à noite, ao chegar à casa. O *Livro do desassossego* é a soma de todo esse esforço subjetivo:

> E escrevo estas linhas, realmente mal-notadas, não para dizer isto, nem para dizer qualquer coisa, mas para dar um *trabalho* à minha *desatenção.* Vou enchendo lentamente, a traços moles de lápis rombo – que não tenho sentimentalidade para aparar – o papel branco de embrulho de sanduíches, que me forneceram no café, porque eu não precisava de melhor e qualquer servia, desde que fosse branco. E dou-me por satisfeito. Reclino-me. A tarde cai monótona e sem chuva, num tom de luz desalentado e incerto... (Pessoa 1982a, p. 40).

Dou-me por satisfeito, mas só após a tarefa quotidiana de reduzir seus sonhos e fantasias ao verbo escrito. É do real que provém o conforto psíquico. Além disso, ciente de sua Arte, vai reproduzi-la em completo despego, rindo de sua pobreza: *o papel branco de embrulho de sanduíches, não precisava de melhor e qualquer servia.* Ele sabia convictamente que *o que conta é a obra.*

Célebre entre nós tornou-se Carlos Drummond de Andrade, que, em toda parte, em bares, restaurantes, passeios, no trabalho, sempre vinha munido de um pedaço de papel em que anotava de imediato toda ideia ou verso que lhe invadisse a mente. Essa prática, sobre ser a condição de nova e contínua invenção e criatividade de todo escritor, é verdadeiramente apaziguadora, de efeito psicoterápico, pois, diria, Fernando não desperdiça *a crise de abundância.* Caso contrário, passada a inspiração, ela perde força, cai sob a lei do recalque e, possivelmente, nunca virá a ser consignada na escrita e, com certeza, jamais segundo o lampejo perdido. O ser humano, podendo ser um ser racional, só o é se ele o alcançar. O sofrimento do neurótico, em parte, e do psicótico, *in totum*, consiste justamente em não poder instituir a racionalidade daquilo que invade sua subjetividade. Aliás, essa é a terrível e temível condição humana diante dos problemas, dos obstáculos ou simplesmente da vida.

A PALAVRA

Benedictus Dominus Deus noster qui dedit nobis signum[1]
(Fernando Pessoa 1995, p. 69).

O terceiro fator que manteve Pessoa continuamente dentro do sulco de sua criatividade foi a palavra. Foi ela que conteve e balizou todo o borbulhar de seu gênio: "Na prosa se engloba toda a arte – em parte porque na palavra se contém todo o mundo, em parte porque na palavra livre se contém toda a possibilidade de o dizer e pensar" (Pessoa 1982a, p. 13).

Todo mundo... toda possibilidade de o dizer e pensar... Fernando descortina a infinita possibilidade da criação da palavra, sente seu chamado e se entrega à fruição inebriante do gozo fálico. A palavra lhe é sublimação suprema de toda sua imensa energia pulsional: "Há prosa que dança, que canta, que se declama a si mesma. *Há ritmos verbais que são bailados, em que a ideia se desnuda sinuosamente, numa sensualidade translúcida e perfeita*" (Pessoa 1982a, p. 14).

O poeta descobriu cedo que *a palavra harmoniza o coração do indivíduo* (Alfonso Albalá).

Em poeta algum transparece tão claro quanto em Pessoa que a sublimação é sublimação da pulsão sexual. A palavra o inebria num gozo fálico explícito. Todo outro prazer ou gozo, Pessoa luta por excluir de sua vida, submetendo-se disciplinarmente ao Verbo: "E há também na prosa sutilezas convulsas em que um grande ator, o Verbo, transmuda ritmicamente em sua *substância corpórea* o *mistério impalpável do Universo*" (Pessoa 1982a,

[1] Bendito o Senhor nosso Deus que nos deu o signo.

p. 14). A palavra se lhe tornou conatural, é-lhe consubstancial: "Gosto de dizer. Direi melhor: gosto de *palavrar*. As palavras são para mim *corpos tocáveis, sereias visíveis, sensualidades incorporadas* (Pessoa 1982a, p. 15). Eis a transmutação da pulsão: de sexual genitalizável passa para sexual sublimada. Mudam-se os objetos, permanece a essência, permanece o fim. Já não os corpos vivos em carne, mas as *palavras, corpos tocáveis*. As palavras são hipóstases de suas pulsões:

> Talvez porque a sensualidade real não tem para mim interesse de nenhuma espécie – nem sequer mental ou de sonho –, *transmudou-se-me o desejo para aquilo que em mim cria ritmos verbais*, ou os escuta de outros. Estremeço se dizem bem. Tal página de Fialho, tal página de Chateaubriand, fazem formigar toda a minha vida em todas as veias, fazem-me raivar tremulamente quieto de um prazer inatingível que estou tendo. Tal página, até, de Vieira, na sua fria perfeição de engenharia sintática, me faz tremer como um ramo ao vento, num delírio passivo de coisa movida (Pessoa 1982a, pp. 15-16).

Estampa-se aí a descrição viva de um gozo tão completo quanto possível. Sua pulsão mudou de objeto. Atinge o mesmo fim, porém, sublimemente.

"As palavras são para mim *corpos tocáveis... sensualidades incorporadas*". Nada mais exato para descrever o que Freud diz ser necessário para a sublimação: que a pulsão seja narcisada. *Sensualidades incorporadas*, portanto, que passaram para a ordem do desejo clarificado e já não estão sob o império de uma fantasia ilusionada, ilusionadora ou sintomática. Sensualidades incorporadas são, pois, de outra ordem que *a sensualidade real* que *não tem para mim interesse de nenhuma espécie – nem sequer mental ou de sonho*.

A *sensualidade real* que se manifesta no corpo, mas age segundo uma eleição mental oriunda da castração e segundo a forma condicionada pelo fantasma, essa sensualidade não o atrai. Empolga-o a grande transformação de sua vida interior, porque, quanto à sensualidade real, *transmudou-se-me o desejo para aquilo que em mim cria ritmos verbais ou os escuta de outros*. E essa transformação ascética, como nos místicos, não deixa de operar o gozo, o êxtase: "*Estremeço...* os textos *fazem formigar toda minha vida, em todas as veias, fazem-me raivar tremulamente quieto de um prazer inatingível que estou tendo*... A página de Vieira *me faz tremer como um ramo ao vento num delírio passivo de coisa movida*".

Fernando nos dá testemunho do método que descobriu para operar a translação de sua *sensualidade real*: "passar a sensação imediatamente através da inteligência pura, coá-la pela análise superior, para que ela se *esculpa em forma literária* e tome vulto e relevo próprio. Então eu *fixei-a* de todo. Então eu tornei o irreal real e dei ao inatingível um pedestal eterno". Trata-se de um processo contínuo guiado e motivado por um ideal indefectível: transformar sua riqueza genial num tesouro literário para a glória de Portugal e a grandeza do *opus* civilizatório. Pessoa, com precisão, nos revela a grandeza do processo literário: "Então eu tornei o *irreal* (da fantasia) real e dei ao *inatingível* (de minha criação mental) um *pedestal eterno*". É o milagre do real da escrita que concretiza e perpetua a obra de arte: "Então eu *fixei-a* de todo". Para as gerações vindouras, "o Verbo transmuda ritmicamente em sua substância corpórea o *mistério impalpável do Universo*". Essa dedicação heroica lhe permitiu concluir: "Então fui eu, dentro de mim, coroado o Imperador". Imperador de suas pulsões, de seus desejos e seus ideais: "Quando escrevo, *visito-me solenemente*" (Pessoa 1982a, p. 250).

Dois postulados da psicanálise encontram aqui sua confirmação. Primeiro, fica claro que o processo de sublimação mantém o seu fim, mas muda de objeto. Esse objeto é sempre uma assunção da natureza, uma obra de cultura que frutifica para o crescimento do autor e dos homens. Segundo, Pessoa explicita de maneira feliz que o gozo fálico é algo "fora do corpo". Trata-se de um paradoxo, pois o gozo supõe o corpo, mas, na verdade, ele ocorre fora do corpo, um gozo provindo do Outro: "Fazendo-me raivar tremulamente *quieto* de um prazer *inatingível* que estou tendo... ou tremer como um ramo ao vento num *delírio passivo* de coisa movida". Aqui, parece-me, Pessoa dá um passo a mais em sua experiência de gozo. Além do gozo fálico, fala de um *prazer inatingível que estou tendo*.

Novo paradoxo: se *inatingível*, como é possível *que estou tendo*? O gozo, intricado que é na linguagem, caracteriza-se por uma falta que, longe de ser insatisfação, é estrutural no ser humano, precisamente, no *fal'ente*. O gozo fálico, assim como o gozo místico, ambos relacionados ao Outro, é da ordem do significante e não da ordem da significação, que constitui o gozo sexual fálico. Aqui, *prazer inatingível* é mais que *gozo genuíno*, é gozo místico, aquele em que o sujeito barrado é tangido por significantes dispersos, não limitados pelo significante fálico, gozo do simbólico puro (Ricardo Goldemberg), gozo produzido pelo Outro. Esse gozo é abissalmente diferente de outro gozo do Outro, gozo de *escangalhar* com o sujeito: o gozo na loucura.

O homem pode criar condições para que o gozo ocorra, e nada mais... No gozo, a condição do homem se restringe a um *delírio passivo de coisa movida*. João da Cruz e Tereza d'Ávila descrevem esse *gozo da entrega que se sofre inteiramente*. No poeta, o gozo de um *prazer inatingível que estou tendo* vem do enlevo que sente em usufruir do Outro e do entregar-se à sua infinita potencialidade.[2]

Esse gozo, que Lacan denomina fálico, Pessoa assim o descreve:

> Como todos os grandes apaixonados, *gosto da delícia da perda de mim*, em que o *gozo da entrega se sofre inteiramente*. E, assim, muitas vezes, escrevo sem querer pensar, num devaneio externo, deixando que as *palavras* me façam *festas*, criança *menina* ao colo delas. São frases sem sentido, decorrendo mórbidas, numa fluidez de água sentida, esquecer-se de ribeiro em que as ondas se misturam e indefinem, tornando-se sempre outras, sucedendo a si mesmas. Assim as ideias, as imagens, trêmulas de expressão, passam por mim em cortejos sonoros de sedas esbatidas, onde um luar de ideia bruxuleia, malhado e confuso (Pessoa 1982a, p. 16).

Mas ele, tangido pelo verso, tem consciência nítida de que esse gozo visa à outra coisa que a si mesmo. Sabe que essa sensibilidade, esse deleite que as palavras lhe trazem se destinam a outro fim. É cônscio de que as palavras lhe são *instrumento* para atingir os objetivos que lhe são preciosos: a pátria, a humanidade. "Minha pátria é a língua portuguesa" (Pessoa 1982a, p. 17). É através da língua portuguesa que guindará a pátria à dimensão

[2] Na loucura, também o ser humano está sujeito ao gozo do Outro, mas esse Outro não tem a presença atuante de Deus ou do Outro fálico, menos ainda a dignidade subjetiva e desejante do sujeito. O sujeito é abolido por um discurso fixo, repetitivo, imposto pelo Outro do inconsciente, a fim de cobrir o abismo de um significante faltante na diacronia subjetiva (foraclusão). Apesar de tudo, do sofrimento abissal, sintoma e *synthoma* do sujeito. Não é por menos que a loucura é o limite da liberdade humana.

de toda a humanidade. Aqui, vale a inversão da frase: *a língua portuguesa é minha pátria*. Pessoa sabia-se poeta maior, o Camões da modernidade. Mais que cidadão de Portugal, era seu arauto, habitava antes a língua portuguesa que Portugal. Por sua vez, o conhecimento de sua genialidade o coloca num plano ético sem limites de dedicação: a consciência aguda dela o trespassa com todo senso de responsabilidade.

Ele tem um objetivo preciso: "O meu espírito vive constantemente no *estudo* e no *cuidado da Verdade*, e no escrúpulo de deixar, quando eu despir a veste que me liga a este mundo, uma *obra* que sirva o *progresso* e o *bem da Humanidade*" (Pessoa 1974, pp. 35-36). E o que lhe garante tão elevado fim? O *estudo* e o *cuidado da Verdade*. Pessoa se vê como um elo vivo e rico da humanidade ascendente. Era-lhe insuportável que, no mundo e no universo, acreditava ele, não fosse uma presença fecunda e enriquecedora. Para tanto, passou a vida no *cuidado da Verdade*. A verdade alcança nele a definição que lhe dá Heidegger: αληθεια (*aléteia*), (α–ληθη, *a-lété*: a-esquecimento). O *alpha privans* diz que a verdade é o contrário do esquecimento, ou seja, o contrário do recalque. Então, a verdade é um des-velamento, um des-ocultar (Heidegger), é um ex-por, um ex-sistir. Por isso, para Heidegger, a história é o des-velamento do ser em sua totalidade. A circularidade é-lhe conceito fundamental, por duas razões: primeira, porque esse *ser-aí* (*Dasein*) eu só o conheço obliquamente, ele ex-siste e, segunda, não há outro ponto de partida senão esse *estar-aí*.

Pessoa diuturnamente buscou a verdade em sua vida: viveu para desvelar sua riqueza genial e, inversamente ao movimento do recalque, sempre agiu pondo em ato o seu ex-sistir. O *Livro do desassossego* é a prova quotidiana dessa árdua ascese: sempre partiu desse Pessoa-aí e imprimiu-lhe ex-sistência no verbo, abrigou-se na morada da palavra. Esse foi seu perene e heroico *cuidado da Verdade*. Ora, "o sujeito se constitui na busca da verdade" (Lacan 1966, p. 309).

Numa carta impressionante a seu amigo Cortes Rodrigues, de 19 de janeiro de 1915, Pessoa se abre a respeito dessa sua luta íntima. Nessa carta, *de gênero psicológico*, descortina sua agonia diante das mais diversas solicitações que seu gênio enfrentava: "Eu ando há muito (...) com vontade de lhe falar intimamente e fraternalmente do meu 'caso', da natureza da crise psíquica que há tempos venho atravessando" (Pessoa 1974, pp. 52). A escolha de Cortes Rodrigues já é pretexto para desabafo do primeiro aspecto de sua crise: "só você, de entre todos quantos eu conheço, possui de mim uma noção precisamente no nível da minha *realidade espiritual*" (Pessoa 1974, p. 53). Pessoa, em que pesem suas duras críticas à igreja católica autoritária, que ele considerava como a continuidade do império romano, e todas as suas incursões pelo mundo da cabala ou da astrologia, conservou a marca profunda de sua educação religiosa. A fé cristã constitui sua *realidade espiritual*. Essa fé, ele a guardará intacta e ela lhe permitirá invocar a Deus nos mais diversos momentos de sua obra. Essa fé, ele a manteve viva em um neologismo que criou: *cristista*. *Cristão* o punha em choque com a igreja imperial. Por vezes, fala de Deus em sua essência, mas um Deus despido das ilusões das representações imaginárias: "Do que se não pode duvidar é de que a inquietação religiosa é o verdadeiro motor da sua obra" (Crespo 1990, p. 60).

Ele se irmana a Cortes Rodrigues: "Dá-se esta sua capacidade para me compreender porque você é, como eu, fundamentalmente um espírito religioso" (Pessoa 1974, p. 53). Qual a importância dessa evocação? Ela surge imediata. Pessoa não conseguia escapar de uma vocação diante da Vida, sempre encarou sua vida como uma mensagem, uma dimensão outra que o mero fato de existir:

> (...) dos que de perto literariamente me cercam, você sabe bem que (por superiores que sejam como artistas) como *almas*, propriamente, não contam, não tendo nenhum deles a consciência (que em mim é *quotidiana*) da *terrível importância da Vida*, essa consciência que nos impossibilita de fazer arte meramente pela arte, e sem a consciência de um *dever a cumprir para com nós-próprios e para com a humanidade* (Pessoa 1974, p. 53).

A consciência da *terrível importância* da Vida o impregna de um dever imperativo permanente. Não o imperativo kantiano. Imperativo absoluto. Pré-suposto. Teórico. Desligado do real humano, do corpo, sobretudo do desejo. O dever em Pessoa toma a forma jesuítica, embora afirme ser *um jesuíta frustre*: primeiro, *jesuíta*, pois viveu na carne, visceralmente, os três votos de castidade, obediência e pobreza, mas votos reais e não na fantasia com o conforto de uma ordem riquíssima por trás, garantindo tudo até o enterro. Ainda mais, jesuíta na encarnação de conceito inaciano do tempo, a urgência de não o desperdiçar um minuto sequer no aproveitamento da missão de seu gênio. O tempo pessoano: o bimbalhar das horas, da hora de cada estado da alma, consignada na celebração do momento da escrita. Não é tanto o tempo cronológico que conta e, sim, o tempo do sujeito diante de sua total responsabilidade na construção do Reino de Deus, sem concessão alguma ao inimigo. O tempo subjetivo do discernimento do Espírito e dos sinais do tempo. Trata-se da proposta central do Grande Retiro. Daí a consciência aguda de Fernando (é preciso estar sempre alerta) no aproveitamento de toda inspiração, consignando-a no real da escrita para a construção da humanidade: *quanto mais alto o homem de mais coisa tem de se privar*. Porém, jesuíta frustre, pela recusa de observar o quarto voto de defesa do *poder* papal da igreja, *império romano*. Nesse sentido o *perinde ac cadaver*, ele o viveu em não abrir mão de sua fé de um lado e, do outro, em não cessar de fustigar o apego teimoso da Igreja-instituição ao poder temporal. *Perinde ac cadaver* é o imperativo da pulsão de morte. O dever de não ceder ao desejo, o dever de não cessar de se remeter ao mundo do simbólico. Portanto, o dever do ato, não o vago de idealizações. Jamais o dever pelo dever. Inútil. Vazio. Esterilizante, porque não permite o crescimento e a libertação subjetiva. Mas o dever para com ele próprio, emanado do desejo, e para com a humanidade. O dever que se desdobra em atos. Em obras. "Nesta explicação aparentemente preliminar vai exposta uma grande parte do problema" (Pessoa 1974, p. 53). Pessoa não quer se distrair de sua meta unificadora. A luta do homem, na busca contínua de sua harmonia interior, descrita tão humanamente por Paulo na carta aos romanos e tão belamente retomada por Lacan em "O seminário sobre a ética", toma nele dimensões dramáticas. Lucidamente vivida, profusamente transcrita: "Sabemos de fato que a Lei é espiritual, mas eu sou carnal, vendido ao pecado. Porque não sinto gosto pelo que faço, pois não faço o que quero, mas faço o que aborreço. (...) Mas então não sou eu que o faço, mas o pecado que habita em mim. (...) Não faço o bem que quero, mas o mal que não quero" (Romanos 7.14, 15, 17 e 19).

Daí sua consciência do *dever* e do *tempo*... a *passagem das horas... o Momento*:

Verbalismo...
Sim, verbalismo...
Aproveitar o tempo!
Não ter um minuto que o exame de consciência desconheça...
Não ter um ato indefinido nem factício...

Não ter um movimento desconforme com propósitos...
Boas maneiras da alma...
Elegância de persistir...

Aproveitar o tempo!
Meu coração está cansado como mendigo verdadeiro.
Meu cérebro está pronto como um fardo posto ao canto
Meu canto (verbalismo!) está tal como está e é triste.
Aproveitar o tempo!
Desde que comecei a escrever passaram cinco minutos.
Aproveitei-os ou não?
Se não sei se os aproveitei, que saberei de outros minutos?!
(Pessoa 1995, p. 367).

Pessoa vive sempre em crise. Como a mediocridade visceralmente lhe repugna, não arreda o espírito do crisol de sua harmonização. Mas ele sabe que o processo não cessa: "Ainda tenho muito a empreender dentro de meu espírito; disto ainda muito de uma unificação como eu a quero" (Pessoa 1974, p. 53).

Essa luta o mergulha numa imensa solidão. Ficou sempre à procura de alguém com quem compartilhar sua angústia de existir: "Encontro, sim, quem esteja de acordo com atividades literárias que são apenas dos arredores de minha sensibilidade" (Pessoa 1974, p. 53). Sua angústia é que "em ninguém que me cerca eu encontro uma atitude para com a vida que *bata certo* (...) com as minhas aspirações e ambições, com tudo quanto constitui o *fundamental* e o *essencial* do *meu íntimo ser espiritual*" (Pessoa 1974, p. 53).

Existiria esse alguém, que não ficasse *nos arredores da sensibilidade*? Em tese. Na realidade, a solidão é quinhão dos grandes gênios. Talvez uma mulher que femininamente pudesse compartilhar os passos do crescimento de seu homem. Mas isso suporia uma mulher feminina, não fálica. Não competidora. Suficientemente mulher para estar ao lado como mulher. Ora, nada disso seria sequer imaginável para Pessoa. Seu homoerotismo o coloca em outro esquadro ("oblíquo") e, nessa obliquidade, qualquer gesto que o levasse a uma parceira ou a um companheiro contradiria sua implacável perquirição da sublimação: "De modo que, à minha sensibilidade cada vez mais profunda, e à minha consciência cada vez maior da *terrível* e *religiosa missão* [*sic*!] que todo o *homem de gênio recebe de Deus com o seu gênio*, tudo quanto é futilidade literária, mera arte, vai gradualmente soando cada vez mais a *oco* e a *repugnante*" (Pessoa 1974, pp. 53-54). Para ele, não há arte pela arte. Toda sua criação poética se enquadra numa enteléquia inelutável. Anima-o a mesma energia que sustentava ou alimentava os profetas. Poesia e profecia vão sempre juntas: "(...) minha consciência cada vez maior da terrível e religiosa missão que todo homem de *gênio* recebe de Deus com seu *gênio*".

Pessoa é a ilustração viva da τυχη: ele tem encontro marcado com um *destino* cada vez mais lúcido. "Pouco a pouco, mas seguramente, no *divino cumprimento íntimo de uma evolução* cujos fins me são ocultos, tenho vindo erguendo os meus propósitos e as minhas ambições cada vez mais à altura daquelas qualidades que recebi" (Pessoa 1974, p. 54). *Divino cumprimento de uma evolução*:

> Ter uma ação sobre a *humanidade*, contribuir com todo o poder do meu esforço para a *civilização* vem-se-me tornando os graves e pesados fins da minha vida. E, assim, *fazer arte* parece-me cada vez mais importante coisa, mais *terrível missão* – dever a cumprir arduamente, monasticamente, sem desviar os olhos do fim *criador-de-civilização* de toda a obra artística (Pessoa 1974, p. 54)... "Há um poeta em mim... que Deus me disse..."

Jamais Freud poderia ter imaginado que um contemporâneo seu dissesse em letras e praticasse em atos a mais perfeita definição de sublimação: *ação sobre a* humanidade... *todo o poder de meu esforço para a* civilização... *fim* criador-de-civilização *de toda obra artística.*

A arte, sobretudo a literária, é ato civilizatório por excelência. Avança a humanidade. Ademais, o sentimento religioso o invade, transformando-o num monge lúcido de sua missão: "(...) dever a cumprir arduamente, monasticamente (...) Fazer arte, rapidamente, ainda que bem, parece-me pouco. Devo à *missão* que me sinto uma *perfeição absoluta no realizado*, uma *seriedade integral no escrito*" (Pessoa 1974, p. 54). Ele, como os homens que dimensionam sua existência pelo universo, vê-se investido de uma missão, terrível e religiosa missão que *todo o homem de gênio recebe de Deus com seu gênio*. Missão, *mittere*, enviar para os pósteros uma mensagem que evolucione a humanidade. Ocupar o lugar de sua existência com sentido plenário tal que a torne indispensável para as gerações vindouras. Daí a invocação:

> Torna-me humano, ó noite, torna-me fraterno e solícito.
> Só *humanitariamente* é que se pode viver.
> Só *amando os homens*, as ações, a banalidade dos trabalhos,
> Só assim – ai de mim! –, só assim se pode viver.
> Só assim, ó noite, e eu nunca poderei ser assim!
>
> Sentir tudo de todas as maneiras,
> Viver tudo de todos os lados,
> Ser a mesma coisa de todos os modos possíveis ao mesmo tempo,
> Realizar em si toda a humanidade de todos os momentos
> Num só momento difuso, profuso, completo e longínquo
> (Pessoa 1995, pp. 343 e 344).

Diante de tal consciência, o poeta se desilude de qualquer glória ou vaidade pessoal. Já não o afetam ouropéis, encômios ou futilidades dos salões. Importam-lhe a produção concreta, o aprimoramento da obra em si, o conteúdo real de seu trabalho, que põe em marcha a execução dessa missão. Essa consciência é tão aguda que pôde afirmar: "O mal da vida, a doença de ser consciente, entra com meu próprio corpo e perturba-me" (Pessoa 1982b, p. 116). Daí sua vinculação com todos os seres humanos: *ó noite, torna-me fraterno e solícito*. Por quê? Porque *Só humanitariamente é que se pode viver/Só amando os homens as ações, a banalidade dos trabalhos/Só assim se pode viver*. E esse propósito só tem valor porque ele está ciente de sua fraqueza: *Só assim, ó noite, e eu nunca poderei ser assim. Senhor livra-me de mim!*

Esse despojamento interior lhe confere afinação máxima à palavra:

> Encontro-me agora de plena posse das leis fundamentais da arte literária. Shakespeare não pode mais ensinar-me a ser sutil, nem Milton a ser completo. Meu intelecto atingiu uma flexibilidade e um alcance que me possibilitam *assumir qualquer emoção que desejo* e penetrar à vontade *dentro de qualquer estado de espírito* (Pessoa 1974, p. 76).

Foi essa harmonia espiritual que fez de Pessoa um homem cujas obras foram tão grandiosas para a cultura. Impressionante o que o cultivo de seus dons produziu em sua subjetividade: *Meu intelecto atingiu uma flexibilidade e um alcance* [simplesmente espetaculares] *que me possibilitam assumir* qualquer *emoção que desejo e penetrar* à vontade *dentro de qualquer estado de espírito.* Tal estado de espírito supõe a mais alta ascese espiritual, um generoso desapego de si e uma disponibilidade psíquica integral à sublimação. Harmonia *com tudo quanto constitui o fundamental e o essencial do meu íntimo ser espiritual.*

É admirável como, à semelhança dos santos e sobretudo dos místicos, ele sabe que a execução dessa missão impõe-lhe renúncia a si e a vivência plena da solidão interior: "Cada vez estou mais só, mais abandonado. Pouco a pouco quebram-se-me todos os laços. Em breve ficarei sozinho. O meu pior mal é que não consigo nunca esquecer a minha *presença metafísica na vida*" (Pessoa 1974, p. 39). Imensidão espiritual, responsabilidade de existir! Em diversos momentos de seus escritos, assinala veementemente a necessidade imperiosa do recolhimento interior para captar os impulsos criativos:

> Escrevo, triste, no meu quarto quieto, sozinho, como sempre tenho sido, sozinho como sempre serei (Pessoa 1982a, p. 94).

> (...) *quanto mais alto o homem de mais coisa tem de se privar.* No píncaro não há lugar senão para o homem só. Quanto mais perfeito, mais completo; e quanto mais completo, menos outrem
> (Pessoa 1982b, p. 180).

> A liberdade é a possibilidade do isolamento... *Se te é impossível viver só, nasceste escravo*
> (Pessoa 1982b, p. 196).

Ao modo dos místicos, Pessoa mergulha no trabalho do despojamento interior. É a *denudez* de que fala João da Cruz. Sem ela, as atrações imaginárias, os *arredores da sensibilidade* o desviariam da *missão* a que foi destinado: "devo à missão que me sinto uma perfeição absoluta no realizado, uma seriedade integral no escrito" (Pessoa 1974, p. 54). Vê-se envolvido num mandato sem volta: *não consigo nunca esquecer a minha presença metafísica na vida*. E nos informa como lutou duro para alcançar esse despojamento interior, meio para manter viva essa sua *presença metafísica na vida*.

Primeiro, "passou de mim a ambição grosseira de brilhar por brilhar, e essoutra, grosseiríssima, e de um plebeísmo artístico insuportável, de querer *épater*" (Pessoa 1974, p. 54). Pessoa, como ocorre na vida dos verdadeiros artistas ou dos santos, sabia do valor de seu trabalho. Esse trabalho, já vimos, destinava-se ao engrandecimento de Portugal e da humanidade. Então, tornou-se-lhe indiferente que, em vida, fosse apreciado ou conseguisse *épater*, ocupar o primeiro lugar dos mais lidos! Fernando fugiu à ânsia infantil da busca narcísea do reconhecimento. Ao contrário, buscou incansavelmente o reconhecimento de seu desejo, prezou a execução dele. E, como sói acontecer com grandes homens, é somente após a sua morte que Portugal se deslumbra diante do enorme monumento literário desse ilustre filho seu. É o efeito *a posteriori* da palavra. É por isso que o timbre da *permanência* é a verdadeira característica da obra da arte. E Fernando tinha uma consciência altamente crítica do que passa, do que é moda e do que permanece na obra literária:

> Algumas obras morrem porque nada valem; estas, por morrerem logo, são natimortas. Outras têm o dia breve que lhes confere sua expressão de um estado de espírito passageiro ou de uma moda da sociedade; morrem na infância. Outras, de maior escopo, coexistem com uma época inteira do país, em cuja língua foram escritas, e, passada essa época, elas também passam; morreram na puberdade da fama e não alcançaram mais do que a adolescência na vida perene da glória. Outras ainda, como exprimem

> coisas fundamentais da mentalidade de seu país, ou da civilização, a que ele pertence, duram tanto quanto dura aquela civilização; essas alcançam a idade adulta da glória universal. Mas outras duram além da civilização, cujos sentimentos expressam. Essas atingem aquela maturidade de vida que é tão mortal como os Deuses, que começam mas não acabam, como acontece com o tempo; e estão sujeitas apenas ao mistério final que o Destino encobre para sempre... (Pessoa 1974, p. 507).

Ao rememorar esse despojamento, dá-se conta de que publicou a *Blague*. Mas foi um momento de fraqueza: "A blague, só um momento, passageiramente, a um mórbido período transitório, de grosseria (felizmente incaracterística) me pôde agradar ou atrair (Pessoa 1974, p. 54).

Isso foi apenas um lapso. Agora, tudo tende à unificação de seu desejo: "Porque a ideia patriótica, sempre mais ou menos presente nos meus propósitos, avulta agora em mim; e não penso em fazer arte que não medite fazê-lo para erguer alto o nome português através do que eu consiga realizar. É uma consequência de encarar a sério a arte e a vida" (Pessoa 1974, p. 54). Todo outro propósito é eliminado, em razão da harmonização de seu desejo: "Outra atitude não pode ter para com sua própria noção-do-dever quem olha religiosamente para o espetáculo *triste* e *misterioso* do Mundo" (Pessoa 1974, p. 54). *Noção-do-dever*, três palavras feitas uma. A palavra *noção* se fecha com *dever* sem abertura outra. Ele não pode abrir mão de nada, pois vive *esta minha evolução ascendente dentro de mim*. Que seria esse *olhar religiosamente para o espetáculo triste e misterioso do Mundo*? Fernando, na unificação de seu desejo, sabe que sua fé unidireciona suas pulsões e fortifica seu propósito. O *espetáculo triste* é o mundo dividido, espedaçado pela injustiça social, um Portugal decadente, mergulhado no isolamento europeu, dolorosamente cindido pelas desigualdades sociais, parado na ignorância e na estagnação. O *espetáculo triste* é a pequenez moral do indivíduo, a inconsciência de um inconsciente amordaçado, fonte de todo acabrunhamento humano. E o *espetáculo misterioso* é a irresistibilidade do apelo interior à universalidade de sua *missão*.

Pessoa não mantém ilusões sobre suas fraquezas e seus limites. Não ignora que a firmeza de seu propósito depende do aviamento incessante de suas pulsões:

> Regresso a mim. Alguns anos andei viajando a colher maneiras-de-sentir. Agora, tendo visto tudo e sentido tudo, tenho o dever de me fechar em casa no meu espírito e trabalhar, quanto possa e em tudo quanto possa, para o *progresso da civilização* e o *alargamento da consciência da humanidade.* Oxalá me [não] desvie disto o meu perigoso feitio demasiado multilateral, adaptável a tudo, sempre alheio a si próprio e sem nexo dentro de si (Pessoa 1974, pp.54-55).

Esse *perigoso feitio* seria uma alusão à sua estrutura psíquica, que o punha no paradoxo de uma inconstância permanente e da vigilância ininterrupta? Na busca da verdade, importa-lhe publicar apenas o que lhe parece sincero: "Chamo insinceras às coisas feitas para fazer pasmar, e às coisas, também – *repare nisto que é importante* – que não contém uma *fundamental ideia metafísica,* isto é, por onde não passa, ainda que como um vento, uma noção de *gravidade* e do *mistério da Vida.* O vigoroso *leitmotiv* do perene processo sublimatório de Pessoa ancora-se nessa *fundamental ideia metafísica,* nessa *noção de gravidade e do mistério da vida.* É essa consciência determinada que lhe inspira o projeto diuturno de sua existência: "Por isso é sério tudo o que escrevi sob os nomes de Caeiro, Reis, Álvaro de Campos. Em qualquer destes pus um profundo conceito da vida, *divino* em todos os três, mas em todos gravemente atento à *importância misteriosa de existir*" (Pessoa 1974, p. 55).

Fernando sabe encontrar em Cortes Rodrigues eco suficiente para sua crise permanente: "Como já disse, você é o único dos meus amigos que tem, a par daquela apreciação das minhas qualidades que lhe permitirá não julgar esta carta um documento de megalômano, a profunda *religiosidade,* e a convicção do *doloroso enigma da Vida,* para simpatizar comigo em tudo isto (Pessoa 1974, p. 55). Qual é a origem dessa *crise*? "Não é uma incompatibilidade violenta (...) mas é uma impaciência para com todos quantos fazem arte para vários fins inferiores (...) porque (arte) não tem *Além,* nem outro propósito que (...) *decorativamente artístico*" (Pessoa 1974, p. 55). Sua crise: "Não é crise para eu me lamentar. É a de se encontrar só quem se adiantou demais aos companheiros de viagem – desta viagem que os outros fazem para se distrair e acho tão grave, tão cheia de termos de pensar no seu fim, de refletir no que diremos ao Desconhecido para cuja casa a nossa inconsciência guia os nossos passos... Deus, fim da estrada infinita, à espera do silêncio da Sua grandeza" (Pessoa 1974, pp. 55-56). Está aí o fecho do sentido de sua vida e de sua obra. No fim de tudo, toda ela é fruto da *importância misteriosa de existir...* da *convicção do doloroso enigma da Vida... uma noção de gravidade... e do mistério da Vida...* Essa grandeza permanente de alma encontrou ancoragem em *profunda religiosidade* e no ideal de uma arte que *tem um Além... Deus, fim da estrada infinita, à espera do silêncio da Sua grandeza.* De acordo com Angel Crespo: "Do que se não pode duvidar é de que a inquietação religiosa é o verdadeiro motor de sua obra" (Crespo 1990, p. 60), pois "Há um poeta em mim que Deus me disse" (Pessoa 1995, p. 124). E essa afinidade com Deus em seus sentimentos poéticos, ele assim os resumia: "Há uma nota de *imortalidade*, uma música de *permanência*, sutilmente entretecida na substância de alguns ritmos e das melodias de alguns poemas. Há um ritmo de outra linguagem em que o ouvido cuidadoso pode detectar a nota de uma *confidência* de Deus em sua divindade" (Pessoa 1974, p. 508).

E assim era a escrita para Fernando. Ele tinha uma leitura transcendental de tudo o que escrevia: *há um ritmo de* outra *linguagem.* Mas ela supõe outra escuta: *o ouvido cuidadoso só pode detectar a nota de uma confidência de Deus,* nada mais nada menos que *em sua divindade.* O Belo e o Bom em Fernando Pessoa: seu ex-sistir sempre teve um SENTIDO: *Vivo mais porque vivo maior!*

5

FERNANDO PESSOA, HOMOERÓTICO?

Sucede comigo que têm igual relevo as duas realidades a que atendo.
Nisto consiste a minha originalidade.
Nisto, talvez, consiste a minha tragédia, e a comédia dela.
Fernando Pessoa

A renúncia é a libertação.
Não querer é poder.
Fernando Pessoa

Quer pouco: terás tudo.
Quer nada: serás livre.
Fernando Pessoa

Introdução

Após as considerações sobre a "pulsão e seus destinos" e, sobretudo, após ter estabelecido o postulado da castração simbólica vinculada à estampagem no momento do ponto crítico, vamos examinar um exemplo, a meu ver fascinante, de como o ser humano pode viver a sublimação no mais alto grau, objetivo mais elevado da existência do homem sobre a terra. Trata-se de Fernando Pessoa, poeta maior da língua portuguesa. E o exemplo é ainda mais convincente, dado o fato de que Pessoa era homoerótico. O esforço e a renúncia dele em prol da obra literária e do amor a Portugal atingem nível deveras elevado, heroico, eu diria.

Vimos que o sexo sempre faz sofrer e mais sofrem os que se afastam da estrutura heteroerótica, porquanto aumenta a dificuldade em lidar com a diferença sexual. Além disso, toda sociedade é montada heteronormativamente. De outro lado, é bom recordar a afirmativa de Freud sobre a maior capacidade de sublimação dos homoeróticos. Sobre esse paradoxo, já fizemos algumas reflexões.

Em simpósio sobre Fernando Pessoa, uma colega levantava a seguinte objeção: não seria enviesada a leitura de Pessoa como homoerótico? Ao dizer isso, a objetante deixava transparecer um ar de crítica à tese do homoerotismo e, ao mesmo tempo, a ideia de que isso seria demérito. Tal ocorre, porque há sempre, no fundo de cada um de nós, certo preconceito quanto ao homoerotismo. Seria correto, justo, considerá-lo demérito? Absolutamente, esse não é o ponto de vista da psicanálise. Para a psicanálise, o homoerotismo é simplesmente *uma* das estruturas em que a pulsão se molda e, em si, ele não é nem bom, nem ruim, nem anormal, nem patológico. Não existe uma ética especial para o homoerótico. Vale para ele a mesma "referência sancional" inerente a todo ato humano, implicando a não possibilidade de deixar de assumir a demanda da pulsão, o desejo.

Antes de prosseguir, alguma observação sobre as biografias de Fernando Pessoa. Seus dois biógrafos, João Gaspar Simões – *A vida e a obra de Fernando Pessoa* – e Ángel Crespo – *A vida plural de Fernando Pessoa* – encontram dificuldade em abordar o tema da sexualidade. Ángel Crespo é um pouco mais feliz e menos preconceituoso, ao passo que Gaspar Simões não se peja de intitular um capítulo de "Sexualidade frustrada" (p. 477) e, duas páginas depois, contradiz-se, falando de *depuração e sublimação* da sexualidade de Pessoa. Além disso, chega a afirmar, a meu ver preconceituosamente, que "*Ode Triunfal*", "Ode Marítima" e "Saudação a Walt Whitman" não são *verdadeira poesia*, mas apenas um *record de virtuosismo e mistificação verbal*. Mas o conceito de sublimação em pouco ou nada lhe é conhecido, como, aliás, na prática, é ignorado pela maior parte dos psicanalistas, embora se trate de um operador-chave para entender a pulsão e seus destinos na subjetividade humana.

Em "Epithalamium", escreve Simões, Pessoa descobre "o sentimento de horror e repulsa que porventura ao próprio poeta oferecia a antevisão desse instante supremo na vida do homem e da mulher". E em "Antínoo", lavra a seguinte denegação: "Longe de mim insinuar, contudo, que no poeta de "O menino da sua mãe" houvesse claras provas de homossexualismo. Se sexualidade havia era apenas platônica". E emenda essa *boutade*:

> Mas o que nele se manifestava, por certo [*sic*!], era uma sexualidade anormal. A anormalidade de sua vida sexual denuncia-se, claramente, na espécie de repulsa que lhe merece o amor físico entre homem e mulher – entre o homem que ele era e a mulher em quem, possivelmente, entrevia o ser que neste mundo lhe despertara o mais intenso e imperecível amor (Simões 1991, pp. 452-453).

Em seguida, refere-se a uma *explicação psicanalítica da frustrada sexualidade de Fernando Pessoa* e recorre a *Fleurs du mal*, de Baudelaire, servindo-se de um trecho que, de verdade, trata de homossexualidade enrustida (*la tendance incestueuse, si puissante qu'elle soit, demeure ignorée du sujet*)[1] e, diante de seu aparecimento na consciência, "*intervenant violemment toujours à l'insu du sujet, pour barrer la route au désir impie, le refoule avec honte en des profondeurs opaques où nulle idée claire ne peut l'atteindre pour le ramener au jour* (Simões 1991, p. 453).[2]

Além de lamentar que Fernando não tivesse experimentado o verdadeiro amor de uma mulher, Simões cai na seguinte contradição: "Fernando Pessoa, se porventura cedeu ao desejo de satisfazer sua obscura libido – fê-lo de forma puramente platônica. Ninguém pode apontar-lhe um real desvio da norma. Mas não terá seja o que for de homossexualismo a maternidade mental que lhe permitiu criar a família heterônima?". Sexualidade vivida de forma platônica certamente não é sublimação, esta é *opus* e, sobretudo, a heteronomia, com certeza, nada tem a ver com maternidade e, sim, tudo, com um relacionamento homopoeticamente assumido.

1 A tendência incestuosa, tão poderosa quanto seja, permanece ignorada do sujeito.

2 Intervindo violentamente, sempre à revelia do sujeito, para barrar o caminho do desejo ímpio, ele o recalca com vergonha em profundezas opacas onde nenhuma ideia clara pode atingi-lo para trazê-lo à luz.

Ángel Crespo consegue se ater ao testemunho que os textos (prosa e poesia) dão da sexualidade de Pessoa. Não se aventura a dar-lhe diagnóstico, apenas a constata, sobretudo em "Epithalamium" e em "Antínoo". Cita uma frase elucidativa, atribuída a Bernardo Soares, no *Livro do desassossego*: "'Não ter sido Madame de harém! Que pena tenho de mim por me não ter acontecido isso!', isto é, por não lhe ter acontecido a ele, Fernando Pessoa" (Crespo 1990, p. 241).

De modo geral, a biografia de Crespo me parece menos moralista e mais objetiva quanto a essa questão da sexualidade em Pessoa. Mas, para ambos os biógrafos, como diz Simões, essa sexualidade é *um enigma*. Ora, veremos que não se trata de *enigma* em si e, sim, de sublimação consciente e assumida até as últimas consequências.

Isto posto, relembro ainda que, a fim de formalizar a tese do homoerotismo em Fernando Pessoa, vou me servir de seus próprios textos, supondo sempre que o que subentenderia o texto escrito seria discurso seu, isto é, proponho-me a *escutá-lo* na leitura de seu texto-testemunho. De antemão, me escuso da seleção deles, pois tenho consciência de que somos guiados pelo inconsciente e, por isso mesmo, essa seleção é falha, quero dizer, necessariamente incompleta, porque minha. A completidão ou a exaustão são infensas à psicanálise. Ao citar um verso, deixo-me interrogar como se fora discurso de um paciente. Quando busco prosa e verso que ilustre o texto em pauta, considero o inconsciente de Pessoa em associação livre, guardando sempre a premissa de que o significante é aquilo que representa o sujeito para o outro significante. Portanto, diferente do signo linguístico (arbitrário) que representa coisa. Parto à procura do sujeito da enunciação, enquanto o enunciado me percute.

Inútil dizer que, para o aproveitamento desta leitura, o leitor mais se beneficiaria lendo *in totum* os poemas aqui citados.

PESSOA HOMOERÓTICO

Em múltiplos momentos de sua obra, Fernando Pessoa deixa transparecer um ou outro aspecto de seu homoerotismo: o desejo homoerótico explícito, o disfarce, a ambivalência, a oscilação afetiva, o *desassossego*... Mas ele em nada questiona sua escolha de objeto nem dela faz segredo.

Jurandir Freire, a quem homenageio como psicanalista inovador e com quem aprendi que o amor homo é de outra moral que a moral conjugal, em seu belo livro intitulado *A inocência e o vício*, relata a tragédia que foi para André Gide e Marcel Proust assumir a homossexualidade. Cito-o:

> Gide, no entanto, pensava alcançar a verdade quando confessava, a despeito do pudor, suas tendências e experiências homoeróticas. Proust, não. Dissimulava deliberada ou inconscientemente o que o outro se atrevia a exibir. Porém, a dissimulação não se devia apenas ao medo da reprovação do Faubourg. Se, de fato, ele temia a opinião do *grand monde* de Saint-Germain, simultaneamente odiado e idolatrado, através do receio dizia coisas que Gide não soube ouvir. Quando disse que se podia contar tudo, mas nunca dizer *je*, era porta-voz das "intermitências do coração", peça-chave de sua redescoberta do tempo perdido. Recusando-se a falar do sexo em primeira pessoa, exprimia sua ambiguidade ética, mas também a convicção tardiamente conquistada de que um nome próprio é a morada de vários "eus". Como apontou magistralmente Deleuze, o homoerotismo em Proust foi sempre, ao mesmo tempo, "*plaidoyer* pela inocência do sexo" e "pedido de perdão pelo vício". Cada um desses desejos é suporte de um *je*. Ao apresentar-se como mestre da verdade sobre o amor, ele oculta necessariamente, ao olhar do outro, desejos e "eus" indizíveis ou não ditos. Para Gide, nunca dizer *je* era mentir; para Proust, era mentir e afirmar, em cada mentira, que para cada eu que fala há pelo menos um outro eu que é obrigado a calar (Costa 1992, p. 107).

No mesmo contexto, Jurandir se refere a um trecho do diário de Gide, datado de 2 de dezembro de 1921, onde, após ter lido *Sodoma e Gomorra*, de Proust, assim escreve:

> Li as últimas páginas de Proust (...), de início, com um sobressalto de indignação. Conhecendo o que ele pensa, o que ele é, é difícil para mim ver aí algo além de um fingimento, de um desejo de se proteger, de uma camuflagem, que não podia ser mais hábil, pois ninguém pode tirar vantagem em denunciá-la. Mais do que isso; essa ofensa à verdade corre o risco de agradar a todos: aos heterossexuais, cujas prevenções ela justifica e cujas repugnâncias

> lisonjeia; aos outros, que tirarão proveito do álibi e da pouca semelhança com aqueles que ele retrata. Em suma, a covardia geral ajudando, eu não conheço nenhum escrito que, mais que *Sodoma* de Proust, seja capaz, de enterrar a opinião pública no erro (Gide *apud* Costa 1992, p. 106).

Ora, embora contemporâneo de ambos, Fernando Pessoa, ao contrário de Proust e Gide, nada tem a dissimular ou a conflitar sobre seu homoerotismo. Até quando tenta fingir, faz do fingimento uma dor que tem de ser elevada à ordem da poesia. Assume-o, confessa-o e, desdobra-o em seus "*eus*", fazendo questão de descrever como essa identificação sexual se manifesta nele. Por vezes, essa descrição chega a ser dolorosa, patética mesmo, mas não foge ao real de seu sexo. *As intermitências do coração*, ele as expõe com maestria em prosa e verso.

Jamais se exprime em um *plaidoyer* pela *inocência do sexo* ou um *pedido de perdão pelo vício*, pois seu homoerotismo, longe de ter se tornado e menos ainda de ser considerado *vício*, é-lhe uma força poderosa para a criação literária. Os desejos e os "eus" que dele derivam são *dizíveis*: transformam-se em confissões muitas vezes perigosas e em heterônimos esplêndidos. Longe dele *enterrar a opinião pública em erro*. Os *tempos perdidos* de Proust, se considerarmos a lhaneza pessoana, são os tempos perdidos nos arredores de seu homoerotismo, tempos perdidos em temor de dizer a verdade de *sua* sexualidade. Ou, como W. Pater e Gide, que passaram a desdizer o que tinham afirmado sobre a homossexualidade.

Michel Foucault também sofreu imensamente para assumir sua homossexualidade. Distúrbios psiquiátricos graves, internação e alcoolismo pesado (Eribon 2008, p. 300) agravaram ainda mais a assunção de sua identidade sexual. Suas produções literárias, sobretudo a *História da loucura*, foram os meios que utilizou para transformar seus sofrimentos em obras para a humanidade e, desse modo, sublimar suas angústias:

> Sempre que tentei fazer um trabalho teórico foi a partir de elementos de *minha própria experiência*: sempre em relação com processos que eu via acontecer à minha volta. Era bem porque eu pensava reconhecer nas coisas que eu via, nas instituições com as quais eu lidava, em minhas relações com os outros, rachaduras, abalos surdos, disfunções que eu empreendia

um trabalho – algum fragmento de autobiografia (Foucault *apud* Eribon 2008, p. 309).

Um ano mais tarde, faz declaração quase idêntica: "*Cada um dos meus livros é uma parte de minha própria história.* Por uma razão ou por outra, tive a oportunidade de viver ou de sentir essas coisas" (*apud* Eribon 2008, p. 309).

Joyce, Pessoa, Foucault e Sá-Carneiro se alinham no mesmo recurso à escrita como meio para superar a loucura.

Interessante notar que Oscar Wilde e Walt Whitman enfrentaram com certa serenidade e muita coragem a sociedade preconceituosa de seu tempo, embora *Folhas de relva* tenha custado a Whitman a perda do emprego (era funcionário do ministério do interior) e, sobretudo, a publicação de *O retrato de Dorian Gray*, tenha resultado na detenção de Wilde. Essa prisão arruinou sua saúde. Ele cumpriu a pena de trabalhos forçados e ainda viveu precariamente durante dois anos em Paris, onde faleceu em 30 de novembro de 1900.

É também curioso observar que Fernando Pessoa raramente se refere a Wilde, ao passo que a Whitman dedica um poema e se inspira fundamente em seu estilo, tanto na forma como no conteúdo.

Passemos agora *à escuta* das mensagens pessoanas.

O sexo, como vimos, qualquer que seja sua modalidade, faz sofrer, pois não podemos dele fugir, ao contrário, dele temos de dar conta, assumi-lo na cultura. Por isso, ele facilmente se apresenta no paradoxo da dor. Pessoa conhece bem esse aspecto.

Iniciemos pela própria "Autopsicografia". Nela, o poeta relata como aprendeu a lidar com a dor e superá-la na sublimação:

O poeta é um fingidor.
Finge tão completamente
Que chega a fingir que é dor
A dor que deveras sente.

E os que leem o que escreve,
Na dor lida sentem bem,

Não as duas que ele teve,
Mas só a que eles não têm.

E assim nas calhas de roda
Gira, a entreter a razão,
Esse comboio de corda
Que se chama o coração
(Pessoa 1995, pp. 164-165).

O poeta? Se aceitamos o inconsciente, é evidente que *o poeta* é o mesmo Pessoa. Se se tem algo transparente em sua obra é a consciência de seu gênio e a certeza de que a poesia lhe brota com a espontaneidade das batidas do coração. Esse impulso interior lhe é "conatural" e, por isso mesmo, esse apelo o fará sofrer sem cessar: *Esse comboio de corda/Que se chama o coração.* Esse é o sofrimento de sua vida, sua "missão", como afirmou. Um ideal inelutável, um destino inextraviável. Pessoa tem a consciência soberana de que é poeta e, para tanto, uma condição: *E assim nas calhas de roda/Gira,* [esse comboio] *a entreter a razão.*

O poeta é um fingidor. Poeta fingidor, Fernando Pessoa? Se há um poeta que não finge, por paradoxal que seja, é ele. Sua obra é um testemunho constante de seus estados de alma, de suas fraquezas, sobretudo a da vontade. E, no entanto, "Pessoa repete a sua tese de que o lirismo consiste em cantar as emoções que se tem, o que é mais fácil, enquanto o difícil é a literatura dramática porque, nela, o poeta deve cantar as emoções que não sente, deve ser um fingidor" (Crespo 1990, p. 284).

O *Livro do desassossego* é uma prova rara de não fingir. Ao contrário de fingir, Pessoa fala de seus estados de espírito com uma franqueza por vezes rude ou crua, como, *exempli gratia*, no poema "Antínoo". Mas, paradoxalmente, é *fingidor* quando, magistralmente, consegue expressar em versos os mais diversos estados de alma, sem deixar transparecer que é dele mesmo que está a falar. Assim, quanto à dor.

Donde lhe vem a dor? De sua extrema sensibilidade. Esse sofrimento o invade tanto do exterior quanto do interior. Esse sentir é um primeiro passo, que se ele o retivesse em si mesmo, seria estéril. Assim se expressa: "É quando assim constata que sentir excessivamente, se por vezes é gozar em excesso, é outras sofrer com prolixidade, e porque o constata, que o sonhador é levado a dar o segundo passo na sua ascensão para si-próprio" (Pessoa1982b, pp. 39-40). Daí o recurso ao poeta fingidor, *levado a dar o segundo passo na sua ascensão para si próprio.*

As sensações não se dispersam, são integradas. Caso contrário, isso conduziria "a aumentar imoderadamente o gozo que sentir dá, também a elevar com despropósito o sofrimento que vem de sentir" (Pessoa 1982b, p. 40). O poeta, como o psicanalista, sabe que o gozo desenfreado, não regido pelo principio de realidade, leva ao afogamento na pulsão ou na morte. Como evitar, então, o sofrimento? "Não deverá [o sonhador] evitá-lo como um estoico ou um epicurista (...) porque assim endurecerá para o prazer, como para a dor. Deverá ao contrário ir buscar à dor o prazer e passar em seguida a educar-se a sentir a dor falsamente ["fingidor"!], isto é, a ter ao sentir a dor, um prazer qualquer" (Pessoa 1982b, pp. 40-41).

Pessoa afirma que há três caminhos para conviver com a dor e dela tirar proveito. O primeiro, próprio aos *superiores*, é analisá-la. O exercício de analisar absorve tudo e "da dor fica apenas uma matéria indefinida para a análise". O segundo seria "criar um outro Eu que seja o encarregado de sofrer em nós, de sofrer o que sofremos". Eis aqui a chave para os heterônimos. Caso contrário, seria caldo de cultura de um masoquismo interior próprio "para os industriados na mentira interior". E há um terceiro método para sutilizar em prazeres as dores e fazer das dúvidas e das inquietações um mole leito. É o dar às angústias e aos sofrimentos, por uma aplicação irritada da atenção, uma intensidade tão grande que pelo próprio excesso tragam o prazer do excesso, assim como pela violência sugiram a quem de hábito e educação de alma ao prazer se vota e dedica, o prazer que dói porque é muito prazer, o gozo que sabe a sangue porque feriu.

E qual seria o método próprio a Pessoa?

> (...) em mim – requintador que sou de requintes falsos, arquiteto que me construo de sensações sutilizadas através da inteligência, da abdicação da vida, da análise e da própria dor – todos os três métodos são empregados conjuntamente, quando uma dor, sentida imediatamente, e sem demoras para estratégia intima, é *analisada* até à secura, colocada num *Eu exterior* até à tirania, e enterrada em mim até ao auge de ser dor, então verdadeiramente eu me sinto o *triunfador* e o herói. Então me para a vida, e a arte se me roja aos pés (Pessoa 1982b, pp. 41-42).

Pessoa incansavelmente *analisa*; analisa seus impulsos, os decompõe e os reencaminha, conseguindo ir buscar à dor o prazer de escrever: "A verdadeira experiência consiste em restringir o contato com a realidade e aumentar a *análise* desse contato" (Pessoa 1982b, p. 135).

Então, que finge Pessoa? Pessoa é *fingi-dor*, isto é, um *requinta-dor*. Dor da qual faz requintes de prosa e poesia.

É dor que ele finge, mas *a dor que deveras sente*. *De-veras*, isto é, de verdade; não a dor em geral, a dor de existir, mas a *dor verdadeira*, a dor que lhe é própria, a dor *autopsicográfica*, a dor que o conduz *na sua ascensão para si próprio*. Portanto, não é uma dor qualquer, é uma dor estrutural, é uma dor tão constante, tão real, tão insistente que é preciso fingir que é dor para descrevê-la, transformá-la em obra literária. É essa dor que o faz *fingi-dor*, um ser dividido, ambivalente. Mas essa dor não o domina, não lhe tolhe o impulso criativo ou a consciência de sua *missão*. Ele não a transforma em queixas histéricas e estéreis, mas translada-as em *opus* literário. Ao contrário, essa dor é dor vera e, por isso, produtiva, é o motor que o move na construção de sua obra. Essa dor lhe permite dizer: "então verdadeiramente eu me sinto o *triunfa-dor*". A dor vera, acata-a como seu quinhão, pois este ninguém saberá:

> E os que leem o que escreve,
> Na dor lida sentem bem,
> Não as duas que ele teve,
> Mas só a que eles não têm
> (Pessoa 1995, p.165).

O poeta esclarece o resultado de seu recurso poético: *E os que leem o que escreve*, isto é, aquilo da dor que conseguiu passar para o real da escrita; *Na dor* lida *sentem bem*. Mas apenas a dor *fingida*, *Não as duas que ele teve/Mas só a que eles não têm*, a saber, aquela que passou para o dito. Daí, sua prece:

> Senhor, já que a dor é nossa
> E a fraqueza que ela tem,
> Dá-nos ao menos a força
> De a não mostrar a ninguém!
> (Pessoa 1995, p. 141).

A dor de Pessoa é dor que o faz *outrar*. Sua delicadeza de sentimentos o transforma no *arquiteto que me construo de sensações sutilizadas através da inteligência, da abdicação da vida, da análise e da própria* dor. Em outro momento, Fernando evoca Nietzsche: "A dor, essa, é o contrário da alegria, como a concebia Nietzsche: quer acabar, quer não ser" (Pessoa 1974, p. 355). Não ser o quê? Dor apenas, sinal de patologia ou sofrimento. Por isso, finge sua dor, porque é dor para ganhar tempo e corajosamente tirar proveito dela. A dor é um dom, um aviso de que há algo a ser salvo, a ser recuperado. Enquanto finge a dor *que deveras sente*, trata, com espírito forte, de dela se servir como impulso de suas criações literárias.

Essa dor é um belo exemplo da leitura que Lacan faz da pulsão de morte. A pulsão de vida no ser humano o reduziria a um animal qualquer. É a pulsão de morte que o torna humano. Em sua falta-para-ser, ela o impulsiona em movimento incessante a se retomar no plano simbólico. Ora, a dor de Pessoa não o faz um frustrado da vida, nem o coloca à margem da humanidade, muito menos faz dele um desesperado diante da ex-sistência humana; a dor, ao contrário, consegue fazer dele o grande poeta, um *triunfa-dor*. Portanto, a dor vera é a dor estrutural de Pessoa: é a dor em que se vê dividido, ambivalente, mas é uma dor que paradoxalmente o mantém em sua produção literária.

Essa quadra é, pois, o resumo de sua estrutura psíquica como ele mesmo diz: "fingir é conhecer-se" (Pessoa 1974, p. 163). Como? Eis a explicitação de seu segredo:

> Cerca de grandes muros quem te sonhas
> Depois, onde é visível o jardim
> Através do portão de grade dada,
> Põe quantas flores são as mais risonhas,
> Para que te conheçam só assim.
> Onde ninguém o vir não ponhas nada.
>
> Faze canteiros como os que os outros têm,
> Onde os olhares possam entrever
> O teu jardim como lho vais mostrar.
> Mas onde és tu, e nunca o vê ninguém

Deixa as flores que vêm do chão crescer
E deixa as ervas naturais medrar.

Faze de ti um duplo ser guardado;
E que ninguém, que veja e fite, possa
Saber mais que um jardim de quem tu és –
Um jardim ostensivo e reservado (...)
(*apud* Quadros s.d., p.129).

Fernando conheceu os meandros, os requintes da dor e, por isso, é deveras *requinta-dor*. Ele mesmo esclarece essa sua *estética do fingimento*:

Dizem que finjo ou minto
Tudo que escrevo. Não.
Eu simplesmente sinto
Com a imaginação.
Não uso o coração
(Pessoa 1995, p. 165).

Ou seja: *E assim nas calhas de roda/Gira,* [o comboio de corda] *a entreter a razão.*

HETERÔNIMOS

Sê plural como o universo!
Fernando Pessoa

"Em prosa é mais difícil de se outrar" (Pessoa 1974, p. 86). É isso que leva Pessoa a expandir-se amplamente na poesia. Mas, que é outrar? Ser outro, apenas, na imaginação poética? Certamente, não. Outrar é o significante mestre de todo o drama interior de Pessoa. Outrar se desdobra sempre entre um permanente e um outro, jamais uma outra, como seria o caso de um transexual. Outrar possibilita que Pessoa viva seus impulsos homoeróticos com um outro, mas sempre num plano sublimado. Lacan esclarece esse fato: "A mudança de objeto não faz forçosamente desaparecer, longe disso, o objeto sexual – o objeto sexual acentuado como tal, pode aparecer na sublimação. O jogo sexual mais cru pode ser objeto de uma poesia, sem que esta perca por isso uma visada sublimante" (Lacan 1986, p. 191). E é exatamente esse postulado que agora passaremos a examinar.

Outrar, sem dúvida, foi a grande saída descoberta por Pessoa para canalizar sua energia sexual. Os heterônimos foram o grande achado, a chave para ele a-viar sublimatoriamente seus impulsos: "Espraiado em cada um deles", escreve Ruffato, "as contradições, as excentricidades, os inconfessáveis desejos" (Pessoa 2006b, p. 6). Aquilo que poderia levá-lo a uma prática homoerótica, ele o vive nos heterônimos e em poemas explícitos, mas de forma transladada, criativa, civilizatória. Nesse mesmo texto sobre "Os heterônimos e os graus de lirismo", assim escreve: "Por qualquer motivo temperamental que me não proponho analisar, nem importa que analise, construí dentro de mim várias personagens distintas entre si e de mim, personagens essas a que atribuí poemas vários que não são como eu, nos meus sentimentos e ideias, os escreveria" (Pessoa 1974, p. 87). Seus heterônimos, várias personagens distintas são ficção em gente na busca poética de sua identidade. Esse seu drama em gente, ele assim resumiu:

> Não sei quem sou, que alma tenho.
>
> Quando falo com sinceridade não sei com que sinceridade falo. Sou variamente outro do que um eu que não sei se existe (se é esses outros).
>
> Sinto crenças que não tenho. Enlevam-se ânsias que repudio. A minha perpétua atenção sobre mim perpetuamente me aponta traições de alma a um caráter que talvez eu não tenha, nem ela julga que eu tenho.
>
> Sinto-me múltiplo. Sou como um quarto com inúmeros espelhos fantásticos que torcem para reflexões falsas uma única anterior realidade que não está em nenhuma e está em todas.
>
> Como o panteísta se sente árvore e até a flor, eu sinto-me vários seres. Sinto-me viver vidas alheias, em mim, incompletamente, como se o meu ser participasse de todos os homens, incompletamente de cada, por uma suma de não-eus sintetizados num eu postiço (apud Crespo 1990, pp. 162-163).

Outridade explicitada: "(...) construí dentro de mim várias personagens distintas entre si e de mim", "traições de alma a um caráter que talvez eu não tenha". Por quê? Porque "sinto-me múltiplo", "sou como um quarto com inúmeros espelhos", "eu sinto-me vários seres", "sinto-me viver vidas alheias", "como se meu ser participasse de todos os homens", "por uma suma de não-eus sintetizados num eu postiço".

O poeta se diz movido por motivo temperamental, como algo que teria nascido junto com ele e que, portanto, pouco depende dele mesmo. Sempre viveu a ilusão de que seu homoerotismo fosse devido ao temperamento. Por duas vezes, nega-se a analisar esse motivo temperamental. Não seria justamente porque sente que esse motivo nada tem de temperamental e, sim, que essa tendência ao desdobramento lhe adveio de seu édipo? Fala em personagens para, em seguida, negar de novo que elas tenham a ver com seus sentimentos e ideias.

Cedo, muito cedo, em sua existência, dá inicio ao jogo de vários seres de viver vidas alheias:

> Não tinha eu mais que cinco anos, e, criança isolada e não desejando senão assim estar, já me acompanhavam algumas figuras de meu sonho – um capitão Thibeaut, um Chevalier de Pas – (...) um certo Chevalier de Pas dos meus seis anos, por quem escrevia cartas dele a mim mesmo, e cuja figura, não inteiramente vaga, ainda conquista aquela parte da minha afeição que confina com a saudade (...) Coisas que acontecem a todas as crianças? Sem dúvida – ou talvez. Mas a tal ponto as vivi que as vivo ainda, pois que as relembro de tal modo que é mister um esforço para me fazer saber que não foram realidades (Pessoa 1974, pp. 92-95).

Em tenra idade, outrava de maneira tão viva e intensa que já não sabia o limite entre a ficção e o real: a tal ponto as vivi que as vivo ainda.

Em resposta a uma carta de Casais Monteiro, sobre a gênese dos heterônimos, ele tenta ir mais a fundo:

> Vou ver se consigo responder-lhe completamente. Começo pela parte psiquiátrica. A origem dos meus heterônimos é o fundo traço de histeria que existe em mim. Não sei se sou simplesmente histérico, se sou, mais propriamente, um hístero-neurastênico (...) Seja como for, a origem mental dos meus heterônimos está na minha tendência orgânica e constante para

> a despersonalização e para a simulação. Estes fenômenos – felizmente para mim e para os outros – mentalizaram-se em mim; quero dizer, não se manifestam na minha vida prática, exterior e de contato com outros; fazem explosão para dentro e vivo-os eu a sós comigo (Pessoa 1974, pp. 94-95).

Esses fenômenos mentalizaram-se em mim (...) não se manifestam na minha vida prática, se assim é ele e se aí está o resumo inteiro da sua vida toda, é difícil entendê-lo como histérico. Levou uma vida em abstinência, em permanente renúncia à exteriorização de seus impulsos sexuais, jamais recorrendo a encenações ou ataques histéricos e empenhou-se diuturnamente no a-viamento de sua energia pulsional para a criação literária. Chevalier de Pas, Fernando Pessoa só, Fernando Pessoa ele mesmo, Alberto Caeiro, Ricardo Reis, Álvaro de Campos, Bernardo Soares, Barão de Teive... não seriam sublimações de fictícios parceiros sexuais que não se manifestam em minha vida prática? Pessoa, ciente da altura de sua obra e do nível em que vive seus heterônimos, assim se expressa: "Sou hoje o ponto de reunião de uma pequena humanidade só minha" (Pessoa 1974, p. 92), ou seja, a pequena humanidade dos heterônimos é só minha.

É interessante notar as justificativas que ele desenvolve para o uso do recurso literário dos heterônimos. Sabia muito bem que o emprego de pseudônimos ou figuras que encarnem o drama do próprio autor é prática constante na literatura. Mas o que marca a diferença entre o emprego dessas figuras e o uso dos heterônimos está em que há aqui a procura renhida de uma identidade pessoal. Pessoa fala em despersonalizações, desdobramentos de personalidade, invenções de personalidades diferentes. É a procura do "Eu" profundo e dos outros "Eus". Mas, longe de este recurso ser movido por um rodeio literário, ele declara ser movido pela parte psiquiátrica: "A origem dos meus heterônimos é o fundo traço de histeria que existe em mim (...) Seja como for, a origem mental dos meus heterônimos está na minha tendência orgânica e constante para a despersonalização e para a simulação". Em quem encontraríamos tais características? Seriam, porventura, sintomas não raro encontradiços em homoeróticos? Pessoa não padece dúvida. Prova-o a afirmação seguinte: "Estes fenômenos – felizmente para mim e para os outros – mentalizaram-se em mim; quero dizer, não se manifestam na minha vida prática, exterior e de contato com outros".

É curioso que Sá-Carneiro expresse sua homossexualidade em termos similares:

> Entretanto os delírios que as almas nos fremiam, não os provocavam unicamente as visões lascivas... E os quadros sensuais valiam apenas como um instrumento dessa orquestra. Os outros: as luzes, os perfumes, as cores... Sim, todos esses elementos se fundiam num conjunto admirável que, ampliando-a, nos penetrava a alma, e que só a nossa alma sentia em febre de longe, em vibração de abismos. Éramos todos alma. Desciam-nos só da alma os nossos desejos carnais (Sá-Carneiro 1985, p. 74).
>
> Entretanto estes desejos materiais (ainda lhe não disse tudo) não julgue que os sinto na minha carne; sinto-os na minha alma. Só com a minha alma poderia matar as minhas ânsias enternecidas. Só com a minha alma eu lograria possuir as criaturas que adivinho estimar – e assim satisfazer, isto é, retribuir sentindo as minhas amizades (Sá-Carneiro 1985, p. 90).

O grau de espiritualidade de Fernando Pessoa é tão firme que, certamente, como ele afirma, jamais teve um contato sexual: "estes fenômenos fazem explosão para dentro e vivo-os eu a sós comigo". Toda a força de sua pulsão sexual, ao contrário de encaminhá-la para uma realização homoerótica ou para a vazão devassa ou a repressão doentia, patológica, ele a conduziu à construção do belo literário.

Depois de falar estes fenômenos fazem explosão para dentro, emenda a seguinte afirmativa: "Se eu fosse mulher – na mulher os fenômenos histéricos rompem em ataques e coisas parecidas – cada poema de Álvaro de Campos (o mais histericamente histérico de mim) seria um alarme para a vizinhança". É deveras significativo que fale de fenômenos explosivos e, em seguida, se eu fosse mulher. Ele sabe bem o que é a histeria na mulher, porque se eu fosse mulher lhe é familiar, como também lhe é familiar: "Mas sou homem – e nos homens a histeria assume principalmente aspectos mentais; assim tudo acaba em silêncio e poesia" (Pessoa 1974, p. 95). Explicita seu dilema: ou encaminhar a energia para a produção de sintomas histéricos, patológicos ou consagrá-la inteira ao silêncio e à poesia. Por isso, ser poeta é-lhe garantia constante de estar consigo:

Não tenho ambições nem desejos
Ser poeta não é uma ambição minha
É a minha maneira de estar sozinho
(Pessoa 1995, p. 203).

Isto é, estar singularmente Fernando Pessoa.

E, como tudo exige uma teoria que o justifique, os heterônimos buscam cobertura na cultura grega, ou, melhor dizendo, no paganismo, onde a relação do homem adulto com um jovem era de praxe. E esse fato é tanto mais expletivo, por Fernando estar muito distante do classicismo.

> O meu mestre Caeiro não era um pagão: era o paganismo. O Ricardo Reis é um pagão, o Antonio Mora é um pagão, eu sou um pagão; o próprio Fernando Pessoa seria um pagão, se não fosse um *novelo embrulhado* para o lado de dentro. Mas o Ricardo Reis é um pagão por caráter, o Antonio Mora é um pagão por inteligência, eu sou um pagão por revolta, isto é, por temperamento. Em Caeiro não havia explicação para o paganismo; havia consubstanciação (Pessoa 1995, p. 248).

"O próprio Fernando Pessoa seria um pagão", portanto não é, e não o é porque é um "*novelo embrulhado* para o lado de dentro". Ele "acaba tudo em silêncio" (por dentro: *novelo*) "e poesia" (por fora: outros eus, os heterônimos). Seu paganismo não lhe é consubstancial como a Caeiro: "eu sou um pagão por revolta, isto é, por temperamento". Mas mesmo Pessoa-Caeiro não consegue se libertar do *novelo embrulhado para dentro*: "Eu perdoaria ao poeta que ele houvesse assim permanecido ainda escravo de certos apetrechos sentimentais da mentalidade cristista, se ele nunca, até ao fim da obra, se conseguisse libertar deles" (Pessoa 1995, p. 202). Mas não conseguiu! "Certos apetrechos sentimentais da mentalidade cristista" impedem-no de viver tranquilamente o paganismo a que se propõe. Assim, em "O guardador de rebanhos", precisa recorrer à ironia, se não ao sarcasmo, para tentar se desfazer da encarnação de Cristo ou do mistério da Trindade: "Tudo no céu é estúpido como a Igreja Católica" (Pessoa 1995, p. 210) e "a Igreja Católica é o Império Romano" (Pessoa 1974, p. 190). Vê-se, pois, que recorre à "teoria" do paganismo para poder justificar sua relação com Caeiro. A estética grega lhe outorga um fim em si, no "belo e no bom" (καλός κ'άγαθός) sem apelar ao mundo da crença. Caeiro é, na literatura, o que Caravaggio foi na pintura. Este se propunha a representar os personagens bíblicos com homens, mulheres, prostitutas de seu tempo, contrariando as normas para a arte sacra propostas após o Concílio de Trento. Por isso, caiu em desgraça perante a Igreja. Fernando Pessoa também recorreu ao paganismo, sobretudo à estética grega, para cantar a natureza tal qual. Assim concebe a religião com *os sinais dos tempos*. Chega, por exemplo, a descrever o Menino Jesus brincando com meninos de seu tempo, a levantar as saias das meninas. O Menino Jesus de Pessoa é o Jesus de Nazaré: "Era nosso demais para fingir (...)/Esta é a história do meu Menino Jesus":

> Hoje vive na minha aldeia comigo.
> É uma criança bonita de riso e natural.
> Limpa o nariz ao braço direito,
> Chapinha nas poças de água,
> Colhe as flores e gosta delas e esquece-as.
> Atira pedras aos burros,
> Rouba a fruta dos pomares
> E foge a chorar e a gritar dos cães.
> E, porque sabe que elas não gostam
> E que toda a gente acha graça,
> Corre atrás das raparigas
> Que vão em ranchos pelas estradas
> Com as bilhas às cabeças
> E levanta-lhes as saias
> (Pessoa 1995, pp. 209, 210).

Em "O guardador de rebanhos", seu espírito se abre largamente para a amplidão da vida e faz exórdio para os graves e trágicos poemas de Caeiro e Campos. Concebe-se, então, como pastor de suas representações, a fim de conduzir suas fantasias e seus pensamentos ao real da escrita:

> Eu nunca guardei rebanhos,
> Mas é como se os guardasse.

Minha alma é como um pastor,
Conhece o vento e o sol
E anda pela mão das Estações
A seguir e a olhar.
Toda a paz da Natureza sem gente
Vem sentar-se a meu lado
(Pessoa 1995, p. 203).

Caeiro é um suplemento dos impulsos de Pessoa, mas um suplemento poético *sublimado*. É curioso notar que Pessoa desejou compor uma peça de teatro em que Caeiro figuraria como travesti: "*Reis, Caeiro*, e as *Raparigas*. Ricardo Reis, Gertrudes, Chloe, a rapariga (Caeiro)" (Lopes 1990b, p. 481). Heterônimo e realização homoerótica em sublimação.

O pastor conhece o movimento das Estações (pulsões?) e as guarda. Consequência: "Toda a paz da Natureza *sem gente* vem sentar-se a meu lado". *Sem gente*: o poeta permanece consigo mesmo em sua luta interna e avia seus impulsos. Seu rebanho?

Sou um guardador de rebanhos.
O rebanho é os meus pensamentos
E os meus pensamentos são todos sensações
(Pessoa 1995, p. 212).

Tange suas ovelhas (seus *pensamentos*) com a segurança do pastor que *conhece suas ovelhas e minhas ovelhas me conhecem*. E, por conhecê-las (as manifestações de seu inconsciente), sabe que não pode deixar de vigiá-las um instante sequer. E, por vigiá-las, constrói um mundo novo:

Ainda assim, sou alguém.
Sou o Descobridor da Natureza.
Sou o Argonauta das *sensações verdadeiras*.
Trago ao Universo um *novo* Universo
Porque trago ao Universo ele-próprio
(Pessoa 1995, p. 226).

Esse universo é o universo de sua rica e copiosa genialidade: *sou o Argonauta das sensações verdadeiras.*

Mas o Poeta tem lucidez de sua luta incessante. Sabe que sua vida interior, como sua obra, só cresce e prospera na medida em que aprimora as suas pulsões, transladando-as ao *opus* literário:

> Mas que *não há um todo* a que isso pertença,
> Que um conjunto real e verdadeiro
> É uma doença das nossas ideias.
> (Pessoa 1995, p. 226).

Todos nos apegamos à ideia imaginária da completidão, porque nos é angustiante constatar que sempre somos sujeitos divididos, em falta-para-ser. O objeto de nossos desejos ou ideais é sempre parcial. O todo é impossível. O todo *é uma doença das nossas ideias*, pois:

> A natureza é partes sem um todo.
> Isto é talvez o tal mistério de que falam
> (Pessoa 1995, p. 227).

E não cessa o pastoreio de suas ovelhas; não as tresmalha, mas as conduz ao bom aprisco:

> Da mais alta janela da minha casa
> Com um lenço branco digo adeus
> Aos meus versos que partem para a Humanidade
> (Pessoa 1995, p. 227).

Está ciente de sua "missão": sua riqueza psíquica aprimorada no crisol de seus versos imortais não é apenas a busca de um equilíbrio interior e de uma produção literária. É tesouro da Humanidade. Por isso, conhece bem seu destino:

> Rio, o destino da minha água era não ficar em mim.
> (Pessoa 1995, p. 227).

Mas sabe que não há por que ter leniência com a disciplina interior:

> Passo e fico, como o Universo.
> (Pessoa 1995, p. 227).

Ele precisa do paganismo para instituir sua relação "homoerótica" com Caeiro. Mas, depois de exaltar o paganismo e "humilhar" a Igreja e o cristianismo, percebe que não pode fugir à ordem do universo e de um universo *novo*. Senão, a obra de arte, a obra literária, é simplesmente impossível. E, num movimento possivelmente característico de instabilidade homoerótica, após a incursão no mundo pagão, vem a reconciliação com *certos apetrechos sentimentais de mentalidade cristista*; é o "Pastor amoroso":

> Quando eu não te tinha
> Amava a Natureza como um monge calmo a Cristo...
> Agora amo a Natureza
> Como um monge calmo à Virgem Maria,
> Religiosamente, a meu modo, como dantes (...)
> (Pessoa 1995, p. 229).

Como dantes: a rebelião pagã é momentânea: *eu sou um pagão por revolta*; por licença poética, diríamos nós. Mas a *revolta* que instituiria um mundo à parte, onipotente, todo, é ilusão e o poeta se redimensiona em relação ao outro:

> Penso em ti, murmuro o teu nome; e não sou eu: sou feliz.
> (Pessoa 1995, p. 229).

E não sou eu o revoltado, *sou feliz* é pelo que cria, pelo que produz.

A felicidade (possível) só é reencontrada na reconciliação, na confissão de que o Outro é indispensável. Só o paranoico é completo. Mas o paranoico é um louco. De agora em diante, Fernando quer tentar a companhia do Amor:

O Amor é uma companhia.
Já não sei andar só pelos caminhos,
Porque já não posso andar só.
(Pessoa 1995, p. 229).

OFÉLIA DE QUEIROZ

Na encruzilhada de sua assunção sexual, muitos homoeróticos, como vimos, acabam procurando uma mulher como possível "resolução" de sua sexualidade. Fernando Pessoa não foi exceção. Em 1920, aos 32 anos, conheceu Ofélia de Queiroz, 19 anos, "alegre, esperta, independente, pequena e magra, braços e pernas roliços (tinha uma figura engraçada), muito nova, muito alegre" (*apud* Quadros s.d., p. 157). E também, como de praxe, rápido, para não muito pensar, pois é difícil para o homoerótico transpor o conflito por esse lado, apaixonou-se por ela. Fernando, como Hamlet, declarou-se a Ofélia: "Oh querida Ofélia! Meço mal meus versos; careço de arte para medir os meus suspiros; mas amo-te ao extremo; oh, até o último extremo, acredita". E Ofélia:

> Fiquei perturbadíssima, como é natural, e, sem saber o que havia de dizer, acabei de vestir o casaco e despedi-me precipitadamente. O Fernando levantou-se, com o candeeiro na mão, para me acompanhar à porta. Mas, *de repente*, pousou-o sobre a divisória da parede; *sem eu esperar*, agarrou-me pela cintura, abraçou-me e, *sem dizer uma palavra, beijou-me, beijou-me, apaixonadamente, como louco.*

Essa cena faz lembrar outra Ofélia, a mulher que estava a costurar em seu quarto. Sem pedir licença nem cortejá-la, Hamlet se precipita sobre ela com ímpeto semelhante: "Ei-lo que vem a mim/Ele me toma pelo punho e o aperta fortemente/Recua com todo o comprimento de seu braço/Com sua outra mão sobre suas sobrancelhas/ Cai num tal exame de meu rosto, como se quisesse desenhá-lo/Ele se mantém longamente assim". Nessa relação ambígua entre a precipitação e a procrastinação: "E no fim, me sacudindo, ligeiramente o braço, e por três vezes balançando a cabeça de alto a baixo/Ele exalou um suspiro tão triste e tão profundo que este suspiro pareceu abalar todo seu ser e terminar sua vida".

Essa mulher, Ofélia, era-lhe o próprio fálus – ó φαλλος - o - fallos (Lacan) –, longe de ser objeto de seu desejo, o destituía como portador da masculinidade. "Depois do que ele me deixa: e sempre olhando por cima de seu ombro/Ele parecia encontrar seu caminho sem ajuda de seus olhos/Fora da porta e até o fim ele os mantém fixos em mim". Hamlet não enxergava com seus olhos, enxergava com os olhos de sua mãe. Em seus olhos, não havia lugar para outra mulher. Diz Lacan: "Ela se torna o puro e simples suporte de uma vida, que em sua essência, torna-se condenada por Hamlet, pois Hamlet está sempre na hora do Outro" (cf. Exposições 17 e 18 do Seminário VI).

Em versos, Fernando responde à comoção dessas emoções, mas de maneira infantil e sem comprometer-se verdadeiramente:

> Fiquei louco, fiquei tonto,
> Meus beijos foram sem conto,
> Apertei-a contra mim,
> Enlacei-a nos meus braços,
> Embriaguei-me de abraços,
> Fiquei louco e foi assim.
> Dá-me beijos, dá-me tantos
> Que enleado em teus encantos, Preso nos abraços teus,
> Eu não sinta a própria vida
> Nem minha alma, ave perdida
> No azul-amor dos teus céus.
> Boquinha dos meus amores,
> Lindinha como as flores,
> Minha boneca que tem
> Bracinhos para enlaçar-me
> E tantos beijos p'ra dar-me
> Quantos eu lhe dou também.
> Botão de rosa menina,
> Carinhosa, pequenina,
> Corpinho de tentação,

> Vem morar na minha vida,
> Dá em ti terna guarida
> Ao meu pobre coração
> (apud Quadros s.d., p. 158).

Trocam cartas de jura e amor, ridículas todas: "Todas as cartas de amor são ridículas" (Pessoa 1995, p. 399). Após esse primeiro encontro abrupto, *de repente, sem eu esperar*, Fernando não dava mais sinal de prosseguimento nessa abordagem. Ofélia relata: "Fui para casa", escreve Ofélia Queiroz, referindo-se ao dia da revelação, "comprometida e confusa. Passaram-se dias e como o Fernando parecia ignorar o que se havia passado entre nós, resolvi eu escrever-lhe uma carta, pedindo-lhe uma explicação. É o que dá origem à sua primeira carta-resposta, datada de 1 de Março de 1920".

Fernando lhe responde, jogando para ela a responsabilidade da não continuidade do namoro apenas iniciado. Atribui-lhe *sua indiferença real* quando era dele, *razões tão pouco sinceras*, fingimento, causa de sofrimento *a quem tem por peso e dor bastante a própria vida isolada e triste, só por que quis amá-la*:

> Ofelinha,
>
> Para me mostrar o seu desprezo, ou, pelo menos, a sua indiferença real, não era preciso o disfarce transparente de um discurso tão comprido, nem da série de razões tão pouco sinceras como convincentes, que me escreveu. Bastava dizer-mo. Assim, entendo da mesma maneira, mas doe-me mais.
>
> Se prefere a mim o rapaz que namora, e de quem naturalmente gosta muito, como lhe posso eu levar a mal? A Ofelinha pode preferir quem quiser: não tem obrigação – creio eu – de amar-me, nem, realmente necessidade (a não ser que queira divertir-se) de fingir que me ama.
>
> Quem ama verdadeiramente não escreve cartas que parecem requerimentos de advogado. O amor não estuda tanto as cousas, nem trata os outros como réus que é preciso entalar.
>
> Porque não é franca para comigo? Que empenho tem em fazer sofrer quem não lhe fez mal – nem a si, nem a ninguém –, a quem tem por peso e dor bastante a própria vida isolada e triste, e não precisa de que lh'a venham

> acrescentar creando-lhe esperanças falsas, mostrando-lhe afeições fingidas, e isto sem que se perceba com que interesse mesmo de divertimento, ou com que proveito, mesmo de troça.
>
> Reconheço que tudo isto é *cômico*, e que a parte mais *cômica disto tudo sou eu*.
>
> Eu-próprio acharia graça, se não a amasse tanto, e se tivesse tempo para pensar em outra cousa que não fosse no sofrimento que tem prazer em causar-me sem que eu, a não ser por amá-la, o tenha merecido, e creio bem que amá-la não é razão bastante para o merecer. Enfim...
>
> Aí fica o documento escrito que me pede. Reconhece a minha assinatura o tabelião Eugénio Silva. Fernando Pessoa (*apud* Quadros s.d., p. 159).

Fernando ocultou de todo modo esse namoro: jamais foi à casa de Ofélia, não queria se comprometer, pois sabia que não seria sincero e, muitas vezes, recomendava a ela: "Não digas a ninguém que nos namoramos. É ridículo. Amamo-nos". Talvez *ridículo* se sentisse ele nesse falso relacionamento. Este era às ocultas, consistindo em *uns repentes* ou em *seus ataques repentinos*, típicos de atos amorosos de um homoerótico com uma mulher.

A iniciativa do namoro coube a Fernando e, no entanto, ele atribui à Ofélia o fracasso: "Que empenho tem em fazer sofrer quem não lhe fez mal". Feita essa projeção: "Reconheço que tudo isso é *cômico* e que a *parte mais cômica* disto tudo sou eu". De novo, não leva em conta o sofrimento de Ofélia e atribuiu a ela a responsabilidade do sofrimento dele: "Se tivesse tempo para pensar em outra coisa que não fosse no sofrimento que tem o prazer em causar-me".

Mas o que é mais dramático é o tratamento infantil que dá a si e a ela nas trocas epistolares: *meu bebé, bebezinho, bebé pequeninho, meu amorzinho, meu bebé querido* (note-se a adjetivação masculina, ambivalente), *minha bonequinha*. E, ao mesmo tempo, nomeava-se *Nininho* ou *Ibis*, pernalta (comum de dois!), símbolo de deus Tot, da mitologia egípcia, deus lunar, deus da sabedoria, da escrita e da aprendizagem.

Chegou até a escrever-lhe carta em *baby language*, de criança a criança. Eis exemplo de uma carta infantil:

> O Nininho é pequenininho e escreve a minha Nininha:
> Meu amorzinho, meu Bébé querido
> Meu Bébé, minha bonequinha

> Meu anjinho bébé
> Meu Bébé-menininho
> Meu amor pequenininho
> Meu querido Bébé pequeniníssimo
> Meu Bebezinho mau e bonito
> Meu Bébé pequeno e rabino
> Meu Bébé pequenino, minha Nininha, etc., etc., etc. (*apud* Quadros s.d., pp.165 e 166).

Foi um relacionamento eivado de ambivalência: ensaia gestos ou dizeres que seriam de um homem e, simultaneamente, faz-se uma criança em busca de carinho e proteção junto a Ofélia: "Chega a ser uma caridade cristã tu gostares de mim. És tão nova e engraçadinha, e eu tão velho e tão feio" (*apud* Quadros s.d., p. 164). Essa linguagem lembra verso seu: "A criança eterna acompanha-me sempre" (Pessoa 1995, p. 211).

É, de todo modo, um momento de grande paixão, é uma tentativa temporária de buscar um apaziguamento interior na luta pelo encaminhamento de sua sexualidade homoerótica. Debalde. Como todas as tentativas heteroeróticas de homoeróticos.

> Tive um dia a ocasião de casar, porventura de ser feliz, com uma rapariga muito simples, mas entre mim e ela ergueram-se-me na *indecisão da alma* catorze gerações de barões, a visão da vila sorridente do meu casamento, o sarcasmo dos amigos nunca íntimos, um vasto desconforto feito de mesquinhezes, mas de tantas mesquinhezes que me pesava como a comissão de um crime. E assim eu, o homem de inteligência e de desprendimento, perdi a felicidade por causa dos vizinhos que desprezo (Pessoa 1995, p. 55).

Que consciência é essa, que o faz por um corte definitivo no casamento? *O sarcasmo dos amigos nunca íntimos* e *por causa dos vizinhos que desprezo, um vasto desconforto feito de mesquinhezes, mas de tantas mesquinhezes que me pesava como a comissão de um crime*? Por amar uma mulher? Certamente, não. Pessoa conhece bem seu desejo homoerótico e, por isso mesmo, e *só* por isso, não pode compartilhá-lo com uma mulher. Chega mesmo a imaginar como Ofélia receberia suas maneiras, suas frases, sua ternura:

"tudo isso se me erguia como um espectro de coisas sérias, como se fosse um argumento, nas vigílias em que me debatia para o desejo de a ter na vasta rede de impossibilidade que sempre me entaramelou" (Pessoa 1995, p. 56). A taramela foi instrumento que jamais dispensou. Habilitou-se a dela se servir com exímia maestria e abri-la exclusivamente para o alevantamento da humanidade, sua e a de todos, contemporâneos ou vindouros. Pessoa não caiu no engodo do heteroerotismo, não iludiu a mulher que deveras amou, não lhe fez filhos que poderia correr o risco de abandonar. Cortou rente a ilusão que faria outra e outros sofrerem.

> Lembro-me ainda, com uma precisão em que intercala o perfume vago do ar da primavera, da tarde em que, meditando todas estas coisas, decidi abdicar do amor como de um *problema insolúvel*. Era em maio – num maio de verão suave, florido pelas pequenas extensões da quinta em várias cores esbatidas pela queda lenta da tarde começada. Eu passeava remorsos de mim entre os meus poucos arvoredos (Pessoa 1995, p. 56).

Pessoa sabe de sua missão e percebe lucidamente que seu amor se limitaria extremo se o restringisse ao entorno, para ele conflitante, de uma mulher. Imediatamente se lhe descortina o horizonte imenso de seu destino: "Tomou-me de repente um desejo de *abdicação intensa de claustro firme e último*, uma repugnância de ter tido tantos desejos, tantas esperanças, com tanta facilidade externa de realizá-los, e *tanta impossibilidade íntima de o poder querer*. Data dessa hora suave e triste o princípio de meu suicídio" (Pessoa 1995, p. 56).

Diante do muro da *impossibilidade íntima de o poder querer*, diante do *decidi abdicar do amor como um problema insolúvel*, rende-se, recolhe-se a *seu claustro firme e último*. E o fruto de tal renúncia surge imediato. Primeiramente, na lembrança reflexiva de seu encontro com Ofélia: "Aquela banalidade de vida é que era a realidade da vida dela; aquela *impossibilidade de fazer mais que sonhar* é que era a *certeza* dele. O que ela manifestara para com ele fora apenas um sonho em voz alta, e o que ele manifestara para ela uma possibilidade *em voz baixa*. As vozes harmonizaram-se pela própria *desarmonia*" (Pessoa 1995, p. 56).

Diante da certeza dele seguem duas rupturas: a primeira, de fundo sentido para um homoerótico, por ocasião da volta de sua mãe para Lisboa, a segunda, não menos significativa, logo após a morte dela.

Numa ocasião, depois de dois meses sem escrever a Ofélia, justifica seu afastamento por conta do Destino: "Tens mais que milhares – tens milhões – de razões para estares zangada, irritada, ofendida comigo. Mas a culpa mal tem sido minha; tem sido d'aquele Destino que acaba de me condenar o cérebro, não direi definitivamente, mas, pelo menos, a um estado que exige um tratamento cuidado, como não sei se poderei ter" (apud Quadros s.d., p. 168). E respondendo à carta de ruptura de Ofélia, ao contrário de Hamlet, que trata sua Ofélia dura e cruelmente, assim escreve:

> Ofelinha,
>
> Agradeço a sua carta. Ela trouxe-me pena e alívio ao mesmo tempo. Pena porque essas coisas fazem sempre pena, alívio, porque, na verdade, a única solução é essa – não prolongarmos mais uma situação que não tem já a satisfação do amor, nem de uma parte nem de outra (Apud Quadros s.d., p. 169).

Sem dúvida alguma, a única solução. Fernando, consciente de sua homossexualidade, sabe que ela não se destina a um amor heterossexual. Prossegue: "Nem Ofelinha nem eu temos culpa nisto. Só o Destino terá culpa, se o Destino fosse gente, a quem culpas se atribuíssem" (apud Quadros s.d., p. 169). De novo, apela ao Destino, evidentemente, não ao deus. A responsabilidade cabe bem ao Destino homoerótico, responsável pela inviabilidade do amor hetero:

> Segue o teu destino,
> Rega as tuas plantas,
> Ama as tuas rosas.
> O resto é a sombra
> De árvores alheias
> (Pessoa 2006b, p. 71).

Continuando, apela ao Tempo, senhor absoluto da passagem das Horas e das afeições violentas, mas não vê possibilidade dessa ilusão: "O tempo, que envelhece as faces e os cabelos, envelhece também, mas mais depressa ainda, as afeições violentas. A maioria da gente porque contraiu o hábito de se sentir a amar. Se assim não fosse, não havia gente feliz no mundo. As criaturas superiores, porém, são privadas da possibilidade d'essa ilusão" (apud Quadros s.d., p. 169).

Fernando sabe-se entre aqueles que não se privam com a ilusão de amar, com um amor inviável. Apelando à superação de essas coisas que fazem sofrer, sobretudo o amor e a dor: "Estas cousas fazem sofrer, mas o sofrimento passa. Se a vida, que é tudo, passa por fim, como não hão-de passar o amor e a dor, e todas as mais cousas, que não são mais que partes da vida?".

Ele sabe que nunca poderá ter um lar:

> E como é branca de graça
> A paisagem que não sei,
> A vista de trás da vidraça
> Do lar que nunca terei!
> (Pessoa 1995, p. 148).

Em sequência, propõe que desse relacionamento nada mais fique que a lembrança de trocas de meninos em tempo de latência. Algumas linhas depois, o passo sem dúvida mais importante da carta: "Fiquemos, um para o outro, como dois conhecidos desde a infância, que se amaram um pouco quando meninos, e embora na vida adulta sigam outras afeições e outros caminhos, conservam sempre, num escaninho de alma, a memória profunda do seu amor antigo e inútil". Fernando, para esse amor de meninos, já preparou um escaninho de alma onde esconde a memória profunda (foi bem marcado por ela), mas, do seu amor que a essa altura já é antigo e, mais que tudo para sua honestidade de intenção, inútil.

Dura, muito dura, se não cruel, mas, para Fernando, a verdade acima de tudo. E daí a razão da renúncia: "Que isto de outras afeições e de outros caminhos é consigo, Ofelinha, e não comigo. O meu destino pertence a outra lei, de cuja existência a Ofelinha nem sabe e está subordinada cada vez mais à obediência a Mestres que não permitem nem perdoam". Outras afeições e outros caminhos são para Ofélia. Seu destino, sua rota estão definitivamente traçados: o meu destino pertence a outra lei, à lei da renúncia ao sexo e Ofelinha nem sabe que sua existência está subordinada cada vez mais (eis a cadência da doação!) à obediência a Mestres (seus ideais de Pátria, Portugal e Humanidade!) que não permitem nem perdoam que ele viesse a falhar nessa missão de com seu gênio operar. Este, muito além da incompatibilidade sexual, é o motivo real de sua abnegação amorosa para com Ofélia.

Fernando, lúcido, sujeito advertido, sem autopiedade, convictamente depõe seu testemunho:

> Outros terão
> Um lar, quem saiba, amor, paz, um amigo.
> A inteira, negra e fria solidão
> Está comigo.
> A outros talvez
> Há alguma coisa quente, igual, afim
> No mundo real. Não chega nunca a vez
> Para mim.
>
> "Que importa?"
> Digo, mas só Deus sabe que o não creio.
> Nem um casual mendigo à minha porta
> Sentar-se veio.
> (...)
> Isto até quando?
> Não sei. Só tenho por consolação
> Que os olhos se me vão acostumando
> À escuridão
> (Apud Quadros s.d., p. 157).

Implanta-se no real com decisão heroica: "A inteira, negra e fria solidão/Está comigo (...) Não chega nunca a vez/Para mim". E o real o apazigua: "Só tenho por consolação/Que os olhos se me vão acostumando/À escuridão". Diante de seu ideal, conforta-se na renúncia:

Sê generoso e puro
Não é cantando seios de donzelas
Que se é o futuro.

E relembra:

Uma vez amei, julguei que me amariam,
Mas não fui amado.
Não fui amado pela única grande razão
Porque não tinha que ser.
(Pessoa 1995, p. 236).

O ser amado por uma mulher não tinha que ser. Em sua lucidez, isso se lhe afigurou imperativo:

Não me peguem no braço!
Não gosto que me peguem no braço. Quero ser sozinho.
Já disse que sou sozinho!
Ah, que maçada quererem que eu seja de companhia.
(Crespo 1990, p. 282).

E, em consequência, a paz do caminho seu é reencontrada:

> Viu-a desaparecer com mágoa, com rancor, com humilhação, mas também com grande alívio, um repouso fundo da respiração da alma, por fim restituída a si mesma. E sentiu, com todo o sutil da intuição, que ela deveria estar sentindo isso mesmo agora, mas deveria estar sorrindo um pouco mais... (Pessoa 1995, p. 56).
>
> Woman can imagine what your soul is (Apud Lopes 1990b, p. 31).

Ofélia, mulher inteligente, alegre e saudável, de modo algum o o-fallos (Lacan), auxiliada por seu sobrinho Carlos Queiroz, que a secundou na publicação das cartas de amor, entendeu tudo. Guardou a melhor lembrança de Pessoa e, dotada de fino tato ético, sempre reconheceu a grandeza daquele que, em breve sonho, lhe foi companheiro. E Fernando, com sua impossibilidade íntima de o poder querer, com aguda consciência de sua homossexualidade e, mais ainda, de seu imenso respeito pelo outro, não iludiu Ofélia. Ela se foi "com mágoa (...) humilhação, mas também com grande alívio". Fernando não a enganou! Nessa rendição à verdade, assim confessou:

> Neste dia de tristeza
> Em que a chuva começou,
> Quero dizer-te a verdade
> Porque mentir acabou.
> Não foi verdade eu amar-te
> Quando disse que te amava,
> Mas amo agora deveras,
> Sou hoje quem se enganava.
> Juras falsas as que fiz.
> Mas hoje verdades são.
> Eu quero ser infeliz
> P'ra saber que há coração
> (Pessoa 2007, p. 416).

Então, ao poeta não lhe resta senão a prece da "Glorificação das Estéreis", em todos os sentidos:

> Se dentre as mulheres da terra eu vier um dia a colher (uma) esposa, que a tua prece por mim seja esta – que, de qualquer modo, ela seja *estéril.* Mas pede também, se por mim rezares, que eu não venha nunca a tirar para mim essa esposa suposta.
>
> Só a esterilidade é nobre e digna. Só matar o que nunca foi é alto e perverso e absurdo (Pessoa 1982a, p. 312).

Ofélia não foi senão um episódio, embora dramático, em sua vida. Verdade é que o relacionamento dele com o sexo e, sobretudo, com as mulheres sempre foi muito complexo, complicado. Ele confessa claramente: "*Nunca amei ninguém.* O mais que tenho amado são sensações minhas – estados de visualidade *consciente*, impressões da audição *desperta...*" (Pessoa 1982a, p. 266). Lança mão de sua técnica de análise e decompõe racionalmente qualquer ímpeto de amor carnal:

> Nós não podemos amar, filho. O amor é a mais carnal das ilusões. Amar é possuir, escuta. E o que possui quem ama? O corpo? Para o possuir seria preciso tornar nossa a sua matéria, comê-lo, incluí-lo em nós... (...).
>
> Possuímos a alma? (...) Nem a nossa alma é nossa sequer.
>
> (...)
>
> Que possuímos? (...) Que nos leva a amar? A beleza? E nós possuímo-la amando? A mais feroz e dominadora posse de um corpo o que possui dele? Nem o corpo, nem a alma, nem a beleza sequer. A posse de um corpo lindo não abraça a beleza, abraça a carne celulada e gordurosa; o beijo não toca na beleza da boca, mas na carne úmida dos lábios perecíveis em mucosas; a própria cópula é um *contato apenas, um contato esfregado e próximo, mas* não uma *penetração* "real", *sequer de um corpo por outro corpo...* Que possuímos?
>
> (...)
>
> As nossas sensações, ao menos?
>
> (...)
>
> Desenganemos até disto.
>
> (...)
>
> Nós não possuímos as nossas sensações... Nós não nos possuímos nelas (Pessoa 1982a, pp. 305-306).

Eis aí descrito em letras vivas e em detalhes o axioma lacaniano: *não há relação sexual, a própria cópula é um contato apenas*. Como, sobretudo, o gozo orgástico: "Amamos sempre no que temos/O que não temos quando amamos" ou "Isto é verdade em toda escala do amor. No amor sexual buscamos um prazer *nosso* dado por intermédio de uma *ideia nossa*" (Pessoa 2006b, pp. 143, 145) ou "*Quando outrem possui esse corpo, possui nele o mesmo que eu? Não. Possui outra sensação*" (Pessoa 2006b, p. 51).

O poeta, a fim de manter-se firme em seu propósito de não partir para o amor carnal, impõe-se renúncia e castidade:

> Não o amor, mas os arredores é que vale a pena... Por quê? Porque *a repressão do amor ilumina os fenômenos dele com muito mais clareza que a mesma experiência*. Há *virgindades* de *grande entendimento*. Agir compensa, mas confunde. Possuir é ser possuído, e portanto perder-se. Só a ideia atinge, sem se estragar, o conhecimento da realidade (Pessoa 1982a, p. 300).

Nada mais hegeliano. A condição humana é a da racionalidade. Pessoa dá testemunho dos efeitos da renúncia, da abstinência, como altamente produtivos, pois a *repressão do amor ilumina os fenômenos dele com muito mais clareza que a mesma experiência*. Por isso, porque em livre opção, podia afirmar que *há virgindades de grande entendimento*, pois *agir compensa, mas confunde* as energias pulsionais destinadas à sublimação e, em seu caso, à produção literária. Se a castidade for de livre opção, verdadeira realização de um desejo, atesta Fernando, ela permite *grande entendimento* dos seres e das coisas.

O poeta, primeiro, desnuda-se do impulso por uma mulher. Diante de uma fantasia de desejar uma suposta mulher casada:

> Possuí-la? Eu *não sei como isso se faz*. E mesmo que tivesse sobre mim a mancha humana de sabê-lo, que *infame eu não seria para mim próprio*, que *insultador agente de minha própria grandeza*, ao pensar sequer em nivelar-me com o seu marido!
>
> (...) Se possuí-la é possuir-lhe o corpo que valor há nisso?
>
> (...)
>
> Quantas horas tenho passado em convívio secreto com a ideia de si! Temo-nos amado tanto, dentro dos meus sonhos! Mas mesmo aí, eu lho juro, nunca me sonhei possuindo-a. Sou um *delicado* e um *casto* mesmo nos meus sonhos. Respeito até a ideia de uma mulher bela (Pessoa 1982a, p. 316).

Daí sua prece para se livrar do desejo das mulheres: "(...) mas pede também se por mim rezares, que eu não venha nunca a tirar para mim esta esposa suposta".

De outro lado, desfaz-se de qualquer *realizar em carne* seu amor homoerótico. Aqui, a mesma estratégia empregada diante da mulher:

> Eu não sonho possuir-te. Para quê? Era traduzir para plebeu o meu sonho. Possuir um corpo é ser banal. Sonhar possuir um corpo é talvez pior, ainda que seja difícil sê-lo: é sonhar-se banal – *horror* supremo.
>
> E já que queremos ser *estéreis*, sejamos também *castos* (...) *Não há nobrezas aos bocados.*
>
> (...)
>
> Fiquemos assim eternamente como uma figura de homem em *vitral* defronte de uma figura de mulher noutro vitral... Entre nós, sombras cujos passos soam frios, a humanidade passando... (...) E nós sempre os mesmos vitrais, nas cores quando o sol nos bata, nas linhas quando a noite caia... Os séculos não tocarão no nosso silêncio vítreo... (...) E nós, ó meu *amor viril*, teremos sempre o mesmo *gesto inútil*, a mesma existência falsa, e a mesma (...) (Pessoa 1982a, pp. 298-299).

Ele transforma, então, esse amor em sublimação irrestrita: "Que o nosso amor seja uma oração... Unge-me de ver-te que eu farei dos meus pensamentos de te sonhar um rosário onde os meus tédios serão padre-nossos e as minhas angústias ave-marias".

Diante dos vitrais que o separam de seu possível companheiro ou companheira e entre os quais *a humanidade passando*, o poeta reconhece seu impulso e dele se corta: *Entre nós, sombras cujos passos soam frios*, e os vitrais estão aí para valer, *E nós sempre os mesmos vitrais* (...) *Os séculos não tocarão no nosso silêncio vítreo...* O *silêncio* dos impulsos homoeróticos é *silêncio vítreo*, esses impulsos são apenas translúcidos e, como tais, encaminháveis. *Possuir um corpo* de outro varão ser-lhe-ia *horror* supremo, isto é, maior horror que o *horror feminae*. E, visto que toda e qualquer relação deva ser excluída, em virtude de sua consagração à causa portuguesa e literária, *já que queremos ser* estéreis, *sejamos também* castos: *E nós, ó meu* amor viril, *teremos sempre o mesmo* gesto inútil.

Esse ideal, Fernando manteve-o vivo em todas as suas amizades com homossexuais. Veremos que, em Antônio Boto, soube manter um relacionamento hiperbólico, porém, como defesa de seus impulsos. Mas foi em Mario de Sá-Carneiro que conseguiu de maneira admirável manter uma amizade homo elevada sempre à dignidade da sublimação. Ele testemunha que esse é um dos caminhos, embora nem sempre fácil e mesmo arriscado, para um relacionamento entre homos.

Sua longa correspondência com Sá-Carneiro, já publicada, revela grande admiração mútua, mas, sobretudo, um amor sublimado. Em 1934, 18 anos após o suicídio de seu companheiro, escreve uma poesia cheia de saudades, reveladora da falta que lhe fez a amizade de Sá-Carneiro: "O amigo como *esse que falar amamos*".

O suicídio inesperado, ocorrido em 26 de abril de 1916, no Hotel Nice, em Paris, choca-o de maneira contundente. Primeiramente, o grande sofrimento pela morte do amigo:

> *Nunca supus* que isto que chamam morte
> Tivesse qualquer espécie de sentido...
> Cada um de nós, aqui aparecido,
> Onde manda a lei certa e falsa sorte,

Em seguida compara suas vidas à de viajantes em dois comboios, sendo que Sá-Carneiro pegou um *expresso*. Mas, embora tenha partido antes, ambos se encontrarão na *gare de Deus*, onde dar-se-ão *grandes acolhimentos* para *prolixo coração*:

> Porque na enorme gare onde Deus manda
> Grandes acolhimentos se darão
> Para cada prolixo coração
> Que com seu próprio ser vive em demanda.

Foi-se o amigo, mas, em sua existência, *seu próprio ser vive em demanda* da amizade tão sublime. Essa morte o privou de duas *almas pares*, sem ele *sou* dois a sós, antes eram *dois a sós* com mais *dois a sós*. A amizade entre ambos foi sublimada a ponto de *as almas pares se conhecerem onde os seres são almas*, isto é, *não desce ao corpo*:

> Hoje, falho de ti, *sou dois a sós*.
> Há *almas pares*, as que conheceram
> Onde *os seres são almas*.

A amizade entre ambos era tão elevada que *éramos só um*, um *diálogo numa alma*:

Como éramos *só um, falando*! Nós
Éramos como um *diálogo numa alma.*
Não sei se dormes (...) calma,
Sei que, *falho de ti, estou um a sós.*

E as saudades, após tantos anos, operam o milagre do retorno:

É como se esperasse eternamente
A tua vida certa e conhecida
Aí embaixo, no Café Arcada –
Quase no extremo deste (...).

Essas mesmas saudades arrancam-lhe da alma dorida um fundo lamento por não poder mais encontrar *alma tão querida/Às coisas que em meu ser são as reais*:

Ah, meu maior amigo, nunca mais
Na paisagem sepulta desta vida
Encontrarei uma *alma tão querida*
Às coisas que em meu ser são as reais.

A partida do companheiro deixou-lhe *o coração inerte e infecundo*, prisioneiro que ainda está *Desta prisão fechada que é o mundo*:

Não mais, não mais, e desde que saíste
Desta prisão fechada que é o mundo,
Meu coração é inerte e infecundo
E o que sou é um sonho que está triste.

Mas, embora Sá tenha partido, o poeta tem uma certeza inabalável quanto à grande e *limpa* amizade de suas *almas* gêmeas: *Ser nós mesmos a sós sem nostalgia*:

> Porque há em nós, por mais que consigamos
> Ser nós mesmos a sós sem nostalgia,
> Um *desejo de termos companhia* –
> O *amigo como esse que a falar amamos*
> (Pessoa 1995, pp. 583- 584).

Sá-Carneiro e Fernando mantiveram uma amizade fiel em que as trocas estéticas e as angústias circulavam. Mas Fernando jamais teve um *amigo íntimo* com quem trocasse suas intimidades de alma e corpo:

> Um amigo é um dos meus ideais, um dos meus sonhos quotidianos, embora esteja certo de que chegarei a ter um verdadeiro amigo íntimo. Nenhum temperamento se adapta ao meu. Não há um único caráter neste mundo que porventura dê mostras de se aproximar daquilo que eu suponho que deve ser um amigo íntimo. Acabemos com isto. *Amantes ou namorados é coisa que não tenho*; e é outro dos meus ideais, embora só encontre, por mais que procure, no íntimo desse ideal, vacuidade, e nada mais. Impossível, como eu o sonho! Ai de mim! (*Apud* Crespo 1990, pp. 60, 61).

Essa amizade entre homoeróticos vem testemunhada como possível, desejável e realizante por vários autores. Em 1880, John A. Symonds, após sua primeira experiência com um soldado homossexual, resolveu, tempos depois, recontactar essa pessoa. Inspirado em Whitman, que propunha a apologia da *camaradagem* e de *uma nova cavalaria, sem pensar no vício*, procurou o soldado: "Essa experiência contou muito em minha vida. Ensinou-me que a atração física de dois homens um pelo outro podia se tornar o ponto de partida de uma profunda amizade" (*apud* Eribon 2008, p. 254). Eis aí a *profunda amizade* proposta como saída para o amor sublimado entre homossexuais.

Paralelamente, podemos imaginar uma profunda amizade entre um homem e uma mulher que muito se admiram, amam-se mesmo, graças a um amor ancorado no amor-ágape e não no amor-eros. Aquele cria, inventa, produz, este trava, aquele acende e ilumina o desejo, este se alimenta do gozo que inibe ou impede a produção sublimada.

Michel Foucault, após 1980, avizinhando-se já sua morte, levanta propostas que vão nesse mesmo sentido: viver o homoerotismo com dignidade e inventividade. Longe de propor um programa ideológico ou moralista, atitudes e comportamentos de protesto ou perversos, em exibicionismo ou desafio, convida os homossexuais a sair do *armário*: "Todas essas divisões, ser, não ser, fazermos, não fazermos, estar apaixonado, não estar apaixonado, todas as divisões binárias devem absolutamente ser abolidas, só correspondem a sistemas de constrangimento" (*apud* Eribon 2008, p. 371). Ao contrário, ele acena para o caminho de uma *cultura gay*, um *modo de vida gay*. Em vez da "economia de prazeres, o estar felizes juntos pela noção de estilo de vida" (*apud* Eribon 2008, p. 373), como admiravelmente viveu Fernando Pessoa.

> A homossexualidade, continua Foucault, é uma oportunidade histórica de reabrir virtualidades relacionais e afetivas, não tanto pelas qualidades intrínsecas do homossexual, mas porque a posição deste, de certo modo *enviesada*, as linhas *diagonais* [Fernando Pessoa!] que ele pode traçar no tecido social permitem revelar essas virtualidades (id.ib. 2008, p. 374).

Que bom seria para a humanidade se os homossexuais se dispusessem a parar de imitar o amor e a moral conjugais e a aproveitar essa *oportunidade histórica de reabrir virtualidades relacionais e afetivas e a posição* (...) *de certo modo* enviesada, e *as linhas diagonais* viessem *traçar no tecido social* uma mudança radical para com eles. Perde-se precioso tempo em protesto e confronto. E assim perpetuam-se sofrimento e discriminação.

Em sua heterotopia, embora Foucault considere que *a cultura cristã baniu a homossexualidade*, ele precisa bem sua crítica à libertação sexual:

> O que eu quis dizer é que, na minha opinião, o movimento homossexual hoje precisa mais *de uma arte de viver* que de uma ciência ou um conhecimento científico (ou pseudocientífico) daquilo que é a sexualidade. A sexualidade faz parte de nossas condutas. Faz parte da liberdade de que gozamos neste mundo. A sexualidade é algo que nós mesmos criamos – ela é *nossa criação*, além de ser *descoberta de um aspecto secreto de nosso desejo*. Devemos compreender que, com os nossos desejos, por meio deles, instauram-se *novas* formas de relações, *novas* formas de amor, *novas* formas de criação (*Apud* Eribon 2008, p. 389).

Ao escrever esse texto é bem possível que Foucault se tivesse inspirado em Whitman, "the poet of comrades", o cantor da nova "Democracy", o autor de "o poema-evangelho dos camaradas e do amor".

Foucault, a partir dos anos 1980, ao abordar a questão da homossexualidade, volta à ideia de uma invenção de *novas* possibilidades, de *novos* modos de vida, de *novas* relações entre os indivíduos: "Devemos não só nos defender, insiste, mas também nos afirmar, e nos afirmar não só como identidade, mas como *força criadora*" (apud Eribon 2008, p. 393).

Foucault, nem incônscio nem ingênuo sobre as mais diversas formas de poder, em sua heterotopia, propõe com senso crítico agudo: "pôr-se à prova da realidade e da atualidade, a um só tempo, para entender os pontos em que a mudança é possível e desejável, e determinar a forma precisa a ser dada a essa mudança"; e isso só é possível pela consciência crítica e contínua da situação: "Não podemos nos colocar fora da situação, declara ele, e em nenhum lugar estamos livres de toda relação de poder. Mas sempre podemos transformar a situação" (apud Eribon 2008, p. 409).

Fernando Pessoa entendeu isso fundamente: o sujeito, o cidadão não pode viver alheio ao momento de sua história, ele opta por ser solidário com todos os excluídos dos bens da economia ou da cultura. Mas isso só é possível pela ressubjetivação contínua de si mesmo, pois *a obra que temos de fazer é principalmente nossa vida e nós mesmos* (Foucault). Essa *estética da existência* resulta em que *o herói é a sua própria obra de arte* (*apud* Eribon 2008, p. 411).

Ao propor a *amizade como modo de vida*, Foucault vai buscar na ideia de *ascese* um recurso para sustentá-la:

> O ascetismo como renúncia ao prazer tem má reputação. Mas a *ascese* é outra coisa: é o trabalho que a gente faz de si sobre si mesmo para se transformar ou para revelar esse si que felizmente a gente nunca alcança. Não seria esse o nosso problema hoje? Licença foi dada ao ascetismo. Cabe a nós avançar numa *ascese homossexual* que nos faria trabalhar sobre nós mesmos e *inventar*, não digo descobrir, uma maneira de ser ainda impossível (*Apud* Eribon 2008, pp. 411-412).

Há uma interpretação de Deleuze, a meu ver falha, sobre esse texto:

> Vê-se aqui que a ascese, a invenção de si mesmo, a criação de novas formas de vidas, de novos tipos de relações, tudo o que Foucault inscreve na ideia de subjetivação, nada tem a ver com a vida privada. Ela designa, ao contrário, como diz Gilles Deleuze, a operação pela qual indivíduos ou comunidades se constituem como sujeitos, à margem dos saberes constituídos e dos poderes estabelecidos (Eribon 2008, p. 412).

A vida e a obra de Fernando Pessoa se contrapõem a esse *nada tem a ver com a vida privada*. Ascese nele tem tudo a ver com *vida privada*, *res-subjetivação*, *superação subjetiva*, propósito indefectível de uma ex-sistência dedicada à sublimação de suas pulsões nos bens da cultura e na promoção da comunidade nacional, eliminando a injustiça que gera os excluídos de toda espécie, material ou moral. Daí a diferença radical entre ascese e ascetismo. Pessoa dá testemunho de uma vida privada absolutamente coerente com a vida pública e, ainda mais, participativa. Esse texto de fim de vida de Foucault incomoda vivamente, pois é uma retomada de seu passado de *pulsões soltas*, portanto, um balanço de sabedoria, do único que lhe vale a pena.

O poeta tem razões para colocar a mulher na vitrina, assim como a ele também. Oferece-se dessa maneira, como é próprio ao homoerótico, à admiração das mulheres ou, como o cabeleireiro-homo, ao prazer de enfeitá-las, isto é, colocá-las em vitrina para serem admiradas por seus homens. De outro lado, a mulher para o homoerótico é a mulher-mãe a quem se consagrou como suplemento fálico. Mas, como mulher-mãe é mulher proibida, aí nada é mais próprio que colocar a mulher-mãe na vitrina: não perde de vista que ele é homem, pois se vê visto por ela, bem como não deixa de perceber que a mulher lhe representa um apelo; mulher-mãe, porém, é para ser preservada, contemplada numa inquebrável redoma pela vida toda... enquanto a *humanidade passa entre ambos*:

> Coa-se através da minh'alma
> Como através *dum vitral*
> Toda a *agonia voluptuosa e incerta*
> De uma *outra espécie* de alma, *mais* joia, *mais* pálio,
> Gémea da minha, mas com Deus de permeio...
> (Pessoa 2006a, p. 366).

A mulher, entretanto, permanece um enigma e ele dela tenta de todos os meios se livrar. Apelando à crença, transforma seu possível amor a uma mulher numa prece: "Rezo a ti o meu amor porque o meu amor é já uma oração". Em seguida, a exclusão total dela: "mas nem te concebo como amada, nem te ergo ante mim como santa". Troca alguma lhe é admissível: "Que os teus atos sejam a *estátua da renúncia*, os teus gestos o pedestal da indiferença, as tuas palavras os vitrais da negação" (Pessoa 1982a, pp. 298-299). Assim, a mulher radicalmente cortada de sua vida afetiva não realiza outra proeza que a preservação integral da mulher-mãe, pois da mulher, *atos* são *estátuas de renúncia*, *gestos* vão para o *pedestal da indiferença* e as *palavras* só fabricam *vitrais da negação*:

> Entre mim e a vida há um vidro tênue. Por mais nitidamente que eu veja e compreenda a vida, eu não posso lhe tocar (Pessoa 2006b, p. 75).

> A tua carne calma
> Presente não tem ser,
> Os meus desejos são cansaços.
> Quem querem ter nos braços
> É a ideia de te ter.
>
> Teu corpo real que dorme
> É um frio no meu ser
> (Pessoa 1995, p. 527).

Analisada sua relação com uma mulher, volta-se, como que fechando o circuito, para o amor homoerótico, que na realidade permanece somente na consciência lúcida: *ó meu amor viril*, é do fundo da alma que brota a invocação. Mas, de imediato, coloca esse conhecimento na dimensão que sempre lhe deu: para o "*amor viril* teremos sempre o mesmo *gesto inútil*, a mesma existência falsa, e a mesma...". Nada que operacionalize o *amor viril*, mas nada que o renegue ou o destitua. E o poeta assim conclui:

> Amo assim: fixo, por bela, atraente, ou, de outro qualquer modo, amável, uma figura, de *mulher* ou de *homem* – onde *não* há desejo, *não* há preferên-

> cia de sexo – e *essa figura me obceca, me prende, se apodera de mim*. Porém *não quero mais que vê-la*, nem (...) nada mais (...) que a faculdade de vir a conhecer e a falar à *pessoa real* que essa figura aparentemente manifesta.
>
> Amo com o *olhar*, e *nem* com a *fantasia*. Porque nada fantasio dessa figura que me prende. Não me imagino ligado a ela de outra maneira (Pessoa 1982a, p. 313).

Então, pode cantar em paz:

> Dorme enquanto eu velo...
> Deixa-me sonhar...
> Nada em mim é risonho.
> Quero-te para sonho,
> Não para te amar.
>
> A tua carne calma
> É fria em meu querer
> Os meus desejos são cansaços.
> (Pessoa 1995, p. 141).

Essa dialética sem fim dá a Pessoa o voo livre de seu espírito. Não entra no jogo dos impulsos: *amo com o olhar e* (mais importante), *nem com a fantasia*, pois aproveita essa energia, a narcisifica e a converte em obras ou a transforma em amor-ternura específico do amor sublimado. Se, de um lado, renunciou a todo amor carnal – "Do amor apenas exigi que nunca deixasse de ser um sonho longínquo" (Pessoa 1982b, p. 114) e "ter ocasião de... nesse campo se disporá a *estátua da renúncia*" (Pessoa 1982b, p. 88) –, de outro, esse amor, ao contrário de ser fonte de patologias, foi sistematicamente transformado em amor-*ternura*. Essa palavra volta a cada passo de sua obra. Como vimos, esse amor se caracteriza como específico da fase de latência e reaparece na proporção em que o homem adulto transforma seu amor carnal em amor sublimado: "Alma nenhuma mais amorosa ou *terna* do que a minha jamais existiu, alma nenhuma tão cheia de bondade, de compaixão, de tudo quanto é *ternura* e amor" (Pessoa 1974, p. 34). Essa ternura se estende a toda sua vida familiar, social e à cotidianidade do escritório. Todos os seus impulsos amorosos são transformados em amor-*ternura*: "Por isso sinto, se penso com esta sensação, uma *ternura informe* e *imensa* por toda a humanidade infantil, por toda vida social dormente, por *todos*, por *tudo*... Sofro uma *ternura* como se um deus visse" (Pessoa 1982a, p. 52). Essa ternura se manifesta em todo seu entorno: "Senti de repente uma coisa parecida com *ternura* por esse *homem*. Senti nele a ternura que se sente pela comum vulgaridade humana, pelo banal quotidiano do chefe de família" (Pessoa 1982a, p. 51). Na quotidianidade: "Tenho *ternura*, *ternura* até às lagrimas, pelos meus livros... pelo tinteiro... pelas costas dobradas do Sérgio, que faz guias de remessa um pouco para além de mim" (Pessoa 1982a, p. 85).

Sá-Carneiro testemunha a mesma maneira de o homoerótico exprimir seu amor:

> É pela agitação desta cidade imensa, por esta vida atual, quotidiana, que eu amo o meu Paris numa loura. Sim! Sim! Digo bem, numa *ternura* – uma *ternura ilimitada*. Eu não sei ter afetos. Os meus amores foram sempre *ternuras*... Nunca poderia amar uma mulher pela alma – isto é: por ela própria. Só a adoraria pelos enternecimentos que a sua gentileza me despertasse: pelos seus dedos trigueiros a apertarem os meus numa tarde de sol, pelo timbre sutil da sua voz, pelos seus rubores – e as suas gargalhadas... as suas correrias... (Sá-Carneiro 1985, p. 86).

> ... E sofri... ela era tão pouca coisa, mas a verdade é que sofri... sofri de ternura... uma ternura muito suave... penetrante... aquática... *Os meus afetos, mesmo foram sempre ternuras*... (Sá-Carneiro 1985, p. 124).

Uma ternura *informe e imensa* invade o poeta, sobretudo, quando pensa em sua mãe, sua tia, sua infância... Ao contrário do amor carnal (por uma mulher ou um varão), o amor-ternura. O amor-ternura lhe é transformação do amor carnal em fonte de energia para sua incessante criação poética e para seus contatos, uma distinção em suas relações humanas e profissionais.

Não posso deixar de mencionar a grande ternura (feminina?) do poema "O guardador de Rebanhos", sobretudo nesse mundo de grosserias no relacionamento humano:

(...)
O Menino Jesus adormece nos meus braços
E eu levo-o ao colo para casa.

Ele mora comigo na minha casa a meio do outeiro.
Ele é a Eterna Criança, o deus que faltava.
Ele é o humano que é natural,
Ele é o divino que sorri e que brinca.
E por isso é que eu sei com toda a certeza
Que ele é o Menino Jesus verdadeiro.

E a criança tão humana que é divina
É esta minha quotidiana vida de poeta,
E é porque ele anda sempre comigo que eu sou poeta sempre.
E que o meu mínimo olhar
Me enche de sensação,
E o mais pequeno som, seja do que for,
Parece falar comigo.

A Criança Nova que habita onde vivo
Dá-me *uma mão* a mim
(...)
A Criança Eterna acompanha-me sempre.
(...)
Damo-nos tão bem um com o outro
Na companhia de tudo
Que nunca pensamos um no outro,
(...)
Ao anoitecer brincamos as cinco pedrinhas
No degrau da porta de casa,
Graves como convém a um deus e a um poeta,
(...)
Depois eu conto-lhe histórias das cousas só dos homens
E ele sorri, porque tudo é incrível.
Ri dos reis e dos que não são reis,

E tem pena de ouvir falar das guerras,
E dos comércios, e dos navios
(...)
Depois ele adormece e eu deito-o.
Levo-o ao colo para dentro de casa
E deito-o, despindo-o lentamente
E como *seguindo um ritual muito limpo*
E todo *materno* até ele estar nu.

Ele dorme dentro da minha alma
E às vezes acorda de noite
E brinca com os meus sonhos.
(...)
Quando eu morrer, filhinho,
Seja eu a criança, o mais pequeno.
Pega-me tu ao colo
E leva-me para dentro da tua casa.
Despe o meu ser cansado e humano
E deita-me na tua cama.
E conta-me histórias, caso eu acorde,
Para eu tornar a adormecer.
E dá-me sonhos teus para eu brincar
Até que nasça qualquer dia
Que tu sabes qual é.

Esta é a história do *meu* Menino Jesus.
Por que razão que se perceba
Não há de ser ela mais verdadeira
Que tudo quanto os filósofos pensam
E tudo quanto as religiões ensinam?
(Pessoa 1995, pp. 210, 211).

O mundo pode ser diferente, com um pouco mais de ternura e poesia. Sempre que não levamos em conta o outro, somos estúpidos, desajustados da realidade dos humanos. O homem da competição, do desempenho, da eficiência, facilmente vira um autômato, presa preciosa da ditadura, da economia de mercado e do capitalismo extrativista, ou simplesmente vítima da sociedade do espetáculo. A agressividade está à flor da pele em nossa sociedade. Por um nada, explode, configuram-se luta e até morte. Como tudo pode ser diferente, se optamos por uma pré-disposição interna de ternura e de acolhimento ao outro. E aí sua prece:

> Converta-me a minha última magia
> Numa *estátua de mim em corpo vivo!*
> Morra quem sou, mas quem me fiz e havia,
> Anônima presença que se beija,
> Carne do meu *abstrato* amor cativo,
> Seja a *morte de mim em que revivo*;
> E tal qual fui, não sendo nada, eu seja!
> (Pessoa 1995, p. 156).

António Botto

Este é outro momento em que a identificação sexual de Fernando Pessoa consegue marcar presença. Embarca em *Canções* de António Botto com uma exaltação, no mínimo suspeita, tendo em vista a fragilidade da obra que defende, ao prefaciá-la: "António Botto é o único português, dos que conhecidamente escrevem, a quem a designação de esteta se pode aplicar sem dissonância" (Pessoa 1974, p. 348). Tal afirmação, logo de entrada, desperta a curiosidade do leitor. Estaria Pessoa propugnando em causa própria? É interessante, deveras, a afirmação subsequente: "Que essa obra se distingue com facilidade da obra de qualquer outro poeta, português ou estrangeiro – todos, que possam ver, o podem ver" (Pessoa 1974, pp. 348-349). Que vê Pessoa que outros, sobretudo os pósteros, não veem? Rapidamente, dá-se conta de que esse *todos* não é tão universal assim, pois: "Já não é tão fácil explicar em que consiste, distintivamente, essa diferença" (Pessoa 1974, p. 349).

Compara o ideal cristão ao ideal grego e tenta provar que o ideal grego abscinde a moral ou a fé: "o heleno, vendo que a vida é imperfeita, busca criar, ele, a perfeição, substituindo a arte à vida; e busca incluir em cada obra, para que a substituição seja perfeita, ou toda a vida ou um aspecto supremo da vida. É esta a forma intelectual e construtiva do ideal estético absoluto" (Pessoa 1974, pp. 351-352). Esse é o ideal que sustenta os heterônimos, sobretudo Caeiro, isto é um *ideal estético absoluto*, fechado em si mesmo, sem outra referência, fruto da *estética da renúncia*.

Em *Canções*, "duas ideias centrais governam a inspiração do poeta, e lhe servem de metafísica e de moral. São as ideias de beleza física e de prazer" (Pessoa 1974, p. 353).

Para poder exaltar o homoerotismo, Pessoa se vale de Botto e tenta ver em *Canções* o *esteta inequivocamente*: a *metafísica de beleza e de prazer*. E disso é mista a moral. Inicia por comparar a beleza feminina com a beleza masculina. A beleza física se caracteriza pela graça, pela força e pela perfeição. Beleza feminina contém apenas graça, ao passo que *o corpo masculino pode, sem quebra da sua masculinidade, reunir a graça e a força*. A perfeição é própria aos corpos dos deuses.

Um homem, se se guiar pelo instinto sexual, e não pelo instinto estético, cantará, como poeta, só o corpo feminino. É pelo *instinto estético* que Pessoa poderá se aproximar do homoerotismo de Botto e exaltá-lo como forma de arte, pois, "o instinto sexual, normalmente tendente para o sexo oposto, é o mais rudimentar dos instintos morais. A sexualidade é uma ética animal, a primeira e a mais instintiva das éticas" (Pessoa 1974, pp. 353-354).

Não parece ser essa, a comum dos mortais, a ética que governa Fernando Pessoa ao se projetar no encômio duvidoso do valor estético de Botto: "Como, porém, o esteta canta a beleza sem preocupação ética, segue que a cantará onde mais a encontre, e não onde sugestões externas à estética, como a sugestão sexual, o façam procurá-la" (Pessoa 1974, p. 354). Mesmo admitindo o impulso, ele o dirige estritamente para as sugestões internas à estética.

"Como se guia, pois, só pela beleza, o esteta canta de preferência o corpo masculino, por ser o corpo humano que mais elementos de beleza, dos poucos que há, pode acumular" (Pessoa 1974, p. 354). Está aí o advogar de sua causa e a definição de sua sexualidade. Em seu apoio, clama por Pater:

> Como é confessadamente a beleza do homem que tem que ser concebida sob uma ideia geral, assim tenho notado que aqueles que observam a beleza

> só nas mulheres, e pouco ou nada se comovem com a beleza dos homens, raras vezes têm instinto imparcial, vital, inato da beleza na arte. A pessoas como essas a beleza da arte grega parecerá sempre falha, porque a sua *beleza suprema* é antes *masculina* que feminina (Pessoa 1974, p. 354).

Tudo faz crer que Pessoa estava a par do movimento oxfordiano de retomada da Renascença, da estética grega e, particularmente, da estatuária que nos legou esculturas de belos jovens de corpo perfeito. Winckelmann, Pater (várias vezes citado por ele), Symonds e Wilde, com certeza, eram bem seus conhecidos. Essa descrição de Pessoa sobre a estética do corpo masculino é quase uma reprodução *ipsis litteris* de um texto de Pater sobre o tema: a mesma *beleza suprema*.

> Notei que aqueles que veem apenas a beleza nas mulheres e ficam pouco ou não ficam emocionados com a beleza dos homens raramente têm um instinto inato, vital e imparcial pela beleza na arte. Para essas pessoas, a beleza sempre parecerá faltar na arte grega, já que a *beleza suprema* desta é antes *masculina* que feminina. Mas a beleza da arte pede uma sensibilidade mais alta que a beleza da natureza, na medida em que a beleza da arte, como as lágrimas vertidas numa peça de teatro, não dá pena, é sem vida e deve ser despertada e reconstituída pela cultura. Mas, como o espírito da cultura é mais ardente na juventude que na idade adulta, o instinto de que falo deve ser exercido e dirigido para o que é belo antes que a idade adulta seja atingida (*Apud* Eribon 2008, p. 207).

A beleza do corpo masculino foi sempre privilegiada por escritores homoeróticos, como André Gide, que, no *Córidon*, parte da discussão da beleza dos machos da natureza animal como superior à das fêmeas, e "que é assaz desconfortante ver o par humano, de chofre, subverter essa hierarquia" (Gide 1971, p. 65). Em apoio a essa ideia, evoca a estatuária grega e recorre a Goethe: "Goethe, escreve Chanceler Müller (abril de 1830), nos expôs como essa aberração ocorria, porque, segundo a pura regra estética, o corpo do homem era muito mais belo, mais perfeito e mais realizado que o corpo da mulher" (Gide 1971, p. 73).

Mas Fernando se dá conta da razão pela qual se serve de Botto:

> *Canções* é um hino ao prazer, porém não ao prazer como alegria, nem como raiva, senão simplesmente como prazer. O prazer como o poeta o canta, nem serve de despertar a alegria da vida, nem de ministrar um antídoto a uma *dor substancial constante*; serve apenas de encher um vácuo espiritual, a ser conceito de vida a quem não tem nenhum (Pessoa 1974, p. 355).

Esse *hino do prazer, simplesmente como prazer*, recoloca o *amor grego* no verdadeiro lugar. Esse amor deriva de uma herança militar pré-histórica da *raça dórica*. O *amor grego* praticado em Esparta ou em Atenas é um *amor viril*. A paixão pederástica excluía a efeminação, as *vulgaridades ou sensualidades grosseiras*. A *malachia* (Μαλακία), *doçura excessiva*, efeminação, passividade, corrupção e degradação não faziam parte do *amante e filósofo a um só tempo* (*apud* Eribon 2008, p. 205). Trata-se de uma relação entre *aquele que ensina* e *aquele que escuta*. Um erotismo ímpar na história. Em nenhuma outra sociedade, pode-se encontrar modelo desse *amor nobre* e virilizante. Pessoa se insere nessa estética grega e faz dela *um conceito de vida, a quem não tem nenhum outro*.

Dor substancial constante é precisamente a dor da "Autopsicografia", a dor do poeta *fingi-dor*. Por isso, mantém-se no estreito sulco da sublimação: não cede um milímetro sequer ao homoerotismo como prática; aproveita a oportunidade da exaltação da poesia homoerótica de Botto, como *um antídoto a uma dor substancial constante*. É a própria definição de pulsão dada por Freud: *força constante*. O prazer cantado coadjuva o preenchimento de um *vácuo espiritual*, para sublimatoriamente se transformar num *conceito de vida a quem não tem nenhum*. O poeta sabe que o real é impossível, que sua pulsão é insopitável e que, portanto, significante nenhum pode abarcá-lo, pois apenas circunda sua borda.

O prazer aceito como excitação *tem um fundo de dor*. Mas o prazer decantado por Pessoa em Botto "não tem a cor da alegria, nem a da dor. A dor, essa, ao contrário da alegria, como a concebia Nietzsche: quer acabar, quer não ser" (Pessoa 1974, p. 355). Fernando retorna aí à própria definição de pulsão de morte proposta por Freud e Lacan. A dor de estar dividido requer um acabamento infindo: o ser humano só se constitui humano no simbólico.

Por isso, para usufruir o prazer homoerótico dos poemas de Botto e, pois, justificá-los, Pessoa o enquadra sob o ângulo unicamente estético: "O prazer, porém, quando o concebemos fora de relação essencial com a alegria ou com a dor, como concebe o autor deste livro, esse, sim, quer eternidade; porém quer a eternidade num só momento" (Pessoa 1974, p. 355). Fernando se envolve fantasisticamente com Botto, numa relação verdadeiramente apaixonada: "António Botto, no seu livro *Canções*, se revela um dos tipos mais perfeitos e mais íntegros do esteta, que se podem imaginar. Que importância tem este fato? A de representar uma raridade" (Pessoa 1974, p. 355). Ora, a posteridade provou que Botto, longe disso, não ocupou esse lugar que lhe destina Pessoa. Mas Pessoa é honesto com sua herança cultural e sua formação espiritual: "Segue que o aparecimento na Europa moderna de um tipo íntegro de esteta só pode dar-se por um desvio patológico, isto é, por uma *inadaptação estrutural* aos princípios constitutivos da civilização europeia, em que vivemos" (Pessoa 1974, p. 355).

Ele é demasiado íntegro para fugir à estrutura dos princípios constitutivos de sua subjetividade. Para advogar a estética de Botto, "vemo-nos forçados a assentar em que o seu estetismo nasce de um simples desvio patológico, sem solicitação cultural eficiente" (Pessoa 1974, p. 356). E se vê "forçado" a recorrer à patologia para encarar essa obra unicamente sob o aspecto estético: "Este processo de ser esteta apresenta uma singularidade notável: é um *desvio patológico sem desequilíbrio*, porque todos os ideais gregos (e portanto o estético, que é um deles) são essencialmente equilibrados e harmônicos" (Pessoa 1974, p. 356). É incrível: *um desvio patológico sem desequilíbrio*. Para tanto, Pessoa procura a saída, uma *teoria*, ou do gênio ou do talento: "Ora, um desvio patológico equilibrado é uma de duas coisas – ou o gênio ou o talento. Ambos estes fenômenos são desvios patológicos, porque, biologicamente considerados, são anormais" (Pessoa 1974, p. 356). Botto, então, é talento, "talento quando procede do isolamento original de um só elemento" (Pessoa 1974, p. 356).

Além do mais, outro paradoxo, o contraponto à moral estética:

> A arte de Botto é integralmente imoral. Não há célula nela que seja decente. E isto é uma força porque é uma não hipocrisia, uma não complicação. Wilde tergiversava constantemente. Baudelaire formulou uma tese moral da imoralidade; disse que o mau era bom por ser mau, e assim lhe chamou

> bom. O Botto é mais forte: dá à sua imoralidade razões puramente imorais, porque não lhe dá nenhumas (*Apud* Quadros s.d., p. 152).

Pessoa apela a uma petição de princípio para justificar sua apreciação objetivamente injustificada de Botto. Mas sabe que, agindo assim, está a laborar o patológico, ou seja, uma cisão que não existe entre a estética e a cultura. Por isso mesmo, esse apreço exaltado por Botto indiretamente revelaria o mundo homoerótico de sua estrutura psíquica.

Finalmente, há um ato falho, no mínimo curioso, que Pessoa comete a respeito de Botto. Gaspar Simões envia uma carta a Botto, mas aos cuidados de Pessoa: "Recebi, no dia 13, na minha caixa postal, uma carta sua (pelo envelope e letra nele) para o António Botto. Contra todos os precedentes, *extraviei* essa carta. Peço-lhe desculpa disso, e aviso-o, para que possa ter a maçada de escrever de novo" (Pessoa 1974, p. 464). Maçada de quem? De Pessoa, que exatamente nesse momento do ato falho, está escrevendo a justificativa do *Antínoo*? Que motivou Pessoa a extraviar a carta destinada a Botto? Além disso, por que Simões a escreveria de novo, em vez de Pessoa reenviá-la a Botto, assumindo o ato falho? O certo é que conseguiu que a carta não chegasse às mãos de Botto, com quem estava em estreita transferência.

O HOMOEROTISMO EXPLÍCITO

Levanto aqui excertos de poemas nos quais o homoerotismo de Pessoa vem à tona em forma de sintoma, muita vez explícito. Mais uma vez, cito-os ao sabor da leitura-escuta.

Saudação a Walt Whitman

Tudo faz crer que Fernando tenha lido *Folhas de relva*. Whitman teve influência decisiva no movimento *gay* internacional. Em nome da democracia, exaltava a homossexualidade e reivindicava, por meio da literatura, seu direito de cidadania: "A literatura", dizia ele, " – uma literatura nova, soberba, democrática – deve ser a medicina e a alavanca, e (com a Arte) a influência principal sobre a civilização moderna". Didier Eribon acrescenta: "Symonds, Wilde, mas também Gide, entenderam a sua lição, e Whitman vai lhes servir de alavanca, de ponto de referência nas tentativas que farão para reformar a sociedade e educá-la, curá-la de seus preconceitos" (Eribon 2008, p. 247).

E se, realmente, *a civilização moderna* assiste a toda uma mudança radical com respeito aos homossexuais e às lésbicas, é questão de justiça histórica reconhecer que tudo principiou com o posicionamento literário de Walt Whitman, sobretudo em *Leaves of grass*. Os direitos humanos, um século depois, ratificaram o direito deles de viver o amor que lhes é próprio.

Fernando Pessoa, nessa saudação, mas sobretudo em poemas exclusivos sobre o amor homo, insere-se nesse grande movimento literário do fim do século XVIII até nossos dias. A *Saudação a Whitman* é o desdobramento ou um esboço da *Exaltação* de Walt Whitman:

Para cantar-te,
Para saudar-te
Era preciso escrever aquele poema supremo,
Onde, mais que em todos os outros poemas supremos,
Vivesse, numa síntese completa feita de uma análise sem esquecimentos,
Todo o Universo de coisas, de vidas e de almas,
Todo o Universo de homens, mulheres, crianças,
Todo o Universo de gestos, de atos, de emoções, de pensamentos,
Todo o Universo das coisas que a humanidade faz,
Das coisas que acontecem à humanidade –
Profissões, leis, regimentos, medicinas, o Destino,
Escrito a entrecruzamentos, as interseções constantes
No papel dinâmico dos Acontecimentos,
No papiro rápido das combinações sociais,
No palimpsesto das emoções renovadas constantemente.
(*Apud* Lopes 1990b, pp. 334-335).

A *Saudação*, curiosamente, inicia pondo em verso a data de sua primeira composição: "Portugal-Infinito, onze de *junho* de mil novecentos e quinze". Em seguida, uma longa exclamação: "Hé-lá-á-á-á-á-á-á!" (Pessoa

1995, p. 336). Essa interjeição é algo provocante. Faz-nos pensar. Ela não volta ao longo do texto, como voltam, *exempli gratia*, diversas exclamações na "Ode Marítima". Três ideias me ocorrem: 13 de *junho* de 1888 foi o dia em que nasceu Fernando Pessoa. É preciso notar, repriso, que ele sempre pensou que seu homoerotismo fosse congênito. *Junho* (1895) é também o mês em que João Miguel Rosa, seu padrasto, é nomeado cônsul em Durban. E, em *junho* de 1901, Pessoa é aprovado no Cape School High Examination. O mês de junho engloba, então, três fatos fundamentais na história do poeta: um o traz à luz, separando-o do mundo indefinido da mãe, e os dois outros foram-lhe o fundamento de sua formação humana, cultural e literária. E o ano 1915 está no centro do enfrentamento de suas tendências homoeróticas. Esse ano é o epicentro da elaboração psíquica de seu drama-em-gente.

O domínio completo do idioma inglês o trouxe, por sua vez, a uma nova luz. Estaria aí a necessidade de anunciar em verso a data do poema? De outro lado, se considerarmos a própria exclamação em si, o que ribomba em eco para Whitman, além dos mares, é o á-á-á-á-á-á, seis vezes repetido. A vogal "a", designativa do feminino em português, seria um significante de abertura? De todo modo, "um de seus melhores e mais escandalosos poemas" (Crespo 1990, p. 129).

> De aqui de Portugal, todas as épocas no meu cérebro,
> Saúdo-te, Walt, saúdo-te, meu irmão em Universo
> (Pessoa 1995, p. 336).

O poeta não saúda Walt Whitman, como seria de esperar. Entra logo na intimidade de quem se conhece e o invoca pelo prenome e na segunda pessoa do singular. Que justifica tal familiaridade? Walt lhe é íntimo, epígone como *todas as épocas no meu cérebro*. Não se é homoerótico por uma época apenas e, sim, integralmente, em todas as épocas. E é deveras curioso que aqui se fale em *cérebro*, pois não é no cérebro que nos constituímos sujeitos e sujeitos sexuados? Ora, é isso que, para Fernando, faz de Walt *meu irmão em universo*. Quem é esse irmão?

> Concubina fogosa do universo disperso,
> Grande pederasta roçando-te contra a diversidade das coisas,

Sexualizado pelas pedras, pelas árvores, pelas pessoas, pelas profissões,
Cio das passagens, dos encontros casuais, das meras observações
(Pessoa 1995, p. 336).

De chofre, declara em versos a Walt como o concebe e o que no real jamais concretizaria, concubina fogosa, mas não dele e, sim, do universo disperso, jamais efetivado; grande pederasta, não para ele, mas roçando-te contra a diversidade das coisas; sexualizado, sim, não por ele, mas pelas pedras, pelas árvores, pelas pessoas, pelas profissões; e cio, sim, mas cio das passagens, dos encontros casuais e, sobretudo, das meras observações. "Cio das passagens", das oscilações do amor homoerótico.

Walt é-lhe meu entusiasta, meu grande herói, seu ideal de ego, companheiro homoerótico, com o qual se relaciona em imaginação e em versos. Walt é: "Cantor da fraternidade feroz e terna com tudo" (Pessoa 1995, p. 336). Ao saudar Whitman como cantor da fraternidade, estaria Pessoa inspirado pelo poema "For you O Democracy", em Leaves of grass? Estaria ele se alinhando ao grande movimento do amor dos camaradas, do manly love, da nova cavalaria, de outro homem, um homem livre?

Starting from Paumanok

Cantarei o canto do companheirismo,
I will sing the song of companionship;
Mostrarei o que só deve finalmente consolidar aqueles,
I will show what alone must finally compact These;
Eu penso aqueles que devem fundar seu próprio ideal
I believe These are to found their own ideal
de amor *viril*, indicando-o em mim
of manly love, indicating it in me;
A partir de mim deixarei então inflamar os fogos
I will therefore let flame from me the burning fires
ardentes que ameaçavam me consumir
that were threatening to consume me;
Levantarei o que durante muito tempo sufocou esses
I will lift what has too long kept down those

fogos latentes,
smouldering fires;
Dar-lhes-ei completo abandono
I will give them complete abandonment;
Escreverei o *poema-evangelho*
I will write the evangel-poem
dos camaradas e do amor
of comrades and of love;
Pois quem a não ser eu deveria entender o amor
(For who but I should understand love,
com toda sua tristeza e alegria?
with all its sorrow and joy?
E quem a não ser eu seria o poeta dos camaradas?
And who but I should be the poet of comrades?)

For You O Democracy

Venha, farei o continente indissolúvel
Come, I will make the continent indissoluble,
Farei a mais esplêndida raça sobre a qual o sol
I will make the most splendid race the sun
jamais brilhou
ever shone upon,
Farei as divinas terras magnéticas
I will make the divine magnetic lands,
Com o *amor dos camaradas*
With the love of comrades
Com o amor durante a vida dos camaradas
With the life-long love of comrades

Plantarei a *camaradagem* espessa como árvores
I will plant companionship thick as trees
ao longo
along all the
dos rios da América e das bordas dos grandes

rivers of America, and along the shores of the great
lagos, e sobre as pradarias
lakes, and all over the prairies,
Farei cidades inseparáveis com braços em volta de
I will make inseparable cities with their arms about
nossos pescoços
each other's necks,
Pelo *amor dos camaradas*
By the love of comrades,
Pelo amor viril dos camaradas
By the manly love of comrades.

De mim para esses, oh Democracia, para servi-la,
For you these from me, O Democracy, to serve you,
ma femme!
ma femme!
Para ti, para ti canto estas canções
For you, for you I am trilling these songs
(Whitman 1991 p. 4).

Fraternidade para Pessoa, sim, mas *feroz*, pois a luta é ferrenha, os obstáculos são inúmeros e, ao mesmo tempo, *terna com tudo*, caso contrário, não teria o timbre do amor homo. É difícil excluir a ideia de que Pessoa não tivesse em mente esse poema de Whitman quando expandiu seus desejos homoeróticos em versos explícitos. Claramente, move-o: "By the love of comrades/*manly love* of comrades".

E o poeta prossegue, descrevendo sua relação com Whitman, encarando-o como:

Carnaval de *todas* as ações, *bacanal* de *todos* os propósitos,
Irmão gêmeo de *todos* os arrancos,
(...)
Íncubo de *todos* os gestos,
Espasmo pra dentro de *todos* os objetos-força,
Souteneur de *todo* o Universo,

Rameira de *todos* os sistemas solares, *paneleiro* de Deus!
(Pessoa 2004, p. 151).

O envolvimento vai se completando. A declaração de amor toma dimensões cada vez mais amplas, às escâncaras. *Carnaval, bacanal*... é a quebra dos limites de um encontro com alguém, tão seu semelhante, que lhe é *irmão gêmeo*. Walt é *íncubo*: o demônio masculino que, à noite, vem copular com as mulheres, perturbando-lhes o sono. Esse encontro produz *espasmo* interno, isto é, orgasmo em ficção. E aí a evocação de Walt, com suas denominações claras: *souteneur*; é ele que nesse instante seduz Pessoa e o submete a seu *serviço*; Walt *rameira, meretriz cósmica*; *paneleiro, veado*, não para ele ou dele e, sim, *paneleiro de Deus*. Em versos anteriores, em que Pessoa declara Walt *cio das passagens*, saúda-o *em Deus*. Aqui, envolve-se com ele, mas o entrega a Deus. Toda a história de Pessoa é sempre a mesma: nunca consegue fugir ao dilema de Deus, jamais se lhe esvai essa presença onipresente. Se, por vezes, solta seus desejos sensuais em versos, versos em que os assume abertamente, de imediato, retoma-se e reorienta sua bússola. Jean Jacques Rousseau e Shakespeare, tidos por Pessoa homoeróticos, aqui marcam presença, envolvidos de maneira aparentemente tranquila, com Homero, Milton, Shelley.

De outro lado, é interessante notar o emprego do universal "todo" nesses versos. É a universalização de sua relação com Walt. Ele não quer deixar nada fora: *ações, gestos, propósitos, sistemas*... mais para a frente, vai falar de *universalité*. Walt lhe possibilita o encontro cheio com seu homoerotismo. Esse *todo* é entrega homoerótica, e não o não-toda da posição simbolicamente imaginária da suplementação da mulher. Nesse sentido, nada tem a ver com a posição de Schreber, transformando-se em mulher de Deus. Não é, outrossim, a posição do fálus em relação à mãe, mas, sim, o poeta como fálus de encontro a Walt. E não seria essa a relação verdadeiramente homo?

Não sou indigno de ti, bem o sabes, Walt
(...)
Sou dos teus, tu bem sabes, e compreendo-te e amo-te,
E embora te não conhecesse, nascido pelo ano em que morrias,

> Sei que me amaste também, que me conheceste, e estou contente.
> Sei que me conheceste, que me contemplaste e me explicaste
> (Pessoa 1995, p. 336).

A declaração de amor chega à explicitação plena: por não se sentir *indigno de ti, compreendo-te e amo-te*. Por uma hábil inversão de estilo, enquanto anteriormente entregava tudo a Deus, aqui, remete tudo a Walt: *me amaste, me conheceste, me contemplaste e me explicaste*. Mas trata-se do contrário, exatamente como ocorre no mecanismo do sonho: é o poeta que dele se serve para, por meio dessa identificação explícita, se conhecer, se contemplar e se explicar. Nessa união:

> E conforme tu sentiste tudo, sinto tudo, e cá estamos de mãos dadas,
> De mãos dadas, Walt, de mãos dadas, dançando o universo na alma
> (Pessoa 1995, p. 336).

Sentiste tudo, sinto tudo: o amor ou encontra o outro *igual* ou o torna *igual*; ambos, de *mãos dadas*, dançando o *universo* (*todo* dos versos citados), mas onde? Na *alma*. Por isso:

> Quantas vezes eu beijo o teu retrato!
> Lá onde estás agora (não sei onde é mas é Deus)
> Sentes isto, sei que o sentes, e os meus beijos são mais quentes (em gente)
> E tu assim é que os queres, meu velho, e agradeces de lá.
> (Pessoa 1995, pp. 336-337).

Envolve-se no amplexo do retrato, beija-o, mas imediatamente se retrai, como sempre: primeiro, diz que Walt está em Deus e, segundo, é Walt também, que tudo sente e quer e disso lhe agradece. Essa maneira projetiva é exemplar de como o Poeta assume seu desejo homoerótico: ele "vem" do outro. Ao beijar o retrato de Whitman, estaria movido pela lembrança de Oscar Wilde? Em 1882, Wilde visita Whitman em sua casa em Camden, nos Estados Unidos, e este não disfarça sua homossexualidade: "O beijo de Whitman ainda está em meus lábios", dirá Wilde ao amigo Georges Ives (*apud* Eribon 2008, p. 242).

Córidon inicia suas páginas dizendo que este médico tinha sobre a mesa no consultório uma réplica do quadro "A formação do homem", de Michelangelo, um homem nu agradecendo a Deus o ter sido criado e "o retrato de um velho de longas barbas brancas, que logo reconheci ser o do americano Walt Whitman" (Gide 1971, p. 4). A pretexto de uma tradução para o francês da obra de Whitman por M. Bazalgette, o primeiro capítulo inicia uma discussão, tentando argumentar, por uma petição de princípio, que Whitman não era pederasta se a pederastia fosse contra a natureza e, se Whitman era *homem normal*, a pederastia seria uma *tendência natural*. De todo modo, acredito que, culto como era, Fernando estava a par não só dessa obra como de todo o movimento literário homo. Coincidência ou não, a foto de Whitman era significativa para ele e Gide. Além disso, é oportuno lembrar que a principal obra de Oscar Wilde (*O retrato de Dorian Gray*) se desdobra inteira a partir da pintura do retrato de um belo jovem homossexual, cujo modelo o pintor Basílio Hallward assim resume: "O que a invenção da pintura a óleo foi para os venezianos e, mais tarde, o rosto de Antínoo para a escultura grega, o rosto de Dorian Gray será algum dia para mim" ou "Enquanto eu viver, a personalidade de Dorian Gray me dominará" (Wilde 2007, pp. 62, 65). Dorian Gray permanecerá sempre jovem, dândi sedutor, corrupto, promíscuo, drogadito, devasso, criminoso, e seu retrato, que tranca a sete chaves, vai envelhecendo e, implacavelmente, transformando-se ao registrar seus crimes. Num derradeiro encontro com ele, Dorian cessa de fugir de sua sombria realidade psíquica e, assombrado pelo retrato, vitimiza-se, finalmente identificado a ele. Destino fatídico e inglório, vida fútil, ideal de perversão no extremo oposto dos altos ideais pessoanos.

Além do romance trágico, esse livro é um documento precioso da futilidade da burguesia inglesa do fim do século XIX.

Voltemos à "Saudação a Walt Whitman". Em seguida, o poeta se volta para si e se reassume após o beijo no retrato e lhe afirma *uma ereção abstrata e indireta*:

> Sei-o bem, qualquer coisa mo diz, um agrado no meu espírito,
> *Uma ereção abstrata* e *indireta* no fundo da minha alma.

Nada do engageant em ti, mas ciclópico e musculoso,
Mas perante o universo a tua atitude era de *mulher*
(Pessoa 1995, p. 337).

O vate percebe em seu corpo e em seu espírito o calor da pulsão que sobe; mas a *ereção* é declarada *abstrata* e apenas da alma, *nada do engageant*, tudo porque a atitude de Walt *era de mulher*.

Meu velho Walt, meu grande *Camarada*, evoé!
Pertenço à tua orgia báquica de sensações-em-liberdade,
Sou dos teus, desde a sensação dos meus pés até à náusea em meus sonhos,
Sou dos teus, olha pra mim, de aí desde Deus vês-me ao contrário:
De dentro para fora... Meu corpo é o que adivinhas, *vês a minha alma* –
Essa *vês* tu propriamente e através dos olhos dela o meu corpo –
Olha pra mim: tu sabes que eu, Álvaro de Campos, engenheiro,
Poeta sensacionista,
Não sou teu discípulo, não sou teu amigo, não sou teu cantor,
Tu sabes que eu sou Tu e estás contente com isso!
(Pessoa 1995, p. 337).

O velho Walt lhe é companheiro em tudo: Fernando-Álvaro pertence à mesma *orgia báquica*, identifica-se de corpo inteiro, de sensações todas, *sou dos teus*, mas nem discípulo, nem amante, nem cantor, simplesmente, assustadoramente idêntico a ele: *eu sou Tu*. Só que o gozo que o invade, como no processo do sonho, é atribuído a Walt: *tu estás contente com isso*. Mas essa identificação só se realiza em espírito, de *dentro para fora*, porque, morto, Walt pode ver-lhe a alma: "Essa *vês* tu propriamente e através dos olhos dela o meu corpo". Nada que concretize uma sexualidade na prática, mas tudo o que possa passá-la ao verbo ou sublimá-la. Ao evocar Walt como *meu* grande *camarada*, Pessoa, em espírito – *vês a minha alma* –, responde ao apelo dele: *With the love of comrades/With the life-long love of comrades*. Essa identificação a Whitman soa unissonamente:

Nunca posso ler os teus versos a fio ... *Há ali sentir demais...*
Atravesso os teus versos como a uma multidão aos encontrões a mim,

E cheira-me a suor, a óleos, a atividade humana e mecânica
Nos teus versos, a certa altura não sei se leio ou se vivo,
Não sei se o meu lugar real é no mundo ou nos teus versos,
Não sei se estou aqui, de pé sobre a terra natural,
Ou de cabeça pra baixo, pendurado numa espécie de estabelecimento,
No teto natural da tua inspiração de tropel,
No centro do teto da tua intensidade inacessível
(Pessoa 1995, p. 337).

Identificado a Whitman, o Poeta se sente encorajado à aventura de seu poema:

Abram-me todas as portas!
Por força que hei-de passar!
Minha senha? Walt Whitman!
Mas não dou senha nenhuma...
Passo sem explicações...
Se for preciso meto dentro as portas ...
Sim – eu, franzino e civilizado, meto dentro das portas,
Porque neste momento não sou franzino nem civilizado,
Sou EU, um universo pensante de carne e osso, querendo passar,
E que há-de passar por força, porque quando quero passar sou Deus!
sou Deus!

Por um rapto de sua imaginação, põe fora toda censura:

Tirem esse lixo da minha frente!
Metam-me em gavetas essas emoções!
Daqui pra fora, políticos, literatos,
Comerciantes pacatos, polícia, meretrizes, souteneurs,
Tudo isso é a letra que mata, não o espírito que dá a vida.
O espírito que dá a vida neste momento sou EU!
(Pessoa 1995, p. 337).

Logo adiante no poema, o poeta se entrega ao movimento sadomasoquista encontradiço em homoerótico em fúria. Mas esse tema será analisado na "Ode Marítima". E ele dispara, dispensando a condição humana, assumindo a condição momentânea *de me consubstanciar com Deus*:

> Sinto as esporas, sou o próprio cavalo em que monto,
> Porque eu, por *minha vontade de me consubstanciar com Deus*,
> Posso ser tudo, ou posso ser nada, ou qualquer coisa,
> Conforme me der na gana ... ninguém tem nada com isso...
> Loucura furiosa! Vontade de ganir, de saltar,
> De urrar, zurrar, dar pulos, pinotes, gritos com o corpo
> De me cramponner[3] às rodas dos veículos e meter por baixo,
> De meter adiante do giro do chicote que vai bater,
> De ser a cadela de todos os cães e eles não bastam,
> De ser o volante de todas as máquinas e a velocidade tem limite,
> De ser o esmagado, o deixado, o deslocado, o acabado
> (Pessoa 1995, p. 338).

E o poeta faz a dedicatória de seu poema a Whitman, a fim de alcançar um intercurso homo:

> Por isso é a ti que endereço
> Meus versos saltos, meus versos pulos, meus versos espasmos
> Os meus versos-ataques-histéricos,
> Os meus versos que arrastam o carro dos meus nervos.
>
> Aos trambolhões me inspiro,
> Mal podendo respirar, ter-me-de-pé me-exalto,
> E os meus versos são eu não poder estoirar de viver
> (Pessoa 1995, pp. 338, 339).

Então, seus versos se destinam mesmo a eu não poder estoirar de viver e, por isso, permitem estoirar em versos:

---

3 *Cramponner* = agarrar.

Quero ir, como as coisas pesadas, para o fundo dos mares,
Com uma voluptuosidade que já está longe de mim!
(...)
Quero intercalar-me, imiscuir-me, ser levado,
Quero que me façam pertença doída de qualquer outro,
(...)
Que me vão buscar a casa com fins obscenos,
(...)

Não quero intervalos no mundo!
Quero a contiguidade penetrada e material dos objetos!
Quero que os corpos físicos sejam uns dos outros como as almas,
Não só dinamicamente, mas estaticamente também!
(...)
Ponham-me grilhetas só para eu as partir!
Só para eu as partir com os dentes, e que os dentes sangrem
Gozo masoquista, espasmódico a sangue, da vida!
(Pessoa 1995, p. 339).

E o pedido para que Walt o acompanhe:

Dança comigo, Walt, lá do outro mundo, esta fúria...
(Pessoa 1995, p. 338).

A identificação homoerótica de *um em dois* chega ao ápice. Depois de declarar cavalo *Pégaso-ferro-em-brasa das minhas ânsias inquietas*, *he calls Walt*, *porta*, *ponte*, *estrada* para a nova *libertad*, a nova *democracy*, os novos tempos para os homossexuais:

Porta pra tudo!
Ponte pra tudo!
Estrada pra tudo!
Tua *alma omnívora*,
Tua alma ave, peixe, fera, *homem, mulher*,
Tua alma os dois onde estão dois,

Tua alma o um que são dois quando *dois são um*,
Tua alma seta, raio, espaço
(Pessoa 1995, p. 340).

Diz o poeta:

Tua alma *os dois onde estão dois,*
Tua alma *o um que são dois quando dois são um.*
(Pessoa 1995, p. 340).

Toda sexualidade é um mistério e age sub-repticiamente pelo real da pulsão representada. Mais misteriosa ainda é a sexualidade homoerótica. Diz o poeta: onde *os dois estão dois,* na alma evidentemente, e na alma também *o um* que *são dois quando dois são um*. Melhor definição do homoerotismo não há e nunca houve. Primeiro, a constatação de um estado de alma: "os dois onde *estão* os dois". Mas *os dois onde estão os dois* formam *o um,* o sujeito. Depois, *o um* não é dois sujeitos, embora *o um* seja um *um* que são dois, porque *quando dois são um*. Lá era *estar dois,* aqui, é *ser um* quando dois.

E a *saudação* chega ao cimo. Primeiro, o reconhecimento da autenticidade de Walt:

Tu, o que eras, tu o que vias, tu o que ouvias,
O sujeito e o objeto, o *ativo* e o *passivo,*
Círculo fechando todas as possibilidades de sentir,
Marco miliário de todas as coisas que podem ser,
Deus Termo de todos os objetos que se imaginem e és tu!

Segundo, a admiração irrestrita e mais do que justa por tudo o que ele alcançou na luta pela *democracy, with the love of comrades, the manly love.* Walt atento à passagem das horas, para a construção de sua obra:

Tu Hora
Tu Minuto
Tu Segundo!

Com todo esse afinco, plantou um *marco miliário* na libertação da dura caminhada dos homossexuais:

Tu intercalado, liberto, desfraldado, ido,
Intercalamento, libertação ida, desfraldamento
Intercalador, libertador, desfraldador, remetente.

Historicamente, foi Walt que se consagrou como o grande *libertador* dos *comrades*, desfraldando um movimento mundial sem retorno ou apenas a ele *remetente.*

Finalmente, o poeta aspira partir para junto de Walt:

Agora que estou *quase na morte e vejo tudo já claro,*
Grande libertador, volto submisso a ti.

Dispam-me o peso do meu corpo
(Pessoa 2004, p. 152).

E o desejo do repouso dos mortos:

Quando é que parte o último comboio, Walt?
Quero deixar esta cidade, a Terra,
Quero emergir de vez deste país, Eu,
Deixar o mundo com o que se afirma falido
(Pessoa 2004, p. 152).

O último comboio a partir: deixar esta cidade, a Terra, com o que se afirma falido, de resto, serão suas obras que perpetuarão sua memória nesta cidade, Terra. A poesia foi para ambos o instrumento mediante o qual todos esses impulsos puderam ser elaborados, sublimados:

E a poesia foi a de nossa incompetência para agir...
Tu, afinal, inocente em viva histeria,
Afinal apenas "acariciador da vida",
Mole ocioso, paneleiro pelo menos na inteligência,

– Bem... isso era contigo – mas onde é que aí está a Vida?
(Pessoa 2004, p. 152).

A *incompetência de agir*, aparentemente uma falha de caráter, aliás, muitas vezes vivida como tal pelo poeta. No entanto, ao contrário, é-lhe fulcro, falta-para-ser da criatividade poética. Partem ambos para a palavra e não se paralisam no *acting out* ou na passagem ao ato.

O poeta declara Walt *inocente*; sabe que, do homoerotismo, ele é responsável, mas não de seu surgimento: "Afinal apenas *acariciador* da vida... *paneleiro* [veado] *pelo menos na inteligência*". Pelo menos na inteligência, pois, caso contrário, não teríamos efeito sublimatório. Mas, porque *na inteligência,* efeito apaziguante. *Bem*, mas isso já se foi, como sempre foi quando Pessoa se deparou com seu homoerotismo. Depois de tanto envolvimento com Walt, *mas onde é que aí está a Vida?* Então:

Adeus, Walt, adeus!
Adeus até ao indefinido para além do Fim.
(Pessoa 2004, p. 152).

Para além do Fim, isto é, da morte, levará *indefinido* seu desejo homoerótico, indefinido na prática. E Pessoa sela esse propósito:

Consideremo-nos amantes
Sem sexo, *nem* olhar, *nem* beijos
Em terras... e distantes
Onde não chegam os desejos...
(Pessoa 2006a, p. 125).

Ode Triunfal

É interessante notar que, em certos homoeróticos, sob a aparência de serem femininamente delicados, há, não raro, o enclave adormecido de um sadomasoquismo violento que, às vezes, explicita-se aberrantemente.

É significativo observar, como ficou registrado anteriormente, que não poucos homicídios praticados entre homoeróticos se caracterizam por um refino de agressões físicas, sobretudo por ferimentos de instrumento perfurante. Em Álvaro de Campos, esse sintoma se apresenta de maneira estrídula. Na "Ode Triunfal", esse movimento sádico vai num *crescendo* impressionante. A eletricidade, os carros, toda a vida trepidante da modernidade é convocada para metaforizar esse impulso. Fernando Pessoa era um poeta profundamente tocado pelo progresso das máquinas, do trem, do vapor, do telefone, do telégrafo... enfim, um homem sensibilizado por todas as conquistas industriais e técnicas de sua época. Nisso também foi influenciado por Whitman, que dedica longo poema ao mesmo tema.

Dez anos após a publicação da *Ode*, Pessoa escreve:

> (...) foi Whitman o primeiro que teve o que depois se veio a chamar a sensibilidade futurista – e cantou coisas que se consideravam pouco poéticas, quando é certo que só o prosaico é que é pouco poético, e o prosaico não está nas coisas mas em nós. Whitman, porém desorientou porque apresentou duas novidades juntas. O mesmo *ahurissement*[4] produzi eu com a minha Ode Triunfal, no Orfeu 1, visto que, embora escrita perto de setenta anos depois da primeira edição das *Leaves of Grass* aqui ninguém sabia sequer da existência das coisas. (Lopes 1990b, p. 337)

Fica claro que foi Whitman que provocou em Pessoa um movimento interno de libertação pessoal. O passo dado por Whitman o estimula e o sustenta nessa caminhada: *O democracy, to serve you, ma femme!*

Pessoa inicia a "Ode Triunfal" com uma saudação ao mundo novo, totalmente aberto ao progresso:

> À dolorosa luz das grandes lâmpadas elétricas da fábrica
> Tenho febre e escrevo.
> Escrevo rangendo os dentes, fera para a beleza disto,
> Para a beleza disto totalmente desconhecida dos antigos
> (Pessoa 1995, p. 306).

[4] *Ahurissement* = estupefação.

Tenho febre e escrevo: esquenta-o o ritmo trepidante do novo mundo em marcha e abre-se para poeticamente interpretar as transformações que testemunha: *Escrevo rangendo os dentes, fera para a beleza disto,/Para a beleza disto totalmente desconhecida dos antigos.*

Admira tanto a transformação de seu mundo que se vê *fera* ante essa beleza totalmente desconhecida dos antigos. Para bem figurar a estranheza dele diante da revolução industrial, imagina-se animal selvagem, pronto para devorar o mundo novo *em fúria fora e dentro de mim*, entrega-se ao embalo das máquinas:

> Ó rodas, ó engrenagens, r-r-r-r-r-r eterno!
> Forte *espasmo* retido dos maquinismos em fúria!
> Em fúria fora e dentro de mim,
> Por todos os meus nervos dissecados fora,
> Por todas as papilas fora de tudo com que eu sinto!
> Tenho os lábios secos, ó grandes ruídos modernos,
> De vos ouvir demasiadamente de perto,
> E arde-me a cabeça de vos querer *cantar com um excesso*
> *De expressão de todas as minhas sensações*,
> Com um excesso contemporâneo de vós, ó máquinas!
> (Pessoa 1995, p. 306).

Saúda as rodas, as engrenagens, em prosopopeia de ronco eterno e disso aufere em fantasia um gozo orgástico – ele fala em *espasmo*, que volta com frequência aqui e na "Ode Marítima".

Entre ele e a máquina, há um envolvimento tal, que não dá para ser encarado senão como uma verdadeira relação. Nessa relação, a fúria toma conta do poeta: *fora e dentro de mim*. E ele seduz as máquinas, para que venham saciá-lo: "E arde-me a cabeça de vos querer cantar com um excesso/De expressão de *todas as minhas sensações*,/Com um excesso contemporâneo de vós, ó máquinas!". Busca no movimento das máquinas a possibilidade de deslocar *todas as minhas sensações*:

> Em febre e olhando os motores como a uma Natureza tropical –
> Grandes trópicos humanos de *f*erro e *f*ogo e *f*orça –

Canto, e canto o presente, e também o passado e o futuro,
Porque o *presente é todo o passado e todo o futuro*
E há Platão e Virgílio dentro das máquinas e das luzes elétricas
Só porque houve outrora e foram humanos Virgílio e Platão,
E pedaços do Alexandre Magno do século talvez cinquenta,
Átomos que hão-de ir ter febre para o cérebro do Ésquilo do século cem,
Andam por estas *correias de transmissão* e por *estes êmbolos* e por *estes volantes,*
Rugindo, rangendo, ciciando, estrugindo, ferreando,
Fazendo-me um excesso de carícias ao corpo numa só carícia à alma.

Ah, poder exprimir-me todo como um motor se exprime!
Ser completo como uma máquina!
Poder ir na vida triunfante como um automóvel último-modelo!
Poder *ao menos penetrar-me fisicamente de tudo isto,*
Rasgar-me todo, abrir-me completamente, tornar-me passento
A todos os perfumes de óleos e calores e carvões
Desta flora estupenda, negra, artificial e *insaciável*!
(Pessoa 1995, p. 306).

Fernando é um homem perfeitamente implantado em seu tempo e, por isso, encara a revolução dos *motores* com a mesma fineza de espírito com que via a *natureza tropical*. Evoca Platão, que via o mundo dos humanos explicitando ideias eternas e propunha que o homem saísse da caverna na busca da luz; apela a Virgílio, que não só eternizou em *Eneida* as glórias passadas das grandes narrativas do Império Romano, mas tinha aguda sensibilidade para cantar as belezas de seu tempo e as da natureza. Por isso, vê *Platão e Virgílio, dentro das máquinas e das luzes elétricas, com um excesso contemporâneo de vós.*

Alude, ainda, ao grande e culto conquistador Alexandre Magno e ao conhecedor das tragédias humanas, Sófocles, para que venham em seu auxílio na conquista poética do mundo moderno. Antecipa Hanna Arendt, colocando-se na linha do tempo e firmando a posição de sua existência:

Canto, e canto o presente, e também o passado e o futuro,
Porque o presente é todo o passado e todo o futuro

> (...)
> Andam por estas correias de transmissão e por estes êmbolos e por estes *volantes*,
> *Rugindo, rangendo, ciciando, estrugindo, ferreando,*
> *Fazendo-me um excesso de carícias ao corpo numa só carícia à alma*
> (Pessoa 1995, p. 306).

Platão, Virgílio, Alexandre Magno e Sófocles *andam por estas correias de transmissão e por estes êmbolos e por estes volantes*, porque ele, poeta da modernidade, como eles no passado, faz a poesia medrar por *essas correias, estes êmbolos,* sobretudo, *estes volantes.*

Correias de transmissão, *êmbolos*, *volantes* são metáforas da excitação que envolve o poeta no contato com as máquinas. A onomatopeia *rugindo, rangendo, ciciando, estrugindo, ferreando* é figuração da máquina como companheira sexual que acaba em *ferreando.* E mostra o resultado: *Fazendo-me um excesso de carícias ao corpo numa só carícia à alma.* Sem o corpo, não há sujeito, por isso, apenas com *excesso de carícias ao corpo* se pode alcançar uma *só carícia à alma.* Assim, realiza ele o princípio de que *a alma conquista o que o corpo deseja, isso é outro amor,* o amor sublimado.

A metáfora do *volante* é-lhe particularmente excitante. E é interessante notar que volante vem do latim *volare* e significa *voar. Voar*, é bom lembrar, é uma das metáforas usadas na língua para expressar o momento do orgasmo. Em Walt Whitman, Fernando já explicitara o significante *volante*:

> Loucura furiosa! Vontade de ganir, de saltar,
> De ser a cadela de todos os cães e eles não bastam,
> De ser o *volante* de todas as máquinas e a velocidade sem limite,
> De ser o esmagado, o *deixado*, o deslocado, o acabado
> (Pessoa 1995, p. 338).

Esse significante, o volante, é supervalorizado pelo poeta na "Ode Marítima", como mais adiante veremos.

Avança mais ainda: aspira a deixar o corpo funcionar, exprimir-se sem consciência, como uma máquina, para "Poder ao menos *penetrar-me fisicamente de tudo isto*". E, no anseio dessa penetração, a mais violenta posição masoquista: "Rasgar-me todo, abrir-me completamente, tornar-me *passento*". *Passento*: *coloca*-se em osmose, para que essa excitação sádica o penetre todo. Nessa total irmanação *com todas as dinâmicas*, o poeta se encontra na *promíscua fúria de ser parte-agente*.

Declarando-se *parte-agente*, expressa um duplo sentido: o seu ser homoerótico vivido em ambivalência e, ao mesmo tempo, o homem perfeitamente ciente de que faz parte de seu tempo e colabora nas transições em marcha.

Feita a invocação, explicitando o desejo de sua relação erótica com as máquinas, o poeta-parte-agente expõe suas relações com o mundo moderno: os navios, as fábricas, grandes cidades, os cafés – *oásis de inutilidades ruidosas* –, o comércio internacional, a corrida de cavalos em Paris e na Inglaterra, os comerciantes, os vadios, os *escrocs*, as *esquálidas figuras dúbias*, a *presença demasiadamente acentuada das cocotes*, as *burguesinhas, mãe e filha geralmente*, e *a graça feminil e falsa dos pederastas que passam, lentos*... e conclui entre parênteses: (Ah, como eu *desejaria ser o souteneur* disto tudo!).

Os impulsos homossexuais que poderiam levá-lo à insânia de um desenfreamento em lascívia ou em devaneios sem fim se desalteram no real da escrita: "Ah como eu *desejaria ser o souteneur* disto tudo". E continua a revisitar os fatos de seu tempo: "A maravilhosa beleza das corrupções políticas, os deliciosos escândalos financeiros e diplomáticos". Vagueia pelo mundo dos jornais, pelos *artigos políticos insinceramente sinceros* e pelos livros que acabam de aparecer, confessando, enfim, sua relação com tudo o que o mundo contém: "Como eu vos amo a todos, a todos, a todos... Ah, como todos os meus sentidos têm *cio* de vós!".

E prossegue, na *ode triunfal* de seu tempo: fala do vapor, da agricultura, dos armazéns, das fábricas, do cimento armado e dos *Progressos dos armamentos gloriosamente mortíferos!/Couraças, canhões, metralhadoras, submarinos, aeroplanos!* Retém, porém, o embalo e se lembra do que escreveu no exórdio: *Escrevo rangendo os dentes, fera para a beleza disto*, e confessa:

Amo-vos a todos, a tudo, como uma fera.
Amo-vos carnivoramente,
Pervertidamente e enroscando a minha vista
Em vós, ó coisas grandes, banais, úteis, inúteis,

Ó coisas todas modernas,
Ó minhas contemporâneas, forma atual e próxima
Do sistema imediato do Universo!
Nova Revelação metálica e dinâmica de Deus!
(Pessoa 1995, p. 308).

O poeta desconfia *da beleza disto*, e, como Freud, desconfia sobretudo dos benefícios do progresso para a humanidade, daí seu amor de *fera*: "Amo-vos carnivoramente, *pervertidamente*". Contudo, ao mesmo tempo, não deixa de vislumbrar que essas *coisas todas modernas, ó minhas contemporâneas* são *forma atual e próxima/Do sistema imediato do Universo*. Elas fazem parte de um plano providencial, têm um sentido: "*Nova* Revelação metálica e dinâmica de Deus". Pessoa entregue à leitura dos sinais dos tempos.

Retoma sua relação sexual com os feitos modernos, como um homoerótico ativo que procura uma mulher: *Na minha mente turbulenta e incandescida/Possuo-vos como a uma mulher bela*. E explicita seu amor de *fera*, carnívoro e pervertido: *Completamente vos possuo como a uma mulher bela que não se ama,/Que se encontra casualmente e se acha interessantíssima*. Posse direta, rápida: *mulher bela que não se ama*, porque mulher casual e *que se acha interessantíssima*, por ser possuída por um homossexual.

Volta a se lembrar das coisas de seu tempo, grandes edifícios, eleva dores, ministérios, falsos orçamentos, lojas com belas vitrines, e, de novo, Platão em carne e osso, que se recusou a ser discípulo de Aristóteles. Nesse entretrecho ganhou tempo, distraiu o leitor da atenção anteriormente solicitada para sua relação sexual ativa e, agora, após essa divagação, declara seu desejo de ser passivamente possuído:

Eu podia morrer triturado por um motor
Com o *sentimento de deliciosa entrega duma mulher possuída*.
Atirem-me para dentro das fornalhas!
Metam-me debaixo dos comboios!
Espanquem-me a bordo de navios!
Masoquismo através de maquinismos!
Sadismo de não sei quê moderno e eu e barulho!

Up-lá hó jóquei que ganhaste o Derby,
Morder entre dentes o teu *cap* de duas cores!

(Ser tão alto que não pudesse entrar por nenhuma porta!
Ah, *olhar é em mim uma perversão sexual!*)

Eh-lá, eh-lá, eh-lá, catedrais!
Deixai-me partir a cabeça de encontro às vossas esquinas.

E ser levantado da rua cheio de sangue
Sem ninguém saber quem eu sou!
(Pessoa 1995, p. 309).

Eu podia morrer triturado por um motor: Sua admiração pela máquina leva-o ao extremo de se imaginar num ato sexual com ela: "Ah, poder exprimir-me todo como um motor se exprime!". Se um motor se exprime, é exclusivamente porque uma energia o perpassa e o mantém em giro; cessada a energia, cessa o motor. O poeta, em seu *masoquismo através de maquinismos*, deseja sentir-se como um motor respondendo à energia que o movimenta: "Com *o sentimento de deliciosa entrega duma mulher possuída*". Agora, vibra com o outro aspecto de seu homoerotismo: não apenas a *entrega*, o ser possuído, mas a *deliciosa entrega duma mulher possuída*. Concretiza-se, assim, explicitamente, a fantasia de uma realização sexual homoerótica passiva.

Em seguida, retoma o movimento sublimatório de sua pulsão e, longe do *jóquei* que ganha um *Derby*, aspira a que porta alguma se abra para a posse erótica de *sadismo de não sei quê moderno e eu e barulho*: (*Ser tão alto que não pudesse entrar por nenhuma porta!*). Na medida em que narcisifica assim sua pulsão homoerótica, pode averiguar a força de certas moções que movimentam seus desejos: *Ah, olhar é em mim uma perversão sexual!* O olhar é olhado pelo outro, e esse retorno acende seus desejos absconsos.

De volta à vida cotidiana das pessoas, das famílias, chega a desejar o anonimato da morte, um mendigo ignoto: *E ser levantado da rua cheio de sangue/Sem ninguém saber quem eu sou!* Desce do pedestal de seu gênio, dos impulsos de sua fantasia enlouquecida e em nada se vê diferente do mais humilde cidadão, caído na rua, *sem ninguém saber quem eu sou*. Feito o desrecalque desse quinhão sadomasoquista que lhe coube em sua sexualidade genital, finaliza esse movimento com um gesto de identificação com todos os seres humanos. Primeiro, a invocação que liga o texto explícito sobre a sexualidade sadomasoquista a outros aspectos da sexualidade da vida cotidiana:

> Ó *tramways*, funiculares, metropolitanos,
> Roçai-vos por mim até ao espasmo!
> (Pessoa 1995, p. 309).

O entrecruzar incessante dos bondes, funiculares ou metrôs é por ele avocado, para que simbolicamente substitua uma relação sexual – *Roçai-vos por mim* – que o levasse *ao espasmo*, isto é, ao orgasmo.

O poeta dá uma gargalhada – *Hilla! hilla! hilla-hô!* –, por ter superado incursões tão poderosas da pulsão sexual. Em seguida, dá-se conta do testemunho que acabou de dar de sua sexualidade e antecipa críticas ou zombarias, irmanando com as comezinhas realidades dos seres humanos na vida cotidiana, tudo cantando em poesia:

> Dai-me gargalhadas em plena cara,
> Ó automóveis apinhados de *pândegos* e de *putas*,
> Ó multidões quotidianas nem alegres nem tristes das ruas,
> Rio multicolor anônimo e onde eu me posso banhar como quereria!
> Ah, que vidas complexas, que coisas lá pelas casas de tudo isto!
> Ah, saber-lhes as vidas a todos, as dificuldades de dinheiro,
> As dissensões domésticas, os deboches que não se suspeitam,
> Os pensamentos que cada um tem a sós consigo no seu quarto
> E os gestos que faz quando ninguém pode ver!
> Não saber tudo isso é ignorar tudo, ó raiva,
> *Ó raiva* que como uma febre e um *cio* e uma fome
> Me põe a magro o rosto e me *agita às vezes as mãos*
> *Em crispações absurdas* em *pleno meio das turbas*
> Nas *ruas cheias de encontrões*!
> (Pessoa 1995, p. 309).

Nada do que é humano lhe é estranho. Destaquemos um aspecto: seriam esses versos mais um testemunho de seu homoerotismo?

Ó raiva que como uma febre e um *cio* e uma fome
Me põe a magro o rosto e me *agita às vezes as mãos*
Em *crispações absurdas em pleno meio das turbas*
Nas ruas cheias de encontrões!

Com a força de uma *febre*, com *cio* e *fome*, seu rosto se encolhe para não ver a agitação das mãos *em crispações absurdas*, a expressar ataques homofeminis de sua sexualidade. E continua sua caminhada através de outros aspectos da turba, fruto das injustiças que geram os excluídos dos benefícios da cultura:

Ah, e a gente ordinária e suja, que parece sempre a mesma,
Que emprega palavrões como palavras usuais,
Cujos filhos roubam às portas das mercearias
E cujas filhas aos oito anos – *e eu acho isto belo e amo-o!* –
Masturbam homens de aspecto decente nos vãos de escada.
A gentalha que anda pelos andaimes e que vai para casa
Por vielas quase irreais de estreiteza e podridão.
Maravilhosa gente humana que vive como os cães,
Que está abaixo de todos os sistemas morais
(Pessoa 1995, pp. 309-310).

O Poeta compartilha a vida da *gente ordinária e suja*; primeiro, porque, em sua pobreza, identifica-se à dela e, segundo, porque, como intelectual e poeta, ao fruir dos bens mais privilegiados da cultura, irmana-se à *gente ordinária e suja*, parte de sua humanidade excluída, preocupação constante em resgatar seus compatriotas da ignorância e da miséria. Pessoa sonha com a libertação do povo oprimido e ignorante. Compaixão na alma, partilha sua vida com os oprimidos, os excluídos, como nos versos do poema "Passagem das Horas":

Todos os *amantes beijaram-se na minh'alma,*
Todos os vadios dormiram um momento em cima de mim,

> Todos os *desprezados encostaram-se um momento ao meu ombro,*
> *Atravessaram a rua, ao meu braço, todos os velhos e os doentes,*
> E houve um segredo que me disseram todos os assassinos
> (Pessoa 1995, p. 346).

Voltando à "Ode Triunfal", dois versos chamam atenção sobre um aspecto perverso da sexualidade humana:

> E cujas filhas aos oito anos – *e eu acho isto belo e amo-o!* –
> Masturbam homens de aspecto decente nos vãos de escada.

Há, sem dúvida, um gozo perverso nesse *e eu acho isto belo e amo-o*, pois impingir tal ignomínia a uma menina seria provocar um sofrimento covarde em uma criatura cujo corpo sequer despertou na puberdade e cuja mente está ainda sem defesa moral. Fernando libera os porões de seu inconsciente, que não conhece lei nem moral. Mas, com certeza absoluta, pelo testemunho de sua vida, nada disso passaria pelo consentimento dele.

O vate se iguala à gentalha e sabe admirar a *maravilhosa gente humana que vive como os cães* e *que está abaixo de todos os sistemas morais*. Esses seres humanos, compatriotas seus, ou concidadãos do mundo, são os dolorosamente excluídos dos bens da civilização. São frutos da mais brutal injustiça que os criou e preservou na marginalidade da vida. Quem são eles?

> Para quem nenhuma religião foi feita,
> Nenhuma arte criada,
> Nenhuma política destinada para eles!
> Como eu *vos amo a todos*, porque sois assim,
> Nem imorais de tão baixos que sois, nem bons nem maus,
> *Inatingíveis por todos os progressos*,
> Fauna maravilhosa do fundo do mar da vida!
> (Pessoa 1995, p. 310).

O poeta se deixa tocar pela sobrevivência desses seres humanos reduzidos a animais abandonados – a *fauna* – por uma sociedade egoísta, insensível, fechada em seus privilégios de dominação, inebriada na ganância da acumulação e, do fundo da alma, uma admiração lhe brota espontânea: *Fauna maravilhosa do fundo do mar da vida!*

Interrompe o mergulho nessa realidade pungente, recorrendo a um expediente literário próprio ao seu estilo: após mensagem, versos tensos, dolorosos, prenhes, o recurso aliviante a cenas comezinhas da vida cotidiana:

> (Na nora do quintal da minha casa
> O burro anda à roda, anda à roda,
> E o mistério do mundo é do tamanho disto.
> Limpa o suor com o braço, trabalhador descontente.
> A luz do sol abafa o silêncio das esferas
> E *havemos todos de morrer*,
> Ó pinheirais sombrios ao crepúsculo,
> Pinheirais onde a minha infância era outra coisa
> Do que eu sou hoje...)
> (Pessoa 1995, p. 310).

Fernando-Álvaro volta ao trepidar da vida moderna e se mostra perfeitamente afinado e atento às mudanças, às mutações, às revoluções e aos acidentes do mundo em transformação:

> Mas, ah outra vez a raiva mecânica constante!
> (...)
> Ó ferro, ó aço, ó alumínio, ó chapas de ferro ondulado!
> Ó cais, ó portos, ó comboios, ó guindastes, ó rebocadores!
> (...)
> Eh-lá-hô revoluções aqui, ali, acolá,
> Alterações de constituições, guerras, tratados, invasões,
> Ruído, injustiças, violências, e talvez para breve o fim,
> A grande invasão dos bárbaros amarelos pela Europa,
> E outro Sol no novo Horizonte!
> (Pessoa 1995, p. 310).

Mas todo esse rebuliço da modernidade nada é perante o *Momento* vivenciado:

Que importa tudo isto, mas que importa tudo isto
Ao fúlgido e rubro ruído contemporâneo,
Ao ruído cruel e delicioso da civilização de hoje?
Tudo isso apaga tudo, salvo o *Momento*,
O *Momento* de tronco nu e quente como um *fogueiro*,
O *Momento* estridentemente ruidoso e mecânico,
O *Momento* dinâmico passagem de todas as bacantes
Do ferro e do bronze e da bebedeira dos metais
(Pessoa 1995, p. 310).

Note-se: *Que importa tudo isto (...) Ao ruído cruel e delicioso da civilização de hoje?* O ruído é *cruel* e, ao mesmo tempo, *delicioso*, sempre o recurso ao oximoro, aqui a expressar o duplo movimento que acompanha todo o poema: o sadomasoquismo revisitado.

Enfim, *tudo isto* desaparece diante de um momento prazerosamente vivido: *Tudo isso apaga tudo, salvo o Momento*. Mas que momento? Um momento com letra maiúscula:

O *Momento* de tronco nu e quente como um *fogueiro*,
O *Momento* estridentemente ruidoso e mecânico,
O *Momento* dinâmico passagem de todas as bacantes.

"Tronco nu e quente como um *fogueiro*", "*Momento* dinâmico", que sirva, como todas as dançarinas de Baco, de passagem para a realização sexual. E aí "Eu podia morrer triturado por um motor/Com o sentimento de deliciosa entrega duma *mulher possuída*". O *Momento*, com letras maiúsculas, é parada instantânea das Horas, de todas as Horas pessoanas. O *Momento* é instante preciso em que o inconsciente se manifesta na explicitação do desejo sexual.

Depois de passar por sentimentos tão fortes, o poeta apela em epílogo a um hino de ânimo e superação:

Eia! eia! eia!
Eia eletricidade, nervos doentes da Matéria!
Eia telegrafia-sem-fios, simpatia metálica do Inconsciente!

(...)
Nem sei que existo para dentro. Giro, rodeio, engenho-me.
Engatam-me em todos os comboios.
Içam-me em todos os cais.
Giro dentro das hélices de todos os navios.
Eia! eia-hô eia!
Eia! sou o *calor mecânico* e a *eletricidade!*
(...)
Galgar com tudo por cima de tudo! Hup-lá!
(...)
Ah não ser eu toda a gente e toda a parte!
(Pessoa 1995, p. 311).

Eia! é uma interjeição de ânimo, de encorajamento, de superação, alcançada na poesia, graças à sublimação.

O poeta está cansado de tanta excitação e de tanto envolvimento. Resume seu estado final: *Eia eletricidade, nervos doentes da Matéria*. Seus nervos estão lassos, fatigados. Estão doentes de Matéria, isto é, do assunto da modernidade. E, num lampejo brilhante, entende por que tudo isso lhe foi possível: *Eia telegrafia-sem-fios, simpatia metálica do Inconsciente*. Metáfora encantadora do retorno do recalcado e da narcisização de sua mensagem transformada em poesia: *telegrafia-sem-fios*, o significante da representação, em perfeita *Syn-pathia*, metálica mesmo, isto é, do mesmo som e tom do inconsciente. É graças a essa *Syn-pathia* (*syn* = com e *pathia* = sentimento) que suas criações poéticas são tão intensas e abundantes.

Por cima de todos esses envolvimentos metaforicamente escolhidos para poder exprimir os retornos de seu inconsciente, a declaração do processo de sublimação jamais abandonado pelo poeta: *Galgar com tudo por cima de tudo*. Ele é preciso: o processo de sublimação só é possível graças à abertura do ego às *passagens* do inconsciente e, por isso, "Galgar com *tudo*", toda matéria é aproveitável na transposição. Porém, jamais parar nela: "Galgar com tudo, *por cima de tudo*". Eis a superação, *o deslocamento* da energia: *por cima de tudo*.

Enfim, rende-se à solidariedade, em nada se considera diferente de todos os seres humanos, sobretudo dos que sofrem e que foram excluídos

dos ganhos da cultura: *Ah não ser eu toda a gente e toda a parte. Ah não ser eu toda a gente e toda a parte*, nada é, não se reconhece, não existe e não existiria. *Eu toda a gente e toda a parte*, só humano se com os humanos irmanado e encontrando-se em *toda parte* em que eles estão, vivem e sofrem. *Eu, toda gente, eu toda parte*! *Eu*, cidadão do Universo!

Epílogo

Ode triunfal? Não era de se esperar o cantar de grandes feitos, façanhas admiráveis, heróis de soberbas memórias? Nada disso! *Ode triunfal*, em que pese o *ahurissement* que provoca, é epinício glorioso, épico da sublimação da pulsão sexual, quer no erotismo, quer nas mínimas banalidades da vida cotidiana das famílias, das cidades, das nações. Triunfo de prática sublimatória de uma vida entregue inteiramente a um propósito único: o avanço cultural de Portugal e da humanidade, na superação das misérias humanas e na transformação delas em *viver não é necessário, o que é necessário é criar.*

Ode Triunfal, sobre ser exutória, é prova de que a literatura é uma das saídas sublimatórias das pulsões.

Ode Marítima

Meu ser vive na sombra e no desejo.
Fernando Pessoa

Fernando Pessoa era apaixonado pela história de Portugal, pelo mar, pelas viagens marítimas, pelos relatos de conquistas e de piratas. Era um homem imbuído do heroísmo português na conquista de terras e mares. Este poema, em muitos aspectos, inspira-se em Walt Whitman. Em *Folhas de relva*, de 1881, Whitman fez um poema semelhante: "Crossing Brooklyn Ferry". É poesia da nova maquinaria.

Sentado no porto, logo de manhã, Fernando Pessoa põe-se a ver o movimento dos barcos, rebocadores e libera sua fantasia:

Sozinho no cais deserto, a esta manhã de Verão,
Olho pro lado da barra, olho pro Indefinido,

Olho e contenta-me ver,
Pequeno, negro e claro, um paquete entrando.
(...)
Vem entrando, e a manhã entra com ele, e no rio,
Aqui, acolá, acorda a vida marítima,
(...)
Há uma vaga brisa.
Mas a minh'alma está com o que vejo menos,
Com o paquete que entra,
Porque ele está com a Distância, com a Manhã,
Com o *sentido marítimo desta Hora,*
Com a *doçura dolorosa* que sobe em mim como uma *náusea,*
Como um *começar a enjoar,* mas *no espírito.*

Olho de longe o paquete, com uma grande independência de alma,
E dentro de mim um *volante* começa a girar, lentamente.
(Pessoa 1995, pp. 314-315).

Olho e contenta-me ver, porém, imediatamente constata: *Mas a minh'alma está com o que vejo menos.* No poema, ele vai revelar esse *com o que vejo menos.* Recolhe-se e, concentrado, passa a nos informar sobre o *com o que vejo menos, o sentido marítimo desta Hora.*

Com o sentido marítimo desta Hora: essa *Hora* marítima o deixa triste, aflito mesmo, diante do que contempla, as volutas de suas fantasias em ebulição. Mas não desiste, ele está compenetrado em sua alma e aí vê mais do que seus olhos contemplam no vaivém do porto. Corajosamente, vai expor um aspecto doloroso de seu rico mundo interior. Então, seu estado de alma: "Com a *doçura dolorosa* que sobe em mim como uma *náusea,*/Como um começar a *enjoar,* mas no *espírito*". O que ele vislumbra nesse recanto de seu espírito causa-lhe *náusea* mas, ao mesmo tempo, *doçura.* Porém, com propósito determinado, ele avança: "Olho de longe o paquete, com uma grande independência de alma,/E dentro de mim um *volante* começa a girar, lentamente".

Sentado, observa o movimento do porto: navios, barcos, portuários em agitação frenética. Mas contempla tudo isso *com uma grande indepen-*

dência de alma, isto é, o que mais o empolga é sua fantasia, a voar com asas plenamente abertas. Dentro dele, uma tempestade se anuncia. No jogo de metáforas maquínicas, uma peça vai impor ritmo às suas forças psíquicas. É o *volante*. Peça-mestra na transmissão de força às correias que alimentam o movimento de outras polias. Nesse início do poema, o *volante* começa a girar, lentamente. Metaforicamente, o *volante* imprimirá ritmo ao retorno de pulsões violentas de seu inconsciente. É um significante mestre. Ao longo do poema, o significante *volante* será evocado para exprimir a evolução de um movimento de excitação que o leva ao ápice e, ao fim e ao cabo, ele mergulha no apaziguamento.

Fernando Pessoa muito cedo perdeu o pai e teve de partir com o padrasto para a África do Sul. Ele, "com o sentido marítimo desta *Hora*", sabia-se profundamente tocado pelo "mistério alegre e triste de quem chega e parte". *Mistério alegre*, porque é preciso partir para a vida, romper com o ninho paterno-materno, mas *mistério triste*, pois é preciso deixar os entes queridos. Assim, *mistério alegre e triste*, sobretudo quando teve de lá deixar sua mãe e retornar a Portugal. Além do mais, à época desse poema, recebe a angustiante notícia de que sua mãe fora vítima de um violento ataque de apoplexia.

> Os paquetes que entram de manhã na barra
> Trazem aos meus olhos consigo
> O *mistério alegre e triste* de quem chega e parte.
> Trazem memórias de cais afastados e doutros momentos
> Doutro modo da mesma humanidade noutros pontos.

O poeta se une em espírito e anseios com outro modo e outros momentos da mesma humanidade. Sempre na partilha (*koinonia*) e na solidariedade com toda humanidade.

> Todo o atracar, todo o largar de navio,
> É – sinto-o em mim como o meu sangue –
> *Inconscientemente simbólico, terrivelmente*
> *Ameaçador de significações metafísicas*
> Que perturbam em mim quem eu fui...
> (Pessoa 1995, p. 315).

Graças ao movimento de navios que atracam e largam, reencontra numa evolução interior – *sinto-o em mim como o meu sangue* – um simbolismo que lhe vem do inconsciente, ameaçador e terrível, com *significações metafísicas*. Que produzem essas significações? "Perturbam em mim *quem eu fui...*". As significações não o movimentam *como eu sou*, mas *como eu fui*, isto é, as águas de seu inconsciente vão se agitar, turvar e ele tentará, em versos que seguem, ler *quem eu fui...*

Aos poucos, vamos ao encontro desse *Inconscientemente simbólico, terrivelmente/Ameaçador de significações metafísicas*:

> Ah, todo o cais é uma saudade de pedra!
> E quando o navio larga do cais
> E se repara de repente que se abriu um espaço
> Entre o cais e o navio,
> Vem-me, não sei por que, uma *angústia recente*,
> Uma névoa de sentimentos de *tristeza*
> Que brilha ao sol das minhas *angústias relvadas*
> Como a primeira janela onde a madrugada bate,
> E me envolve como uma *recordação duma outra pessoa*
> *Que fosse misteriosamente minha*
> (Pessoa 1995, p. 315).

Inicia sua caminhada ao encontro do *inconscientemente simbólico* e recorda um dos momentos mais difíceis das viagens de navio: o momento da largada: *Ah, todo o cais é uma saudade de pedra!*

Só ele permanece empedernido, insensível à dor da partida. E consegue descrever essa dor com fina precisão: *E quando o navio larga do cais/E se repara de repente que se abriu um espaço/Entre o cais e o navio*. É um momento difícil tanto para quem parte como para quem fica a contemplar o navio que lentamente se faz ao largo até vê-lo desaparecer no horizonte, na imensidão do mar da terra rotunda. *Partir c'est mourir un peu...* a lentidão do navio que se afasta alarga um pouco mais essa *angústia*. Hoje, o telefone celular tanto poderia prolongar essa aflição como abrandá-la. De todo modo: "O *mistério* alegre e triste de quem chega e parte".

Em seu recolhimento, *pensando menos no que vê*, o poeta nos revela seu estado de espírito: "Vem-me, não sei por que, uma *angústia recente*/Uma névoa de sentimentos de *tristeza*". Que angústia recente tolda seu espírito? Que sentimentos de tristeza sombreiam sua consciência? Talvez duas coisas: a doença grave da mãe defronte deste porto que tem *saudades* de suas partidas gravadas em *pedra* ou, quiçá, vislumbre ele a forte tempestade que está prestes a abater-se sobre seu espírito. Em todo caso, *tristeza*: "Que brilha ao sol das minhas *angústias relvadas*", isto é, Fernando sabe transformar em sol suas angústias brotadas. E ainda mais: o brotar dessas angústias lhe calha *como a primeira janela onde a madrugada bate*; são elas que despontam para a aurora de um novo dia. *Angústias relvadas* seriam inspiradas por *Leaves of grass*, de Walt Whitman?

Na contemplação "do que *menos vejo* (...) E me envolve como uma recordação duma *outra* pessoa/Que fosse *misteriosamente minha*".

> Meu ser vive na noite e no *outramente*,
> Vestígio e esteira de onde o barco foi...
> Nada é, tudo se *outra*
> (Pessoa 2007, p. 360).

O poema vai explicitar a recordação de um aspecto de sua pessoa, da qual toma distância, vai outrar, para conseguir se ver como outra pessoa, *misteriosamente minha*. Ele fala de recordação. Sim, o poema é recordação do que bem sabe ser-lhe próprio, verdadeiramente "outra pessoa/Que fosse *misteriosamente minha*". Ele quase não acredita no que entrevê. Todo ser humano é um mistério. Ele é tão grande, de dimensões tão infindas, que só resta portar-nos em admiração a esse mistério. *Misteriosamente*, esse é o mistério do próprio poeta.

Nessa altura do poema, tenho de tomar uma resolução. É ele inteiramente belo, mas, como é muito longo, vou me restringir aos versos que correspondem ao propósito deste meu trabalho. Que o leitor se beneficie da beleza dele, lendo-o na íntegra.

Em seguida, o poeta fala *Dum cais; se não deixei, navio ao sol/Oblíquo da madrugada,/Uma outra espécie de porto?* (Pessoa 1995, p. 315). Aqui, ele retoma o *sol das minhas angústias relvadas*, só que esse sol agora é sol *oblíquo*, isto é, sol que lhe revela sua *Spaltung*, a maravilhosa e angustiante divisão subjetiva do *fal'ente* e, ao mesmo tempo, sua sexualidade *oblíqua*, isto é, aquela que tem aspectos de mulher em um homem. É daí que esse "sol/*Oblíquo* da madrugada é uma outra espécie de porto". Esse cais: "Tanto quanto isso pode ser fora do Espaço e do Tempo", pois esse cais é "O Cais Absoluto por cujo modelo inconscientemente imitado,/Insensivelmente evocado,/Nós os homens construímos" (Pessoa 1995, p. 316). Cais *fora do Espaço e do Tempo, Cais absoluto*, a própria definição do inconsciente, insensível à nossa evocação, mas paradoxalmente *Nós os homens construímos.* Esse Cais é construído *sobre água verdadeira*, sobre pulsão viva, vera e, uma vez construído, ele se revela como *Coisas-Reais, Espíritos-Coisas, Entidades em Pedra-Almas.* Esse Cais é sustentado por *sentimento-raiz* da subjetividade e basta que o *mundo-exterior* se mostre num signo, num significante *se abre uma porta/E, sem que nada se altere,/Tudo se revela diverso.* A volta do recalcado traz outra verdade do que a volta em si. Eis porque *Grande Cais como os outros cais, mas o Único*, isto é, singularmente único, é o Cais do sujeito.

E ele se deslumbra com a descoberta da riqueza de seu inconsciente criativo e do sentido da própria subjetividade:

> Ah, que *essencialidade de mistério* e sentido parados
> Em *divino êxtase revelador*
> Às *horas cor de silêncios e angústias*
> Não é ponte entre qualquer cais e O Cais!
> (Pessoa 1995, p. 316).

De novo, está abismado diante do mistério de seu Cais, melhor, perante a *essencialidade do mistério*, pois tudo é mistério, uma vez que o real é impossível. Diante dele, posta-se em êxtase, na esperança de que ele seja *revelador/Às horas cor de silêncios e angústias*, na esperança de poder captar nas entrelinhas a presença do *Real-Cais, Coisas-Reais*, pois ele *Não é ponte entre qualquer cais e O Cais.* A ponte não está entre qualquer *cais* e *O Cais* e, sim, entre *o Cais* e sua revelação, isto é, a palavra que intermedeia.

A re-velação é a des-ocultação da palavra, é o des-velamento do mistério: *O mistério de cada ida e de cada chegada.* Que se passa na tripulação?

Que se passa nos viajores? Que se passa nessas *idas e chegadas* das mensagens do Cais Único?

> O mistério de cada ida e de cada chegada,
> *A dolorosa instabilidade* e incompreensibilidade
> Deste impossível universo
> A cada hora marítima mais na própria pele sentido!
> (Pessoa 1995, p. 317).

A dolorosa instabilidade se deve ao retorno do Cais que é *fora do Espaço e do Tempo*. Não há lugar, não tem lógica e não obedece a uma razão, senão unicamente a sobredeterminações do inconsciente. Contudo, o pior é a *incompreensibilidade deste impossível universo*, que, *a cada hora marítima*, é *na própria pele sentido*. Não há como furtar-se: o retorno desse *impossível universo* é sem saída, não há justificativa ou recurso que o anule. Ele é imposição do Outro, de outra cena, sem recurso de defesa, como escreve Pessoa em outro poema:

> Porque a alma humana é um abismo.
>
> Eu é que sei. Coitado dele!
> (Pessoa, 1995, p. 414).

De outro lado, *A dolorosa instabilidade e incompreensibilidade/Deste impossível universo* sexual seu *A cada hora marítima mais na própria pele sentido.*

Mas, entre *Ah, a frescura das manhãs em que se chega,/E a palidez das manhãs em que se parte*, o Poeta começa a sentir medo – *O medo ancestral de se afastar e partir,/O misterioso receio ancestral à Chegada e ao Novo* – O medo à *Chegada e ao Novo* é *ancestral*. Instalados no museu de nossos imaginários, sempre os tomamos como nossos referenciais de *certeza ignorante* e, diante do *Novo*, apegamo-nos a velhas moradas de nossas ficções, pois o problema está em que só se chega ao *Novo* pela *Chegada* do velho.

Do mesmo modo, a *Chegada* nos coloca em ansiedade, dúvidas e expectativas de como dimensionar nossa recepção e nosso acolhimento. Medo, pois, diante da *Chegada*, diante do *Novo*: simplesmente resistimos, aninhamo-nos no *habitat* de nosso imaginário e ativamos nossas defesas como criamos imediatamente teorias e explicações. Medo devastador, pois nos fecha na fortaleza desse imaginário e nos rouba a superação pessoal e a expansão da criatividade. Infelizmente, nada mais ancestral que o medo ao *Novo*. Santo Agostinho chega a dizer que o hábito é a verdadeira fonte do pecado: "É o hábito que consolida aquilo que os homens fundam na cobiça" (*apud* Costa 1998, p. 109).

Exemplo dessa cobiça foi a suposta *donatio Constantini*, que resultou no mais empedernido apego ao poder e em repulsa a tudo o que é novo para a Igreja Católica. No intuito de manter o poder absoluto, a igreja-instituição-*romana*-constantiniana, a partir do século IV, foi tomando medidas severas, repressivas, às vezes violentas, tais como: exércitos papais, conquista de territórios, instituição e deposição de reis, alianças com reis e governos, a lei do Padroado, o apoio à colonização da espada, exterminadora de culturas milenares, incentivo à conversão por medo, a "guetização" dos judeus, a desastrosa Inquisição, o Santo (?!) Ofício, o Index dos livros proibidos, o dogma como garantia de poder, o Vaticano como Estado, o clericalismo como classe social, a instituição do cardinalato como segurança na transmissão do poder papal, o centralismo curial, a abolição da colegialidade dos discípulos de Jesus (Atos dos Apóstolos), retomada novamente pelo Concílio Vaticano II e em seguida ignorada, o direito canônico prevalecendo ao evangelho, o pavor diante dos teólogos-profetas – nada menos de 300 condenados, não seus escritos, mas eles mesmos, sem direito de defesa – destituídos de suas funções pelo cardeal Ratzinger e por João Paulo II... e isso depois de João XXIII ter declarado: condenação nunca mais.

Esse tipo de inquisição contrária ao novo, ao criativo, sobretudo ao profético, é tão cruel que um dos grandes teólogos da modernidade, o Pȩ Bernard Häring, perseguido pelos nazistas e condenado pela Congregação chefiada pelo cardeal J. Ratzinger, resumiu assim o sofrimento dessa inquisição contemporânea: "Eu preferiria os tribunais de Hitler a outro interrogatório papal. Os julgamentos de Hitler eram sem dúvida mais perigosos, mas não eram uma ofensa à minha honra" (Cornwell 2001, p. 217).

A antiga Inquisição queimava os corpos (Girolamo Savonarola, 1452 – 1498 - Giordano Bruno, 1548 – 1600...) e, como no caso dos mártires (Dom Oscar Romero, Dom Enrique Angelelli...), as ditaduras cooptadas pelo sacral, não conseguiam abater o espírito nem sua mensagem profética, porém, a inquisição atual prostra o espírito e vilipendia o sujeito. Mas aí o corpo fraqueja. O Pe Jacques Depuis – autor de "Para uma Teologia Cristã de Pluralismo Religioso" – após a sentença condenatória de J. Ratzinger teve que passar duas semanas hospitalizado (id. ib. p. 224). O amor ao próximo estilhaçado, mas a instituição preservada.

O Espírito faz tudo novo, mas a cobiça se opõe ao novo e consolida o velho mediante três mecanismos perversos: o dogmatismo, a excomunhão e o anatematismo. Ilustração disso: nada mais claro do que o horror à Chegada do Novo no absurdo *Syllabus errorum* de Pio IX (8 de dezembro de 1864), 80 sentenças condenando ideias do mundo moderno. A octogésima condenação recai sobre aquele que ousasse afirmar que "O Romano Pontífice pode e deve reconciliar-se e fazer amizade com o progresso, o liberalismo e a civilização moderna" (Denzinger 2980). Anátemas para todo lado! Na esteira desse horror ao novo, Pio X, em 1º de setembro de 1910, impôs ao clero um juramento composto de 12 condenações ao mundo moderno, suspenso apenas em 1967 (Denzinger 3537-3550). Posição inacreditável: ousar parar as transformações do mundo, em vez de fermentá-las com o Evangelho. E a religião católica sempre a receber o Novo repetindo o velho, remendo novo em pano velho ou "reforma da reforma".

Quando Cavour, em 1861, conseguiu a unificação da Itália, apoderando-se também dos territórios pontifícios, *o hábito da cobiça* jogou Pio IX na mais amarga depressão e, amofinando-se, excomungou Cavour e declarou-se prisioneiro do Vaticano, quando na verdade seria o caso de entoar um *Te Deum* pelo precioso corte no poder temporal dos papas, que nada tem a ver com a missão da Igreja proposta por Cristo.

A chegada do Novo não exigiria, sob pena de morte subjetiva ou institucional, abertura e *aggiornamento* da fé, segundo a proposta de Jesus, fé como *sal*, *semente*, *fermento*, *amor* ao próximo e prática das bem-aventuranças?

Fernando Pessoa foi exímio mestre na incorporação do Novo. E, superando não só o medo como o hábito – "A minha sensibilidade do novo é angustiante: só tenho calma onde já tenho estado" (Pessoa 1995, p. 58) – pela leitura das *mudanças dos tempos*, encarna o Novo e, nesse poema, ao estilo de Whitman, liberta-se para expandir poeticamente suas pulsões: *Eia!*

sou o calor mecânico e a eletricidade! (Pessoa 1995, p. 311). Abre largamente as antenas de seu espírito, para colher as belezas e *as mensagens dos tempos* de sua existência, como em "O Guardador de Rebanhos":

> O meu olhar é nítido como um girassol.
> Tenho o costume de andar pelas estradas
> Olhando para a direita e para a esquerda,
> E de vez em quando olhando para trás...
> E o *que vejo a cada momento*
> É *aquilo que nunca antes eu tinha visto,*
> E eu sei dar por isso muito bem...
> Sei ter o *pasmo essencial*
> Que tem uma *criança* se, ao nascer,
> Reparasse que nascera deveras...
> Sinto-me nascido a cada momento
> Para *a eterna novidade do Mundo...*
> (...)
> Creio no Mundo como num malmequer,
> Porque o vejo. Mas não penso nele
> Porque pensar é não compreender...
> (Pessoa 1995, p. 204).

Pessoa, *girassola*, volta-se para onde há luz, luz que o penetre e o ilumine, para que, a cada olhar, uma *nova* leitura do mundo e das coisas lhe seja possível. Nada de *hábito*, pois o hábito o colocaria no passado, roubar-lhe-ia a criação do novo e o sintoma da repetição, comprometeria o futuro. E consegue uma façanha: "E *o que vejo a cada momento*/É aquilo que *nunca antes eu tinha visto*", pois ele sabe ter o *pasmo essencial* de uma criança ao nascer, passo a passo conquistando vida e mundo. É o poeta em plenitude de poesia!

Por isso, sua grandeza de espírito e beleza de alma: "*sinto-me nascido a cada momento*/Para a *eterna novidade do mundo*". Para manter a constância dessa total abertura, procura não pensar, pensar leva ao óbice do hábito: *Porque pensar é não compreender*. Imagino como governantes, mestres, sacerdotes, pastores fundamentalistas, dogmáticos transformariam o mundo, a época em que vivem, se se sentissem *nascidos a cada momento/Para a eterna novidade do mundo*. Certamente, não seriam empecilhos, entulhos, para a eterna *boa nova* do evangelho ou dos homens que contribuem para avançar o mundo e não para espoliá-lo. *O espírito sopra onde quer... Eis que faço tudo novo*. Fernando Pessoa e sua bela existência se resumem numa só palavra: *outrar*.

Na da "Ode Marítima", *Acelera-se ligeiramente o* volante *dentro de mim*. No primeiro instante, ele *começa a girar, lentamente*, aqui *acelera-se ligeiramente*. Sentado no cais, aos poucos, mergulha no *que vejo menos* e percebe suas pulsões em ebulições ascendentes. Um vulcão está a movimentar seu magma.

O paquete *deve ir entrando sem dúvida... E treme em mim tudo, toda a carne e toda a pele*. Está aí o *volante* a *acelerar-se ligeiramente*. Por quê? Há a expectativa da *Chegada* e do *Novo*. Que *Chegada*? Que *Novo*? *Por causa daquela criatura que nunca chega em nenhum barco*. Aquela *criatura*. Que *criatura* é essa se sua *Chegada treme em mim tudo, toda a carne e toda a pele*? *Criatura* que *nunca chega em nenhum barco*? E, no entanto, *eu vim esperar hoje ao cais*. Como esperar *hoje*, se *nunca chega em nenhum barco*? Porque *eu vim esperar hoje... por um mandado oblíquo*. O cais, os navios, os mares, os portuários são convocados para o poeta cumprir o *mandado oblíquo*, isto é, dar vazão a um aspecto de seu amor oblíquo, extravasar seu homoerotismo. Por isso, *Todos estes navios abstratos quase na sua ida,/ Todos estes navios assim comovem-me como* ***se fossem outra coisa****/ E não apenas navios, indo e vindo*. O porto, o movimento portuário, os navios que vão e vêm "comovem-me como se fossem *outra coisa*". E essa outra coisa, ele já vai desocultar. Revela aí o verdadeiro sentido que quer dar à metáfora do Cais. E confirma versos que se seguem: *Os navios vistos de perto são* outra coisa e a mesma coisa,/*Dão a mesma saudade e a mesma ânsia doutra maneira*. Os movimentos dos navios no porto são outra coisa; eles são eleitos como metáfora para exprimir ***saudade*** *e a* ***mesma ânsia*** doutra ***maneira***.

Sua paixão pela vida marítima o envolve todo nessa manhã no cais: *Toda a vida marítima! tudo na vida marítima!/Insinua-se no meu sangue toda essa sedução fina*. Depois de percorrer em versos todos os mares, as ilhas, as praias e os oceanos: *Todos os mares, todos os estreitos, todas as baías, todos os golfos,/Queria apertá-los ao peito, senti-los bem e morrer!* Alcançada a satisfação de seus desejos, *senti-los bem*, só lhe restaria *morrer*.

Percorridos mares, oceanos, seu apelo vai às *coisas navais*: *E vós, ó coisas navais, meus velhos brinquedos de sonho!/Componde fora de mim a minha vida interior!* É o apelo à palavra, às palavras de *coisas navais*, para que venham em seu auxílio neste *Momento* de criação.

Logo mais, *aquela criatura*, Pessoa a nomeará: será seu companheiro fictício na aventura sexual da *hora marítima* que, aos poucos, como o barco ao porto, aproxima-se: *E eu vim esperar hoje no cais, por um* ***mandado oblíquo***.

Mandado oblíquo, mandado do Cais, concretizado em seus desejos homoeróticos mais fortes, se não violentos, que estão para explodir. *Coisas navais*, todas elas nomeadas, *Caí por mim dentro em montão, em monte,/.../ Sede vós o tesouro da minha avareza febril,/Sede vós os frutos da árvore da minha imaginação.*

Avareza febril, aquela que guarda um tesouro efervescente, um *fogueiro*. Mas esse fogo se transformará em *frutos da árvore da minha imaginação*, será *Tema de cantos meus, sangue nas veias da minha inteligência*. A translação para a sublimação desses desejos incandescentes se declara no voto: *Vosso seja o laço que me une ao exterior pela estética*. E detalha atalhos que irão tecer o laço entre o horror do que sente e a estética que consegue ilustrar:

> Fornecei-me *metáforas, imagens, literatura,*
> Porque em *real* verdade, a *sério, literalmente,*
> *Minhas sensações são um barco de quilha pro ar,*
> Minha imaginação uma âncora meio submersa
> (Pessoa 1995, p. 318).

Ele anuncia: a coisa é séria, não permite escusas ou divagações; precisa dos recursos da linguagem – *metáforas, imagens, literatura* – para poder dizer, aproximadamente, a evolução do *fogueiro* que está a ponto de se precipitar em chamas. Apela aos recursos da linguagem figurada, metáfora, metonímia, litote, oximoro, hipálage, antífrase, catacrese, acismo, epizeuxe, hipérbole, onomatopeia, aliteração... múltiplas maneiras de dizer o "real" que o atormenta. Ele avisa: *Porque em* ***real*** *verdade, a* ***sério, literalmente,/ Minhas sensações são um barco de quilha pro*** *ar*. A ***real*** *verdade* que o poeta leva *a sério* é que *minhas sensações* vêm da *quilha de um barco virado* *pro ar. Literalmente*, nada mais claro! Metáfora antecipatória da sexualidade que logo irá cantar. Para proceder em seu trabalho poético, avisa e instrui: *Minha imaginação uma âncora meio submersa*. Incrível, mas ele, poeta, sabia que o imaginário (ego) é uma *âncora meio submersa*, pois se biparte entre consciente e inconsciente.

Esse recurso às figuras de linguagem evidencia que mesmo os aspectos perversos de uma sexualidade podem "transladar-se" para o simbólico. Isso prova que não é verdade que todo homossexual seja *perverso*. Esse mito cai por terra em Fernando, sujeito tão doce e respeitoso. Embora nos fale claramente de *traços* de uma sexualidade perversa, isso não pode de modo algum determiná-lo como perverso. É condão de toda sexualidade, num momento ou noutro, apresentar traços de perversidade, porém, sem eliminar a característica dominante e a própria subjetividade. Diversamente, o que caracteriza o perverso, tipo sadiano, é que ele sempre goza abusando do outro como sujeito, eliminando-o como tal, pretensamente apoderando-se do Outro. O *desafio* e a *transgressão* são sua estampa.

Eis que o paquete se aproxima do cais: *Soa no acaso do rio um apito, só um*. O poeta estremece: *Treme já todo o chão do meu psiquismo*. Que tremura é essa diante da aproximação do barco? Ela é totalmente de ordem psíquica, do fundo da alma e aí: *Acelera-se cada vez mais o **volante** dentro de mim*. O ritmo do volante ganha velocidade, começa a trepidá-lo. Toma fôlego, tenta ganhar tempo e passa a divagar sobre o *não-se-saber-o-paradeiro* de um *Fulano de tal, nosso conhecido*, isto é, o outro lado dele mesmo. Lamenta que os barcos à vela estejam desaparecendo, *eu*, Álvaro de Campos, *educado no estrangeiro, que beijo com a alma as máquinas*. E mergulha de novo no alvoroço que vai pela alma:

> Toma-me pouco a pouco o *delírio* das coisas marítimas,
> *Penetram-me fisicamente o cais e a sua atmosfera*,
> O marulho do Tejo galga-me por cima dos sentidos,
> E começo a sonhar, começo a envolver-me do sonho das águas,
> *Começam a pegar bem as correias-de-transmissão* na minh'alma
> E a aceleração do *volante* sacode-me nitidamente
> (Pessoa 1995, p. 319).

As coisas marítimas o levam ao delírio, *Começam a pegar* ***bem as correias-de-transmissão na minh'alma****/E a aceleração do* ***volante sacode-me nitidamente****.* O *volante* já está em ritmo acelerado, comanda *as correias-de-transmissão* e, agora com nitidez, *sacode* o eu lírico do poeta, entregue ao delírio das *coisas navais*. E, como no mecanismo do sonho, atribui toda essa ebulição sexual *às águas*, aos *mares*, aos *longes*, às *épocas marítimas*; são eles que o *chamam*, não é ele que deles e delas se serve. Finalmente, depois de todo esse recurso literário, é preciso encontrar um companheiro que lhe possibilite a realização da aventura:

> Tu, marinheiro inglês, *Jim Barns* meu amigo, foste tu
> Que me ensinaste esse grito antiquíssimo, inglês,
> Que tão venenosamente resume
> Para as *almas complexas como a minha*
> O chamamento confuso das águas
> (Pessoa 1995, p. 319).

Jim Barns está aí, o companheiro agora é nomeado. É a ele que o poeta atribui *o chamamento confuso das águas*, a ele, cujo grito (e não o de suas pulsões!) *tão venenosamente resume* esse *chamamento, para as* ***almas complexas como a minha****.* E especifica o grito: *Esse grito tremendo* [há pouco, era o *volante* que o sacudia] *que parece soar/De dentro duma caverna cuja abóbada é o céu*. Esse grito, como *O marulho do Tejo galga-me por cima dos sentidos* é *sem feitio de grito, sem forma humana nem voz*, é um grito de sua caverna, cuja abóbada o eleva ao céu.

Em "Passagem das Horas", evoca, além de Burns, outros imaginários parceiros:

> (Freddie eu chamava-te Baby, porque tu eras louro, branco e eu amava-te,
> Quantas imperatrizes por reinar e princesas destronadas tu foste para mim!)
> *Mary*, com quem eu li Burns em dias tristes como sentir-se viver,
> *Mary*, mal tu sabes quantos casais honestos, quantas famílias felizes,
> Viveram em ti os meus olhos e o meu braço cingindo e a minha consciência incerta,

A sua vida pacata, as suas casas suburbanas com jardim, os seus half-holidays inesperados ...
Mary, eu sou infeliz...
Freddie, eu sou infeliz...
Oh, vós todos, todos vós, casuais, demorados,
Quantas vezes tereis pensado em pensar em mim, sem que o fizésseis,
Ah, quão pouco eu fui no que sois, quão pouco, quão pouco
(Pessoa 2006a, pp. 108,109).

Desperto a qualquer coisa, olhos conscientes diante da *manhã* que sobe e *o calor* que *abre, O êxtase em mim levanta-se, cresce, avança,/E com um ruído cego de arruaça acentua-se/O giro* ***vivo*** *do* ***volante***. Na "Ode Marítima", o volante deixa de ser polia e se transforma em *giro vivo* de sua carne. E aí, *numa unidade explosiva, fervem em mim todas as minhas ânsias, meus próprios tédios* se tornam *dinâmicos* e um *apelo* é *lançado a meu sangue*:

Ó clamoroso *chamamento*
A cujo calor, a cuja fúria fervem em mim
Numa unidade explosiva todas as minhas ânsias,
Meus próprios tédios tornados dinâmicos, todos!...
Apelo lançado ao meu sangue
Dum *amor passado*, não sei onde, que volve
E *ainda* tem força para me atrair e puxar,
Que *ainda* tem força para me fazer *odiar* esta vida
Que passo entre a impenetrabilidade física e psíquica
Da gente real com que vivo!
(Pessoa 1995, p. 320).

O *meu sangue* é *dum amor passado, não sei onde, que volve* e ele *tem força para me fazer odiar esta vida*[5]*/Que passo entre a* ***impenetrabilidade física e psíquica***, mas *da gente real com que vivo*. O *amor passado* não cessa de volver. Essa luta para poder sublimá-lo o fará *odiar esta vida*. Essa agonia contínua

5 "O ódio de si, a homofobia interiorizada, é, com certeza, um dos efeitos mais fortes dessa estrutura da relação com o mundo moldado pela preexistência da injúria" (Eribon 2008, p. 87).

é com *gente real com que vivo*. Não se trata apenas de um jogo malicioso da fantasia. E essa luta tem um único fito: ficar *entre a impenetrabilidade física e psíquica*. Vida que *passo entre*, portanto, onde a penetrabilidade é impedida, embora o *amor passado* tenha *força para me atrair e puxar*. Sua astúcia foi sempre permanecer *entre*, pois, sabe-se, *passento*, isto é, aprimorou-se em passar sua energia para a sublimação das letras: "Sou o intervalo entre o que sou e o que não sou, entre o que sonho e o que a vida fez de mim, a média abstrata e carnal entre coisas que não são nada, sendo eu nada também! Nuvens ... Que desassossego se sinto, que desconforto se penso, que inutilidade se quero"! (Pessoa 2006b, p. 33).

E um desejo ardente se apodera do poeta: partir para a aventura, para o *Longe, ir para Fora, para a Distância Abstrata,/.../Ir, ir, ir, ir de vez!* Alvoroça-se inteiro: *Todo o meu corpo atira-se para a frente,! galgo, atropelo-me, precipito-me/Estoiram em espuma as minhas ânsias/E a minha **carne** é uma onda dando de encontro a rochedos*. Nessa precipitação, ele chega ao auge:

> Pensando nisto – ó raiva! pensando nisto – ó fúria!
> Subitamente, tremulamente, extraorbitadamente,
> Pensando nesta estreiteza da minha vida cheia de ânsias,
> Com uma *oscilação viciosa, vasta, violenta*,
> Do *volante* vivo da minha imaginação,
> Rompe, por mim, assobiando, silvando, vertiginando,
> O *cio sombrio e sádico* da estrídula vida marítima.
> (Pessoa 1995, pp. 320-321).

Subitamente, tremulamente, extraorbitadamente precipitam-se suas pulsões em convulsões de *raiva*, *fúria* contra a *estreiteza da minha vida cheia de ânsias*. Há pouco, o delírio tomava conta do poeta e, aqui, ele se dá conta de que rompeu a barreira, está fora de órbita. Ao menos aqui, metaforicamente, não aguenta mais viver *Com uma **oscilação viciosa, vasta, violenta**,/do **volante** vivo da minha imaginação*. A *oscilação*, própria a sua estrutura homoerótica, ele a confessa *viciosa, vasta, violenta*. O *volante* encontra aqui sua encarnação: ele é vivo, ele é excitação de sua imaginação. O *volante* chega ao extremo do movimento, e *o cio sombrio e sádico* que brota de seu íntimo, ele o atribui à *estrídula vida marítima*, mas é um *cio* que rompe qual assobio agudo e, não podendo escapulir a seu apelo, leva-o à vertigem. Declarado o *cio sombrio e sádico*, o poeta passa a invocar os tripulantes, desde os pilotos até o mais humilde faxineiro. Há uma repetição nessa invocação que cai como refrão: *Homens*! *Homens* de todos os tipos, que enfrentaram os mares e fizeram as grandes descobertas. Além disso, intercala um verdadeiro estribilho que funciona como a aceleração do ***volante vivo*** *da minha imaginação*: *Eh-eh-eh-eh-eh-eh-eh!*

Convoca os antigos navegadores, dos fenícios aos portugueses, *para a aventura indefinida, para o Mar Absoluto, para realizar o Impossível!* E a invocação dos nomes continua ampliando o volume. Homens que negociaram escravos, *que destes o primeiro espasmo europeu às negras atônitas!* ... *Homens que saqueastes tranquilas povoações africanas*. E aí começa a nos introduzir no que vai acontecer com a explosão de sua pulsão sexual: *Homens*. *Homens*!

> Que matastes, roubastes, torturastes, ganhastes
> Os prêmios de Novidade de quem, de cabeça baixa
> Arremete contra o mistério de novos mares! Eh-eh-eh-eh-eh!
> A vós todos num, a vós todos em vós *todos como um*,
> A vós todos misturados, entrecruzados,
> A vós todos, sangrentos, violentos, odiados, temidos, sagrados,
> Eu vos saúdo, eu vos saúdo, eu vos saúdo!
> Eh-eh-eh-eh-eh! Eh eh-eh-eh eh! Eh-eh-eh eh-eh-eh eh!
> Eh lahô-lahô laHO-lahá-á-á-à-à!
> (Pessoa 1995, p. 322).

Invocados os homens tripulantes, os homens conquistadores dos mares, a todos conclama em uníssono: *A vós todos num, a vós todos em* ***vós todos*** *como* ***um***. *Eu vos saúdo, eu vos saúdo, eu vos saúdo!*

Cio sombrio e sádico declarado, declara também que é com esses homens, *como um*, que em ficção quer saciar-se: *Quero ir convosco, quero ir convosco*.

> Quero ir convosco, quero ir convosco,
> Ao mesmo tempo com vós todos
> Pra toda a parte pr'onde fostes!

Quero encontrar vossos perigos frente a frente,
Sentir na minha cara os ventos que engelharam as vossas,
Cuspir dos lábios o sal dos mares que beijaram os vossos,
Ter braços na vossa faina, partilhar das vossas tormentas,
Chegar como vós, enfim, a extraordinários portos!
Fugir convosco à civilização!
Perder convosco a noção da moral!
Sentir mudar-se no longe a minha humanidade!
Beber convosco em mares do sul
Novas selvajarias, novas balbúrdias da alma,
Novos fogos centrais no meu vulcânico espírito!
Ir convosco, *despir* de mim – ah! *põe-te daqui pra fora!* –
O meu *traje de civilizado*, a *minha brandura* de ações,
Meu *medo inato das cadeias*,
Minha *pacífica* vida,
A minha *vida sentada, estática, regrada e revista*!
(Pessoa 1995, p. 322).

Chegar como vós, enfim, a extraordinários portos! Portanto, longe do Cais ordinário, onde está sentado, aportar *a extraordinários portos* onde possa *fugir convosco à civilização!* E para dar ampla vazão a seus impulsos violentos *Perder convosco a noção da moral!* Criado esse homem *novo,* imaginário, *sentir mudar-se no longe a minha humanidade*, identificado aos homens do mar que de *civilizados* transformaram-se em piratas com toda sorte de pilhagem. Deposta a moral, já não é Fernando Pessoa, o cidadão apegado *à civilização* e, *sim o drama em gente* vivenciado:

Sim, sim, sim... Crucificai-me nas navegações
E as minhas *espáduas gozarão a minha cruz!*
Atai-me *às viagens como a postes*
E a *sensação dos postes entrará pela minha espinha*
E eu passarei *a senti-los num vasto espasmo passivo!*
Fazei *o que quiserdes* de mim, logo que seja nos mares,
Sobre conveses, ao som de vagas,
Que *me rasgueis, mateis, firais*!
(Pessoa 1995, pp. 322, 323).

Agora o *sim*, o consentimento de que seu sofrimento, seu combate, *a minha cruz*, permitam que *minhas espáduas* cheguem metaforicamente ao gozo mirado em sua imaginação fértil. O recurso mediante o qual esse gozo será alcançado consistirá em entregar-se à metáfora das viagens marítimas, ao embalo delas, mas para obter a sensação precisa do *espasmo* (orgasmo). Imagina-se, então, atado a *postes*, imensos fálus, e ***a sensação dos postes entrará pela minha espinha****/E eu passarei a senti-****los*** *num vasto* ***espasmo passivo***. E nessa intensa relação *a tergo*: *Fazei o que quiserdes de mim*, mas com a condição marítima, *logo que seja nos mares*: *E a* ***sensação dos postes entrará pela minha espinha***. Uma vez aí, *sobre os conveses, ao som de vagas,/que me* ***rasgueis, mateis, firais****!* Até a morte: *O que quero é levar pra Morte/Uma alma a transbordar de Mar/(...)/Levar pra Morte com dor,* ***voluptuosamente***. *Voluptuosamente* é aceleração acentuada do volante. Nessa voluptuosidade, vê-se como *Um copo cheio de sanguessugas, a sugar, a sugar,/De estranhas verdes absurdas sanguessugas marítimas!* Todas as condições da relação passiva preenchidas, entrega-se *voluptuosamente* à execução de *E minhas espáduas gozarão a minha cruz*, isto é, a sexualidade que lhe é própria:

> *Façam enxárcias das minhas veias!*
> Amarras dos meus músculos!
> *Arranquem-me a pele, preguem-a às quilhas.*
> E *possa eu sentir a dor dos pregos e nunca deixar de sentir!*
> Façam do meu coração uma flâmula de almirante
> Na hora de guerra dos velhos navios!
> Calquem aos pés nos conveses meus olhos arrancados!
> *Quebrem-me os ossos de encontro às amuradas!*
> Fustiguem-me atado aos mastros, fustiguem-me!
> A todos os ventos de todas as latitudes e longitudes
> Derramem meu sangue sobre as águas arremessadas
> Que atravessam o navio, o tombadilho, de lado a lado,
> Nas vascas bravas das tormentas!
> (Pessoa 1995, p. 323).

Descrita a violência de seus impulsos masoquistas, satisfeitos no recurso literário, o escritor habilmente alivia o leitor, desviando-lhe a atenção para a *audácia dos ventos* nas velas, *a velha guitarra do Fado e a canção dos navegadores*. Em seguida nos introduz nos efeitos do *vasto espasmo passivo*: imagina uma sublevação de marinheiros, de marinheiros *marooned*, isto é, *abandonados* numa ilha e *o sol dos trópicos* e *os ventos da Patagônia a* alimentar o fogo nele aceso:

> O sol dos trópicos pôs a febre da pirataria antiga
> Nas minhas veias intensivas.
> Os ventos da Patagônia *tatuaram a minha imaginação*
> De *imagens trágicas e obscenas*.
> Fogo, fogo, fogo, dentro de mim!
> Sangue! sangue! sangue! sangue!
> Explode todo o meu cérebro!
> Parte-se-me o mundo em *vermelho*!
> (Pessoa 1995, p. 323).

As *imagens trágicas e obscenas* sopradas pelos *ventos da Patagônia* atearam-lhe *fogo dentro de mim*, o cérebro lhe está a explodir e o *vermelho* do sangue sustenta toda sua excitação. Obtido o *espasmo passivo*, o poeta entoa *A canção do Grande Pirata* que *estala em mim, feroz, voraz*:

> Fifteen men on the Dead Man's Chest.
> Yo-ho ho and a bottle of rum!

E depois a gritar, numa voz *já* irreal, a estoirar no ar:

> *Darby M'Graw-aw-aw-aw-aw*!
> *Darby M'Graw-aw-aw-aw-aw-aw-aw-aw*!
> *Fetch a-a-aft the ru-u-u-u-u-u-u-u-um*, Darby!
> (Pessoa 1995, 324).

Darby é tirado de um modelo de casal: *Darby and Joan, elderly couple in conjugal felicity*. Joan é habilmente supressa, pois, em seu lugar, está o poeta. Que pede ele a Darby? *Procure por trás o veado, Darby! (Fetch aft the "rum", Darby)*. A repetição das vogais "*a*" de *aft* e "*u*" de *rum* indicariam o movimento ritmado da cópula em direção ao *espasmo*, e assim são impressos para disfarçar o que as palavras estão a exprimir? Note-se que um pouco antes ele falava de "*a bottle of rum*", que nada tem a ver com o movimento desse "*the rum*" (*queer*). Tanto é que, finalmente, explode num estribilho que resume o gozo que acaba de conseguir: *que vida essa! essa era a vida, eia!*

> Eia, que vida essa! essa era a vida, eia!
> Eh-eh-eh eh-eh-eh-eh!
> Eh-lahô-lahô-laHO-lahá-á-á-à-à!Eh-eh-eh-eh-eh-eh!
> (Pessoa 1995, p. 324).

Por ora, tudo passou, e os *Conveses cheios de sangue, fragmentos de corpos* o convidam: *Embrulho-me em tudo isto como uma capa no frio!/Roço-me por tudo isto como uma* ***gata*** *com* ***cio por um muro****!* E a força das pulsões é tal que *Rujo como um leão faminto para tudo isto!/Arremeto como um toiro louco sobre tudo isto!*

O poeta expôs suas paixões em explosão: o *volante vivo* se acelerando, o gozo dos mares, o *delírio das coisas marítimas*, a invocação dos *homens*, tanto os que mantêm o navio em andamento, como os *homens* que conquistaram mares e continentes; *Jim Barns*, seu companheiro imaginário de bacanália, *o perder convosco a noção de moral, a gata em cio* à procura de *um vasto espasmo passivo, fogo, fogo, fogo dentro de mim*, na verdade, *estala em mim, feroz e voraz/A canção do Grande Pirata*. E aqui chegamos ao escopo de sua fantasia: são os piratas os que lhe darão o gozo do *Fetch aft*.

O velho grito do pirata, *como um clarim, agora irado, metálico* chama *a presa que se avista,/A escuna que vai ser tomada*. E o vate entoa o estribilho, conclamando os piratas que irão saqueá-la, ou seja, a ele mesmo:

> Ahó-ó-ó-ó-ó-ó-ó-ó-ó-ó-ó – yyy...
> Schooner ahó-ó-ó-ó-ó-ó-ó-ó-ó-ó-ó-ó-ó – yyyy...

Note-se a curiosidade na variação do estribilho: antes era o *Eh, eh*, aqui é o *Ahó, ó, ó*. Vai-se então cumprir o *Sim, sim, sim... crucificai-me nas navegações*:

O mundo inteiro não existe para mim! *Ardo vermelho!*
Rujo na fúria da abordagem!
Pirata-mor! César-Pirata!
Pilho, mato, esfacelo, rasgo!
Só sinto o mar, a presa, o saque!
Só sinto em mim bater, baterem-me
As veias das minhas fontes!
Escorre sangue quente a minha sensação dos meus olhos!
Eh-eh-eh-eh-eh-eh-eh-eh-eh-eh-eh!
(Pessoa 1995, pp. 324-325).

O mundo, nesse instante, já não existe para o poeta, simplesmente: *Ardo* ***vermelho****! Pirata-mor, César-Pirata! Só sinto em mim bater, baterem-me / As veias das minhas fontes!* Piratas, bandidos, corsários, todos aqueles que singravam os mares em embarcações clandestinas, com o único fim de locupletarem-se com a depredação de embarcações oficiais ou particulares; homens violentos, agressivos, sem piedade de suas vítimas. É a eles que o poeta conclama, com o objetivo de conseguir consumar seu gozo: *e* ***eu passarei a senti-los num vasto espasmo passivo!***

Ah piratas, piratas, piratas!
Piratas, amai-me e odiai-me!
Misturai-me convosco, piratas!
(Pessoa 1995, p. 325).

Finalmente, oferecendo-se a eles, explicita a expansão de toda a sua sexualidade de *espasmo passivo*: *Vossa fúria, vossa crueldade como falam ao sangue/Dum* ***corpo de mulher que foi meu outrora*** *e* ***cujo cio sobrevive****!* qual ***Serpente do mar feminina*** *e monstruosa cevando-se nos crimes*. O poeta entra em verdadeiro delírio: sua fantasia sexual deborda todas as medidas e, perdendo a ***noção da moral***, vê que emergem de *dentro de mim Novos fogos centrais no meu vulcânico espírito!/Ir convosco,* ***despir de mim*** *– ah!* ***põe-te daqui pra fora!*** *–/O meu* ***traje de civilizado****, a* ***minha brandura de ações***. Cale-se a consciência, esqueça-se por um instante o homem civilizado, educado, polido, delicado, que sempre foi!

Explicita sua sexualidade ambivalente: fala de um *corpo de mulher que foi meu outrora*, isto é, que leva consigo desde que se conhece como sujeito de desejo, e essa mulher subsiste e é ancorado nela que vai em busca de seus *espasmos*, pois "é a mulher" que leva em si, é essa mulher *cujo cio sobrevive*. E tenta viver a unidade de sua subjetividade: *Queria eu que fosse em seu Todo meu corpo em seu Todo, sofrendo,/Que fosse meu corpo e meu sangue, compusesse meu ser em* ***vermelho***. Ele *queria* que *fosse em seu corpo Todo* e *meu corpo em seu Todo*, mas sabe que está em voo poético, em vivência metafórica de *um vasto* ***espasmo passivo*** e, já que não é nem *em meu Todo* e menos ainda em *meu corpo em seu Todo* que pelo menos *Florescesse como uma ferida comichando na carne* ***irreal*** *da minha alma*. Nesse *vasto espasmo passivo* não há *carne de mulher*, apenas *carne irreal da minha alma*.

Na *sinfonia de sensações* aporéticas, na *orquestração no meu sangue de balbúrdias de crimes, ouço o rugido na fúria da abordagem/De* ***estrépidos espasmados*** *de orgias de sangue nos mares,/* (...) *como um vendaval de calor pelo espírito*, mas nada mais que *fazendo-me ver e sonhar isto tudo* ***só*** *com a pele e as veias!*

Chegou a *Hora marítima* com que ele sonhava na manhã sentado ao porto, a hora em que *o terror dos apressados foge pra loucura*:

> Ah, ser tudo nos crimes! ser todos os elementos componentes
> Dos assaltos aos barcos e das chacinas e das violações!
> Ser quanto foi no lugar dos saques!
> Ser quanto viveu ou jazeu no local das tragédias de sangue!
> Ser o *pirata-resumo* de toda a pirataria no seu auge,
> E a *vítima-síntese*, mas *de carne* e osso, de todos *os piratas do mundo*!
> (Pessoa 1995, p. 325).

Nessa orgia sado-masoquista, sintetiza o *Queria eu que fosse em seu Todo meu corpo em seu Todo*: *Ser o* ***pirata-resumo*** *de toda a pirataria no seu auge,/E a* ***vítima-síntese****, mas de carne e osso, de todos os piratas do mundo.*

Pirata-resumo, o pirata bandido, assaltante, sequestrador, violento, de todos os tempos, permitir-se ser ao menos por um momento o epítome sádico de todos os piratas e, ao mesmo tempo, a *vítima-síntese* de todos os saques, vítima masoquista de todas as torturas, mas *vítima-síntese de carne e osso* e não apenas de *carne **irreal** de minha alma*. E se abre com extrema honestidade ao seu real desejo:

> Ser o meu corpo passivo a mulher-todas-as-mulheres
> Que foram *violadas, mortas, feridas, rasgadas p'los piratas!*
> Ser no meu ser subjugado *a fêmea* que tem de ser deles!
> E sentir tudo isso – *todas estas coisas duma só* vez – *pela espinha*!
>
> Ó meus *peludos* e rudes heróis da aventura e do crime!
> Minhas marítimas feras, *maridos da minha imaginação!*
> Amantes casuais da *obliquidade* das *minhas sensações!*
> Queria ser *Aquela* que vos esperasse nos portos,
> A vós, odiados amados do seu sangue de *pirata nos sonhos*!
> (Pessoa 1995, p. 325).

Nada mais claro que essa explicitação de seu desejo de *vasto **espasmo passivo***: *Ser o meu **corpo passivo a mulher-todas-as-mulheres***, portanto a *vítima-síntese* de *todos os piratas do mundo!/Que foram **violadas, mortas, feridas, rasgadas** p'los piratas!* E ainda mais: ***Ser** no **meu ser** subjugado a **fêmea** que tem de ser deles!* É *meu ser* em que há *fêmea* e é essa fêmea que deve ser subjugada, isto é, satisfeita pelos piratas. E o único caminho para ele, homem, é: *E sentir tudo isso – todas estas coisas duma só vez – **pela espinha!***

Seu desejo homoerótico se abre explicitamente no anseio de um companheiro – Jim Barns-Pirata – *Ó meus **peludos** e rudes heróis, minhas marítimas feras, **maridos da minha imaginação!*** Que são esses piratas *peludos*, esses *maridos da minha imaginação*? São os *Amantes casuais da **obliquidade das minhas sensações*** e, por isso, *Queria ser **Aquela** que vos esperasse nos portos*. A *obliquidade* dos desejos sexuais do poeta encontra a satisfação homoerótica transformando-se naquela que nos portos espera pelos piratas. E ele se adverte de que está a se satisfazer metaforicamente, em plena sublimação de seus anseios sexuais: *Porque ela teria convosco, mas **só em espírito***, embora *raivado*. Assim mesmo, *ela em terra/Iria beber nos rugidos do vosso amor/... o sinistro perfume das vossas vitórias/E através dos vossos espasmos silvaria um sabbat de **vermelho e amarelo***. *Sabbat de vermelho e amarelo*, repouso momentâneo de desejo satisfeito, mas repouso custoso de um possuído *a tergo*, rompido em sangue e *amarelo*. O resultado é simplesmente trágico:

> A carne rasgada, a carne aberta e estripada, o sangue correndo!
> Agora, *no auge conciso de sonhar* o que vós fazíeis.
> *Perco-me todo de mim, já não vos pertenço, sou vós.*
> A minha *feminilidade* que vos acompanha é ser as vossas almas!
> Estar por dentro de toda a vossa ferocidade, quando a praticáveis!

Seu homoerotismo é esclarecido: *A minha feminilidade que vos acompanha. Minha feminilidade* é qualidade de sua sexualidade, é parte *oblíqua* que ele tem a oferecer para *ser vossas almas*. E o desejo de ser possuído é muito intenso: *Estar por dentro de toda a vossa ferocidade*. Aquela ferocidade que caracterizava a violência dos piratas na *abordagem*: *ferocidade, quando a praticáveis*. Nessa entrega completa, a identificação ao desejo do outro: *Perco-me todo de mim, já não vos pertenço, sou vós*. E exemplifica essa *ferocidade* no horror de uma cena cruelmente patética:

> Sugar por dentro a vossa consciência das vossas sensações
> Quando tingíeis de sangue os mares altos,
> Quando de vez em quando atiráveis aos tubarões
> Os corpos vivos ainda dos feridos, a carne rosada das crianças
> E leváveis as mães às amuradas para verem o que lhes acontecia!

Na fúria dessa posse intensa e tresloucada, o desejo cego o faz perder o juízo e a razão, já não sabe a quantas anda; todos os referenciais da cultura caem por terra nesse *Estar orquestrado convosco na sinfonia dos saques!* Os referenciais agora são: *Perder conosco a* ***noção da moral, é sentir mudar-se no longe a minha humanidade, é despir de mim o meu traje de civilizado, a minha brandura de ações.***

Anula-se em seu querer e entrega-se doidamente à orgia desenfreada: *Ah,* ***não sei que, não sei quanto queria eu ser de vós****!* E o desejo sadomasoquista dessa posse é declarado: *Não era só ser-vos a* ***fêmea****, ser-vos as* ***fêmeas****, ser-vos as vítimas/.../Não era só ser vossas almas, vossos corpos, vossa fúria,* ***vossa posse****.* Por um instante, ele se dá conta de que está em pleno voo literário e lança o paradoxo: *Não era só ser* ***concretamente*** *vosso ato* ***abstrato*** *de* ***orgia***.

Aqui está a prova de que o ato literário, assim como o sonho, é realização de desejo, aviamento de núcleos patógenos não resolvidos. O *ato abstrato* (literário) *de orgia* lhe faculta *concretamente* um ato real, no inconsciente, a dissipação de um núcleo patógeno. Mas, para poder realizar essa aporia, o poeta percebe que precisa se alçar acima do bem e do mal, é mister o assenhorear-se do próprio Deus, nem que seja por um instante: ele invoca o *Deus-isto, isto, o ato abstrato de orgia. Era*, então, *preciso ser Deus, o Deus dum culto ao contrário/Um Deus monstruoso e satânico, um Deus dum panteísmo de sangue*, isto é, um Deus que cooptasse com a violência de tantos horrores, de paixões furibundas e sem peias nem fim outro que sua satisfação transbordante.

Que busca o poeta nessa procura ensandecida? *Encher toda a medida da minha fúria imaginativa* e muito mais que isso, *Para poder nunca esgotar os* ***meus desejos de identidade*** com a violência dos saques e das posses dos piratas. Ele está profundamente movido no afã da descoberta de *meus desejos de identidade*:

> Ah, *torturai-me* para me *curardes!*
> Minha carne – fazei dela o ar que os vossos cutelos atravessam
> Antes de caírem sobre as cabeças e os ombros!
> Minhas veias sejam os fatos que as facas trespassam!
> *Minha imaginação o corpo das mulheres que violais*!
> Minha inteligência o convés onde estais de pé matando!
> Minha vida toda, no seu conjunto nervoso, histérico, absurdo,
> O grande organismo de que cada ato de pirataria que se cometeu
> Fosse uma *célula consciente – e todo eu turbilhonasse*
> Como *uma imensa podridão ondeando, e fosse aquilo tudo!*
>
> Com tal velocidade desmedida, pavorosa,
> A máquina de febre das minhas visões transbordantes
> Gira agora que a minha *consciência, volante,*
> É apenas um nevoento círculo assobiando no ar.
> (Pessoa 1995, pp. 326-327).

Minha fúria imaginativa atinge a declaração final: *minha imaginação* ***o corpo das mulheres que violais***. E a mente do poeta entra num turbilhão avassalador: *minha consciência.../É apenas um nevoento círculo assobiando no ar*. E canta para silenciar essa *minha consciência*, mas não consegue. Ela emerge: *Ah! a selvajaria desta selvajaria! Merda/Pra toda a vida como a nossa, que* ***não é nada disto!*** Dupla negação universal, mas ao mesmo tempo nítida de negação. A bela vida moral do poeta jamais se pautaria por tais desmandos, mas, na verdade, pelas suas fantasias sexuais, eles se explicitavam.

O engenheiro Álvaro de Campos está longe da *dinâmica estridente* dos piratas: *Mesmo quando ajo, inerte; mesmo quando me imponho, débil*. Além disso, o peso ético e moral com raízes profundas nas entranhas de sua alma retorna-lhe com forças superegoicas insopitáveis:

> Arre! por *não* poder agir de acordo com o meu delírio!
> Arre! por andar sempre *agarrado* às *saias da civilização*!
> Por andar com a *douceur des moeurs* às costas, como um fardo de rendas!
> Moços de esquina – todos nós o somos – do humanitarismo moderno!

As *saias da civilização* e a *douceur des moeurs* lhe vêm à consciência *como um fardo de rendas*, delicadamente, com requintes femininos, em seu *humanismo moderno*.

Passado esse instante de aplacamento da consciência, a força da repetição da pulsão o invade numa última tentativa para conquistar a fortaleza de sua *douceur des moeurs*, com violência redobrada. Primeiro um desafio a si mesmo, para que a covardia, a *douceur des moeurs*, *as saias da civilização* não o detenham em seus *fardos de renda*, *a alma como uma galinha presa por uma perna*:

> Estupores de tísicos, de neurastênicos, de linfáticos,
> Sem coragem para ser gente com violência e audácia,
> Com a alma como uma *galinha presa por uma perna!*

E o apelo desesperado aos piratas violentamente lhe irrompe do fundo da alma e o *cio* que lhe incendeia o corpo, *cio* movido a *nervos femininos e delicados* é *cio* em sublimação:

Ah! os piratas! os piratas!
A ânsia do ilegal unido ao feroz,
A ânsia das coisas absolutamente cruéis e abomináveis
Que rói como um *cio* abstrato os *nossos corpos franzinos*,
Os nossos *nervos femininos e delicados*,
E põe grandes febres loucas nos nossos olhares vazios!

Nessa empreitada ensandecida, a submissão incondicional aos *senhores* piratas:

Obrigai-me a ajoelhar diante de vós!
Humilhai-me e batei-me!
Fazei de mim o vosso escravo e a vossa coisa!
E que o vosso desprezo por mim nunca me abandone,
Ó *meus* senhores! ó *meus* senhores!

Uma vez em suas mãos, a rendição passiva total, o botim à disposição deles:

Tomar sempre gloriosamente a parte submissa
Nos acontecimentos de sangue e nas *sensualidades* estiradas!
Desabai sobre mim, como grandes muros pesados,
Ó bárbaros do antigo mar!
Rasgai-me e feri-me!
De *leste a oeste do meu corpo*
Riscai de sangue a minha carne!

E o gozo de *meu alegre terror carnal de vos pertencer* é explicitado por uma *onívora crueldade*:

Beijai com cutelos de bordo e açoites e raiva
O meu *alegre terror carnal de vos pertencer.*
A minha *ânsia masoquista* em me *dar à vossa fúria*,
Em ser *objeto inerte* e *sentiente* da *vossa omnívora crueldade*,
Dominadores, senhores, imperadores, corcéis!

Ah! *torturai-me,*
Rasgai-me e *abri-me!*
Desfeito em *pedaços conscientes*
Entornai-me sobre os conveses,
Espalhai-me nos mares, deixai-me
Nas praias ávidas das ilhas!

Os piratas eram-lhe inspiração e fantasia precisas como saída sublimatória de sua sexualidade, a ponto de tê-las em conta de um *misticismo*:

Cevai sobre mim todo o meu *misticismo* de vós!
Cinzelai a sangue a minh'alma
Cortai, riscai!
Ó *tatuadores da minha imaginação corpórea*!
Esfoladores amados da minha carnal submissão!
Submetei-me como quem mata um cão a pontapés!
Fazei de mim o poço para o vosso desprezo de domínio!
(Pessoa 1995, pp. 327-328).

Ah! os piratas! os piratas! Só eles, em sua fúria e crueldade, podem dar vazão ao fogaréu do *Ardo vermelho*. Há uma perversidade solta nas lavas vulcânicas de suas pulsões incandescidas. Ainda mais uma vez: o poeta não quer deixar a escuna que foi tomada. Só os piratas na ficção literária são capazes de saciar *A ânsia do ilegal unido ao feroz*, só eles são afeitos à *Ânsia das coisas absolutamente cruéis e abomináveis, Ânsia que rói como um* ***cio abstrato*** (pois não poderia ser real, *descer ao corpo*) *os nossos corpos franzinos* e *Os nossos* ***nervos femininos*** *e* ***delicados***, *ânsia* que desperta *febres loucas* em seus olhares que permanecem *vazios*, já que o *cio é abstrato*.

Em "Passagem das Horas", declara como esses voos imaginários eróticos invadiram sua mente:

Estreito ao meu peito arfante, num *abraço comovido*,
(No mesmo abraço comovido)
O homem que dá a camisa ao pobre que desconhece,
O soldado que morre pela pátria sem saber o que é pátria,

E o matricida, o fratricida, o incestuoso, o violador de crianças,
O ladrão de estradas, o *salteador dos mares*,
O gatuno de carteiras, a sombra que espera nas vielas –
Todos são a minha amante predileta pelo menos um momento na vida.
Beijo na boca todas as prostitutas,
Beijo, sobre os olhos todos os souteneurs,
A minha *passividade* jaz aos pés de todos os assassinos,
E a minha capa à espanhola esconde a retirada a todos os ladrões.
Tudo é a razão de ser da minha vida.

No contínuo e árduo processo de sublimação, cônscio de sua inteira e íntegra responsabilidade, *como sou rei absoluto na minha simpatia*, isto é, no meu *syn-pathos*, vale-se de violadores das mais diversas leis morais para, em imaginação, a-viar seus impulsos sexuais: *Todos são a minha amante predileta pelo menos um momento da vida*, o momento literário. Seus impulsos violentos encontram abrigo junto a *todo salteador dos mares* e a ele: *a minha passividade, a minha passividade jaz aos pés de todos os assassinos, prostitutas* ou *souteneurs*.

Cometi todos os crimes,
Vivi dentro de todos os crimes
(Eu próprio fui, não um nem o outro no vício,
Mas o próprio *vício-pessoa* praticado entre eles,
E dessas são as horas mais arco-de-triunfo da minha vida)

Viver seus impulsos sublimatoriamente na ficção literária importava viver *todos os crimes*, somente Pessoa, *Eu próprio* me transformando em *vício-pessoa*, e a façanha de conseguir trasladá-los em *horas mais arco-de-triunfo da minha vida*:

Multipliquei-me, para me sentir,
Para me sentir, *precisei sentir tudo*,
Despi-me, entreguei-me,
E há em cada canto da minha alma um altar a um deus diferente.

Nesse processo de sublimação dos impulsos, simplesmente *Despi-me, entreguei-me* para *me sentir* e precisar *sentir tudo.* Rebaixou a censura de seu Deus e em *cada canto da minha alma* erigiu *um altar a um deus diferente.*

> Os braços de todos os atletas apertaram-*me subitamente feminino,*
> E eu *só de pensar nisso desmaiei* entre músculos supostos.

Os braços imaginados que partem de um *abraço comovido*, já não de criminosos ou de prostitutas, mas dos *atletas apertaram-me*, a mim *subitamente feminino.* Forte fantasia homoerótica, a ponto de *desmaiei entre músculos supostos.*

> Foram dados na minha boca os beijos de todos os encontros,
> Acenam no meu coração os lenços de todas as despedidas,
> Todos os *chamamentos obscenos de gesto e olhares*
> *Batem-me em cheio em todo o corpo com sede nos centros sexuais.*
> Fui *todos os ascetas, todos os postos-de-parte, todos os como que esquecidos,*
> E todos os *pederastas – absolutamente todos* (não faltou nenhum).
> Rendez-vous a vermelho e negro no fundo-inferno da minha alma!
> (Pessoa 1995, pp. 344-345).

Todos os beijos, todos os encontros, todos os chamamentos obscenos/Batem-me em cheio em todo o corpo com sede nos ***centros sexuais***, porém, diante de toda essa excitação, *Fui todos os ascetas, todos os postos-de-parte, todos os* ***como que*** *esquecidos.* Literariamente, teve um *Rendez-vous a vermelho* - sangue quente - com *todos os pederastas, absolutamente todos*, mas, ao mesmo tempo *negro*, sombrio, porque *no fundo-inferno da minha alma* sofrida, porém, em luta valente.

Voltando à "Ode Marítima", o poeta convoca os piratas para que o *sadizem*, suplica-lhes mesmo, tal como um escravo: *Ó meus senhores! ó meus senhores*, pois não aspira outra coisa que *Tomar sempre gloriosamente a* ***parte submissa***, *nas* ***sensualidades estiradas***. Depois de entregar *De leste a oeste do meu corpo*, quer sentir *o meu* ***alegre terror carnal*** *de vos pertencer.* Como *alegre terror*? Sim, por causa de *A minha ânsia masoquista em me dar à vossa fúria*, pois nessa hora nada aspira, senão *Em* ***ser objeto inerte e sentiente***

da vossa onívora crueldade. *Inerte e sentiente*, *alegre terror carnal*, oximoros precisos e belos, pois só assim pode alcançar a saciação do *cio abstrato*. Nessa entrega total, o desfecho da saciação completa da fúria sadomasoquista e o canto triunfal da vitória alcançada:

> Obrigai-me a ajoelhar diante de vós!
> Humilhai-me e batei-me!
> Fazei de mim o vosso *escravo* e a vossa *coisa!*
> E que o vosso desprezo por mim nunca me abandone,
> Ó *meus senhores*! ó *meus senhores*!
> (Pessoa 1995, p. 327).

Diante da Casa Grande, coloca-se na senzala e, reduzido a *escravo* e *coisa*, só resta a entrega incondicional: *Ó meus senhores*. Como Cristo que se imola por todos os homens, ele se oferece como vítima de todas as vítimas dos piratas. E a saciação chega ao auge ao atingir o ápice do prazer na extrema dor de ser arrastado *à cauda dos cavalos chicoteados por vós*: *ó prazer, ó* ***beijada dor***.

> Fazei de mim as vossas vítimas todas!
> Como *Cristo sofreu por todos os homens, quero sofrer*
> Por todas as vossas vítimas às vossas mãos,
> Às vossas mãos calosas, sangrentas e de dedos decepados
> Nos assaltos bruscos de amuradas!
>
> Fazei de mim qualquer cousa como se eu fosse
> Arrastado – ó prazer, ó *beijada dor*! –
> *Arrastado à cauda de cavalos chicoteados por vós...*
> Mas isto no mar, isto no ma-a-ar, isto no MA-A-A-AR!
> Eh-eh-eh-eh-eh! Eh-eh-eh-eh-eh-eh-eh! EH-EH-EH-EH-EH-EH-EH!
> No MA-A-A-A-AR!
>
> Yeh eh-eh-eh-eh-eh! Yeh-eh-eh-eh-eh-eh! Yeh-eh-eh-eh-eh-eh-eh-eh!
> Grita tudo! tudo a gritar! vento, vagas, barcos,
> Mares, gáveas, piratas, a minha alma, o sangue, e o ar, e o ar!

Eh-eh-eh-eh! Yeh-eh-eh-eh-eh! Yeh-eh-eh-eh-eh! Tudo canta a gritar!

E retoma os estribilhos anteriores, mas, desta vez, em letra maiúscula, como que sugerindo um grito de "espasmo":

FIFTEEN MEN ON THE DEAD MAN'S CHEST.
YO-HO-HO AND A BOTTLE OF RUM!
(...)
SCHOONER AHÓ-Ó-Ó-Ó-Ó-Ó-Ó-Ó-Ó-Ó – yyyy!...
(...)
DARBY M'GRAW-AW AW-AW-AW-AW-AW!
FETCH A-A-AFT THE RU-U-U-U-U-UM, DARBY!
(...)
EH-EH EH-EH-EH EH-EH EH-EH EH-EH-EH!

Note o leitor que o *MA-A-A-AR* (impresso em letra maiúscula e com repetição da vogal) lhe foi metáfora para dar vazão aos seus ímpetos pulsionais mais violentos. Os piratas foram por ele invocados e convocados para a realização dessa aventura estarrecedora. Seu objetivo plenamente alcançado: *Grita tudo! Tudo a gritar!* Abre seus pulmões e retoma em alto volume todos os estribilhos que o acompanharam ao longo da grande caminhada. *Tudo canta a gritar! FETCH AFT THE RUM!...*

Foi-se a tempestade, passou o tornado do espírito. Cai em si, mas realizado. Ao contrário da crise histérica, que, uma vez passada, reduz o paciente a um bagaço humano, a crise poética de Álvaro de Campos o apazigua e uma sensação de desafogo, de bem-estar o invade docemente. Prova de que o recurso literário antes invocado lhe foi benéfico, permitindo-lhe a sublimação de sua sexualidade. E agora, em paz consigo mesmo:

Parte-se em mim qualquer coisa. O *vermelho anoiteceu.*
Senti demais para poder continuar a sentir.
Esgotou-se-me a alma, ficou só um eco dentro de mim.
Decresce sensivelmente a *velocidade do volante.*
Tiram-me um pouco as mãos dos *olhos os meus sonhos.*
Dentro de mim há um só vácuo, um deserto, um mar noturno.

E logo que sinto que há um mar noturno dentro de mim,
Sobe dos longes dele, nasce do seu silêncio,
Outra vez, outra vez o vasto grito antiquíssimo.
De repente, como um relâmpago de som, que não *faz barulho mas ternura.*
(Pessoa 1995, p. 329).

Finalmente em repouso: *Parte-se em mim qualquer coisa*, foram-se as pulsões atrozes, já não *Ardo vermelho*, pois *O vermelho anoiteceu*. A crise foi muito forte e não dá mais para suportá-la: *Senti demais para poder continuar a sentir*. Dentro dele, apenas o eco de tudo o que viveu em versos e agora *Decresce sensivelmente a* ***velocidade do volante*** de suas pulsões. Apaziguadas estas, em sua alma o *vácuo*, o *deserto*, o *mar noturno* instalam-se em *silêncio* e *um relâmpago de som, que não* ***faz barulho mas ternura***, inunda-o. As paixões violentas cessaram: *Ah, o orvalho sobre minha excitação* e *O frescor noturno no meu oceano interior*. E serenamente retorna à sua história, para ressituar seu mundo psíquico. Mergulha na estrutura edípica da construção de sua subjetividade:

A lua sobe no horizonte
E a minha infância feliz acorda, como uma lágrima, em mim.
O meu passado ressurge, como se esse grito marítimo
Fosse um aroma, uma voz, o eco duma canção
Que fosse chamar ao meu passado
Por aquela felicidade que nunca mais tornarei a ter.
(Pessoa 1995, p. 329).

A infância, acalentada pela ternura de sua mãe, era-lhe grande *felicidade que nunca mais tornarei a ter*. Mas, mesmo assim, após esse tumulto insano das pulsões em alvoroço, *a minha infância feliz acorda, como uma lágrima em mim*:

Era na velha casa sossegada ao pé do rio...
(As janelas do meu quarto, e as da casa-de-jantar também,
Davam, por sobre umas casas baixas, para o rio próximo,
Para o Tejo, este mesmo Tejo, mas noutro ponto, mais abaixo...

Se eu agora chegasse às mesmas janelas não chegava às mesmas janelas.
Aquele tempo passou como o fumo dum vapor no mar alto...)
(Pessoa 1995, p. 329).

O meu passado ressurge, a infância feliz acorda... Recompõe-se, graças às potencialidades da castração e aos valores que lhe foram transmitidos na primeira infância. É a estrutura psíquica implantada antes dos cinco anos que garante as balizas da vida. É ela que funda a construção da subjetividade do ser humano e é ela que permite a assunção do *retorno do mesmo*, já que o ser humano está formado aos cinco anos.

O poeta volta ao Tejo, não mais ao cais onde imaginou sua viagem tormentosa com os piratas, mas ao Tejo de sua casa de infância. Dá-se conta de que *Se eu agora chegasse às mesmas janelas não chegava às mesmas janelas*, pois *Aquele tempo passou como o fumo dum vapor no mar alto...* Agora, *em casa*, faz um balanço entre a tormenta que acabou de vivenciar e a vida que lhe foi proporcionada nos alhures de sua existência:

Uma *inexplicável ternura*,
Um *remorso comovido e lacrimoso*,
Por todas aquelas vítimas – principalmente as crianças –
Que *sonhei* fazendo ao *sonhar-me* pirata antigo,
Emoção comovida, porque elas foram minhas vítimas;
Terna e suave, porque não o foram realmente:
Uma *ternura confusa*, como um vidro embaciado, azulada,
Canta velhas canções na minha pobre alma dolorida.
(Pessoa 1995, p. 329).

Freud, como vimos, ensina que um dos caminhos da pulsão, sobretudo no homoerótico, é que ela pode ser transformada em ternura. E Pessoa confirma: *Uma inexplicável ternura* o envolve por inteiro ao voltar-se para suas origens. *Emoção comovida... terna e suave... uma ternura confusa...*, e sua alma se vê invadida pelo passado carinhoso com a mãe e a tia, a ternura delas, que *Canta velhas canções na minha pobre alma dolorida*. A dor de sua alma é dupla: a dor de se ter violentado com a fúria dos piratas e a dor das saudades de uma infância que foi acalentada por delicadezas de sentimentos.

Ele se retoma, arrepende-se da aventura totalmente contrária à sua *douceur des moeurs*: *Ah, como pude eu pensar, sonhar aquelas coisas?/Que longe estou do que fui há uns momentos!* O *longe* em que está é que toda essa explosão sadomasoquista não é senão um aspecto de sua sexualidade, mas totalmente contrária à inteireza de seu caráter e a delicada índole de sua subjetividade. Portanto, o oposto da perversão. Agora, recuo feito, o que não faria o perverso, apodera-se dele *o que há de suavidade e de infância na **hora** matutina!* Mas tudo isso foi possível, porque o devaneio literário tem a mesma função de exutório que o sonho faculta ao retorno do recalcado: *Por todas aquelas vítimas – principalmente as crianças – / Que **sonhei** fazendo ao **sonhar-me** pirata antigo*. E o poeta quebra o ritmo dos versos, como que para aliviar o leitor: *Uma gaivota que passa,/E a minha **ternura** é maior*. E se abre largamente sobre essa ***ternura** maior* com as mais vivas saudades:

Mas todo esse tempo não estive a reparar para nada.
Tudo isto foi uma impressão só da pele, como uma carícia.
Todo este tempo não tirei os olhos do meu sonho longínquo,
Da minha casa ao pé do rio,
Da minha infância ao pé do rio,
Das janelas do meu quarto dando para o rio de noite,
E a paz do luar esparso nas águas!...
Minha velha tia, que me amava por causa do filho que perdeu...,
Minha velha tia costumava adormecer-me cantando-me
(Se bem que eu fosse já crescido demais para isso)...
Lembro-me e as lágrimas caem sobre o meu coração e lavam-o da vida,
E ergue-se uma leve brisa marítima dentro de mim.
Às vezes ela cantava a "Nau Catrineta":

Lá vai a Nau Catrineta
Por sobre as águas do mar...

E outras vezes, numa melodia muito saudosa e tão medieval,
Era a "Bela Infanta"... *Relembro, e a pobre velha voz ergue-se dentro de mim*
E lembra-me que pouco me lembrei dela depois, e ela amava-me tanto!

Como fui ingrato para ela – *e afinal que fiz eu da vida?*
Era a "Bela Infanta"... Eu fechava os olhos, e ela cantava:

Estando a Bela Infanta
No seu jardim assentada...

Eu abria um pouco os olhos e via a janela cheia de luar
E depois fechava os olhos outra vez, e em *tudo isto era feliz.*

Estando a Bela Infanta
No seu jardim assentada,
Seu pente de ouro na mão,
Seus cabelos penteava
(Pessoa 1995, p. 330).

A velha tia lhe vem em cheio na lembrança e, embora fosse já crescido, ela o embalava com a canção da *Nau Catrineta. Relembro, e a pobre velha voz ergue-se dentro de mim/E lembra-me que pouco me lembrei dela depois, e ela amava-me tanto!* Percebe-se em remorso: *Como fui ingrato para ela.* E o grande poeta, num lampejo da consciência, faz um balanço de vida e se interroga: *e afinal que fiz eu da vida?* Sentimento universal em todos os seres humanos que sopesam sua existência. Os fracassos, as omissões, os erros, os pecados, os extravios, o pouco de êxito ou simplesmente a falta-para-ser retornam como num exame de consciência inevitável. Especialmente na menopausa ou na andropausa. Não raro, a depressão se instala. A existência humana é frágil!

Álvaro-Fernando cai na real, percebe que divagou numa infância deliciosa, em que *fechava os olhos* para melhor usufruir:

Ó meu passado de infância, boneco que me partiram!
Não poder viajar pra o passado, para aquela casa e aquela *afeição,*
E *ficar lá sempre, sempre criança e sempre contente!*

Mas tudo isto foi o Passado, lanterna a uma esquina de rua velha.
Pensar nisto faz frio, faz fome duma cousa que se não pode obter.

Dá-me não sei que remorso absurdo pensar nisto.
Oh *turbilhão lento de sensações desencontradas!*
Vertigem tênue de confusas coisas da alma!
(Pessoa 1995, p. 330-331).

O mundo, o crescimento, as exigências da existência e da sobrevivência trataram-no como um *boneco* partido: *Mas tudo isto foi o Passado*. Passado impossível, *aquela casa, aquela afeição* nunca mais, impossível ***ficar lá para sempre, sempre criança e sempre contente***. Agora, *oh turbilhão lento de sensações desencontradas!* Perde força: *Pensar nisto faz frio, faz fome duma cousa que não se pode obter*. E pior ainda: *Dá-me não sei que remorso absurdo pensar nisto*. *Não se* pode fugir às *sensações desencontradas* da existência. E ele é invadido por uma *vertigem tênue de confusas coisas da alma*: *Da chacina* ***inútil*** *de mulheres e crianças/Da tortura fútil...* ***E a sensualidade de escangalhar***:

Fúrias partidas, *ternuras* como carrinhos de linha com que as crianças brincam,
Grandes desabamentos de imaginação sobre os olhos dos sentidos,
Lágrimas, lágrimas inúteis,
Leves brisas de contradição roçando pela face a alma...
Evoco, por um esforço voluntário, para sair desta emoção,
(...)
Evoco, com um esforço desesperado, seco, nulo,
A canção do Grande Pirata, quando estava a morrer:

Fifteen men on the Dead Man's Chest.
Yo-ho-ho and a bottle of rum!

Mas a canção é uma linha reta mal traçada dentro de mim...

Esforço-me e consigo chamar outra vez ante os meus olhos na alma,
Outra vez, mas através duma *imaginação* quase *literária*,
A fúria da pirataria, da chacina, o apetite, quase do paladar, do saque,
Da chacina inútil de mulheres e de crianças,

Da tortura fútil, e só para nos distrairmos, dos passageiros pobres
E a *sensualidade* de *escangalhar* e partir as coisas mais queridas dos outros,
Mas sonho isto tudo com um medo de qualquer coisa a respirar-me sobre a nuca.
Lembro-me de que seria interessante
Enforcar os filhos à vista das mães
(Mas *sinto-me sem querer as mães deles*),
Enterrar vivas nas ilhas desertas as crianças de quatro anos
Levando os pais em barcos até lá para verem
(Mas *estremeço, lembrando-me dum filho que não tenho e está dormindo tranquilo em casa*).

Mesmo usando apenas o recurso literário para "a sensualidade de escangalhar", não consegue encobrir a delicadeza de seus sentimentos de compaixão:

Aguilhoo uma ânsia fria dos crimes marítimos,
Duma *inquisição sem a desculpa da Fé*,
Crimes nem sequer com razão de ser de maldade e de fúria,
Feitos a frio, nem quer para ferir, nem sequer para fazer mal,
Nem sequer para nos divertirmos, mas apenas para passar o tempo,
Como quem faz paciências a uma mesa de jantar de província com a toalha atirada pra o outro lado da
mesa depois do jantar,
Só pelo suave gosto de cometer crimes abomináveis e não os achar grande coisa,
De ver sofrer até ao ponto da loucura e da morte-pela-dor *mas nunca deixar chegar lá...*
(Pessoa 1995, p. 331).

Envolto agora em *ternuras como carrinhos de linha com que as crianças brincam*, ele se dá conta das *fúrias partidas* e *Grandes desabamentos de imaginação sobre os olhos dos sentidos que* o levam a *lágrimas*, mas *lágrimas inúteis*. Tanto é que, num *esforço voluntário, desesperado, seco* e *inútil*, retoma a canção do *Grande Pirata* (Jim Barns), precisamente *quando estava para morrer*, porque morrendo está o movimento de seu *volante*, já que se partiram *as fúrias*. Mas a canção que lhe permite se identificar, nesse instante, com a morte de seu herói não passa de uma *canção* que *é uma linha reta mal traçada dentro de mim... Linha reta através duma* ***imaginação quase literária***, mas *mal traçada dentro de mim*, porque *dentro de mim* essa *tortura fútil*, essa *sensualidade de escangalhar* consistem em *partir as coisas mais queridas dos outros*. Num último lance, volta-se aos atos sadomasoquistas e, definitivamente, dá um basta a esse *turbilhão lento de sensações desencontradas*: *Aguilhoo uma ânsia fria dos crimes marítimos* através *Duma* ***inquisição sem a desculpa da Fé***, ou seja, sem a desculpa que levava a Inquisição a justificar sua fúria de "queimar os hereges". Os seus *crimes*, ele os assume. O fluxo desses versos foi um exutório para suas pulsões em fogo: *Crimes nem sequer com razão de ser de maldade e de fúrias*. Apenas um subsídio literário para metaforizar seu inconsciente fervilhante, pois são crimes *feitos a frio, nem quer para ferir, nem sequer para fazer mal/Nem sequer para nos divertirmos, mas apenas para passar o tempo* do seu inconsciente, das *minhas horas marítimas*, que não é marcado pelo tempo cronológico, mas pelo tempo em que, graças ao veio poético, torna-se sujeito de suas pulsões. E isso só é possível por valer-se do jogo de *paciências*, com o retorno do recalcado, *Só pelo suave gosto de cometer crimes abomináveis e não os achar grande coisa*, mesmo chegando *até ao ponto da loucura*, mas o importante, ***nunca deixar chegar lá***, *descer ao corpo*, pois o que importa é permanecer no simbólico. Toda essa aventura violenta e *violentadora* tinha uma finalidade precisa: *Mas sonho isto tudo com um medo de qualquer coisa a respirar-me sobre a nuca*.

O poeta, sob *leves brisas de contradição roçando pela face a alma...* está fatigado, exauriu-se dessa viagem tensa, perigosa para seu espírito e *minha imaginação recusa-se a acompanhar-me* e *um calafrio arrepia-me*. É invadido por um *frisson* que, como uma descarga, percorre sua coluna toda e invade seu corpo, seu espírito. Estremece. Não consegue se defender do real, este toma conta totalmente de sua subjetividade: *E de repente, mais de repente do que da outra vez* quando foi invadido pela fúria das pulsões soltas, agora *de mais longe, de mais fundo*, isto é, do "âmago do seu ser", de sua história, *De repente – oh pavor por todas as minhas veias!* que lhe retornam um sangue sem oxigênio, sente que esmaece de tanta energia gasta na *viagem marítima* de sua imaginação e *Oh frio repentino da porta para o Mistério que se abriu dentro de mim e deixou entrar uma corrente de ar* veio oxigenar seu sangue carregado de gás carbônico na queima de suas lavas pulsionais. Antes recorreu ao orvalho: *Ah, o orvalho sobre a minha excitação* e, diante do mar em fúria dessa sua excitação, apelou a *O frescor noturno no meu oceano interior* e aqui, *De repente,* como o inconsciente a se manifestar, *De repente* diante de *o Mistério que se abriu dentro de mim o frio repentino* que o coloca em cheio no retorno de sua história, na retomada do real de sua estrutura subjetiva.

O superego que ele teve de calar, para possibilitar a volatilização de suas pulsões em chamas, *De repente* o pega diante *da porta para o Mistério que se abriu dentro de mim.* Primeiro, o retorno de sua fé: *Lembro-me de Deus*, e o retorno de suas crenças esotéricas consignadas no *Transcendental da vida.* Em seguida, a gratidão para com seu companheiro de viagem, que lhe secundou a sublimação de seu amor homoerótico e de suas paixões reprimidas: *e de repente/A velha voz do marinheiro inglês* ***Jim Barns*** *com quem eu falava* através da ficção literária, mas que lhe permitiu a *translação* das pulsões em *ternura. A Voz surda das* ***ternuras misteriosas*** *dentro de mim*, misturadas com *as pequenas coisas* de regaço de mãe e de fita de cabelo da irmã, legados não raro encontrados de modo especial no mundo afetivo de homoeróticos. E aí a melhor descrição possível de como é e como atua o superego: *Mas estupendamente vinda de* ***além da aparência das coisas/A voz surda e remota tornada/A Voz absoluta, a Voz Sem Boca****/Vinda de* ***sobre*** *e de* ***dentro*** *da solidão noturna dos mares,/Chama por mim, chama por mim, chama por mim...*

Essa *Voz*, escrita com letra maiúscula, essa *Voz* é *Absoluta*, acima de meu eu e de meu ego, superego absoluto, que simplesmente se impõe, fala de dentro da solidão noturna dos mares de meu inconsciente. Essa *Voz* imperiosa, intermitente ou contínua, essa *Voz* que durante vinte e quatro horas nos fala até através dos sonhos e de nossa imaginação, essa *Voz* é *estupendamente* (sempre nos causa estupor, susto, cobrança) *vinda de* ***além da aparência das coisas***, são mensagens internalizadas de *Voz surda e remota* de minha história. *Voz surda*, porque não me ouve, muito menos dialoga comigo. Ela não me escuta, despoticamente me fala e, de preferência, *de repente*. Não consigo escapar dela, *remota*, pois configura toda a minha história, todos os meus dias e horas marcadas, meu *software* ou, como diria Heidegger, meu *Dasein* por excelência, isto é, *você não é feito senão dessa* *argila* moldada por seus pais, seus mestres, seus condutores, seus/suas companheiros/companheiras de caminhada. A cada instante, não há como fugir, pois essa *Voz Sem Boca* me constituiu na *Spaltung* de *fal'ente*, como *socius* entre os humanos, e me insere na incumbência da construção da civilização. Essa *Voz Absoluta*, essa *Voz Sem Boca*, *Vinda de* ***sobre*** *e de* ***dentro*** *da solidão noturna dos mares* de meu inconsciente *Chama por mim*, insistentemente, *chama por mim, chama por mim...*

Esse *chamar* que vem de *Voz Sem Boca*, voz surda que *chama* e cujo chamamento é inescapável, é *Voz* que chama sem *boca* e língua que falam. Essa *Voz Absoluta* vem *surdamente*, pois ela simplesmente *chama*, mas *chama como se* fosse não do sujeito que ela domina, *e se ouvisse/Longinquamente,* ***como se*** *estivesse soando* ***noutro*** *lugar e aqui não se pudesse ouvir*. É *Voz* que vem de longe, de longe-perto da história minha, mas eu até posso localizá-la, embora ela se apresente *como se estivesse soando noutro lugar*, noutro lugar de meu aparelho psíquico, mas no lugar e na hora em que a *Voz* que agora me *chama* me reporta. Mas essa *Voz* é tão sorrateira, indiscreta e, por vezes, obscena, que ela me *chama* como se *aqui não se pudesse ouvir*, tamanho é seu disfarce, tamanha é sua habilidade no comando de me fazer gozar ou estragar meu gozo.

E essa *Voz* não cessa: ela leva essa característica como algo estrutural, a pulsão a sustenta num moto contínuo e a faz se introduzir em mim como *absoluta*, não me avisa, não me poupa, é sempre *de repente*. Insinua-se disfarçadamente, *Como um soluço abafado, uma luz que se apaga, um hálito silencioso*. E, como assombramento do inconsciente, essa voz é sem *espaço* e sem *tempo*, apenas o *ponto* de uma representação e o tempo do sujeito, *De nenhum lado do espaço, de nenhum local no tempo*. E, no entanto, o retorno infindo do *mesmo*: *O grito eterno e noturno, o sopro fundo e confuso*. É bem isso, *grito* e, ao mesmo tempo, *sopro* (*hálito silencioso*!), mas *sopro fundo e confuso*. E, tentando desviar a impostura dessa *Voz Absoluta*, o poeta irrompe no canto do estribilho que o acompanhou no longo caminhar de suas ficções de *horas marítimas*:

> Tremo com frio da alma repassando-me o corpo
> E abro de repente os *olhos, que não tinha fechado*.
> Ah, que alegria a de sair dos olhos de vez!
> Eis outra vez o *mundo real, tão bondoso para os nervos!*

Ei-lo a esta hora matutina em que entram os paquetes que chegam cedo.

E aqui está o paradoxo incrível dessa *Voz Absoluta* na constituição da subjetividade humana: sem ela, humano não é; sem ela, possível, a civilização não é; sem ela, a humanidade não caminha, a cultura estagna. Cúmulo de paradoxo: *Voz* cruel, *Voz* benfazeja – "A civilização é fruto da repressão" (Freud).

Mas há ainda outra incrível aporia: essa *Voz surda*, *Voz absoluta*, *Voz sem boca*, essa voz *vê*! Em "Episódios/A Múmia", quando soa, ela me vê:

III
De quem é o olhar
Que espreita por meus olhos?
Quando penso que vejo,
Quem continua vendo
E quanto estou pensando?
Por que caminhos seguem,
Não os meus tristes passos,
Mas a realidade
De eu ter passos comigo?
(...)

V
(...)
Mas *há sempre coisas atrás de mim*
Sinto a sua ausência de olhos fitar-me, estremeço.
(...)
De onde é que estão olhando para mim?
Que coisas incapazes de olhar estão olhando para mim?
Quem espreita de tudo?
(Pessoa 1995, pp. 132-133).

Superego, o olho de olhar completo de *Guernica* (Pablo Picasso), o *panopticon* de J. Bentham, dos fanatismos religiosos, das câmeras infindas que tudo e todos veem: *Sinto a* ***ausência*** *de olhos fitar-me, estremeço/que coisas incapazes de olhar estão olhando para mim?* ***Voz surda, voz absoluta, voz sem boca...*** *Quem espreita* ***tudo****?*

Agora, tudo passou, a alma esfriou-se e *o frio da alma repassando-me ao corpo* sai do sonho, da longa viagem marítima, pois passaram as *horas marítimas* e *abro de repente os olhos, que,* evidentemente, *não tinha fechado.* Sentado ao cais, viajara em sonho enquanto via a escuna se aproximar. E a volta ao cais, o real o inunda de paz: esse real que permite ao ser humano o senhorio de sua subjetividade, propicia-lhe a distância benéfica do gozo, apanágio do sujeito barrado, sobretudo do gozo mortífero da pulsão solta ou do objeto a petrificado, *a-viciado.* Esse real que elimina as ilusões imaginárias que sempre mais afastam o sujeito da apropriação do desejo próprio e o mergulham em toda sorte de doenças da alma. Esse real que lhe possibilita domínio da realidade, escuta do Outro e convivência com o outro dentro da estreita dimensão de seus limites próprios. Esse real que o implanta na escala do tempo e o dimensiona como um elo na fugacidade e transitoriedade dos tempos e das eras. Esse real que lhe faculta o senso agudo de sua pequenez diante das riquezas psíquicas dos outros e das grandezas da imensidão do universo. Esse real que lhe fornece sem cessar a única certeza de sua verdade própria.

Recuperada a verdade propiciada pelo real: *Ah que alegria a de sair dos sonhos de vez!* sentado ao porto, ao sabor das fantasias, vagara como um doido, movido a pulsões arrebatadoras e, agora, graças ao real, sentado ao porto real, *Eis outra vez o* ***mundo real, tão bondoso para os nervos.*** Por ser o único portador da verdade do sujeito, o *real é tão bondoso para os nervos,* porque só ele pode curar o sujeito do encantamento do imaginário, de suas neuroses, de suas mazelas, de seus desencontros, de suas infelicidades. Por dura que seja, só a verdade dele pode restituir a verdade ao sujeito. Sentado "de novo" ao porto: *Ei-lo a esta hora matutina em que entram os paquetes que chegam cedo.*

> Já não me importa o paquete que entrava. Ainda está longe.
> *Só o que está perto agora me lava a alma.*
> A minha *imaginação higiênica, forte, prática,*
> Preocupa-se agora apenas com as coisas modernas e úteis,
> Com os navios de carga, com os paquetes e os passageiros,
> Com as fortes coisas imediatas, modernas, comerciais, verdadeiras.
> *Abranda o seu giro dentro de mim o volante.*
> (Pessoa 1995, p. 332).

O paquete, a escuna, de que se serviu para o escoamento de suas pulsões tempestuosas, já vai longe, *Só o que está perto agora me* ***lava*** *a alma.* E o que está perto é o real, o real da consistência da realidade; real agora propiciado por *minha* ***imaginação higiênica, forte, prática****.* *Higiênica*, porque limpou sua fantasia exuberante; e enlouquecida, *forte*, *prática*, porque além de *me lava a alma* agora me faz haver com *as coisas modernas e úteis*, os navios de passageiro e de carga reais, *as coisas imediatas, modernas, comerciais e verdadeiras*, porque são captadas na *imaginação* agora *higiênica*, não mais tresloucada, que o reconduzem ao trabalho de correspondente comercial.

A consequência desse mergulho no real lhe advém de pronto: *Abranda o seu giro dentro de mim o volante.* O *volante* perde força, seu ânimo está serenando, a paz de espírito começa a inundá-lo. O real o apazigua e ele passa a explorá-lo na busca mais profunda de tranquilidade da viagem que acaba de fazer. Depois de tudo: *E agora há a mais as máquinas/Com a sua poesia também* e com *O olhar humanitário dos faróis na distância da noite*, o poeta, aterrissado da enorme aventura, pode verificar, *Que perto da terra estávamos passando.*

Perfeitamente identificado ao seu tempo, pode dizer-se orgulhoso por poder vivê-lo: *Envaidece-me da minha época... Dá-me o orgulho moderno de viver numa época onde é tão fácil/Misturarem-se as raças, transporem-se os espaços, ver com facilidades todas as coisas,/E gozar a vida realizando um grande número de sonhos.* Deveras, ele acaba de realizar um grande sonho! Totalmente inserido em seu tempo, sente-se envaidecido por poder dele usufruir, mas, sobretudo, porque irmanado com toda a humanidade, *Dá-me o orgulho moderno de viver numa época onde é tão fácil/Misturarem-se as raças* [eliminar racismo], *transporem-se os espaços* [bólidos no ar e na terra] *ver com facilidades todas as coisas* [meios de comunicação]. Previa ele a globalização? A Comunidade Europeia? De todo modo, homem de seu tempo, atento aos *sinais dos tempos*, cantor de sua era: *E gozar a vida realizando um grande número de sonhos.*

Suas pulsões agora se encaminham para a realidade benfazeja de seu trabalho de correspondente comercial e o Álvaro de Campos, Fernando Pessoa verdadeiro, dá-se conta de que *Meus sentimentos agora, naturais e comedidos como gentleman/São práticos, longe de* ***desvairamentos****... O dia é perfeitamente já de* ***horas*** *de trabalho...* E o poeta transforma em poesia e em carinho *faturas, conhecimentos, cartas comerciais, assinaturas* e *Tudo isto não é só humano e limpo, mas também* ***belo***.

Concentrado em sua vida profissional e pessoal, Fernando-Álvaro repara em seu entorno: há uma *Complexidade da Vida*... Os funcionários do escritório que lavram as faturas são seres humanos movidos a paixões, ódios, amores e, às vezes, até a crimes. No centro de tudo, sua referência predileta, Cesário Verde, o *homem de verdade* a ponto de: *Eu é até às lágrimas que o sinto humanissimamente*. Graças à influência desse poeta, que lhe representa a força da obra literária do "simbolismo", a poesia é franqueada e brota-lhe em sublimações ininterruptas: *Ora, ela entra por todos os poros... Neste ar marítimo respiro-a*... E inunda-o de todos os lados e em todos os aspectos dos navios que vão e que vêm: as viagens de cargueiros, as viagens dos transatlânticos de turismo (*Grandes hotéis do Infinito*), o destino de tantas gentes, de *Tantas caras curiosas*, a *religiosidade* que emana da troca de olhares, a *fraternidade* que *não é uma ideia revolucionária*, mas onde *a gente aprende pela vida afora... a tolerar tudo*. Enredado *aos sentimentos humanos tão conviventes e burgueses... A vida flutuante, diversa, acaba por nos educar no humano*. É o que há pouco aconteceu com ele: a hora marítima acabou por facultar-lhe a sublimação de pulsões virulentas.

Realizada a odisseia, o poeta deixa ao largo o seu barco: *Despeço-me desta* ***hora*** *no corpo deste outro navio/Que vai agora saindo* e *Lá vai ele deixando o lugar defronte do cais onde estou*. E o navio que parte, levando a carga de suas pulsões revoltas, arranca-lhe um sentimento de gratidão: *Boa viagem, meu pobre amigo casual, que me fizeste o favor/De levar contigo* ***a febre, a tristeza dos meus sonhos****,/E restituir-me à vida para olhar para ti e te ver passar/Boa viagem!Boa viagem!A vida é isto*... Partir e chegar, chegar e partir!

T-t--t---t----t-----t... toc, toc, Com um ligeiro estremecimento,/O ***volante*** *dentro de* ***mim para***. A força da pulsão está serenada: o *volante* finalmente parou. Adeus escuna que tanto me ajudou... *Perde-te no Longe, no Longe, bruma de Deus*. E, no *Ponto cada vez mais vago no horizonte*, onde a imagem do navio esmaece, que sobra? *Nada depois, e só eu e a minha tristeza*... a cidade de Lisboa cheia de sol e não mais a *hora* marítima, mas *a* ***hora*** *real e nua como um cais já sem navios*. O guindaste que acabou de alçar a carga, *como um compasso que gira/Traça um semicírculo de não sei que emoção/No silêncio comovido da minh'alma*... E *minh'alma* volta ao silêncio, à paz!

Do ponto de vista clínico, volto a insistir, é interessante notar que um ataque histérico jamais produz tal efeito. Ao contrário, o histérico, após o ataque, sente-se um trapo, com o corpo dolorido, a angústia redobrada, pois, na busca de reconhecimento de si, precipita-se na cena do *acting out* e mais distante fica do reconhecimento do desejo próprio. Álvaro de Campos, servindo-se do recurso literário, vê-se tomado da fúria de suas pulsões, explodindo em violência atroz, mas nenhum desses movimentos de violência ele deixa de encaminhar, "a-viar" pelas veredas sublimatórias da poesia. Por isso, apesar de tanta crueldade, de tanta violência no torvelinho do desafogo de atrocidades e sexualidade sadomasoquista, inunda-o *o silêncio comovido da minh'alma*. Tranquilizado pelo real, volta-se ao cotidiano, à "poesia das faturas"! E:

> Nada depois, e só eu e a minha tristeza,
> E a grande cidade agora cheia de sol
> E a *hora real* e *nua* como um cais já sem navios
> (Pessoa 1995, p. 108).

Passou a crise. Graças ao vigor de suas origens edípicas, insere-se no *mundo real*, ***tão bondoso para os nervos*** e, aliviado, está pronto para continuar sua caminhada. Volta ao real e à realidade, isto é, volta à sua estrutura psíquica, construída com base em sua história, que pode restituí-lo à sanidade, já que só o real é dimensão de racionalidade. E é só a racionalidade (o simbólico) que institui o homem, destacando-o da promiscuidade da realidade ou da loucura.

Assim, foram-se o tempo e as fantasias da criação desse poema: *Nada depois,* senão a dura realidade, *e só eu e a minha tristeza.* O sol já vai alto e esparge ampla sua luz: *a cidade agora cheia de sol.* Esperta-se o poeta do tempo sem tempo de sua ***Hora*** *marítima* e apodera-se dele *a* ***hora*** *real e nua* dos compromissos reais, pois, o "seu" *cais* está agora *já sem navios.*

A diferença entre Pessoa e o louco consiste em que o louco dispara no imaginário "puro" (paranoico) ou no simbólico "puro" (esquizofrênico), ambos sem ou com mínima referência ao real, ambos entregues ao gozo do Outro, ao passo que Pessoa dispara no imaginário, mas consegue representar esse disparo e o coarcta nas malhas do simbólico, desfruta do Outro. O que poderia ser uma *passagem-ao-ato* transforma-se num imaginário sob o estrito controle do simbólico, do discurso lógico, ancorado no real, no discurso preso às leis da escrita, das figuras de linguagem e da cadência poética.

Além dos três registros, real, imaginário e simbólico, Lacan descobriu, num lúcido conhecimento de clínica, o quarto registro, que ele chamou de *Synthoma*, a que já aludimos. Escrito à antiga, porque esse sintoma é a estrutura da história do sujeito, a história de seu édipo e de sua castração, seu *historial*, como diz ele. E é esse quarto elemento que fornece as referências de constância e as ligações ao real da história de cada um. Em Pessoa, sem dúvida alguma, o *Synthoma* escritor, esse ímpeto infindo de seu gênio em brotação incessante, colocado disciplinarmente em versos ou em prosa, permite-lhe aparar os golpes das pulsões, transformando-as em obra de arte, em tesouro para a cultura. Ao mesmo tempo em que transmuta suas pulsões em arte, circunscreve a loucura e dela se livra, quebrando-lhe o *encantamento*. Pessoa viveu entre dois escólios: a depressão e a loucura. Navegou entre ambos com coragem e elevação de espírito simplesmente admiráveis.

Graças a esse recurso em momentos muito difíceis de sua existência – perda de seus entes queridos, falta de reconhecimento, isolamento, desamparo de amigos e de recursos financeiros –, em nenhuma situação caiu em autocomiseração ou desânimo. Tudo passou ao verbo e tudo foi superando, mediante o desapego das coisas materiais e a abnegação de tudo – estética da desistência – que pudesse minar seu propósito: *Que não haja lama nas estradas dos meus pensamentos nem folhas mortas nas lagoas dos meus propósitos.*

O ENCONTRO COM O HOMOEROTISMO EXPLÍCITO

Se, até aqui, vimos Fernando Pessoa aproximar-se de seu homoerotismo de maneira figurada, há outros momentos de sua obra em que o encontro com ele se torna explícito. Melhor, nunca foge a esse encontro: se, em certa poesia, ele é indireto, metafórico, aqui é explicitado diretamente. Circunscreve seu homoerotismo com a firmeza de quem não tem dúvida de que a ele se identifica e não tem por que escondê-lo.

Em "Páginas íntimas e de autointerpretação", da editora Ática de Lisboa, nas páginas 27 e 28, assim se descreve: "Não encontro dificuldade em definir-me: sou um *temperamento feminino* com uma *inteligência masculina*". Constata, pois, num duplo movimento interior constante: *feminilidade e masculinidade*. É importante notar que *feminilidade* lhe vem antes, pois é sua sensibilidade, e *masculinidade* sempre lhe é posterior, porque é sua reflexão intelectiva e ordenadora da pulsão. É a função fálica que opera a diferença.

Sua feminilidade: "A minha sensibilidade e os movimentos que dela procedem, e é nisso que consistem o temperamento e sua expressão, *são de mulher*".

Sua masculinidade: "As minhas faculdades de relação – a inteligência, e a vontade, que é a inteligência do impulso – *são de homem*".

Em seguida, lucidamente, consigna essa feminilidade que sabe não ser de uma mulher, mas dele mesmo. Analisa, então, sua passividade homoerótica, um dos sintomas característicos de homoeróticos, como a "Ode Marítima" bem explicitou: "Quanto à sensibilidade, quanto digo sempre gostei de ser amado, e nunca de amar, tenho dito tudo". Apraz-lhe ser passivo, entedia-o ser ativo, repugna-lhe mesmo: "Magoava-me sempre o ser obrigado, por dever de vulgar reciprocidade – uma lealdade de espírito" (embora nele fosse tão imensa, infinita mesmo!) – a corresponder. "Agradava-me a *passividade*. De atividade, só me aprazia o bastante para estimular, para não deixar esquecer-me a atividade em amar daquele que me amava". Da atividade, apenas não esquecer a "atividade em amar daquele que me amava". Uma posição estritamente feminina: a posição de não-toda, sempre à espera da suplementação *simbolicamente imaginária*. Mas Pessoa não tem ilusão sobre seu homoerotismo. Conhece-o em sua estrutura e em seus contornos: "Reconheço sem ilusão a natureza do fenômeno. É uma *inversão* sexual frustre. Para no espírito".

Temos aqui a definição exata para entender a chave da sublimação. Pessoa se abre integralmente à estrutura sexual da sua pulsão. Não tem ilusão que pudesse ser qualquer outra que o homoerotismo. Não o recalca nem parte para a busca inútil de outras identificações. Ofélia, heterônimos, a agressividade *sadomasoquista* lhe garantiram a circunscrição de sua sexualidade. Porém, tudo isso é possível, porque não "é uma *inversão sexual*" ativa ou em debandada ou com perda de dignidade. É uma *inversão* sexual que "para no espírito". E, justamente porque "frustre", reprimida e não recalcada, é a mola para a evolução de seu gênio. Sua energia pulsional homoerótica chega ao ego, identifica-a como própria e, por isso, pode canalizá-la à realização de seu trabalho literário, tesouro universal. Esse é, como vimos, o processo a que os psicanalistas chamam de narcisação. Só narcisada a pulsão pode ser sublimada pelo sujeito.

No entanto, de outro lado, o poeta não tem a mínima ilusão de que esse equilíbrio produtivo é constantemente ameaçado pela solicitação contínua de uma prática homoerótica ativa. Sabe que está sempre a um passo, mas não cede. "Sobre seu desejo não ceder" (Lacan), assume-o tal qual: "Sempre, porém, nos momentos de meditação sobre mim, me inquietou, não tive nunca certeza, nem a tenho ainda, de que essa *disposição de temperamento não pudesse um dia descer-me ao corpo*. Não digo que praticasse então a sexualidade correspondente a esse impulso, mas bastava o desejo para me humilhar".

Fernando, como vimos, sempre confundiu seu homoerotismo com "temperamento". Sempre achou que era a ele que o devia. Mas penso que a clínica psicanalítica pode afirmar com certeza que o homoerotismo não se deve ao temperamento e, sim, à estrutura edípica (mãe + pai) que acolhe a criança no ponto crítico da castração.

Ele conhece sua fragilidade humana: "não tive nunca certeza" de que "essa disposição não pudesse um dia *descer-me ao corpo*". A dupla negativa institui uma negativa absoluta, universal. Ora, foi essa consciência de fragilidade reconhecida diante da pulsão que fez os santos de todos os tempos, que engendrou os gênios de todas as obras da humanidade. Não fosse senão para a efetuação da obra.

Pessoa diz claramente: não praticou o homoerotismo, mas "bastava o desejo para me humilhar". Pobre Fernando, mal sabia ele que a força de seu gênio, a energia que lhe propiciava toda sua obra e tanta generosidade na ajuda aos amigos, não podia provir senão precisamente de suas pulsões homoeróticas, a energia de que dispunha. É intrinsecamente impossível mudar a estrutura da estampagem da energia psíquica. Não tinha por que se humilhar, que nada tem de humilhação ser homoerótico. Isso é uma leitura preconceituosa ou efeito de pressão social, jamais uma leitura psicanalítica. Aliás, se há algum homem que não tem de se humilhar diante de tanta seriedade de vida, é Fernando Pessoa. E ele, como todo humano, procura a solidariedade entre os iguais: "Somos vários desta espécie... pela história artística sobretudo Shakespeare e Rousseau são dos exemplos, ou exemplares, mais ilustres. E o *meu receio da descida ao corpo* dessa inversão do espírito – radica-no a contemplação de como nesses dois desceu – completamente no primeiro e em pederastia, incertamente no segundo, num vago masoquismo". Nota-se que Pessoa pouco se refere a homossexuais contemporâneos seus como Wilde, Proust e Gide. Certamente, isso não é sem sentido.

Contudo, ele não se vê melhor que distantes Shakespeare ou Rousseau. Cita o exemplo deles para mostrar o temor de que seu homoerotismo, embora vivenciado em seu corpo, nele desça em prática, como diz ter ocorrido com Shakespeare e Rousseau. Sua opção moral exclui essa possibilidade. E é essa consciência de sua fragilidade que lhe garante a reordenação constante da pulsão.

Horror feminae

Já analisamos que outra característica do homoerótico é o horror às mulheres. Agradam-lhes a companhia, o imitar-lhes os modos e os trejeitos, enfeitá-las mesmo, mas repugna-lhes a relação heterossexual.

Em "Primeiro Fausto", no terceiro tema: "A falência do prazer e do amor", o poeta explicita seu horror à mulher. Primeiro começa por falar da sem-direção e da constância do impulso inconsciente:

> (...) ó vil e baixa
> Porca animalidade do animal
> Que se diz metafísica por medo
> A saber-se só baixa...
> (Pessoa 1995, p. 476).

Pessoa considera a força da pulsão como sendo *vil*, *animal*, e qualifica-a *baixa*. No animal, a energia é precisa, codificada pelo instinto e, no ser humano, o que caracteriza a pulsão é que ela é solta, de *per si* só procura satisfação e irrompe inopinadamente. Então, o problema ético consiste em ter de encaminhá-la para a cultura. Essa verdade lhe desperta um *horror metafísico* e *medo*:

> Ó horror metafísico de ti!
> Sentido pelo instinto, não na mente!
> Vil metafísica do *horror* da carne,
> *Medo* do amor...
> (Pessoa 1995, p. 476).

O ***horror*** *da carne*, o ***medo*** *do amor* geram-lhe uma *vil metafísica*. Há sentido superior, perene, além de possíveis relações físicas, que rege o medo delas. Mas essa metafísica ele a caracteriza como *vil*. *Vil* porque *sentida pelo instinto* e *vil* porque lhe mantém o medo, o ***horror*** *da* ***carne***, mas nem por isso o desvia para outro caminho, *sentido... não na mente*, embora não cesse de insistir e, assim mesmo, a *mente* tem de dar conta do *instinto*, daí o ***horror*** *da* ***carne***. Essa luta nunca teve fim na sua vida e, por isso, pôde produzir tanto.

> Entre o teu corpo e o meu desejo dele
> Está o abismo de seres consciente;
> (Pessoa 1995, p. 476).

A narcisação da pulsão, o poeta a conhecia profundamente na prática: o desejo do outro corpo apenas não se concretiza, porque ele, ao interpelar a si por um suposto "tu" (*seres*), mantém-se na consciência sempre renovada do desejo emergente. Graças a essa consciência, a consciência da falta, abre-se o *abismo* permanente: *Entre o teu corpo e o meu desejo dele*. Com isso, esse desejo pode ser recuperado no campo do simbólico. Daí o devaneio utópico de se envolver com uma mulher:

> Pudesse-te eu amar *sem que existisses*
> E *possuir-te sem que ali estivesses!*
> (Pessoa 1995, p. 476).

A pulsão "recebida" por ele na demanda de seu imaginário não é repelida de volta ("recalcada"), é retransformada no belo da poesia, graças a significantes que a suportam. Confessa a si seu desejo, formulando-o no real da escrita. Esta, por sua vez, no milagre da palavra, devolve-lhe a pulsão transladada no vero e no belo. E, por isso, a pulsão lhe é realizante, ao contrário da pulsão desenfreada, impossivelmente saciável na realidade, abismada no gozo.

Com o fito de manter a fonte pulsional ativa só para o fim estético, guarda-a em segredo só seu, tanto aos olhos do outro como do Outro:

> Tanto fechei à chave aos olhos de outros
> *Quanto em mim é instinto*, que não sei
> Com que gestos ou modos revelar
> Um só instinto meu a olhos que olhem...
> (Pessoa 1995, p. 477).

É o *point d'honeur* do homoerótico assumido: manter a discrição a qualquer prova, diante de *olhos que olhem*. Mas ***quanto em mim é instinto*** *que não sei/Com que* ***gestos*** *ou* ***modos*** *revelar*. Ele, paradoxalmente, não se omitirá em des-ocultá-lo mediante figuras de linguagem que possam declamá-lo. Por isso, é fundamental *que não sei* na prática, pois só assim a invenção do novo é possível e os enfadonhos chavões podem ser eliminados, sempre com outro ponto de vista, já que o ponto de vista, *per si* muito pobre, é apenas a vista de um ponto. Mas nesse reconhecimento o poeta confessa outra dimensão:

> *O horror metafísico* de Outrem!
> O pavor de uma consciência alheia
> Como um deus a *espreitar-me!*
> (Pessoa 1995, p. 477).

"Outrem", com letra maiúscula! É o campo do simbólico, o *tesouro dos significantes*, é lugar terceiro ou é o próprio Deus a quem invocará no fim dos versos, depois de passar em revista seus desejos. "Outrem" é o Outro de Lacan: *como um deus a espreitar-me*. É a interrogação inescapável, diante da qual cada ser humano se constitui e se assume. É a submissão sem fim a esse Outrem que o obriga a buscar uma resposta, embora parcial, para sua falta-para-ser. O Outro fende o homem, mas simultaneamente restitui-lhe o fecho da subjetividade. Diante de Outrem, teme e treme, pois o Outro lhe brota em jorro insopitável de seu inconsciente de gênio. Nessa falta-para-ser, o significante é sempre a falta no campo do Outro.

De outro lado, o Outro o solicita de maneira ininterrupta com um *Che Vuoi* (que queres?), ao qual não pode não responder, senão com o mais elevado sentido de sua vida. Tudo tem para ele um sentido maior. Estremece de terror ao ver o corpo humano, de homem ou de mulher, realidade *tão carnal*.

Não *quero que ninguém saiba o que sinto,*
Além *de que o não posso a alguém dizer...*
(Pessoa 1995, p. 477).

Repugna-lhe desvendar a quem quer que seja os impulsos de sua sexualidade. Toda sua energia tem outro fim, visa Portugal, aspira pela humanidade.

Não *me concebo amando, nem dizendo*
A *alguém "eu te amo"...*
(Pessoa 1995, p. 478).

Sua posição pela escolha da castidade é inabalável: *Não me concebo amando*. Por isso, não vacila em seu propósito, radicaliza a assunção de seu desejo: *nem dizendo/A alguém* ***eu te amo***. Mas, nem por isso, deixa de se embevecer diante do casal de apaixonados. Ao contrário de invejá-los, que isso seria lance de neuróticos ou frustrados, ou de homossexuais não assumidos, admira-os e louva-os:

Quando se adoram, vividos,
Dois seres juvenis e naturais
Parece que harmonias se derramam
Como perfumes pela terra em flor
(Pessoa 1995, p. 478).

Todavia, quanto a si, não mantém a mínima ilusão:

Mas eu, ao *conceber-me amando*, sinto
Como que um *gargalhar hórrido e fundo*
Da existência em mim, como *ridículo*
E desusado no que é natural
(Pessoa 1995, p. 478).

O *natural* que acaba de reconhecer e louvar em *dois seres juvenis e naturais* lhe calha *ridículo e desusado*. Ridículo, pois canhestro em lide de sexo, por *desusado* e *ridículo*, porque estaria a imitar o amor conjugal. E dimensionadas sua inabilidade ou impropriedade, ***conceber-me*** *amando, sinto/como que um* ***gargalhar hórrido*** *e* ***fundo***. Outros são os anseios de sua escolha:

Nunca, senão pensando no amor,
Me *sinto tão longínquo e deslocado*,
Tão cheio de ódios contra o meu destino
(Pessoa 1995, p. 478).

Ódios, pois me sinto tão longínquo e deslocado por um destino que o mantém na luta sem tréguas de aviar impulsos sexuais mais complicados, mas felizes ódios, que lhe facultam superar a pulsão de morte que lhe hipostasia a criatividade da pulsão de vida. É interessante notar que esse *tão cheio de ódios contra o meu destino* se encontra na raiz de toda homossexualidade:

(...) o ódio de si, a homofobia interiorizada é, com certeza, um dos efeitos mais fortes dessa estrutura de relação com o mundo moldado pela preexistência da *injúria*. Mas o ódio de si não é apenas uma relação infeliz consigo mesmo, que quase sempre leva à vida dupla, à obsessão de ser descoberto. Também conduz a compartimentos de *ódio* e de *hostilidade* para com o outro, no qual se vê e se quer recusar ver um outro si mesmo (Eribon 2008, p. 87).

A injúria vem da hostilidade da designação performativa de homossexual, que cai como um estigma, mas é sentida fundamentalmente como uma injustiça dolorosa. Ser homossexual não é uma escolha voluntária, proposital. É um destino implantado no ponto crítico da castração, como qualquer outra identidade sexual. O ódio não só parte disso como se ampara no jogo persecutório do *coming out*, visibilidade e ocultação. Daí a vida dupla. Há exemplos clássicos de ódios de si e de outros pelo fato de ser homoerótico. Proust, em *Sodoma e Gomorra*, refere-se a essa discriminação ao descrever que aqueles homoeróticos que já se encontram no clube impedem seus congêneres de lá entrar.

Edgard Hoover é exemplo cruel e gritante disso. Ele perseguia os homossexuais políticos e convivia com um parceiro homo. Evidentemente, esse ódio de si e de outrem não foi e não é apanágio de homos. A história testemunha relatos dolorosos quando da perseguição de judeus ou crentes de religiões diferentes. Sobre esse fenômeno, Didier Eribon conclui: "Entendemos facilmente que as mobilizações políticas que se deram por tarefa lutar contra essas formas de opressão – e sua interiorização – tenham tomado como slogan *Black is beautiful* e *Gay is good*" (Eribon 2008, p. 89).

Aos poucos, o poema chega à explicitação do horror do poeta às mulheres. Primeiro, expõe seu desejo de amor a outros homens:

> *Abandonar-me em braços nus e belos*
> (Inda que deles o amor viesse)
> No *conceber do todo me horroriza*;
> Seria *violar meu ser profundo*,
> *Aproximar-me muito de outros homens*
> (Pessoa 1995, pp. 478-479).

Em consonância com seu propósito de renúncia à vida sexual, *Abandonar-me em braços nus e belos* contrariaria seus ideais de sublimação. *Seria* ***violar meu ser profundo***, sequer pensar em ***Aproximar-me muito de outros homens***, pois na coerência de seu propósito, *No conceber do todo me horroriza*. Em seguida o *horror feminae*:

> *Seria* doce amar, cingir a mim
> Um *corpo de mulher*, mas *frio* e *grave*
> E feito em tudo *transcendentalmente*
> (Pessoa 1995, p. 479).

Como homem que é, formula seu amor pelas mulheres no futuro do pretérito: *Seria doce amar*. Mas que mulher? Claro, não uma real, mas uma de corpo *frio e grave* (morta?). Apesar disso, como? Só *transcendentalmente*. Absolutamente nada de real! Que vasta lucidez esse homem teve da estrutura de sua sexualidade e da potencialidade dela a serviço da cultura! O pensamento de se envolver com um homem ou uma mulher o seduz, mas confrange-lhe a alma:

> O pensamento agrada-me, e *confrange-me*
> Do *terror* de ter perto, e (junto)
> Em *sensação ao meu, um outro corpo*
> (Pessoa 1995, p. 479).

Terror: o amor explícito seria algo apavorantemente ameaçador e, por isso, algo a ser energicamente repelido. As mãos que tenderiam a acariciar outro homem ou uma mulher se transformam numa mão que *gela* o fogo imaginário de suas fantasias:

> Gelada *mão misteriosa* cai
> Sobre a imaginação (...)
> (Pessoa 1995, p. 479).

Gelada mão misteriosa: a *mão* de volta! Desta feita, *gelada* e *misteriosa*. A sexualidade de cada ser humano é verdadeiramente um mistério e uma aporia incomensurável. Mistério, que dela só nos chegam os sinais; paradoxo, que sem ela nada de humano é. Pessoa se conhece nos imos refolhos do seu espírito, mas confessa a fragilidade desse equilíbrio. Manter seu propósito de renúncia à sexualidade lhe custa muito. Um dos recursos é aquietar a imaginação pela intermediação de *gelada* ***mão misteriosa***, a fim de se dominar *Do* ***terror*** *de ter perto, e (junto)/****Em sensação ao meu, um outro corpo***. A *Mão*, além de *Hora* e de *Momento*, é significante privilegiado por Pessoa, também um significante-mestre, fecundo em potencialidades.

Em 1906, ele compôs o poema *To a hand*. Centeno conclui:

> A mão é por excelência o símbolo da diferenciação. Diferencia o homem dos outros animais, e é como que a síntese do masculino e do feminino,

> pois dela se pode dizer que ao mesmo tempo agarra e contém, é ao mesmo tempo ativa e passiva como esses dois princípios que resume. Fernando Pessoa recusa a mão ativa que imagina proliferando em paisagens de susto, tanto como a passiva que no início do texto ainda contém a sua (Centeno 1979, pp. 13-14).

Então, diante *do **terror** de ter perto, e (junto)/Em sensação ao meu, um outro corpo*, a *Mão Misteriosa* para ele, porque eficiente e eficaz, é evocada para que, *gelada*, ponha fim à *sensação* de *um outro corpo*. Claro recurso literário para acalmar os impulsos sexuais e, ao mesmo tempo, sublimá-los.

No poema "Regret", o conhecimento do desejo sexual é recusado de maneira semelhante. Deseja que tudo *seja uma forte ignorância, uma saudável ausência de pensamento* e que possa chamar à sua companheira *namorada. E o nome não significaria nada...* Sentados junto um do outro *não teríamos sexo, não sentiríamos amor. Seriam crianças boas sem ter que lutar com o mal.* "O horror do sexo", acrescenta Centeno, "a conotação do sexo com o mal e desde logo potente".

Em outro poema, "The lip", descreve um homem de um lábio só: *Nenhum outro lábio surgia/Na visão nem sequer lhe faltava/Havia somente um, somente um lábio*. E não havia rosto, nariz, olhos, faces, cabelo... nada, senão um lábio só, sem outro lado correspondente. Um rosto-monstro, repelente para amar. Centeno conclui: "O lábio que causa horror é idêntico à mão: ambos objetos de sonho, ou melhor, de pesadelo. Ambos símbolos de uma completude sexual que se rejeita, ao nível do inconsciente" (Centeno 1979, p. 14).

Estratagemas para encaminhar os impulsos ou torná-los inviáveis: mão, criança, mal, um lábio só. O próprio poeta avisa: "Se escrevo o que sinto é porque assim diminuo a febre de sentir" (Pessoa 1982a, p. 12). A cada expansão literária de seus impulsos, reencontra a paz e retorna aos bastiões das estruturas firmes de sua infância.

De volta ao "Primeiro Fausto", a paz:

> Amor, diz qualquer coisa que eu te sinta!
> – *Compreendo-te tanto que não* sinto

> O retorno:
> Reza por mim! A mais não me enterneço
> Só por mim mesmo sei enternecer-me,
> Sob a ilusão de amar e de sentir
> Em que forçadamente me detive.

O poeta se vê no limite de suas forças; pede ao leitor que ore por ele, suplica outro auxílio para suas energias. O querer amar um homem ou uma mulher foi uma *ilusão/Em que forçadamente me detive.* É uma luta dura, constante. Não pode fraquejar em sua opção. O ser humano não tem como evadir-se do embate dos impulsos sexuais. Simplesmente não seria humano. Pessoa, a fim de acolhê-los, escolheu o caminho da *ternura* (*enternecer-me* = sublimação) e optou por diluí-los na *ilusão de amar e de sentir.* Mas tem consciência refinada de seus limites, de sua fragilidade e roga pelo auxílio divino:

> Reza por mim, por mim! Eis a que chega
> A minha tentativa (em) querer amar.

A explicitação do sintoma que nos ocupa, *horror feminae*, chega ao auge no *Livro do desassossego*. Para começar, a mulher como pura abstração:

> Nenhum fascínio do sexo se subentende no meu sonhar-te, sob a tua veste vaga de madona dos silêncios interiores. Os teus seios não dos que se pudesse pensar em beijar-se. O teu corpo é todo ele carne-alma, mas não é alma, é corpo. *A matéria da tua carne não é espiritual mas é espiritualidade* (És a mulher anterior à Queda) (...)

E esse horror atinge o cume:

> O meu *horror* às mulheres reais *que têm sexo* é a estrada por onde eu fui ao teu encontro. As da terra, que para serem (...) têm de suportar o peso movediço de um homem – quem as pode amar, que não se lhe desfolhe o amor na antevisão do prazer que serve [?] o sexo [...]? Quem pode respeitar a Esposa sem ter de pensar que ela é uma mulher n'outra posição de cópula...

> Quem não se enoja de ter mãe por ter sido tão vulvar na sua origem, tão nojentamente parido? Que nojo de nós não punge [?] a ideia da origem carnal da nossa alma – daquele inquieto (...) corpóreo d'onde a nossa carne nasce, e, por bela que seja, se desfeia de origem e se nos enoja de nata.
> Os idealistas falsos da vida-real fazem versos à Esposa, ajoelham à ideia de Mãe... O seu idealismo é uma veste que tapa, não é um sonho que crie (Pessoa 1982a, p. 293).

O *idealismo* que se concretiza na prática sexual *é veste que tapa*, mas o *idealismo* de sublimação em cultura é *um sonho que cria.*

Em *Confissão de Lúcio*, de Sá-Carneiro, encontramos a mais clara explicitação desse *horror às mulheres.* Lúcio, usado por Ricardo para possuí-lo através da entrega de sua esposa, após a primeira experiência, diz-se tocado por *náuseas* e *repugnâncias*:

> Porém – coisa estranha – este amor pleno, este amor sem remorsos, eu vibrava-o insatisfeito, dolorosamente. Fazia-me sofrer muito, muito. Mas por que, meu Deus? Cruel enigma... Amava-a, e ela queria-me também, decerto... dava-se-me toda em luz... Que me faltava? Não tinha súbitos caprichos, recusas súbitas, como as outras amantes. Nem me fugia, nem me torturava... Que me doía então?
>
> Mistério...
>
> O certo é que ao possuí-la eu era todo medo – medo inquieto e agonia: agonia de ascensão, medo raiado de azul; entanto morte e pavor.
>
> Longe dela, recordando os nossos espasmos, vinham-me de súbito incompreensíveis náuseas. Longe dela? (...) Mesmo até no momento dourado da posse essas repugnâncias me nasciam a alastrarem-se, não a resumirem-se, a enclavinharem os êxtases arfados; e – cúmulo da singularidade – essas repugnâncias eu não sabia, mas adivinhava, serem apenas repugnâncias físicas.
>
> Sim, ao esvaí-la ao lembrar-me de a ter esvaído, subia-me sempre um além-gosto, a doença, a monstruosidade, como se possuíra uma criança, um ser de outra espécie ou um cadáver (Sá-Carneiro 1985, p. 107).

E mais adiante:

> O horror físico que seu corpo (mulher) já me suscitara tinha voltado de novo... e se as minhas repugnâncias em face do corpo admirável de Marta tivessem a mesma origem?
>
> (...)
>
> Com efeito a sua carne de forma alguma me repugnava numa sensação de enjoo – a sua carne só me repugnava numa sensação de monstruosidade, de desconhecido: eu tinha nojo do seu corpo como sempre tive nojo dos epilépticos, dos feiticeiros, dos iluminados, dos reis, dos papas – da gente que o mistério grifou (Sá-Carneiro 1985, p. 118).

E o protagonista, visando seu verdadeiro objetivo: "ao possuí-la, eu tinha a sensação monstruosa de possuir também o corpo masculino desse amante [Sergio Warginsky]" (Sá-Caneiro 1985, p. 118).

Em seu Livro Primeiro das "Confissões" Jean-Jacques Rousseau, cuja homossexualidade, segundo Pessoa, desceu ao corpo, educado pela mãe e três tias, depois de ver sua identidade sexual acendida por palmadas da babá Srta. Lambercier em seu bumbum ("é verdade que àquilo se misturava , sem dúvida, algum instinto precoce de sexo"), pôde escrever:

"Quem poderia crer que aquele castigo infantil, recebido aos oito anos, das mãos de uma mulher de 30, decidiria meus gostos, meus desejos, minhas paixões, a mim mesmo pelo resto de minha vida, e precisamente no sentido oposto ao que deveria acontecer naturalmente? Ao mesmo tempo que meus sentidos foram acendidos, meus desejos mudaram de tal maneira que, limitados ao que eu havia experimentado, não trataram mais de procurar outra coisa".

E esses desejos que "não trataram mais de procurar outra coisa", passaram a manifestar esse horror às mulheres:

"Não apenas eu não tive, até a minha adolescência, uma ideia clara da união dos sexos, mas essa ideia confusa sempre se ofereceu a mim na forma de uma imagem odiosa e asquerosa. Eu tinha pelas mulheres públicas um horror que nunca se apagou: não podia ver um depravado sem desdém, sem terror mesmo"(Folha online 01/08/2010).

Na sua contradição interior constante, como sói ao homoerótico, o poeta tenta recuperar imediatamente a mulher a quem acaba de votar o seu horror. Aí é a mulher do amor cortês que lhe vem à lembrança. Imagina uma mulher de sonhos, que pode ser tudo menos mulher: "Pura só tu, Senhora dos Sonhos, que eu posso conceber amante sem conceber mácula porque és irreal. A ti posso-te conceber mãe, adorando-o, porque nunca te manchaste nem do horror de seres fecundada, nem do horror de parires" (Pessoa 1982a, p. 293). "A senhora dos Sonhos: A mulher uma boa fonte de sonhos. Não lhe toques" (Pessoa 1982a, p. 301). Essa mulher, ele pode admiti-la e cantá-la, porque: "Posso pensar-te virgem e também mãe porque não és deste mundo" (Pessoa 1982a, p. 294).

Essa mulher é invocada para ser *Dia Eterno*, *Crepúsculo Invisível*, *Noite Total*, *Noite Única* e, muito homoeroticamente, o poeta roga para que lhe seja permitido ser *os brocais de suas vestes* e *o brilho de seus adornos*, *as cinzas de sua lareira*... Mas, afinal, quem seria essa mulher ideal? Uma mistura da mulher que não existe e da mulher que intimamente mais existe para ele: sua mãe. Se todo homoerótico é tangido pelo *horror feminae*, de sua mãe, mãe/mulher, jamais abre mão: "Que o teu silêncio me embale, que a tua (...) me adormeça, que o teu *mero-ser* [*sic*!] me acaricie e me amacie e me conforte, ó (...) do Além, ó imperial de Ausência; Virgo-Mãe de todos os silêncios, Lareira das almas que têm frio, Anjo da Guarda dos abandonados, Paisagem humana – irreal (?) de triste eterna Perfeição" (Pessoa 1982a, p. 295).

Da mulher, sobretudo da mulher-mãe, basta-lhe: *o teu mero-ser* (ela existiu e existe), *me acaricie e me amacie e me conforte*, ainda hoje, pois, *Ó* mulher *do Além*, essa mulher sublime que continua *ó imperial de Ausência*, tão forte é sua presença e, morta, *Virgo-Mãe de todos os silêncios*, única presença; seu calor, *Lareira das almas que têm frio*, sua proteção, *Anjo da Guarda dos abandonados*, eis sua *Paisagem humana – irreal (?)* –, não totalmente real ainda, *de triste* (sozinho no mundo!) *eterna Perfeição*.

Esse apelo lembra vivamente sua prece a Nossa Senhora das coisas impossíveis, em "Dois excertos de odes":

> Nossa Senhora
> Das *coisas impossíveis* que procuramos em vão,
> Dos sonhos que vem ter conosco ao crepúsculo, à janela,
> Dos propósitos que nos acariciam
> (...)

Vem, e embala-nos,
Vem e afaga-nos,
Beija-nos silenciosamente na fronte,
Tão levemente na fronte que não saibamos que nos beijam
Senão por uma diferença na alma
E um vago soluço partindo melodiosamente
Do *antiquíssimo* de nós
Onde têm raiz todas essas árvores de maravilha
Cujos frutos são *os sonhos* que afagamos e amamos
Porque os saberemos *fora de relação com o que há na vida.*

Vem soleníssima,
Soleníssima e cheia
De uma oculta vontade de soluçar,
Talvez porque a alma é grande e a vida pequena,
E todos os gestos não saem o nosso corpo
E só alcançamos onde o nosso braço chega,
E só vemos até onde chega o nosso olhar.

Vem dolorosa,
Mater-Dolorosa das *Angústias dos Tímidos*,
Turris-Ebúrnea das *Tristezas dos Desprezados*,
Mão fresca sobre a testa em *febre dos humildes*,
Sabor de água sobre os lábios secos dos Cansados.
Vem, lá do fundo
Do horizonte lívido,
Vem e *arranca-me*
Do *solo de angústia e de inutilidade*
Onde vicejo.

Nossa Senhora das coisas impossíveis para ele, isto é, das *coisas* que maculariam seu propósito de renuncia e abnegação: *por que a alma é grande e a vida é pequena,/**Mão fresca** sobre a testa em **febre** dos humildes* (...) *Vem, lá do fundo/Do horizonte lívido,/Vem e arranca-me/Do solo de angústia e de inutilidade/Onde vicejo.* Conclusão: não há outra saída para o poeta, com respeito a uma mulher, senão o amor virtual. Neste trecho do *Livro do desassossego*, denominando-se *Amante visual*, assim escreve:

> Tenho do amor e do uso proveitoso dele um *conceito superficial* e *decorativo*. Sou sujeito a paixões visuais. Guardo *intacto* o coração dado a *mais irreais destinos*.
>
> Não me lembro de ter amado senão *o quadro* em alguém, o *puro exterior – em que a alma não entra* para mais que fazer esse exterior animado e vivo – e assim diferente dos quadros que os pintores fazem (Pessoa 1982a, p. 313).

Mulher sim, mas mulher virtual... *guardo* ***intacto*** *o coração dado a* ***mais irreais destinos***, pois *Não me lembro de ter amado se não* ***o quadro*** (...) ***puro exterior – em que a alma não entra.***

POEMAS DE AMOR EXPLÍCITO

Enfim, terminando este capítulo, finalizo com poemas explícitos de homoerotismo: "Antínoo"; sua antítese, "Epithalamium"; "O Outro Amor"; o "Livro do Outro Amor"; e "Amo Homo".

Introdução

Em primeiro lugar a justificativa do autor: "Antínoo e Epithalamium são os únicos poemas (ou, até, composições) que eu tenho escrito que são nitidamente o que se pode chamar obscenos" (Pessoa 1974, p. 464).

Estes são *nitidamente*, mas outros há, disfarçada ou obscuramente *obscenos*. É, o que brota do inconsciente é obsceno. Brusco, invade sem pudor algum. Existe apenas uma lógica nessa invasão: a roupagem com que a pulsão se veste. Essa roupagem é o significante que representa o sujeito desse vulcão incandescente que jorra de um magma insopitável. E o drama está em que o ser humano não tem como escapar desse significante: ele o representa inapelavelmente.

Pessoa tenta dividir sua angústia diante da concretização desse jorro nos dois poemas designados *obscenos*: "Há em cada um de nós, por pouco que especialize instintivamente na *obscenidade*, um certo elemento desta ordem, cuja quantidade, evidentemente, varia de homem para homem" (Péssoa 1974, p. 464). Ele sabe que não está sozinho. Vide o chiste. Mas pretende que esses dois poemas, "Antínoo" e "Epithalamium" tenham uma finalidade precisa: "Como esses elementos, por pequeno que seja o grau em que existem, são um certo *estorvo* para alguns *processos mentais superiores*, decidi, por duas vezes, eliminá-los pelo processo simples de os exprimir intensamente" (Pessoa 1974, p. 464). Está aí a confissão de que os poemas *obscenos* dizem respeito ao poeta. Pelo recurso literário, *eliminá-los pelo processo simples de os exprimir intensamente*, visa a um fim sublimatório preciso, remover um ***estorvo*** *para alguns* ***processos mentais superiores***.

Eis a arte da sublimação: Pessoa acata os *elementos* que, "pulsão solta", seriam um ***estorvo*** *para alguns* ***processos mentais superiores*** e os processa literariamente. O exutório leva-o à decisão de eliminar os *elementos* por *duas vezes*. Sempre o duplo, a ambivalência. É em sua própria carne que vive "Antínoo" e "Epithalamium". Esses dois poemas pretendem eliminar a tensão máxima dos impulsos *pelo processo simples de os exprimir intensamente*. Trasladar para o "*habitat* do ser" (Heidegger), isto é, para o Verbo, as forças emergentes, é para Pessoa um *processo simples*! Mas, para que o traslado tenha efeito de cura, é preciso que cada rebento encontre uma palavra, uma metáfora e uma metonímia, e que estas os digam intensamente. Daí o efeito apaziguante.

Certas observações se impõem. *En passant*, afirma: "não sei por que escrevi qualquer dos poemas em inglês" (Pessoa 1974, p. 464). Essa denegação faz pensar: por ela, o poeta se defende de enfrentar o motivo que o embalou. Com certeza o conhecia. Escrever esse desafogo em inglês significa tanto limitá-lo a um pequeno círculo em seu país (onde poderia ser rechaçado) como estendê-lo ao grande mundo de língua inglesa, já aberta largamente à descrição do amor-homo, sobretudo por Walt Whitman e pelo grupo de Oxford. De outro lado, a língua e a educação inglesa foram apanágio seu. Ora, foi na língua inglesa que apreendeu a sua estrutura sexual. Portanto, é nela que sente mais comodidade em pôr fora seu mundo sexual, uma vez que suas manifestações estavam presas a significantes da língua inglesa. A prova dessa familiaridade idiomática é que suas últimas palavras escritas ele as escreveu em inglês.

É interessante notar que "Epithalamium" vem datado de 1913 e "Antínoo", de 1915. Portanto, dois anos para metabolizar o poema homoerótico e, claro, depois do heterossexual.

Quanto a "Antínoo", é importante observar que de modo algum se trata de necrofilia. Os subterfúgios para poder dar vazão ao seu homoerotismo são vários. O imperador Adriano amava apaixonadamente seu favorito Antínoo. Perto de Roma, em Tívoli, na encosta dos Apeninos, em lugar ameno e agradável, construíra sua mansão onde, além de todo conforto de temperatura, água, banhos, jardins, reunira obras de arte e objetos preciosos de todos os recantos onde as legiões estabeleceram o domínio romano. Mas eis que morre Antínoo e Adriano fica inconsolável, vindo a morrer três anos depois.

Antes de entrarmos na análise do poema, gostaria de observar que Marguerite Yourcenar, em *Memórias de Adriano*, descreve o amor de Adriano por Antínoo, assim como as reflexões e os sentimentos dele diante da morte do amante, de maneira muito semelhante à de Fernando Pessoa. Antínoo, embora fosse grego, acabou morrendo aos 19 anos numa excursão de Adriano ao Egito. E lá, numa escarpa rochosa, foi enterrado: "Era o aniversário de Antínoo: o menino se vivesse completaria nesse dia vinte anos" (Yourcenar 1980, p. 206).

O poeta habilmente se serve de ambos, como o sonho se serve de material terceiro, de preferência anódino, para exprimir a verdade do desejo homo. Assim, é o imperador que está desesperado diante da perda de seu amor, é ele que "recorda" os momentos de grande paixão e envolvimento. O eu lírico do poeta não só se serve de Adriano como se vale do corpo de um homem já inerte. Portanto, importa não confundir recurso poético com patologia necrofílica, esta elege o cadáver como objeto e o manipula. Aqui, a intenção é outra; é, deveras, cantar o amor-homo sobre *um desnudo corpo macho-fêmeo* (*a bare female male-body*). Mas não há dúvida de que as declarações de amor homoerótico se tornam tranquilas para o poeta, porque, além de se posicionar atrás de Adriano, tem em sua ficção um Antínoo morto, um parceiro hirto e gélido diante de suas efusões amorosas, portanto, sem contrapartida. Caso contrário, não haveria sublimação. "Antínoo", sobre ser um poema de amor homo, é um belo e fino epicédio.

Antínoo

O cenário é muito simples, se não secundário. Uma enxerga, o corpo nu de Antínoo, que acabara de se suicidar, e Adriano, em espírito atormentado, a contemplar os efeitos da morte de seu amado. Amante e amado numa última troca afetiva. Pela elaboração dolorosa de seu luto, Adriano eleva seu amor por Antínoo à dignidade de uma religião, transformando-o no mais novo deus do Olimpo. O poeta constrói habilmente esse quadro e serve-se da circunstância para dar vazão a seu universo homoerótico: "O poema pretende, e consegue, ser objetivo no sentido de que as sensações e os sentimentos do autor, longe de procurar expressão no verso, ocultavam-se para dar passagem aos de Adriano, o que é uma prova mais da capacidade pessoana de despersonalização dramática" (Crespo 1990, pp. 246-247).

O longo poema apresenta uma delicadeza de sentimentos de amor entre dois homens só possível de ser expressa por um homoerótico. Não tenho espaço aqui para analisar todo o poema. Vou fazer uma leitura que, sempre a meu ver, destaque os pontos incisivos desses versos.

O cenário, no interior, é delineado pelo corpo enrijecido de Antínoo, pelo entorno vazio e, por fora, uma chuva que acompanha ritmicamente todo o desenrolar do poema. Dois recursos excelentes para alcançar a concentração do leitor. A chuva fina e constante, a acompanhar o texto até o fim, chora como a alma dolorida de Adriano.

O primeiro verso introduz todo o poema: "A chuva fora era *fria* na alma de Adriano". Bela metáfora: a chuva, embora fora, esfria o ardor do amor e a ardência da dor *na alma de Adriano*.

Já de início, o poeta chama atenção para o morto, cujo corpo está todo nu. As mãos, outrora quentes, estão frias; os cabelos, não mais presos pela tiara; os *olhos meio perturbadoramente ousados*; e *o desnudo corpo **macho-fêmeo***, é semelhante a um *deus à humanidade*. De chofre, a definição do desejo homoerótico: *a bare female male-body, um desnudo corpo **macho-fêmeo***.

Trata-se, então, de um corpo macho epitetado fêmeo: *sou um temperamento feminino com uma inteligência masculina, e os movimentos que dela procedem... são de **mulher***. E os versos sequentes falam dos *lábios*, de *Os lugares do prazer* e dos *dedos hábeis em certas coisas* e da *língua contra língua que punha revolto o sangue*. E nomeia essa relação como a mais elevada: *Ó* *completa mestria do prazer soberano.* Mas *o imperador/naufraga junto à enxerga.* O poeta o deixa por um instante e evoca a deusa do amor, Vênus, amante de Adônis, e nem Apolo, com *pacientes beijos na rosa do mamilo* ou *Sobre o sítio mudo do bater do coração (lhe devolvem) a vida...*

Antínoo está morto, *ele está deitado como alguém/Que esqueceu todos os gestos de seu amor.* Mas todas as suas artes e jogos estão agora com a morte, *Estas cinzas de um fogo nenhuma chama pode acender.* E o poeta interroga Adriano: *Ò Adriano que será agora da tua vida fria/De que serve agora ser senhor de homens e poder?* Como *a noite, a ausência dele caiu sobre o teu império visível* e já *nem existe amanhã da esperança do novo prazer* e *Os teus lábios, nenhum propósito para o prazer,* apenas *para pronunciar o nome* da *Morte, Com a solidão, a mágoa e o medo.* E continua a descrever a situação de Adriano: *As mãos estão tontas* como *se deixassem escapar a alegria/E o teu olhar pousa no jovem formoso* que *jaz nu sobre o leito da memória. A mão e a boca dele sabiam jogos para renovar/O desejo que a tua espinha gasta era atingida para seguir. Então fazia ele novos apelos ao jogo,/à carne dos teus nervos, e tu tremias, caías/ De novo nos teus coxins, saciado o sentido de tua mente.* Adriano retoma a palavra: *Belo era o meu amor, mas melancolia.* E confessa: *Ele tinha essa arte que faz o amor inteiramente cativo.*

O poeta abre largamente as janelas de sua fantasia e retoma o emprego das mãos, dos lábios, dos dedos na efetuação de desejo do prazer sexual. Imagina Adriano a deitar-se com ele e *O corpo morto no leito recomeça e vive.* E *Uma mão deslizante, sábia no amor e inviável,/Em cada porta do corpo murmura ao seu desejo.* Numa intuição profunda, descreve a singularidade do amor de Adriano para com Antínoo: *E ele ergueu-se um pouco, a olhar o amante/Que agora nada pode amar a não ser o que ninguém conhece.* Seus lábios frios, numa última tentativa, percorrem o corpo, mas não encontram senão *tão friamente insensíveis estão seus lábios* e aí *Mal saboreia a morte no frio do corpo morto/E parecem ambos mortos, ou vivos ambos.* Embora o amor marque presença, *Apagaram-se então seus lábios na fria indolência dos lábios do outro.* E, em mais uma tentativa de rememorar o prazer, *as pontas dos dedos/Ainda vão indagando o corpo... Mas morreu o deus cujo corpo era beijado.*

O poeta eleva uma súplica aos deuses e lhes propõe uma troca: Adriano lhes dará o reino, viverá sedento nos desertos, mendigo, escravo, *Mas devolvei aos seus braços, quente, o jovem.* Por que essa troca? Porque o amor de uma mulher seria vão, pois basta ver que até Júpiter, tendo Hebe como esposa, preferiu o amor de Ganimedes. E, para prosseguir contando o amor homoerótico, o poeta exclui de vez o amor de mulher: *Retirai da terra todo o encanto feminino/E atirai para um monte de lixo o que sobrar!*, pois ***O amigo amor que enche o vazio de outrem/ Torna em pó o enredo dos abraços feminis.*** Júpiter consentiu na morte de Antínoo, porque *Talvez tivesse pressentido nele um/Melhor Ganimedes, e com ciumento desvelo,/Arrancaste dos abraços de Adriano para os teus a sua beleza.*

Descartados os *abraços feminis*, Fernando volta a descrever a trama do amor homoerótico. Antínoo *Era um gatinho nos jogos do prazer*. Ele e Adriano *ora unindo, ora separando/Umas vezes abandonando o prazer, outras adiando o cume dos prazeres do prazer*, ora *o inesperado do prazer*, ora *docemente*, outras vezes *prendendo com fúria, ora maquinando/O modo de tirar prazer do prazer adiado*. De novo, volta o poeta às *mãos ambas enlaçadas* e aos *membros confundidos a deslizar os momentos*. Nessa *descontínua felicidade*, o sofrimento infligido faz parte da troca: *Ora leve pena suas artes, ora um chicote*. É a presença do sadomasoquismo tão bem descrito pelo vate.

Em doze versos, afirma que *Aquele amor*, Adriano e Antínoo, *Viveram como uma religião*. Antínoo é figurado como um deus adorado: ora como *Vênus, branca fora dos mares*, ora *Apolo jovem e dourado*, ora *amante escravizado*.

> Uma noite, Chábrias chamou-me para me mostrar na constelação da Águia uma estrela até então pouco visível, que subitamente cintilava como uma gema e pulsava como um coração. Fiz dela a estrela dele, o sinal dele. Consumia-me após noite seguindo-lhe o curso; vi estranhas figuras nessa parte do céu. Alguns julgaram que estivesse louco. Pouco importava... (...) Mostravam-me um deus resplandecente no lugar do cadáver: esse deus fora feito por mim; acreditava nele à minha maneira, mas o destino póstumo, ainda o mais luminoso no fundo das esferas estelares, não compensa a brevidade da vida. O deus não substituía o ser vivo que eu perdera (Yourcenar 1980, pp. 207-208 e 210).

Enquanto a chuva persiste lá fora, o imperador se reporta ao quarto e a *tudo quanto nele havia. Viu o tálamo, o jovem, a sua própria forma.* E aí, em *Estas palavras não pronunciadas, a não ser no temor da sua alma*, o juramento de perpetuar a memória de Antínoo: *Hei de erguer-te uma estátua que será/Para a contínua futura evidência./De meu amor, da tua beleza e do sentido/Da divindade que a beleza dá.* Adriano não só lhe erigiu estátua como lhe construiu um templo. A estátua resistirá ao tempo, à guerra, à inveja, e invoca o deus Destino, que *evitará/Delir assim a tua estátua e a minha bênção,/Deixando o vasto mundo vazio de tua ausência.* Essa imagem unirá os tempos, será *Eterna como uma vitória romana.* E o que é mais, *Em cada coração o futuro dará raiva/Por não ser contemporâneo de nosso amor.* Adriano exprime um último anseio do que Antínoo representava para ele: *Eras a flor vermelha a perfumar-me a vida/A grinalda na fronte do meu deleite,/A* ***viva chama*** *sobre o altar da minha alma!*

É impressionante como, nesses versos, o poeta se aproxima dos místicos, sobretudo de João da Cruz, que, incrivelmente, tem todo um poema intitulado "Viva Chama". Evidentemente, trata-se de gozo místico. Os versos citados representam a máxima sublimação do poeta, embora ele complete: *Pudesses tu voltar a ser tudo isso agora.* Tanto isso é verdade que, a partir de agora, desfaz-se dos envolvimentos carnais e projeta o relacionamento de seus protagonistas na dimensão do Olimpo, da eternidade: *Assim caminhava ele, como um amante que está à espera... Agora sua esperança, uma grande intenção a fadar/Seu desejo de ser, agora sentiu que estava* ***cego****/Em certo ponto de seu visto desejo indefinido.*

Diante do enigma da morte, e tendo tornado o desejo sexual "cego", evoca a mesma energia que, na primeira fase do poema, o impulsionava ao transcendental. A passagem é feita pelo introito de uma reflexão filosófica: *Quando o amor encontra a morte, não sabemos que sentir/Quando a morte destrói o amor, não sabemos que saber.* Diante da morte, o amor queda disruptivo, não sabe *o que sentir.* O sentir torna-se complexo: decepção, despeito, saudades, ódio, culpa, revolta, abandono, total impotência diante da mais absoluta e incógnita ruptura. De outro lado, o amor, destruído pela morte, não sabemos absolutamente nada mais *o que saber.* Duas saídas: ou caímos no desespero, enlouquecemos, ou iniciamos, sem saber o que saber, a dura elaboração do luto, a volta do cemitério, a primeira noite, o acordar na primeira manhã, a ausência palpável em todos os referenciais do morto, a vida entristecida de um penoso recomeçar. *Ora esperava sua dúvida, ora duvidava sua esperança.*

Daqui para frente, o poeta, além de recorrer à arte literária, vai se servir da religião (pagã com vertentes cristãs) para efetuar a sublimação de seus desejos homoeróticos. Ao encetar esse novo alento, abre nova via a seu pensamento, com uma bela metáfora: *Então de novo os deuses abanaram a escurecente brasa do amor*. Mas tem mais, essa *brasa do amor* vai inspirar outros voos a suas fantasias: *A tua morte trouxe-me um desejo mais alto/Um desejo carnal raivando pela eternidade*. É nesse sentido que o resto do poema vai ser encaminhado. Assim como os deuses supremos o fizeram imperador, ele alimenta a confiança de que *não anularão de uma vida mais real/ O meu desejo de que vivesses para sempre* e, ainda mais, *mostrasses/Uma presença carnal na terra melhor deles*. O poeta faz com que o desejo carnal transcenda a ordem da natureza e possa ser mantido, *transladado* no mundo dos deuses, *pois lá/Nem coisas impossíveis desfiguram nossos desejos/Nem sofrem nossos corações com a mudança, o tempo e o conflito*. Transporta (= metaforiza) seus desejos carnais para uma ordem onde eles *não desçam ao corpo*, mas se transformem em divinos, de tal modo que não haja mais *conflito* em *nossos corações*, seja por *mudança*, seja por *tempo*.

Diante desse estado paradisíaco, a explosão da mais ardente declaração de amor: *Amor, amor, ó meu amor! és já um deus*. Essa declaração – *este meu pensamento* – é mais um desejo do que *uma visão, concedida/Pelos grandes deuses que amam o amor e podem dar*, na forma de desejos não descobertos, *Uma visão das coisas reais para além/De nossa vida – prisioneira vida – de nosso limitado senso de sentir*. Consequência dessa visão: *Já no solo do Olimpo/Caminhaste e és perfeito* (...) *Tu és a perfeição*.

Em virtude dessa *translação*, o coração do poeta está aliviado: *O meu coração canta como um pássaro matinal* e os deuses lhe concedem *uma grande esperança não pensar de ti essa estranha maldade/ Que seria pensá-lo mortal*. Uma vez transportado nessa relação transcendental, própria aos deuses, seu coração se abre largamente e, sem receio algum, confessa seu amor: *Meu amor, meu amor, meu deusamor! Deixa-me beijar-te/Em teus lábios, frios, teus quentes lábios agora imortais*.

Antínoo, agora *deusamor*, pode ser venerado como tal, mas Adriano se coloca como *único adorador* e, se não houvesse Olimpo, teria inventado um, onde Antínoo seria o único deus. No Olimpo, requer, outrossim, um universo à parte, *Para o amor e para mim e para o que és para mim.* A posse que esse amor transcendental possibilita *é coisa feita de substância divina* e sua felicidade consistiria em *olhar-te, a melhor parte da eternidade.*

Adriano afirma que, graças *a sua poderosa vontade*, movimentou legiões para que Antínoo fosse promovido ao *deus/Que és agora é um corpo feito por mim.* Só que essa *realidade carnal* está *Para além onde os homens envelhecem e a noite ainda vem*, mas é *ao grande poder de edificar do meu amor que deves (...) a convivência dos deuses.*

O encontro de Adriano com Antínoo no Egito, na visão do poeta: *O meu amor que te encontrou, quando te encontrou/Não encontrou senão o seu próprio verdadeiro corpo, exato olhar.* É a intuição de um olhar que descobre uma verdadeira relação de desejos mútuos, ambos se enlaçando misteriosamente no prenúncio de uma entrega sem reserva.

Ao perpetuar a memória de Antínoo como um deus do Olimpo, Adriano o conduz *Ao topo da alta coluna da morte/E aí o deponho para vista de todo amor.* Deposto no topo da coluna da morte, seu amor, mais uma vez, jorra amplamente: *Ó meu amor, meu amor, leva a minha forte vontade/de amor ao Olimpo, sê tu aí/Ó mais derradeiro deus, cujo cabelo cor de mel/Atrai os olhares divinos.* Ao caracterizar os cabelos de Antínoo como louros, o poeta exprime seu desejo, pois louro dificilmente um grego seria. Enquanto Antínoo usufrui da presença de deuses mais antigos, aqui *na terra ergo/Uma estátua à tua imortal imagem.*

A estátua prometida tem duas faces: uma que o mármore concretiza e outra: *Erguerei mesmo assim a tua verdadeira estátua imortal.* Essa estátua será *não de pedra, mas daquele mesmo lamento/Pelo qual é desejada a eternidade de nosso amor.* Assim, de *um lado Antínoo é um deus entre os deuses e de outro, um deus dos homens*, cuja *memória nua no parapeito/Que dá para os oceanos do tempo futuro.*

Mas a força do superego, diante desse alto grau de sublimação, indiscreto como sempre, irrompe: *Dirão uns que todo o nosso amor não era mais que os nossos crimes.* Ainda mais: *Outros nos nossos nomes afiarão os cutelos/De seu... ódio da beleza da beleza e farão/De nossos nomes a base de um monturo onde juntem/Os nomes de todos os nossos irmãos com apressado desprezo.* O poeta se dá conta de que sua naturalidade em dar trato às pulsões homossexuais dificilmente encontra eco numa sociedade preconceituosa. Não se intimida: como defendeu em António Botto, reafirma aqui, diante de reações idiossincráticas ou de *rápido desprezo*, que seu amor tem a ver com *a beleza da beleza*. E, atendida a irrupção do superego, tranquilo em seu amor homossexual, responde que novos deuses como Antínoo virão exornar esse mundo faltante de beleza:

> Mas a nossa presença, como a eterna Manhã
> Voltará sempre à hora da beleza, e brilhará
> Nascente do Amor, aconchegará na luz
> Novos deuses a vir que exornem este mundo faltante.
> (Pessoa 1988, p. 29).

A nossa presença, de homossexuais, *como eterna Manhã/Voltará sempre à hora da beleza* e a luz que parte do nascente do amor abrigará *novos* deuses que virão.

A longa declaração de amor e a confissão aberta e sem restrição de sua homossexualidade chegam à peroração. Agora, depois de transformar o amor carnal em amor divinizado, *Tudo o que és agora é tu mesmo e eu/Nossa dupla presença tem sua unidade/Naquela perfeição de corpo em que o meu amor,/Ao amá-la se tornou*. A vida de ambos *ascendeu à divindade* e está acima do *tempo*, da *discórdia* e de *paixões cambiantes*.

A estátua será a perene testemunha desse amor sublime, já que *os homens veem mais com os olhos do que com a alma*. Diante dela, vão se sentir *esfomeados de tua presença*. *Assim, mesmo em pedra, nosso amor será tão grande/* ***Na tua estátua nossa****, como um destino de um deus,/A* ***essência encarnada e desencarnada do nosso amor***, e através dos continentes, *falará nosso amor sua alegria e infortúnio, temperado a morte/sobre infinidades e eternidades*.

A estátua refletirá a união amorosa perfeita entre Adriano e Antínoo – *a* ***tua*** *estátua* ***nossa***. Além disso, ela testemunhará *a essência* tanto ***encarnada*** como ***desencarnada*** *do nosso amor*, ***a tua estátua nossa*** a perenizar o passado e o presente, para testemunhar o futuro afora.

Nessa *estátua – memória ficaremos/Ainda mesmo um, como quando estávamos de mãos dadas/E não sentia um a mão do outro para sentir o sentir*. Note-se a delicadeza de sentimentos, própria de homossexuais, e os sentimentos tão apreciados pelas mulheres: *sentir o sentir*, mais importante ainda que apenas *sentia um a mão do outro*.

Finalmente, o poema é encerrado com um voto ambicioso. Caso Júpiter convocasse de novo Ganimedes para servir em seu banquete, *Veria a nossa dupla alma liberta da morte*, assim como *O próprio verdadeiro amor do amor em fascinado encanto*. E, caso *nossa memória se desfizesse em pó*, *por deuses do fim dos tempos é preciso* que *Nossa dupla unidade seja ressuscitada* (Pessoa 1988, pp. 11-33).

Epílogo

Um longo e alto voo e o imperador cai na real. Lá fora, chove ainda e ele está diante da *Vera consciência de si e da alma*. Os braços sobre a enxerga, cabisbaixo, *as pálpebras pesadas de todos os sentidos*:

> O imperador jazia imóvel, tão imóvel que
> Quase esquecia onde se encontrava agora ou de onde
> Lhe vinha a amargura que era ainda sal nos seus lábios
> Como um manuscrito que acabava de ser enrolado
> As coisas que ele sentia eram a orla
> Que borda a lua quando a noite chora.

Yourcenar descreve: "Regressei a bordo; a chaga, fechada muito depressa, voltou a abrir-se. Gritei, clamei com o rosto enterrado numa almofada que Eufórion colocara discretamente sob minha cabeça. O cadáver e eu partimos à deriva, levados em sentido contrário por duas correntes do tempo" (1980, p. 206). O imperador com: *Os olhos fechados pareciam abertos para si, e ao ver/o soalho nu, escuro, frio, triste e sem sentido,/A sua dorida respiração era tudo quanto os seus sentidos percebiam.*

> Começaram as litanias: através da boca dos sacerdotes, o morto declarava ter sido incessantemente verdadeiro, perpetuamente casto, perpetuamente compassivo e justo, vangloriando-se de virtudes que, se as tivesse assim praticado, elas o teriam afastado para sempre dos vivos. O odor rançoso do incenso enchia a sala. Tentei dar a mim mesmo, através de uma nuvem,

a ilusão do sorriso: o belo rosto imóvel parecia tremer. Assisti aos passes mágicos por meio dos quais os sacerdotes forçavam a alma do morto a encarnar uma parcela de si mesma no interior das estátuas que conservarão sua memória, obrigando-a a outras injunções mais estranhas ainda. Quando a cerimônia terminou, a máscara de ouro modelada sobre a cera mortuária foi recolocada no seu lugar, ajustando-se perfeitamente às feições. A bela superfície inalterável não tardaria a absolver em si própria suas possibilidades de irradiação e calor; jazeria para sempre naquela urna hermeticamente fechada, símbolo inerte da imortalidade.

Indicaram-me no flanco de uma montanha da cadeia árabe, distante cerca de três léguas da cidade, uma das cavernas outrora destinadas pelos reis do Egito a lhes servir de poços funerários. Uma junta de bois levou o sarcófago pela encosta. Com a ajuda de cordas, fizeram-no deslizar ao longo dos corredores da mina. Apoiaram-no em seguida contra uma parede da rocha. O menino de Claudiópolis descia ao sepulcro como um Faraó, como um Ptolomeu. Nós o deixamos só. Entrava num tempo definitivo, sem ar, sem luz, sem estações e sem fim, comparado com o qual toda vida parece breve (Yourcenar 1980, pp. 211- 212).

E o Poeta contempla o fim:

E, enquanto ele dormia,
Vieram então os deuses
E levaram algo dali, nenhum sentido sabe como,
Em invisíveis braços de poder e descanso.

Epithalamium

Este longo poema, "que é romano quanto ao sentimento, que é a bestialidade romana, é, quanto ao assunto, um simples casamento em qualquer país cristão" (Pessoa 1995, p. 588), compõe-se de 21 cantos (assim os denomino) com número variado de versos. Além do emprego da língua inglesa, Fernando Pessoa usa aqui a palavra latina para designar a festa de núpcias. Mais um recurso para despistar os curiosos da crítica moralista?

O texto em português de que me valho procede de duas fontes. Até o canto XIII, a ex-professora de Literatura Portuguesa da PUC de Campinas, Joaquina Elisa Ribeiro Sampaio, concordou em ceder-me uma tradução inacabada e não definitiva, que "anda engavetada", como me disse. Do canto XIV em diante, a tradução é de Ângela A. A. Antonicelli, professora de inglês. A ambas, deixo aqui consignados meus agradecimentos.

Os cantos de I a VI descrevem em pormenor o despertar da noiva e o enxame de devaneios seus sobre o dia de suas núpcias. Do canto VII ao IX, o seu levantar, o banho e o vestir-se. Nos cantos X e XI, a noiva sai de seus aposentos e se apresenta aos convidados, mas, note-se, não ao noivo. Do canto XI ao XII, fala-se dos devaneios sexuais dos convidados ao contemplar a noiva na cerimônia da igreja. O canto XIV é o único que se refere exclusivamente ao noivo; e o XV curiosamente convida os velhos a renovar suas prístinas lembranças sexuais. O canto XVI descreve um verdadeiro ataque do noivo à noiva. No XVII, o cortejo sai da igreja. A relação sexual é descrita no canto XVIII como guerra, batalha e a saciação de um *enorme cio*. O encontro dos corpos é descrito no canto XIX como a vagina se abrindo a um cavalo em galope. No penúltimo canto, o poeta afirma que esse poema de *luxúria idealizada* visa apenas *abrandar a lascívia*. E no último, a relação sexual é equiparada à função excretora de urinar e à *consumação de um dever*. O poema imagina uma mulher vitoriana, isto é, virgem e recatada, católica da época, totalmente inexperiente nas lides do sexo e "o que prevalece nesses versos é uma obscenidade a que não parece abusivo considerar como uma recusa das relações sexuais por parte do autor" (Crespo 1990, p. 247).

Analisemos: o poeta evoca a beleza do dia e exorciza *recanto de inútil sombra que move/A pensamentos soturnos, ou sugira/A lembrança de que algumas coisas são tristes,/Porque neste dia tudo é radioso!*

A noiva preliba sua noite de amor: *Ela começa/A sentir que é chegado o dia,/Cuja noite bem próxima vai estreitar dois vários corações/A pulsar tão unidos quanto a carne o consinta.*

O poeta descreve seu estado de alma: *Imaginai como ela exulta em devaneios, sequer/Abrindo os olhos, por temor de temer o encantamento.*

Abertas as janelas, a luz do estio invade o quarto:

A noiva despertou. Vede! Ela sente!
Seu coração batendo forte, em novo amanhecer!
Seus seios se sufocam em frio medo,
Em sua inturgescência mais sentido,
A qual se tocará por outras mãos que não as suas
E encontrará lábios sugando-lhe a auréola em botão.
Vede! À lembrança de que do noivo as mãos
Já deslizam por onde mesmo suas mãos são tímidas,
Seus pensamentos se encolhem até tornar-se incertos.

A noiva, em devaneios, vai se soltando: *Ela recompõe seu corpo e permanece no leito ainda./(...)/Ela permanece no leito, num trêmulo esperar que seu desejo/Cresça mais ousado ou mais intenso.* Finalmente, levanta-se: *E ela se ergue, como se um dia comum aí houvesse./Que ela seria uma noiva em leito com homem/As* ***partes onde é mulher*** *relembram/E lançam mensagens que vergonha bane/De serem sonhadas, exceto em névoa amorfa.* Impressionante aonde chega a fantasia do poeta, até os movimentos vaginais ele descreve! Não haveria aqui uma aventura homossexual?

A noiva embrenha-se em divagações carregadas de ansiedade: *Abre seus olhos, avista o teto acima/(...)/E pensa, até ter de cerrá-los novamente,/Que um outro teto esta noite conhecerá,/Uma outra casa, um outro leito*, pois bem o sabe, *Entre ela e o teto, ao final desse dia,/O peso de um homem se estará vergando.* Essa antevisão, porém, não se concretizará no poema, ela permanece apenas no imaginário do poeta até o fim.

A noiva entrega-se a seus devaneios:

Olhai! Em pensamento, ela entrelaça as pernas, sabendo bem
Que a mão de um homem haverá de separá-las;
Temendo esse entrar nela, esse consentir
Que fará a brandura tornar-se impetuosa qual castigo.

O poeta evoca os espíritos, os gnomos: *Se vós, alegres raios de sol, sois habitados/Por espíritos ou gnomos a brincar com o dia,/Segredai-lhe, ao se retrair (pois que será sangrada),/***Que o amplo remanso do amor se abre em estreita porta***.* Note-se a riqueza deste último verso! Belo e verdadeiro! É o imaginário voraz do abismo sem fundo do mistério da vagina, símbolo do mistério de mulher: *Que o **amplo** remanso do amor se abre em **estreita** porta.*

No canto V, o poeta embarca em volutas de fantasias sexuais, imaginando o rompimento virginal de maneira sombria e até sádica: *Da não dilacerada virgindade/Será cavada a **tumba**, e sangrará.* Estaria presente nesses versos o *horror feminae*? Inconcebível para um heterossexual a vagina ser metaforizada em tumba. Bem ao contrário, não seria o gozo de usufruir de um tesouro?

E lança mão de uma oxímaro de mau gosto: *Reuni-vos nesse **alegre funeral**/E tecei-lhe um pálio escarlate,/Ó desejos pela carne de homem que, frequentes,/As secretas horas lhe suavizaram/E levaram sua mão pronta e hesitante/Até onde o prazer começa.*

Essa passagem enseja dois comentários: *pálio escarlate* afigura-se como aquele escárnio que colocaram nos ombros do Cristo condenado; e a outra observação é que, nessa apóstrofe aos desejos da mulher talvez se explicitem os desejos homoeróticos do poeta.

Uns versos mais adiante, os gnomos são novamente convocados, para que a virgem seja deflorada: *Vós, por cuja secreta presença reverdejam/As árvores, e desabrocham as flores, e os pássaros cantam livres,/Quando, com fúria de uma incandescência,/**A novilha o macho cobre, poderoso**.* Hipérbole grosseira e irônica, tanto para a noiva como para o noivo. Outra maneira de manifestar o horror à mulher ou o não acesso psíquico à relação heterossexual.

No canto seguinte, os insetos são conclamados: *Zuni em seu quarto,/Ó pequenos insetos, baixai e arrastai-vos/Ao longo da vidraça e sobre os dedos dela,/Aos pares, copulando. Ela deixa-se, hesitante./Ao longo das pernas que ela sente unidas, uma profecia/Desliza como u'a mão que invade.* E os insetos a concitam: *Venha! Venha! O prazer tem que tornar-se realidade!/A alegria tem que ser colhida. Ó rosa ainda presa à sua roseira!*

Estamos agora no canto VII, que traz uma passagem instigante, ao descrever a noiva a levantar-se: *baixa o olhar,/Seguindo o lento deslizar da camisola/Pelo espaço imaculado de nudez,/Salvo onde o animal contraste ao níveo corpo,/Negra relva abaixo triangulando, traz-lhe vergonha/Ainda ao relembrar.* Por que se envergonharia? Não estaria aí a oscilação sexual do poeta?

A noiva *já banhada*, está *semivestida* com *O simbólico traje branco, e é assim encontrada/Pelas criadas, que chegam para vesti-la.* Em pormenores, o canto VIII descreve o esmero das criadas nos aprestos para as núpcias: *Vede como, a par de seu alheamento delas,/Trocam sorrisos as criadas, num pensamento único!/Nos pensamentos dos que a rodeiam, já está ela deflorada./(...)/Com mãos que ao sol se movem minuciosas,/Uma seu cabelo touca em harmoniosas tranças,/Outra lhe abotoa justo o vestido.* Outra criada *sobre o véu posto vaporosamente,/Ajeita na cabeça dela/A grinalda que logo nada mais significará./A outra, de joelhos, faz os brancos sapatos/Calçarem justos os pés trementes, e seus olhos veem/A perna envolta em meia, caminho até acima, a essa ventura/Onde todo esse dia concentra o regozijo.* Se levarmos em conta os detalhes dos adornos da noiva, parece-me que são típicos de manifestação homoerótica. Enfeitar mulher, sobretudo para o homem que irá com ela se comprazer, propicia ao homoerótico gozo notável, como bem se pode observar em cabeleireiros homoeróticos.

E chegamos assim ao canto IX. Vestida, ela está pronta: *Toda ela alvura, toda ela esperando por ele./Olhos brilhando, semicerrados,/Suas mãos frias, secos os lábios, o coração/Dispara como uma corça perseguida.* Esses minuciosos reparos realmente não evocam traços de identificação feminina? E não é significativa a menção da *corça perseguida*?

No canto X, a noiva surge aos olhares dos convidados: *Eis que ela surge. Ouvi como toda palavra enlanguesce/E então de novo irrompe numa onda de vozes!/Agora ela sai para onde estão os convidados./(...)/O ardente sol lá fora brilha./(...)/A alegria do amor está contida no silencioso poder de cada coisa ardente.*

Os salões engalanados *de festões, capelas e guirlandas, som de festivos sinos bimbalhando!* Mesmo as crianças, neste canto XI, são convocadas a partilhar essa alegria contagiante, mas, incrível, também sob o ângulo do sexo, embora ainda ignoto: *Aplaudi, crianças, mesmo vós, menina e menino,/Cujo ventre ainda liso, ainda em pureza cobre/Um sexo, de sexo ausente!/Aclamai, como se conhecêsseis o prazer que é/Um clarão de tal felicidade!*

Epitalâmio é festa nupcial, é o conjunto das cerimônias e do convívio íntimo, familiar. Todavia, para o poeta, tudo se passa no entorno do encontro sexual. E disso nem as crianças são excluídas. A curiosidade sexual à volta da noiva invade todos os convidados, que ficam a imaginar os arcanos das intimidades dela. Isso é descrito em minúcias no canto XII:

Agora excitados, segredando alto, saem
Da igreja! O sol derrama-se sobre a mesurada turba,
E todos os olhares a noiva seguem e se prendem nela:
Tateiam como mãos seu peito e flanco;
Qual o avesso do vestido lhe roçando a pele,
Eles envolvem suas curvas e colam-se em cada reentrância;
Levantam-lhe a saia, como a desfrutar ou pretender
A bipartida coisa oculta abaixo;
Isso imaginam em seus desejos, em breves visões dela,
E nos olhares pejados de malícia.

Será que o que o poeta aqui decanta não seria cena imaginária inevitável, que, *em breves visões*, podem perpassar pela mente de convivas epitalâmicos? Fantasias soltas a desvendar a noiva, tão bem adequadas à regressiva época vitoriana! De todo modo, tendo em vista a finalidade do poema e a vida abnegada de Fernando Pessoa, para ele, ao que tudo indica, descrições que tais resultam em exutório sublimante: viver em poesia o que propôs excluir de sua vida, já que a pulsão é inevitável.

A igreja, a cerimônia e a festa religiosa já se foram, tudo já é como *exterior ao dia*. Até mesmo os convidados assim acham: *Os próprios convidados, não menos que os esposos,/Têm tudo à rasa conta, nada mais que passagens para o leito*. A cerimônia e a festa se desvanecem como a névoa. E então, *todas as coisas* (...) *entre isso e a noite/transcorrerão num turvo suceder/de minutos e horas*.

E o canto XIII fecha com estes versos: *Em grande embriaguez os sonhos se atropelam,/Até que sua torrente inoportuna/Um imóvel, meio dorido ponto de triste prazer atinge*.

A tradução, a partir do canto XIV e até o final do poema – convém lembrar –, é de autoria de Ângela A. A. Antonicelli, professora de inglês.

Agora, finalmente, o noivo entra em cena:

O noivo anela pelo fim disso tudo e anseia
Por conhecer esses mamilos, sorvendo-os em deleite,
Tocar pela primeira vez os vêneros pelos
E sentir o labiado refolho,

Fortaleza feita a ser conquistada, por causa da qual
Ele sente o aríete intumescer, cheio de desejo.

E a noiva responde em eco ao desejo incandescido de seu noivo:

A noiva trêmula e satisfeita sente-se acalorada o dia todo,
Nesse ainda enclausurado ponto
Onde somente sua mão noturna, virginal, buscava
O proveito de um vazio prazer.

Noivo e noiva, em supostos desejos mútuos, a despertar os movimentos genitais. Incrível, tantos detalhes descritos por um homem que viveu e morreu virgem! Ainda mais, nova hipérbole característica da manifestação homoerótica: o apreciado pênis transformado em *aríete* e, ao mesmo tempo, certa atrocidade para com a mulher.

O poeta fala novamente das crianças, e estas a imaginarem: *O líquido e excitante feito/Cujo sabor em recantos secretos provarão/Eles mal sabem o que é ainda árido.*

Sequer os velhos são deixados de fora. Convida-os a pensar: *No que era o amor quando era amor. Bebei com este dia quente a tristonha alegria da noiva.* Mais uma vez, a noiva é vista em sofrimento, ao conquistar o seu prazer: *a tristonha alegria* (!). Nessa altura, já *Não importa agora o passado ou o futuro./Tende a idade dos amantes em seu prazer.*

E a posse da noiva é brutalmente descrita como a monta de um garanhão: *Voltai todos os vossos pensamentos a este vigoroso dia/Que tal um corcel rompe/O refreio do tempo, fazendo chegar a noite e dizer/Que a virgem sela sua primeira monta suporta!* De novo, embora a hipérbole cavalar nos choque, tudo se passa em *vossos pensamentos*. E, como tal, o poeta dá vazão ao aspecto sadomasoquista de sua pulsão, tão presente na "Ode Marítima", embora aqui a protagonista seja a mulher: *Carne espremida, carne mordida, carne sugada, cingida,/Carne esmagada e espedaçada.* Tais versos só podem ser entendidos como *horror feminae*, pois é difícil, se não quase inimaginável, que um noivo assim trate aquela que escolheu como parceira na construção de uma nova família. E, mais uma vez, tudo apenas em *pensamentos*:

Tais coisas inflamam vossos pensamentos e fazem *indistinto*
O que dizeis ou vedes.
E a exortação do poeta:
Enlouquecei em desnudos olhares até que *afugenteis*
Vossa ânsia de desejo,
Em olhares tal qual as roupas e pensamentos a odiar
Que as carnes separem!

Esses versos – *Enlouquecei até que* ***afugenteis/Vossa ânsia de desejo*** – são, por excelência, indicativos do objetivo do poeta: passar para o real da escrita a turbulência sexual que lhe vai pelas fantasias – *Vossa ânsia de desejo*, que *Tais coisas inflamam vossos pensamentos*. E não são mais que fantasias, pois *Tais coisas (...) fazem* ***indistinto****/O que dizeis ou vedes*. A concluir o canto: *E os ardentes pensamentos de cada um sobre a esperada noite/São todos um só regozijo*. Nota-se que o regozijo é de todos e não especificamente dos noivos.

No canto XVII, sempre tudo acontecendo em pensamentos, equipara a festa epitalâmica às bacanálias:

Num rubro surto báquico de pensamentos que latejam
(...)
Este decente grupo avança, e com cálidos pensamentos
Preenchem passivas almas cujas teias tecem.
No percurso de sua rota, estrepitosos tropeços como se cegos fossem
Fazem a acidentada terra ressoar,
À lascívia de seus saltos.

Aos poucos, os pensamentos caminham para a posse total, embora paradoxalmente ela acabe não acontecendo.

Ei, Ei! da exploração de prazer escorre já o sumo
Pelos corpos entrelaçados que, de fato ainda não estão pois
Que agora ardem de fato por despirem-se e travarem
Sobre as carnes um de outro
A guerra que o ventre enche e leite põe nas tetas que um homem conquistou.

Parece que o poeta se dá conta do exagero em considerar a relação sexual uma batalha e corrige a metáfora: *A batalha com vigor travada para unir e ajustar,/E não para ferir ou vencer.* Todo pensamento que portasse velhice e morte deve nesta hora ser banido: *Gritai, gargalhai e dominai/Agora é juventude absoluta!* Por isso, *Da mente tudo tirai que poupe a carne que o leite macho provê e cria a vida!/Fazei com que seu enorme* ***cio*** *em regozijo se rejubile dissipando/Com riso ou voz.* O *cio* que, no animal, expressa-se instintivamente na *parada nupcial,* aqui, deverá ser elevado à ordem humana do *riso* ou da *voz,* na busca do consentimento mútuo, elevado à ordem da aliança.

No canto XIX, o poeta inicia seus versos imaginando uma dança flamenca para o encontro sexual: *Inflamai grande momento flamenco.* Todo *ócio* nessa hora de *explosão de alegria* deve ser banido, unicamente: *Tudo para a cama levai, que vos conduza/À nudez por que ansiais!* E, novamente, a violência da posse é evocada: *Rasgai, arrancai como da terra quem busca um tesouro,/Quando a fissura desponta.* Essa violência contra mulher não seria vingança por não poder sentir bastante homem para possuí-la? A cada investida sexual do poeta, ele "precisa" (sublimação) voltar a relembrar que são apenas: ***Pensamentos*** *que cobrem* ***pensamentos*** *de atos de excitação/Que pede este grandioso dia.*

E o poema avança mais um pouco na busca do ato, para logo recuar novamente:

Parece que todas as mãos apalpam as tetas como se
Delas a seiva pretendessem verter.
Agora, parece, cada parte se emparelha
Carne firme, carne macia cobrindo
Pernas peludas e cochas retesadas
A fim de alvas pernas afastar
O que elas impedem.

De novo, mal descrito o que seria a concretização da relação sexual, volta a insistir que tudo não passa de *pensamentos a falar em cada mente*:

Misto este ainda de não mais que *pensamentos* a falar em cada mente,
O dia impele o amor a saciar-se:

Do homem a ânsia em sentir a posse
Da mulher sobre si ter o homem.

Muito interessante e apropriadamente real a afirmação de que o fim a ser alcançado é *O real descanso dos corpos*, ou seja, o apaziguamento facultado pelo orgasmo. "A satisfação sexual, dizia Freud é o melhor sonífero" (1987, p. 163).

O poeta não consegue conter seu traço sexual sadomasoquista e volta à carga de maneira brutal. Retomando o assunto, designa a vagina como *estábulo ventral* e o noivo, *corcel* que nele *entra galopando*:

(...) o presente detém
Saias levantadas já no saguão das serviçais
O promíscuo estábulo ventral
Abre-se ao *corcel* que entra galopando
Quase sem tempo, próximo demais da erupção.

E o canto evoca imediatamente outro tipo de satisfação, o culto do pênis, tão precioso ao homoerótico. O poeta foge à cena e nos transporta a outro intercurso: *um idoso convidado seduz/Ruborizada jovem em beco escuro/E leva-a a tocar aos poucos sua carne madura*. Imagina-a consentânea, nela projetando seu desejo: *Vede como ela aprecia com algo no coração/Sentir sua mão a manipular o protuberante dardo*.

No penúltimo canto, uma clara explicitação da sublimação procurada:

Mas estes são *pensamentos*, promessas ou apenas
Parte da intenção ou excitação
E isto é luxúria *idealizada* ou *sem futuro*
Ou usada *somente para abrandar lascívia*

Ao fingir *o círculo do amor verdadeiro*, o escopo é um só: ***O ginete da lascívia*** *pelas rédeas da vida é refreado*. O vate retoma a diferença do relacionamento entre humanos: *Uni-vos em amor pelo amor*. *Acasalai-vos em* *amor/Pois o amor por finalidade tem a criação.* Mas alterna de imediato com animalesca intenção sádica: *Berrai, vociferai! Sede* ***garanhões*** *ou* ***touros*** *que se esfregam/Para o buraco de sua semente alcançar.* O alvo atingido irá:

O sumo de vossa jovem carne estimular em que
As úmidas junções esculpidas vos encontrais,
A vida vindoura saudarás.
Depositado o sumo da jovem carne
No ventre pronto a ser semeado que crescerá
Até que o ciclo da fertilidade humana se renove.

No último canto, o poeta reduz a relação sexual entre mulher e homem a instinto da natureza. E convida os nubentes a fruir do futuro: *Lábios colados, braços nus, seios tocados e* ***vigoroso*** *órgão/Façam com que vossa noite de gozo suceda!* Esse órgão, valorizando como ***vigoroso*** o órgão masculino, devem ser ensinados: *Deixai-os com ideia tal/Convencei-os da consumação de um dever/Um dever* simplesmente e nada de prazer, da alegria do encontro, da felicidade, da doação mútua: apenas o "debitum conjugale". E o canto acaba por banalizar a relação, pois esse dever é: *Inevitável da carne e tão natural/Quanto urinar quando o desejo impele.* Mas ele se dá conta de que esse relacionamento não é regido por instinto:

Que se entrelacem, se beijem
que repitam o enlace, e vertam
Vertam o prazer até que não possam mais
Sim, deixai que a noite vigie seus repetidos acasalamentos
Na escuridão, até que o pensamento por si mesmo esgote-se
E incomode, e o sono venha aos doloridos corpos.

Note-se: novamente a alusão ao pensamento... *até que o pensamento por si mesmo esgote.* E o pensamento cessa por esgotar-se, mas isso não impede que o corpo siga dolorido, quando o espasmo, como ele diz, lhe foi negado. Finalmente:

E balbuciando o nome um do outro,
Nos braços um do outro sonhem ainda o amor
(...)
E se despertarem, ensinai-os a recomeçar
Pois uma hora terá já passado,
Até que seus fundidos corpos, de paixão entrelaçados
Com satisfação, durmam exauridos...
(...)
E um caloroso novo dia chega!

O poema tinha um objetivo preciso: *eliminar, pelo processo de exprimir intensamente,* os impulsos sexuais, para que se *transladassem* num único destino, a sublimação, e, assim, não fossem *um certo* ***estorvo*** *para alguns* ***processos mentais superiores.***

Gostaria de concluir com a seguinte observação feita pela poetisa Joaquina Elisa Ribeiro Sampaio: "O poeta, em 'Epithalamium', ao figurar o defloramento da noiva, vale-se de imagens cruas, que não se afinariam com os anseios de uma mulher. Tais imagens, que logo haveriam de explodir em fúria, na 'Ode Marítima', afinam-se, sim, com uma mulher em homem".

O poeta atingiu seu fim: desafogou-se de suas fantasias sobre o relacionamento heterossexual: *E* agora *um caloroso novo dia chega. Novo,* porque o que o atormentava dissipou-se, difundiu-se no simbólico. *Novo,* pois aliviado está.

Talvez, hoje, pudéssemos considerar esse poema *démodé*, já que noites de núpcias não ocorrem como primícias. Mas, em matéria de subjetividade, tudo é possível. Uma coisa, porém, é certa: quando o amor vem apoiado e sustentado pelo desejo, as coisas se passam de maneira diferente do que aqui foi descrito. Regido pelo desejo, o intercurso, concretização desse desejo, é base e selo de uma vida gostosamente vivida em trocas de ternuras e doações realizantes. Mas, para o poeta, três obstáculos o distanciavam desse destino: o específico de sua sexualidade, a *subjetividade* de seu tempo e a repressão moral e social ao sexo.

O Outro Amor

O corpo conquista o que
a alma deseja: isso é o
amor, a alma conquista
o que o corpo deseja, isso
é outro amor.

Introdução

Fernando Pessoa nos oferece uma contribuição inestimável: assumindo sua homossexualidade, transladou-a, graças a uma vida abnegada, a uma obra literária de imenso valor. Mas mais que isso, inovando como Whitman, ilustra-nos com um avanço decisivo: o amor homossexual é *Outro Amor*. Esta elucidação vinda de quem vem, é dirimente para a causa do homoerotismo. Consequentemente, viver esse *Outro Amor* supõe outra prática que não a do relacionamento heterossexual. Tudo o que é imitação do amor heterossexual leva à frustração e ao fracasso desse *Outro Amor*. Não a moral conjugal, outra moral o rege. Pior que o fracasso, quando esse amor, o amor homo, abandona sua especificidade para copiar o amor hétero, peca por omissão, por não dar à sociedade contribuição original e por não testemunhar as potencialidades de sua criatividade.

Pessoa está caminhando para a solidão e o isolamento em sua vida. Como Van Gogh e tantos outros grandes homens, seu reconhecimento, sua exaltação e sua glória só virão *a posteriori*: *num futuro a que eu já não pertença* (...) *Mas, longe de eu nela* [família verdadeira] *ir nascer, eu terei já morrido há muito tempo. Serei compreendido só em efígie, quando a afeição já não compense a quem morreu a só desafeição que houve, quando vivo.*

Nessa altura da vida, interroga-se quem é ele hoje:

> O que eu sou hoje (e a casa dos que me amaram treme através das minhas lágrimas)
> O que eu sou hoje é terem vendido a casa,
> É terem morrido todos,

> É estar eu sobrevivente a mim-mesmo como um fósforo frio (Pessoa 2006b, p. 152).

Entre 25 e 28 anos, Pessoa entra na maturidade pessoal e poética. Mergulha dentro de si e corajosamente vai transformando em sua magna obra literária tudo o que descobre de seu mundo inconsciente. Socialmente, sente-se numa solidão-solidária quase total. Em janeiro de 1915, sua derrelição chega ao auge. A tia Amica parte para a Suíça e ele fica sem referência familiar alguma. Paradoxalmente, é recolhido num quarto da Leitaria Alentejana, na rua Almirante Barroso, 12. "Não tenho ninguém que me ame" (Pessoa 2007, p. 439). Essa solidão-solidária, ele assim a descreve:

> Penso às vezes, com um *deleite* triste, que se um dia, *num futuro a que eu já não pertença, estas frases*, que *escrevo, durarem com louvor*, eu terei enfim *a gente que me "compreenda"*, os meus, a família verdadeira para nela nascer e ser amado. *Mas, longe de eu nela ir nascer, eu terei já morrido há muito. Serei compreendido só em efígie, quando a afeição já não compense a quem morreu a só desafeição que houve, quando vivo.*
>
> Um dia talvez compreendam que *cumpri*, como *nenhum outro, o meu dever-nato de intérprete* de *uma parte do nosso século*; e, quando o compreendam, hão-de escrever que na minha época fui *incompreendido*, que *infelizmente vivi* entre *desafeições* e *friezas*, e que é *pena que tal* me *acontecesse*. E o que escrever isto será, na época em que o escrever, incompreendedor, como os que me cercam, do meu análogo daquele tempo futuro. Porque os homens só aprendem para uso dos seus bisavós, que já morreram. Só aos mortos sabemos ensinar as verdadeiras regras de viver (Pessoa 2006b, p.147).

No plano das amizades, seu relacionamento tenso e preocupante com Sá-Carneiro, está no ápice. Teme pelo suicídio anunciado de seu amigo.

De 1913 a 1915, esse mergulho dentro de si o fará produzir os poemas claramente homoeróticos. Esse período é o auge de suas interrogações sobre seu homoerotismo. A produção literária sobre o tema é abundante e explícita nessa época. Já analisamos: *Livro do desassossego*, "Saudação a Walt Whitman", "Ode Triunfal", "Ode Marítima", "Antínoo" e "Epithalamium". Agora, vejamos mais dois poemas sobre o amor homo:

"O Outro amor" e "Livro do Outro Amor". Eles contêm uma mensagem profética: são um aviso, uma conclamação para que a humanidade abra os olhos e se dê conta de que o *amor homoerótico é de outra têmpera*. Mas os próprios homossexuais tardam ou não conseguem se dar conta dessa especificidade. Pagam alto tributo não conseguindo se libertar dos paradigmas do amor hetero.

Essa heterotopia pessoana é um grito para que se advirta que esse *amor é tão humano e real* como humano e real é o amor heteroerótico. Ele, pelo fato de ser real, não pode fazer parte de um amor excluído. Tem direito à existência, à cidadania como específico e não contraposto ao amor hétero. Quando muito justaposto, já que é de outra ordem. O desafio, na prática, está em encontrar uma respeitosa tolerância das diferenças e, sobretudo, que essas diferenças sejam vividas em suas especificidades e não na imitação ou na cópia, o que leva à frustração, ao fracasso, à depressão e à discriminação.

O Outro Amor

Com que fúria ergo a ideia dos meus braços
Para a ideia de ti! Com que ânsia bebo,
Os olhos pondo em teus sonhados traços,
Todo o *fêmea* em teu corpo de mancebo!

Teu hálito sonhado até cansaços
Como em meu vívido hálito recebo!
Ó carne que já sonho és tantos laços
Para mim! *Deusa-deus*, *Vénus-Efebo*!

Ó dolorosamente só-sonhado!
Soubesse eu o feitio exterior e o jeito
Em gestos e palavras e perfeito

As palavras a dar a este pecado
De só pensar em ti, de ter o peito
Opresso em pensar-te entrelaçado!

Esse poema, datado de 22 de abril de 1913 (Pessoa 2006a, pp. 186-223) parece-me ser o ligame de *outros* escritos, prosa ou poesia, em que o poeta trata do homoerotismo. O Outro Amor, evidentemente pela sua história de vida, vai no sentido do poema em apreço, que outro amor além desse não existiu.

Na "Falência do prazer e do amor", ele falava em *Ódios a um destino* e, aqui, ele se coloca em *fúria* para enfrentar o mesmo destino: *Com que fúria ergo a* ***ideia*** *dos meus braços/Para a ideia de ti.* O *Outro Amor* é o seu amor homoerótico, mas intransitivo. O erguer os braços na execução do amplexo é apenas virtual: é *a* ***ideia*** *dos meus braços.* Mas o sujeito-objeto desse abraço é real, embora também seja colocado na ideia: *Para a ideia de ti.* Tudo se passa em sua representação imaginária, mas seu desejo é declarado explicitamente: *Os olhos pondo em teus* ***sonhados*** *traços/Com que ânsia bebo/Todo o* ***fêmea*** *em teu corpo de mancebo.*

A metáfora é ambivalente: *bebo.* Que se bebe no corpo de mulher? Poeta menino, poeta homem? Em todo caso, em corpo, e só em corpo de mulher que se bebe. E o que o poeta bebe? *O* ***fêmea*** *em teu corpo de* ***mancebo***. Portanto, não o mancebo como tal, mas *o* ***fêmea*** do corpo de mancebo. A discordância do artigo e do adjetivo diz tudo. Eis aí o *bare female male-body* de "Antínoo". E as trocas do entorno grassam a flux: recebe com *vívido hálito teu hálito sonhado até cansaços*, e a *carne* em sonhos e presa de *tantos laços.*

Como Antínoo, o mancebo, parceiro *só-sonhado*, é tão sublime que seu corpo partilha o mundo dos deuses: *Deusa-deus, Vênus-Efebo*: *dois em um, o* ***fêmea*** *em* ***mancebo***. Elevado à transcendência dos deuses, o Vênus-Efebo propicia a troca sublimatória ou o recurso metafórico à Vênus Urânia:

Teu seio é nulo, porque não existes,
Vênus Urânia; nem teus braços são
Dos que as carícias cobiçadas dão
E os olhos que te buscam ficam tristes.
Não duram sóis os dias em que insistes
Com a tua ausência ideal do coração,
Mas amar-te é um dano e um perdão
E às nossas almas renovada assistes.
Cinge-me em sonhos teu destino raso

Como a malignidade de ter vida,
Sem consequência digna de ter prazo.
(Pessoa 2007, p. 341).

Mas tudo não passa de um sonho, de um recurso literário para exprimir a ambivalência que o poeta leva na alma. Terminado o sonho, cai na real de sua impotência escolhida. Impotente por opção, de seu ponto de vista moral, impotência transformada em realidade. Ele permanece virgem, mantém inabalável o propósito de sacrificar-se pela pátria e pela humanidade, e resigna-se diante do custo dessa entrega:

Ó dolorosamente *só-sonhado*!
Soubesse eu o feito exterior e o jeito
Em gestos e palavras e perfeito
As palavras a dar a este pecado
De *só pensar em ti, de ter o peito*
Opresso em pensar-te entrelaçado!

O sonho, sonho-só, é doloroso. *Sine effusione sanguinis non fit remissio*, diz o lema: *sem efusão de sangue não há remissão.* E não há efusão de sangue físico ou "psíquico", sem dor. É o custo da remissão, da libertação. O poeta, *Em gestos e palavras e perfeito*, não tem como nominar o feitio exterior (a prática) *e o jeito* seu, pois nada disso existe nele. E *este pecado* fica sem palavras, porque é apenas *dolorosamente só-sonhado.* E, mesmo em pensamento, *o perfeito* para sua opção é considerar pecado *Só pensar em ti, de ter o peito/Opresso em pensar-te entrelaçado.* Aí está o *Outro Amor*, que, para o poeta, foi amor esclarecido em sua mente e em seu desejo, firme em seu propósito, sublimado em sua *translação.*

Esse poema, contemporâneo de outros sobre seu amor homoerótico, é uma síntese da luta interior e da superação existencial, mas é, sobretudo, a elucidação do *Outro Amor*, metaforizado em *Deusa-deus, Vênus-Efebo, Vênus Urânia.* Essa lucidez de Pessoa sobre o amor homo, *Outro Amor*, é uma contribuição incalculável para a humanidade, sobretudo, para uma parte dela, os homoeróticos e as lésbicas.

Livro do Outro Amor

Introdução

Um longo poema, cuja invocação vem em forma de soneto, vai nos introduzir nos segredos do *Outro Amor* (Pessoa 2006a, p. 190). Antínoo – que em "Antínoo", morto, serviu para, através de Adriano, dar vazão a toda sua imensa ternura homoerótica – é novamente evocado, no vértice de um relacionamento com *Outro Amor*. O poeta, para sua geração e para as vindouras, escreve um *livro* sobre o *Outro Amor*, a fim de que este seja testemunhado, de que sua beleza e dignidade fiquem esclarecidas e alcancem vez, foro e respeito, de que o preconceito e a discriminação de homófobos sejam definitivamente eliminados e as diversas manifestações da sexualidade humana tenham acolhimento.

Dedicatória

A dedicatória introduz o poema em forma de soneto:

Como um poeta do amor antigo
Que vem de risos vãos engrinaldar
A fronte da sua amada, eu quero dar
Á alma do meu canto p'ra *contigo*

Um jeito de grinalda a aureolar
Tua fronte branca, ó mais que amigo!
E encher de beijos meu cantar mendigo
Ao menos do soslaio de um olhar...

Quero ao menos pensar-te, inda que em *falso*
Sabor de imagem pática, coroado
Com rosas do meu canto, idolatrado

Em beleza p'lo dom com [que] te exalço...
Ó meu amor, o *meu amor-mancebo*
Vinho de *Perversão* que em sonho bebo!

Fernando invoca *um poeta do amor antigo*, que, sem dúvida, é ele próprio, por ser ele *que vem de risos vãos engrinaldar/A fronte de sua amada*, pois *de risos vãos* foi sua tentativa de amar uma mulher, cujo amor sepultado está:

E ou seja jazigo
Ou sótão com pó,
Bebé foi-se embora.
A gente está só
(Pessoa 2007, p. 398).

Agora não, agora *eu quero dar/Á alma do meu canto p'ra* ***contigo****/Um* ***jeito*** *de grinalda* e não uma grinalda para *aureolar, ó mais que amigo, Tua fronte branca.* Como um mendigo que estende a mão da alma ao *Outro Amor, encher de beijos meu cantar mendigo* e *do soslaio de um olhar* ardente. Eis o jeito de grinalda do poeta:

Tece, amor, as grinaldas com que queres
Coroar o amor que nem sabemos ter,
Com brancas mãos em lento movimento
De papoulas e pobres malmequeres...
Tece-as para que ao menos o momento
Em que as teces nos possa pertencer.

Se para coroar o amor as teces
Pensas no amor tecendo-as, e assim amas;
Se vendo-te, em ti vejo que o conheces
Amo contigo o amor em que tu pensas.
E um momento o amor queima as suas chamas
Na ara das nossas almas já pretensas.

Mas se a grinalda é feita, o amor cessou.
Se é preciso entre nós o gesto e o gozo
Nunca o pensado amor levanta o voo,
Nunca da nossa noite de sentir

Raiou o sol do alto, e o olhar cobiçou
Uma cousa real que vá fruir
(Pessoa 2007, p. 103).

O poeta vai nos introduzir nos segredos do "Livro do Outro Amor", o *Amor* que o anima e o conduz em sua vida e em sua obra literária.

Como em "O Guardador de Rebanhos", avisa que apenas em pensamento o *Outro Amor* será visitado, pois permanecerá *em falso* o *sabor de imagem pática*. E essa sublime relação será *Em beleza p'lo dom com que te exalço*. Antes, falava de *canto p'ra contigo* e, aqui, *te exalço*. É importante lembrarmos que estamos em Portugal, onde toda intimidade se passa na segunda pessoa. E a invocação se encerra com declaração explícita: *Ó meu amor... Meu* é o do poeta? Que é esse amor *meu amor*? É o *meu* ***amor-mancebo***. Em letras claras e com um hífen a soldar a essência de seu *Outro Amor*. Ao mergulhar no real desse seu amor, inebria-se – o *Vinho de Perversão que em sonho bebo*. Extasiado desse *Vinho de Perversão*, que apenas *em sonho bebo*, pode agora lançar-se à escrita do "Livro do *Outro Amor*".

Declaração

Provavelmente, os versos que se seguem se inspiram numa carta de 13 de fevereiro de 1916, que Sá-Carneiro enviou a Pessoa e na qual copiou versos de um poema seu, intitulado "Feminina": "Uns versos cujo humor negro deve ter angustiado Pessoa" (Crespo 1990, p. 145). Eis um excerto de "Feminina":

Eu queria *ser mulher* para não ter de pensar na vida
E conhecer muitos velhos a quem pedisse dinheiro.
(...)
Eu queria *ser mulher* para excitar quem me olhasse,
Eu queria *ser mulher* para me poder recusar...
(*apud* Crespo 1990, p. 145).

Esses versos, reveladores do enorme sofrimento de Sá-Carneiro, fazem pensar: seria ele um transexual? Ángel Crespo observa com justeza que se trata de algo mais sério do que um *desvario*. Em *Confissão de Lúcio*, Sá-Carneiro coloca essas palavras na boca de Ricardo: *Ah como eu me trocaria pela mulher linda que ali vai* (...) *Ser belo! belo!* (...) *ir na vida fulvamente* (...) *ser pajem na vida* (...) *Haverá triunfo mais alto?* Mais adiante, esta declaração do mesmo protagonista:

> – Ah! meu querido Lúcio – tornou ainda poeta –, como eu sinto a vitória de uma mulher admirável, estiraçada sobre um leito de rendas, olhando a sua carne toda nua... esplêndida... loura de álcool! A carne feminina – que apoteose! Se eu fosse mulher, nunca me deixaria possuir pela carne dos homens – tristonha, seca, amarela: sem brilho e sem luz... Sim! Num entusiasmo espasmódico, sou todo admiração, todo ternura, pelas grandes debochadas que só emaranham os corpos de mármore com outros iguais aos seus – femininos também; arruivados, sumptuosos... E lembra-me então um desejo perdido de ser mulher – ao menos, para isto: para que, num encantamento, pudesse olhar as minhas pernas nuas, muito brancas, a escoarem-se, frias, sob um lençol de linho... (Sá-Carneiro 1985, pp. 86-88).

Prossigamos no poema, a *declaração*:

Aprende meu amor a ser mulher,
Se eu te visse bordar, coser, falar-me
Como ao esposo fala a esposa, *dar-me*
Teu corpo quase castamente

Só ver teus dedos com anéis me fere
De espasmo. Se eu pudesse, amor, enlear-te
Mas com pulseiras, o fitar-te
Seria para mim quase morrer...

Aprende a ser mulher... Engoma, cose
Eu adoeço só para velares
À minha cabeceira, em fresca pose
Toda a noite sonhei-te e a antemanhã
Quando dolorida

O poeta nos introduz em cheio na alcova e no segredo do *Outro Amor*: *Aprende meu amor a ser mulher*, essa é a revelação do sentido do *Outro Amor*. Nessa posição de mulher do lar de sua época: *bordar, coser, falar ao esposo* e *dar-me/Teu corpo*, mas sob uma condição – *quase castamente*. Não totalmente casta, mas *quase*, pois senão não seriam possíveis a licença poética dessa revelação nem a sublimação. O poeta preserva sua liberdade no contato de seu desejo, pois se reserva a ponto de *dar-me o teu corpo*, mas *castamente*, já que é só translação da sublimação.

Ao escrever *Aprende meu amor a ser* ***mulher***, o poeta falava de experiência própria. Em "Carta da corcunda para o serralheiro", Maria José é a voz feminina que, como tal, mais longamente se faz ouvir no universo pessoano. Num dos seus numerosos textos de autoanálise, diagnostica-se uma sensibilidade feminina: "Aqueles de nós que não são pederastas desejariam ter a coragem de o ser. Toda a inapetência para a ação inevitavelmente feminiza. Falhamos nossa verdadeira profissão de donas-de-casa e de castelãs sem que fazer por um transvio de sexo na encarnação presente".

Em seu romantismo sexual, imagina "um enredo de uma paixão correspondida por uma tuberculosa gênio (...) outras vezes é a marquesa, que mora na quinta alta". E a identificação a elas: "o romantismo deixa as tuberculosas e a aristocracia, e há uma grande simplicidade nos desejos sonhados: ela foi encontrada entre a vida como uma flor entre ervas altas, colhi-a para o meu lar limpo e lindo, e a nossa vida, pelo menos até onde vai o sonho, dorme quietudes entre sinceridades, e tudo é afago" (*apud* Lopes 1990a, p. 144).

E a identificação é confirmada:

> Mas, de repente, e com um regresso de pesadelo estrelado, desperto do meu romantismo sexual, e coro a sós comigo de fazer com a mente de dentro a mesma coisa que fazem todos os homens. E tenho, como timbre de fidalguia fraseada, a vantagem ridícula de contar. Sim, às vezes, o sonho deste modo. Às vezes sou costureira masculina, e tenho príncipes, que são princesas, e muitas vezes são outra coisa, na imaginação inevitável.
>
> E então acordado de todo, rio, quase alto, de me ver assim, como se me visse nu por baixo da nudez, como se me conhecesse esqueleto da alma, e

uma alegria pontiaguda valsa nos meus devaneios. Que tristeza! (*apud* Lopes 1990a, pp. 144-145).

Maria José é a alma feminil do poeta. A posição feminina é-lhe tão estrutural que contemplar apenas *os dedos* anelados pela aliança *dois em um, um em dois* o leva ao espasmo. *Outro Amor* é tão intenso que quisera, *se pudesse, enlear-te/Mas com pulseiras* e *o fitar-te*, e isso simplesmente *Seria para mim quase morrer*. E como o poeta não é mulher, ele precisa repetir: *Aprende ser mulher* (...) *engomar, coser* e mesmo *adoecer para, ó meu amor, velares/À minha cabeceira*. Aí poderá dormir e *Toda noite sonhei-te* até *a antemanhã* que *dolorida* me leva a enfrentar o dia a dia homoerótico. *Aprende a ser mulher* é o testemunho do poeta do que uma mãe sedutora da criança e limitadora da função do pai *ensina* ao filho.

O dia a dia

Se eu vivesse contigo, dia a dia,
Eu seria mulher, trabalharia
Seria só formos*a*, satisfeit*o*
Da minha pobre vida e fria...
Tendo-te ali p'ra te apertar ao peito
Talvez não te apertar... (Eu que faria?)

O poeta imagina sua união homoerótica no dia a dia: *Se eu vivesse contigo* (...)*/**Eu seria mulher***. Mas uma mulher que partilharia as tarefas caseiras e outras: *Eu seria mulher, trabalharia*. Como mulher, *Seria só formos**a*** e, como homem, *satisfeit**o**/Da minha pobre vida e fria* e poderia imaginar *Tendo-te ali p'ra te apertar ao peito*... sim, prazer, mas uma alegria a que ele imediatamente renuncia, em virtude de seu propósito: *Talvez não te apertar*... Mas, diante de toda essa construção, imaginaria se ela não se fizesse real, isto é, se não transformasse em escrita (*Eu que faria*?):

Quem me dera que fosses mais *donzela!*
Que fosses virgem, que ninguém tivesse
Do *outro e odiado sexo que me esquece*
Sentindo sobre si tua fúria bela!

Ó *ciúme das mulheres* – esta, aquela –
Que foram tuas... Porque foram? Esse
Corpo fez-se p'ra ela? *Quem só o desse*
Para *a ninguém o dar.*

Depois de desejar *apertar ao peito* o parceiro homoerótico, transforma-o em mulher e mulher jovem e virgem: *fosses* ***mais donzela.*** Mas uma donzela que não tivesse *ninguém/Do outro e odiado sexo que me esquece*, pois *meu amor aprendeu a ser* ***mulher****, aprendeu* por que não é mulher, e daí *Ó* ***ciúme das mulheres.*** Imagina seu companheiro *mais donzela*, mas uma donzela que não tivesse *Sentido sobre si a tua fúria bela* que ele, o poeta, em imaginação experimentou. Note-se que qualifica de bela a posse em *fúria*, sobretudo pelo *outro e odiado sexo*, hétero, *que me esquece*, pois não é quinhão de seu desejo... o sexo hétero dele não se lembrou.

E o ciúme homoerótico, tão característico e intenso, acende o imaginário: *o ciúme das mulheres* (...)/*que foram tuas* (...) *Porque foram?* Se tu és meu? O poeta interroga, incrédulo, *Esse/Corpo fez-se p'ra ela?* Seu propósito o repõe sobre seus pés, relembra sua entrega: *Quem só o desse*, o votasse *Para ninguém o dar.* O voto, a promessa de que esse impulso não descesse ao corpo, está aí preservado.

O *Outro Amor* sublimado
Foras tu puro e eu amar-te-ia mais...
Assim nem sequer penso em querer obter-te,
Pois te perdi antes de conhecer-te...
Com que traços odiosos de reais
Vejo em mim teu *viril passado*, e ver-te
O que foste é chorar-te

Perdoa ao meu amor o qu'rer odiar-te,
Mas eu não sei, ó meu amor, se digo
Cousas com que te chamo e te consigo
Ou se meu pranto faz-te afastar-te.
Meu amor, minha amante, meu amigo,
O todo tudo quanto.

Se o companheiro imaginado já esteve com mulheres, não lhe é mais ideal: *Foras tu puro e eu amar-te-ia mais*. Poder-se-ia, então, amar puramente de ambos os lados e não só virgem do lado dele, pois aí o *Outro Amor* talvez pudesse ser ideal. Desfaz-se do *companheiro*: *Assim nem sequer penso em querer obter-te*, pois imaginado como não virgem e possuidor de mulheres: *Pois te perdi antes de conhecer-te*. O *viril passado* dele, *vejo* com *traços odiosos de reais* e não lhe resta senão: *O que foste é chorar-te*.

Fernando sempre se caracteriza pela maior delicadeza de sentimentos. Sempre que avança, por pouco que seja, no campo do outro, toma-se de remorso e procura desmanchar o equívoco: *Perdoa ao meu amor o qu'rer odiar-te*. Não pede perdão ele próprio, pede que o companheiro perdoe-lhe *ao meu amor* que quer *odiar-te*. E a ambivalência instala-se em cheio: *Mas eu não sei, ó meu amor, se digo*, de um lado, *Cousas com que te chamo e*, aí, *te consigo* e, de outro, *se meu pranto faz-te afastar-te*. Nessa oscilação toda, uma confissão ardente do *Outro Amor*: *Meu amor*, ao mesmo tempo, *minha amante* e *meu amigo*. Essa declaração é tão completa e verdadeira que ocupa todas as dimensões de seu espírito, pois ela é *O todo... tudo... quanto*.

A moradia

A moradia dos parceiros
Fosses tu *adorado, a companheira*
Da minha vida. Fôssemos casados
Numa capela branca

Numa casita
Moraríamos sós e acompanhados
Por nossa simples pura vida e alheados
Da vileza e do mal

E queria que por tão doce e suave e *pura*
Nos não *cansasse a vida e a ternura*
O ser o nosso amor, lá entre o mundo,
Um crime douraria de ócio e vício

Nossa pureza e nunca o tédio imundo
De nós nos abriria o precipício...

Vem até minha esp'rança... Eu comporei
Um novo cântico dos cânticos... Eu
Aí só pondo o que em mim encontrei

De amor eu farei
Cantando-o até tão,
Tão mais belo que o outro, que terei
Antínoo esperando-me no céu.

Se eu fosse, meu amor, iria
Ser eu *fêmea* do nosso enlace.
Eu não te chamaria e perderia
Teus lábios, teu olhar, a tua face...

Meu amor, sendo eu feio...

Primeiro, a união amorosa. O *Outro* Amor instalado aspira à união permanente, *Fosses tu adorado*, e, simultaneamente, ***a companheira****/Da minha vida*. Nada mais justo que *fôssemos casados*, porém, *Numa capela branca*, isto é, ecumênica, singela, aberta a todas as crenças.

Enfim, a casinha onde *Moraríamos sós, a moradia dos parceiros*, embora sem violar o propósito da renúncia ao sexo explícito, *sós e acompanhados/Por nossa simples* ***pura vida.*** E, ambos, *alheados/Da vileza e do mal*, pois sua energia está determinadamente destinada a realizações em obras que resultem apenas em gozo fálico: verso e prosa. A *vileza* e o *mal* malbaratariam suas forças consagradas à sublimação no *opus* literário. *Casados*, morando na mesma casa, como seriam as trocas afetivas? Por não serem mais que ficção literária, apenas seu querer vai para o futuro do pretérito, seu desejo, porém, é claro: *Nos não cansasse a vida e a ternura, por tão doce, suave e pura*. Mas *lá entre o mundo*, nada dessa beleza, desse *O ser nosso amor* seria entendido. Ao contrário, esse *O ser nosso amor*, o ***Outro Amor****/Um crime douraria de ócio e vício/Nossa pureza*. E se *Nos não cansasse a vida e a ternura, tão doce,* *suave e pura, nunca o tédio imundo/De nós nos abriria o precipício*... onde *O ser nosso amor* pereceria.

Deslumbra com essa entrega mútua e pura, a esperança enche-lhe a alma, a Escritura lhe acode em inspiração: *Eu comporei/Um novo cântico dos cânticos*... mas totalmente seu: *Eu/Aí só pondo o que em mim encontrei*. E esse *cântico dos cânticos* é *tão mais belo que o outro* encantamento que é o amor-ágape de homem e mulher, pois esse cântico será *tão mais belo* já que *que terei/Antínoo esperando-me no céu*. Seu desejo homoerótico teria alcançado um céu na terra, se *Ó meu amor, o meu amor-**mancebo*** pudesse encontrar um novo Antínoo, que há muito está no céu, mas modelo permanente da explicitação de seu *Outro Amor*.

E, como sempre faz após declarar seus desejos homoeróticos, interpõe uma síncope abrupta, que barra a sequência das ideias. Depois do casamento, *Numa capela branca* e do *Numa casita/Moraríamos sós e acompanhados*, recoloca o *Outro Amor* como não realizado no real, mas confirmado na opção. Contudo, põe uma condição que suspende o encadeamento anterior: *Se eu fosse belo, meu amor*... Fernando teve sempre uma ideia crítica sobre sua aparência física: franzino, nariz pontiagudo, faces recolhidas, rosto afinado... É interessante notar que Michel Foucault também amargou o complexo de ser feio. Também para as mulheres Pessoa sempre achou que a beleza conta muito, chega até ser condição para serem desejadas: *Só quem é belo tem direito a amar/Só o perfeito corpo pede beijos/E pode querer outro corpo enlaçar*. Ainda mais, a sentença pessoana: *A quem a natureza não faz belo/Com seu corpo lhe disse: Tu não ames!/A fealdade é o destinado selo/Com que a alma é votada à solidão* (Pessoa 2006a, p. 222, 223).

Assim, *se eu fosse belo* impede que a união se efetue. Mas *se eu fosse belo, meu amor, iria/Ser a **fêmea** do nosso enlace*. Na relação homoerótica, o poeta confessa que o enlace seria celebrado com ele em posição de ***fêmea*** e, como tal, *Eu não chamaria e perderia, chamaria* para valer e não *perderia/Teus lábios, teu olhar, a tua face*, o encantamento mais completo. *Mas amor, sendo eu feio*, tudo não passa de ficção literária. E não só por *sendo eu feio* o *Outro Amor* fantasiado anteriormente não se concretizou, também todo o enlace vivido em letras contradiz os propósitos do poeta. E essa contradição vem claramente exposta:

Epílogo

E eu que amo o puro e o bem, cheguei a isto!
Maldito sejas! (Eu não sou sincero
Quando mais te maldigo mais te quero!)

Esqueci tudo quanto amo e venero
Meu ser *quase e santo*, ei-lo oco e indisto!
Da minha doce fé tu és o Cristo
(Ó grato e odioso blasfemar)

Ver-te foi o bastante p'ra perder
A memória presente de saber
Que há *justiça* e *bondade* e *castidade*...
Raivo de ti, transbordo de sonhar-te
Odio-me por qu'rer-te, e ao odiar-te
Que ódio de mim por te odiar me invade!

Depois de declarar seu *Outro Amor, Meu amor, minha **amante,** meu **amigo*** ou *O meu amor, o meu **amor-mancebo,*** o poeta se lembra do amor que rege seu propósito e, contradizendo-se, retoma: *E eu que amo o **puro** e o **bem**, cheguei a isto!* Chegar a isto é ter-se declarado em *Outro Amor* com franqueza de alma. Dando-se conta da ambivalência interna, joga a responsabilidade sobre *meu **amor-mancebo***: *Maldito sejas*. Mas, honesto como é em tudo, em sua vida particular e pública: (*Eu não sou sincero/Quanto mais te maldigo, mais te quero!*). Cai em si, *Mas quando olho p'ra mim quanto me atristo!* de ter permitido a dar vazão, embora poeticamente, à exaltação do *Outro Amor*.

Pessoa tinha horror a ser mal interpretado em sua honesta espontaneidade. Ele conhecia muito bem a feroz homofobia de seu tempo e o preconceito atroz com que os homoeróticos eram tratados, ou melhor, injuriados, marginalizados. Todo poeta é um profeta. De uma maneira ou de outra, avança o futuro, pois denuncia o apego ao estático, ao reacionário, ao conservador. O poeta é poeta porque inova, essa é a essência da poesia. Dizer sempre o novo daquilo que é ou já foi dito. Pelo menos em 60 anos, antecipou os tempos de hoje. Seu grito é pelo respeito e pelo direito ao foro do *Outro Amor*. Seu apelo é para que cessem as patologizações, as criminalizações e as discriminações com o *Outro Amor*. Seu testemunho é de que o *Outro Amor* pode ser belo, bom e criador. Sua esperança é que, em definitivo, superando preconceitos de toda ordem, reconheça-se e acolha-se esse *Outro Amor*, e não haja mais prevenção de uns e impudência de outros.

Antes, porém, que se escandalize com sua clareza e sinceridade de alma, avança logo... *quanto me atristo!* E, sem rodeios, declara de imediato: *Esqueci tudo quanto amo e venero*. Que ama e venera ele? *Tudo quanto* diz respeito a seu compromisso irrevogável: *Viver não é necessário, o que é necessário é criar*.

Exposto o *Outro Amor*, *Meu ser* ***quase*** *e* ***santo,*** *ei-lo* ***oco*** *e* ***indisto!*** O poeta sabe que leva uma vida de extrema abnegação, mas tem senso crítico suficiente para se dizer *quase*, não todo, igualmente *e santo*. Mas no voo literário que acaba de perfazer, viu-se *oco* dessa renúncia e do *quase e santo*, ou seja, *indisto* apenas literariamente. Mas não abre mão de seu desejo homoerótico: *Da minha doce fé tu és o Cristo*, a tal hipérbole eleva seu parceiro. Dá-se conta da contradição da ambivalência e a assume integralmente: (*Ó grato e odioso blasfemar*).

A experiência (literária) vivamente partilhada com seu parceiro arranca-lhe todo encantamento: *Ver-te foi o bastante p'ra perder* a lembrança de seu único e firme propósito, *a memória presente de saber/que há* ***justiça*** *e* ***bondade*** *e* ***castidade...*** E uma onda de sentimentos contraditórios o assalta, fazendo-o oscilar entre amor e ódio (*amoródio*, Lacan): "...*justiça*, ao homoerótico os seus direitos, *bondade*, o homoerótico pode muito bem ser bom para si, para outrem e para a obra de civilização e, *castidade*, *pois a repressão do amor ilumina os fenômenos dele com muito mais clareza* que a *mesma experiência*. Há *virgindades de grande entendimento*" (Pessoa 1982a, p. 300).

A ambivalência toma conta de seu espírito: *Raivo de ti*, e ao mesmo tempo, *transbordo de sonhar-te, Odeio-me por qu'rer-te*, isto é, não se perdoa, mas, simultaneamente, *e ao odiar-te/Que ódio de mim por te odiar me invade!*

Fernando, ao contrário de Gide ou de Proust, acaba de cantar publicamente os encantos, a ternura e a delicadeza do *Outro Amor*. *Outro Amor*, humildemente confessa: aceitá-lo. Ele se transformou em luz sorrindo:

O meu orgulho humilíssimo, esplendor
De pequenez, fulgindo
Em auréola desce de *Outro Amor*
Em torno à minha fronte, luz sorrindo...

Fernando viveu sempre na mais lúcida consciência de seus limites e suas potencialidades. Conhecia fundamente seus problemas e deles tentou dar conta incessantemente. Ao explicitar a essência e as manifestações do *Outro Amor*, recolheu-se numa reflexão final sobre o testemunho que acabava de dar. É seu testamento: "Um dia talvez compreendam que cumpri, como nenhum outro, o *meu dever-nato de intérprete de uma parte de nosso século*" (Pessoa 2006b, p. 147). Essa parte é uma parte da humanidade de quem se fez iluminador e arauto. Hoje o compreendemos como tendo cumprido "meu dever-nato de intérprete de uma parte de nosso século (XX). E lhe somos imensamente gratos.

Oposto ao orgulho *gay*, que é baseado na psicologia de massa ou no *ego coletivo*, afirma-se *em meu orgulho humilíssimo*, sozinho, sem exibição alguma. Aquele, orgulho *gay*, poderia assim ser descrito:

> Há uma energia que brota da vergonha, que se forma nela e por ela e que age como uma força de transformação. Essa energia exprime-se na *identidade teatralizada*, na performance (sentido inglês), no *exibicionismo*, na *extravagância* ou na *paródia*. O exibicionismo e a teatralidade estão, com certeza, e estiveram historicamente, entre os gestos mais importantes que permitiram desafiar a hegemonia heteronormativa. E é por isso, aliás, que sempre foram objeto de ataques tão virulentos. A vergonha dá sua energia ao exibicionismo, à *afirmação de si como teatralidade*, isto é, à afirmação de si simplesmente (Eribon 2008, p. 132).

Nunca nos esqueçamos de que o desafio e a transgressão são características da perversão. Longe da ilusão do *ego coletivo*, que produz apenas *uma identidade teatralizada*, *exibicionismo*, *extravagância*, enfim, uma *paródia*, e muito menos querendo se opor à *heteronormatividade* ou confrontá-la, o poeta, não sendo movido pela *vergonha* ou pelo estúpido complexo de inferioridade homo, desmascarada essa absurda identidade imaginária, transporta para o simbólico seu *Outro Amor* e com ele se identifica, transformando-o em riqueza literária. Sua posição é bem diferente que aquela da histeria homo ou dos chiliques macho-fêmeos. *O meu orgulho*, o brio com que transformou em obra o potencial de suas pulsões, é *humilíssimo*. Ele se inscreve na grande corrente da humanidade montante e se dimensiona apenas como mais um na construção da civilização. Essa posição de *orgulho humilíssimo* fez de seu *Outro Amor, esplendor/De pequenez.* Diante da grandeza do universo e da grande caravana humana das letras, sua *pequenez* se reveste de *esplendor*, pois permitiu usufruir ao máximo as virtualidades de que foi dotado. A humildade – *humilíssimo* – foi baliza para a mutação de suas energias em obras. Obras imortais. E ele tinha consciência de que sua produção levava essa marca de perenidade. *Correu a boa corrida* e os louros fulgiram: *Em torno à minha fonte/Em auréola desce de* ***Outro Amor*** uma *luz*, a luz que o iluminou para – *humilíssimo* – aceitar sua condição de homossexual e *luz* para transladá-la em prosa e poesia. Por isso, essa luz que o alumiou tão brilhantemente é agora *luz sorrindo*... Assim fica demonstrado que *a alma conquista o que o corpo deseja, isso é outro amor.*

Amor-homo: Soneto de enlevos do Outro Amor

Não tecerei mais comentários. Nesta altura, já desnecessários. O leitor fará os seus, ao sabor destes belos versos:

Amem outros a graça feminina
Gozem sonhar seus lábios entre seios
Outros e muitos... que meus cantos, dei-os
À tua formosura peregrina

Meu doce Apolo jovem... Ó divina
Flor adônica de ópios e de enleios
Ver-te é esquecer que há neste mundo anseios
Carnais, ó Vênus masculina

Ninguém saberá nunca quem tu és...
Meu coração, óleo que unja teus pés

Quem sabe se tu mesmo o sentirás?...

Que importa... E a vergonha e o mal que importa?
Quem me dera viver à tua porta
Inda que vendo o amor que a outrem dás!...
(Pessoa 2006a, p. 227).

6

NA FLORESTA DO ALHEAMENTO

Minha alma é uma ***orquestra oculta****; não sei que instrumentos tange e range, cordas e harpas, timbales e tambores, dentro de mim. Só me conheço como sinfonia.*
Fernando Pessoa

Quem éramos?
Seríamos ***dois*** *ou* ***duas*** *formas de* ***um****?*
Fernando Pessoa

Que seja ***sem*** *consciência alguma*
que somos ***dois em um****.*
Fernando Pessoa

É um tal mistério essa floresta
onde sobrevivo para ser.
Clarice Lispector

INTRODUÇÃO

"Na Floresta do Alheamento", texto publicado pela primeira vez em *A Águia*, em agosto de 1913, não é considerado pela crítica como um dos melhores de Fernando Pessoa, mas, se literariamente ele é assim estimado, o mesmo não se dá com o seu conteúdo psíquico. Em tudo o que Pessoa escreveu, esse texto desponta como a mais minuciosa exposição de seu sofrimento interior: ele nucleariza de maneira inigualável todo o seu drama de existir como sujeito. Nele, expõe o preço que pagou para viver a vida elevada a que se propôs. "Na Floresta do Alheamento" abre as janelas de seu sofrimento, revelando aos poucos como ele conseguiu conciliar o conflito estrutural de sua sexualidade – *Seríamos* ***dois*** *ou* ***duas*** *formas de* ***um*** – e, ao mesmo tempo, assinalando sua superação nos "caminhos humanos da incerteza" (Pessoa 2006a, p. 144).

Numa carta a Mário Beltrão, datada de 12 de novembro de 1914, Pessoa o esclarece a respeito de um folheto sobre o inquérito literário que *Renascença* não publicara: "expliquei que se tratava de um *drama num ato*, de um gênero a que eu chamo 'estático', e sobre cuja forma e efeito eu disse, para dele dar alguma ideia, que *se assemelhava*, como *com efeito se assemelha*, ao escrito 'Na Floresta do Alheamento' que publiquei na *Águia*" (Pessoa 1974, p. 75).

"Na Floresta do Alheamento" trata, pois, de um *drama*: episódios e grandes acontecimentos, beirando a tragédia no sentido grego do gênero. Um pouco adiante: "Foi por estas razões que eu – ao falar-lhe do meu drama – lhe indiquei expressamente que ele era aparentado com o 'Na Floresta de Alheamento'" (Pessoa 1974. p. 75). Aqui, Pessoa dá um passo a mais: não se trata de um drama qualquer, é ***meu*** *drama* que vem exposto, isto é, o próprio *drama em gente*. E, se de dúvida padecêssemos, no *Livro do desassossego*, ele nos franqueia o que é a "Floresta":

> Se pego numa sensação minha e a desfio até poder com ela tecer-lhe a *realidade interior* a que eu chamo ou a *Floresta do Alheamento*, ou a *Viagem Nunca Feita*, acreditai que o faço não para que a prosa soe lúcida e trêmula, ou mesmo para que eu *goze* com a prosa (...) mas para que *dê completa exterioridade ao que é interior*, para que assim realize o irrealizável (...) (Pessoa 1982b, pp. 42-43)

A "Floresta" é, pois, a própria *realidade interior* de Pessoa e o texto sobre ela é elaborado "para que dê completa exterioridade ao que é interior". É por isso que esse texto nos é muito precioso. Realmente, foi nele que o poeta nos legou, em linguagem figurada, difícil de ser interpretada, a imensidão de seu *drama interior*. Porém, uma advertência! A "Floresta do Alheamento" é uma antífrase, porquanto "dá *completa* exterioridade ao que é interior" e, embora a nomeie *completa*, pois revela sua identidade sexual, na realidade é "Viagem nunca feita", isto é, "nada que descesse ao corpo". Mas, no milagre da escrita, *a viagem nunca feita* alcança o gozo fálico da *translação*: "acreditai que o faço não para que a prosa soe lúcida, ou mesmo para que eu goze com a prosa (...)".

A segunda parte do título fala de alheamento. Essa é uma palavra muito forte e densa para Pessoa. "Alheamento" tem como significado etimológico usual a ideia de "transferir a outro o domínio". Na vida de Pessoa, pouco ou nenhum sentido teve essa acepção se falarmos de bens temporais, que pobreza quase extrema foi seu quinhão. Mas tem, em acepção oportuna e histórica, o sentido de transferir a si mesmo (sua liberdade) ou o seu corpo a outrem. Disso Pessoa se defendeu durante toda a vida com todas as forças de seu espírito.

Esse sentido inclui dois outros: o de "desviar" ou "apartar". Des-*via*-r lhe foi como, para todo homem, uma tentação. Mas a *via* de seu propósito estava tão encarnada nele, que

> (...) não sinto alma, mas sossego. As coisas externas, que estão nítidas e paradas, ainda as que se movem, são para mim como para o Cristo seria o mundo, quando, da altura de tudo, Satã o tentou. São *nada*, e compreendo que o Cristo se não tentasse. São *nada*, e não compreendo como Satã, velho de tanta ciência, julgasse que com isso tentaria (Pessoa 1982b, p. 110).

Compara-se a Cristo, para quem as coisas externas, os bens deste mundo, podiam ter o sentido que têm, sem que ele a nada se apegasse em razão de sua missão. Pessoa se propõe prática semelhante: seu desapego, sua renúncia às *coisas externas* lhe propicia que "não sinto alma [desejo], mas sossego". Por isso, "são nada" para ele. Então, admira-lhe que Satã, tão esperto, "não tivesse se dado conta de que as propostas feitas a Cristo eram-lhe *nada*". Aí está a que ponto chegava o ideal de Pessoa no seu propósito inabalável de unicamente promover a grandeza de Portugal e o bem da humanidade.

Se o sentido de des-*via*-r não lhe coube, calhou bem e justo o de *apartar*. A fim de dar conta da imensidão de seu gênio, teve, como os grandes da humanidade, de se recolher ao retiro de seu trabalho. Apartou-se do burburinho da vida social como do brilho dos salões. Apenas presença na imprensa quando achou que sua palavra poderia restituir a ordem da Verdade.

"Alheamento" é pejado de dois outros sentidos que resumem toda a luta de Fernando Pessoa para a construção de sua vida subjetiva, espiritualizada, e de sua esplêndida obra literária.

O primeiro sentido se cinge à ideia de loucura. Essa ideia foi-lhe a vida inteira um martírio, um sofrimento incessante. Testemunha, muitas vezes, que sentia se lhe esvair o domínio de si:

> Uma de minhas complicações mentais – horrivelmente inexprimível – é um *temor de loucura*, que ele próprio é loucura. Encontro-me, em parte, naquele estado que Rollinat revelou como seu, no poema com que iniciou (creio) o seu livro "Nevroses". *Impulsos, criminosos* alguns, *loucos* outros, atingindo, em meio de minha *agonia* [sic!], uma horrenda tendência para a ação, uma terrível muscularidade, sentida nos músculos, quero dizer – são comuns em mim e o *horror deles e de sua intensidade* – maiores agora do que nunca em número e intensidade – *não pode ser descrito* (Pessoa 1974, p. 35).

O temperamento instável, a oscilação da vontade, a carência de dinheiro, a impotência para concretizar todos os seus planos de uma revolução cultural em Portugal e a consequente depressão o comprimem num *sofrimento horrível*: "Mantém-me constantemente, afirmo-o, nos *limites da loucura*" (Pessoa 1974, p. 34).

O próprio *terror da loucura* é tão intenso que ele próprio é loucura. É uma agonia, *minha agonia*, que provoca ímpetos de ação – passagem ao ato, ação que desce a *uma terrível muscularidade*: *Quantas vezes a onda da loucura/Me roçou as franjas pela alma* (Pessoa 2006a, p. 145).

Clinicamente falando, navegou sempre entre dois escolhos: a loucura e a bebida. Duas maneiras de o homem cair no alheamento. Frequentou a margem dos dois: "O sofrimento que isto produz não sei se pode ser descrito como *à margem da insanidade*" (Pessoa 1974, p. 35). Portanto, desvairar, perturbar-se, alienar a razão, alucinar, enlouquecer são vocábulos familiares para ele. Mas o que o manteve nesse aquém da loucura aberta? No capítulo anterior, sobre seu processo de sublimação, eu assinalava dois fatores: o patrão Vasques e o arroubo da palavra. Aqui, acrescento um terceiro, que é a mistura dos dois: *O livro do desassossego*. Esse livro foi, para Pessoa, o que uma psicanálise pode proporcionar a um gênio: graças a ele, jamais se perdeu na "floresta". Talvez alguém vá me criticar por guindar Pessoa ao nível dos grandes místicos ocidentais, pois que, objetar-se-á, era um "louco", um "bêbado". O santo seria o angelical de pescoço torto e mãos postas... essa é uma noção ideológica, romana e edulcorada da santidade. Clinicamente falando, não há santos diferentes de Pessoa, ou seja, homens implantados na realidade da vida, quer na luta com seus problemas pessoais, quer no engajamento da libertação de seu povo. Mas Fernando jamais seria um santo romano. A santidade declarada para a Igreja Católica é, não raro, de interesse político, de consolidação do poder romano, hierárquico, como a litigiosa beatificação de Josemaría Escrivá de Balaguer. A luta de Pessoa é clara: uma medonha tentação de passagem ao ato. Ele fala de *horrenda tendência à ação* e, mais nítido ainda, de uma *terrível muscularidade*. É na carne própria que paga o tributo da enlevação de seu espírito. *O livro do desassossego* é um livro corajoso, heroico, diria. Nele, enfrenta todos os seus problemas, desce à analise de todos os seus conflitos, passa para o real da escrita todos os seus estados anímicos. Nele, deixou aos pósteros exemplo de um herói que jamais se acovardou diante de dramas pessoais ou dos infortúnios de existência.

Há um último sentido de alheamento que implica a ideia de enlevar-se, extasiar-se. Este permitiu a Pessoa o domínio sobre seu mundo interior, impondo-lhe ordem por meio do recurso à palavra. Nesse sentido entendemos a dialética da Ideia e da criação do real proposta por Hegel. Enfim, foi esse alheamento que lhe trouxe a vivência própria dos místicos. Em resumo, eis ambos esses sentidos: "*Quero ser uma obra de arte*, da alma pelo menos, já que de corpo não posso ser. Por isso me esculpi em *calma* e *alheamento* e me pus em estufa, longe dos ares frescos e das luzes francas – onde minha artificialidade, flor absurda, floresça em afastada beleza" (Pessoa 1982a, p. 232). Muita coragem! Ideal grandioso! *Quero ser uma obra de arte*! Grande Fernando, é o que tu te tornaste para Portugal e para o mundo! Mas, duramente para ti, só postumamente. A humanidade te agradece tanta magnitude.

Mas tanta excelência custou-lhe muito: *por isso me esculpi...* Graças ao cinzel da pena, *nulla die sine linea*, todos os recantos de sua alma foram revisitados: "(...) da alma pelo menos, já que de corpo não posso ser". Sua escultura foi em *calma e alheamento*: na aceitação tranquila de sua sexualidade, que sabia colocar *em alheamento* e *em estufa*, como reserva a ser aproveitada e como subterfúgio para ficar distante *dos ares frescos e das luzes francas* que não gerariam senão *artificialidade, flor absurda*. O trabalho lento, minucioso e determinado de ser *uma obra de arte* alimenta-lhe cada vez mais o desejo de que sua alma *floresça em afastada beleza*! Exatamente como aconteceu na sua abscôndita existência.

ENTREMOS NO TEXTO

Numa carta datada de 12 de novembro de 1914 a Mario Beirão, Pessoa assim declara: "Foi por estas razões que eu – ao falar-lhe do meu *drama* lhe indiquei expressamente que ele era aparentado com o *Na Floresta do Alheamento*" (Pessoa 1974, p. 75). Fica, pois, assente que seu drama e seu sofrimento na vida estão expressos nesse texto. Desdobremo-lo: "Sei que despertei e que ainda durmo. O meu corpo antigo, moído de eu viver, diz-me que é muito cedo ainda... Sinto- me febril de longe. Peso-me não sei por quê" (Pessoa 1995, p. 435). *Despertei e ainda durmo*: essa frase resume sua história. Sempre se soube homoerótico (*despertei*) e ininterruptamente encaminhou essa tendência para realizações literárias (*ainda durmo*). *Durmo* o quê? Verbo relativo ou verbo ativo com objeto direto oculto? Que dorme ele? "O corpo antigo, moído de eu viver". Mas, como explicita alhures: "Não durmo. *Entresou*" (Pessoa 1982a, p. 66). Absolutamente ciente e desperto para sua *Spaltung* (divisão). E esse corpo lhe diz *que é muito cedo ainda*. Entre esses dois polos – despertar e dormir –, vai se desenvolver todo seu drama, consignado em "A Floresta do Alheamento". Até o fim da vida, seu homoerotismo se articulará nessa dialética, mas permanecerá sempre *muito cedo ainda*. Arde-lhe o fogo interior, mas invariavelmente mantido à distância, *febril de longe* e, por isso, pesa-lhe a luta sem fim: "Pesa-me realmente me pesa, como uma condenação a conhecer, esta noção repentina da minha *individualidade verdadeira*, dessa que andou sempre viajando, *sonolentamente entre* o que sente e o que vê"

(Pessoa 1982a, p. 228). Pesa-lhe como uma *condenação a conhecer*, é uma *luta sem fim*, pois a pulsão não dá trégua; ele está *condenado a conhecer esta noção repentina* (ela surge do nada, inopinadamente) *de minha* ***individualidade verdadeira***. Conhece bem essa sua *individualidade verdadeira*. E aí está o segredo de sua vida tão profícua. Essa ***individualidade verdadeira*** *andou sempre viajando* com ele, mas *sonolentamente*, pois ela precisa ficar no *sono*, no *alheamento*, como reserva preciosa de energia criativa e, por isso, consegue ver o que *sente*: *entresou*.

> Num torpor lúcido, pesadamente incorpóreo, estagno, entre um sono e a vigília, num sonho que é uma sombra de sonhar. Minha *atenção boia* entre dois mundos e *vê cegamente* a profundeza de um mar e a profundeza de um céu; e estas profundezas interpenetram-me, misturam-se, e eu não sei onde estou nem o que sonho (Pessoa 1995, p. 435).

Torpor lúcido, pesadamente incorpóreo, sono e vigília, sonho, sombra de sonhar. Hipálages e jogo de opostos que já balizam, de início, todo seu discurso. Há uma lucidez que tem de permanecer no torpor. Sua *atenção* será cerceada de todas as maneiras: permanecerá sempre entre, ***entre*** *dois mundos*; eis o mistério de sua ambivalência sexual. É por isso que ele *vê* ***cegamente***. As profundezas do mar e do céu misturam-se *e eu não sei onde estou nem o que sonho*. Ele *vê*, não disfarça nem foge, mas tem de permanecer *cego* na definição de uma sexualidade que se explicitasse além de um assumir consciente. É a condição para sua energia ser encaminhada à criação de obra civilizatória.

Minha atenção bóia entre dois mundos: a atenção será objeto de consideração especial ao longo desse seu escrito. Mas aqui já a descreve em sua essência: *minha atenção* ***bóia***. É a mesma definição que dá Freud da atenção ideal que o psicanalista deve ter na escuta de seu paciente: *gleichschwebende Aufmerksamkeit* (atenção equiflutuante). Trata-se de uma atenção que permanece entre dois mundos: o do paciente (outro) e o do analista (outro). Essa atenção se estrutura e se alimenta dos furos no Outro. Só ela permite fugir das ilusões do mundo imaginário e de uma relação dual; só ela faculta efetuar a amarração do real no registro do simbólico. É a condição da emergência da verdade, do sujeito. É uma atenção, mas uma atenção que *bóia*, que se deixa trabalhar pelos mínimos lampejos das demandas da pulsão, que se deixa pinçar por todo e qualquer sofrimento do paciente. Fernando aproveita toda moção dessa pulsão: irá amarrá-la de várias maneiras, para garantir o máximo encaminhamento dela para a produção literária. Por isso, *eu não sei onde estou nem o que sonho. Entresou.*

"*Um vento de sombras sopra cinzas de propósitos mortos sobre o que eu sou de desperto.* Cai de um firmamento desconhecido um orvalho morno de tédio. Uma grande angústia inerte manuseia-me a alma por dentro, e incerta, altera-me como a brisa aos perfis das copas" (Pessoa 1995, p. 435). O que ele é de *desperto*, de consciência de sua sexualidade, tem de ser varrido por um vento de sombra e coberto com *cinza de propósitos mortos*, a fim de alcançar o aviamento de seus impulsos para a sublimação nas letras.

Então, o que mantém a criatividade do poeta? *Uma grande angústia inerte manuseia-me.* Novo oximoro – "angústia inerte" – sempre a força dos opostos, condição essencial da sublimação. A angústia (desassossego) é o grande motor humano: é ela que limita os impulsos do homem, é ela que alimenta seus desejos, é ela que permite seus avanços, que regula sua produção, que regra suas distâncias, que leva sua vida avante, que acode no fragor da luta, que o acompanha na morte. A angústia é essência do homem. Graduá-la, servir-se dela na medida é o segredo do poeta... e do psicanalista. A angústia o tange, *manuseia-me* como *a brisa aos perfis das copas.* A angústia o mantém poeta: "No meu coração há uma paz de angústia, e o meu sossego é feito de resignação" (Pessoa 1982a, p. 71). *Paz de angústia,* oximoro hiperpreciso e belo para exprimir o fruto da angústia a-viada, ou do *sossego*, da *resignação.*

> Na *alcova mórbida e morna a antemanhã* de lá fora é apenas um hálito de penumbra. Sou todo confusão quieta... Para que há-de um dia raiar?... Custa-me o saber que ele raiará, como se fosse um esforço meu que houvesse de o fazer aparecer.
>
> Com uma lentidão confusa acalmo. Entorpeço-me. *Boio* no ar, *entre* velar e dormir, e uma outra espécie de realidade surge, e eu em meio dela, não sei *de que onde* que *não* é este... (Pessoa 1995, p. 435).

Pessoa introduz aqui o espaço onde vai se desenrolar toda sua exposição anímica: a antemanhã e a alcova.

Antemanhã, palavra-chave, significante que lhe é precioso. Antemanhã apenas, pois *uma grande angústia inerte manuseia-me a alma por dentro e incerta, altera-me como a brisa aos perfis das copas.* O dia não pode raiar, a luz do sol não pode acender. É preciso ficar apenas no alvorecer, pois essa ignescência *altera-me como a brisa aos perfis das copas.* Daí que *custa-me o saber que ele raiará como se fosse um esforço meu que o houvesse de fazer aparecer.* Não, apenas a antemanhã e, por isso, *entorpeço-me.*

Alcova, do árabe *al-gobba,* "pequeno quarto interior onde está o leito, recâmara, quarto de mulher, dormitório do casal (Aurélio). É nesse quarto que Pessoa irá enfrentar a realidade de sua sexualidade, por ele descrita como "sou um temperamento feminino com uma inteligência masculina... é uma inversão sexual frustre" (Pessoa 1974, p. 40).

> Esta hora *horrorosa* que ou *decresça para possível* ou *cresça para mortal.* Que a manhã *nunca* raie, e que *eu* e esta *alcova* toda, e a sua atmosfera interior a que pertenço, tudo se *espiritualize* em *Noite,* se *absolute em Treva* e nem fique de mim uma *sombra* que *manche* de minha memória o que quer que seja que *não morra* (Pessoa 1982a, p. 192).

A súplica é clara: primeiro, a alternativa: *esta hora* ***horrorosa*** *que ou decresça para o possível ou cresça para mortal.* O dilema está fechado: ou ele reutiliza essa pulsão para o crescimento que ela pode possibilitar (sublimação) ou prefere morrer. Segundo, que a *manhã não raie,* isto é, que tudo o que irá contemplar não se transforme em dia; terceiro, que tudo se espiritualize, isto é, que *eu e esta alcova toda,* que formamos uma só realidade psíquica, permaneçamos em *Treva* e, mais uma vez, não venha a manhã. Por isso, a alcova é *mórbida e morna. Mórbida,* porque, para Pessoa, não é uma alcova em que homem e mulher se encontram num ato de doação e realização mútua. É a alcova de um eterno impasse: se "mulher", aí está apenas feição dela; é mulher impossível. *Morna,* não esquenta, não inflama, porque há apenas um só sujeito *com temperamento feminino e inteligência masculina.* É por isso que a *antemanhã* de lá fora tem de permanecer *apenas hálito de penumbra. Para que há-de um dia raiar?* Quando o dia raiar, fim de sua mensagem, *sempre* já foi tudo. Mas ele sabe que a condição para fazê-lo raiar *seria um esforço meu que houvesse de o fazer aparecer.* Por isso, *entorpeço-me.* ***Boio*** *no ar* ***entre*** *velar e dormir*. Esse é o ato constante, que permite sua identificação e o não arredar pé: *uma outra realidade surge, e eu em meio dela, não sei* ***de que onde, que não é esse***... Dá-se conta de que a pulsão, em suas demandas, está em toda parte de seu ser; não há *onde*. Ela surge de toda parte, no corpo todo, é *energia constante*, um borbulhar incessante: *não sei de que onde*, pois, com certeza, *que não é este* que se manifesta.

"Surge mas *não* apaga esta, esta *alcova tépida*, essa de uma *floresta estranha*. Coexistem na minha *atenção algemada* as duas realidades, como *dois fumos que se misturam*. Que *nítida de outra* e *de ela* essa trêmula paisagem *transparente*!..." (Pessoa 1995, p. 435). O quadro se delineia por completo: a alcova que lá era *morna* e aqui é *tépida*: é a própria floresta do alheamento, *floresta estranha*.

> Caminhávamos, juntos e separados, entre os desvios bruscos da *floresta*. (...) A *floresta* era toda clareiras falsas, como se fosse falsa, ou estivesse acabando, mas nem acabava a falsidade, nem acabava a *floresta*. (...) Um fim vago devia existir, pois caminhávamos. Um mundo qualquer devia existir, pois existia uma *floresta* (Pessoa 1982a, pp. 288-289).

A floresta em que aos poucos vamos entrando é *um mundo qualquer devia existir, pois existia uma* ***floresta***. É o *mundo* interior de Pessoa. De outro lado, essa *floresta* é *estranha*. Está aí definido o *unheimlich*: o *estranho-familiar*. O retorno constante do recalcado, que é sempre o familiar, mas, ao mesmo tempo, outro (estranho). E a atenção, que lá era boiante, aqui é *algemada* e registra implacavelmente *duas realidades* tão bem unificadas *como* ***dois fumos que se misturam***. A atenção, o poeta a *algema*, para que, em instante algum, ela decline de enfrentar o real. Nada de se perder em fantasias fantasmagóricas ou em devaneios juvenis ou bacanais. Sim, e enfrentamento da constante dura realidade da ambivalência interior. Consequência? Uma visão clara: *Que nítida de* ***outra*** *e de* ***ela*** (...) *essa trêmula paisagem* ***transparente***. Quem é esta de *outra* e *de ela* dentro de si mesmo?

"E quem é *esta mulher* que *comigo* veste de *observada* essa floresta alheia? Para que é que tenho um momento de mo perguntar?... Eu nem sei querê-lo saber..." (Pessoa 1995, p. 435). Essa *outra* é, pois, uma *mulher* que *comigo veste de observada essa floresta*. Mas essa mulher é embaçada, emaranhada: é uma floresta. Uma mata, mas uma mata virgem, que ele jamais *desbravou*. Permanecerá *alheia*, mas paradoxalmente habitada.

> *Talvez eu não tenha outro sonho senão tu*, talvez seja nos teus olhos, encostando a minha face à tua, que eu lerei essas *paisagens impossíveis*, esses *tédios falsos*, esses *sentimentos* que habitam a sombra dos *meus cansaços* e as *grutas dos meus desassossegos*. (...) Eu não sei quem tu és, mas sei ao certo o que sou? (...) *Sei eu se não és uma parte, quem sabe se a parte essencial e real, de mim?* (...) Que espécie de vida tens? (...) Teu *corpo*? Nu é o mesmo que vestido, sentado está na mesma atitude do que quando deitado ou de pé. *Que significa isto, que não significa nada?* (Pessoa 1982a, pp. 290-291).

Talvez não tenha outro sono senão tu; a dúvida certamente não cabe! É puramente retórica! Olhos nos olhos, *talvez seja nos teus olhos, encostando a minha face à tua, lerei essas paisagens impossíveis*. *Lerei* não só corajosamente, mas pertinentemente, indispensavelmente. Sem ler as mensagens, as pulsões que viçam os brotos das verdades da *Outra cena*, como criar? *Lerei (...) esses tédios falsos*, falsos na aparência, mas transformáveis em energia criativa. *Lerei esses sentimentos que habitam a sombra dos meus cansaços e as grutas dos meus desassossegos*, pois, lendo-os, poderei desalojá-los e reaproveitar suas energias na criatividade de novas produções.

E *as grutas dos meus desassossegos* têm mais mistérios que revelações: surge o abismo da divisão de si mesmo (*Spaltung*). *Eu não sei quem tu és, mas sei ao certo o que sou?* Não diz "quem" sou. Pergunta: *o que sou?* que homem sou eu? O que sou, sendo que sou homoerótico? *Sei eu que não és uma parte, quem sabe a* ***parte essencial*** *e* ***real*** *de mim?* O poeta principia por dizer que *sabe*: *sei eu*; sabe o quê? Sabe que sua identidade sexual não é *parte*. Bem mais que isso! A adverbial de dúvida: *quem sabe* (= quiçá) permite-lhe afirmar e não dizer que ele sabe de seu mistério: *a parte* é ***essencial*** *e* ***real*** *de mim*. Embora *parte*, trata-se da essência e da realidade de sua tendência sexual. E essa *parte* ***essencial*** *e* ***real*** *de mim* é tão real que imediatamente interroga o real do mais real: *que espécie de vida tens?...* ***Teu corpo****?* Mas, como já fizera o propósito de ser *uma obra de arte, já que de corpo não posso ser*, diante desse real por excelência, desiste: *Nu é o mesmo que vestido, sentado está na mesma atitude de que quando deitado ou de pé*. Todas as posições imagináveis para o encontro de corpos são encaradas, visualizadas realmente, mas, para ele, *que* ***significa isto, que não significa nada***? *Corpo antigo, moído de viver*! É de longe sua luta interior, mói o corpo, para que a tendência nele não desça. *Corpo antigo*, desde muito dele tomou conhecimento.

Ela *comigo veste*; não há dois, há duas realidades numa só unidade, isto é, num só sujeito. E o poeta não abre mão dessa unidade: veste essa mulher, mas *de observada*. Para que sua energia seja transmitida para a produção sublimada e não para outros fins sexuais, é preciso que, ao vestir a mulher que leva consigo, seja *de observada*, de plena consciência e, simultaneamente, de pleno acolhimento dela. Graças a isso, sua energia pode ser convertida em obras: "Eu sou enfim feliz porque regressei, pela recordação, à única verdade, que é a literatura" (Pessoa 1982a, p. 166).

Fernando percebe que não pode fugir à interrogação constante do Outro: *Para que é que tenho um momento de mo perguntar*? Mas é tão leal com o compromisso de colocar todas as suas forças a serviço da pátria portuguesa e de seu engrandecimento, que pode afirmar com tranquilidade: *eu nem sei querê-lo saber*. Não soube querê-lo saber para não desperdiçar suas forças.

> A alcova vaga é um vidro escuro através do qual, consciente dele, vejo essa paisagem... e essa paisagem conheço-a há muito, e há muito que com essa *mulher* que *desconheço erro*, outra realidade, através da *irrealidade dela*. Sinto em mim séculos de conhecer aquelas árvores e aquelas flores e aquelas vias em desvios e *aquele ser meu* que ali vagueia, antigo e ostensivo ao meu olhar, que o saber que estou nesta alcova veste de *penumbras de ver*... (Pessoa 1995, p. 435).

O poeta sabe que suas energias, para serem encaminhadas, necessitam ser conhecidas. Desce à alcova. A alcova é vaga: não envolve corpos, *não soube querê-lo saber*. Ela é um *vidro escuro*, mas não impede a visão da *paisagem*. Ao contrário, dela ele está lúcido. Agora, a floresta, a alcova, a realidade, a paisagem se revelam como metáfora de uma única realidade: *essa* ***mulher*** que conhece tão bem ***que desconheço erro***. Não a levasse em conta, far-se-ia errante, já que *essa paisagem conheço-a há muito*. Sempre a condição essencial da sublimação: conhecer, trazer o recalcado ao domínio do ego para poder sublimá-lo. Agora fica esclarecido que a *outra realidade* que o poeta leva em si, e que lhe é constituinte, é uma "mulher". Mas essa *outra realidade*, ele a vive sob o signo da ***irrealidade** dela*. Conhece os recantos dessa floresta, *aquele ser meu que ali vagueia, antigo e ostensivo ao meu olhar*. Mas, no mesmo jogo de sempre, condição de translação, *o saber que estou nesta alcova veste de penumbras de ver*.

O saber da alcova é um ver de penumbras. Está aí a definição de fantasma em Freud: *restos de coisas ouvidas ou vistas*. Não é o ver da imagem presente na percepção, o fantasma é *penumbra de ver*, pura miragem. Penumbra jamais especularizável, por isso, nem sombra, apenas resto de algo conhecido de algum modo por transformações metafóricas, mas em si impossível de ser atingido. Algo ativo, volta sempre, infalivelmente, ao mesmo lugar. Com a mesma força de sempre, reacendendo o sujeito em seus desejos.

"De vez em quando pela floresta onde de longe me vejo e sinto, um vento lento varre um *fumo*, e esse *fumo* é a visão nítida e escura da alcova em que sou atual, destes vagos móveis e reposteiros e do seu torpor de noturna. Depois esse vento passa e torna a ser toda *só ela a paisagem daquele outro mundo...*" (Pessoa 1995, pp. 435-436). Assim como o vento anuncia a chuva ou a tempestade, o vento que agita a floresta lhe traz a *visão nítida e escura da alcova*. Oximoro rico; ao mesmo tempo, metáfora da grande revelação que virá: *O vento varre o fumo,* ***as duas realidades como dois fumos*** *que se misturam* encobrem *a visão nítida e escura da alcova*. Onde há fumaça, há fogo. Mas, nessa alcova, consciente, *sou o atual*, presente, efetivo. Passado o vento, a agitação da pulsão, a paisagem *torna a ser toda só ela*; a saber, *a paisagem do outro mundo...* dele. O poeta se desagita dos ímpetos feminis: "Olho para ti, dentro de mim, *noiva suposta e* já nos *desavimos antes de existires*" (Pessoa 1982a, p. 308).

"Outras vezes este quarto estreito é apenas uma cinza de bruma, no horizonte d'essa terra diversa... E há momentos em que o chão que ali pisamos é esta alcova visível..." (Pessoa 1995, p. 436). A alcova recebe outro nome: *quarto estreito*. Nesse *quarto*, desenrola-se a dialética da ambivalência sexual. Há momentos em que ele é apenas *cinza de bruma, no horizonte de terra diversa*, não única. Único apenas o sujeito. Mas outros há em que o *só ela* desaparece e *o chão que aí* ***pisamos*** *é esta alcova visível*. Note-se que, aqui, o poeta já não fala na primeira pessoa do singular e, sim, na primeira do plural. Já não é um *eu*, é um *nós*. É uma metáfora da estrutura homoerótica? Mas ele põe os pés no chão dessa realidade: *pisamos* no chão da alcova.

QUE AÍ ACONTECE?

"Sonho e perco-me, duplo de *ser eu* e *essa mulher*... Um grande cansaço é um fogo negro que me consome... Uma grande ânsia passiva é a vida que me estreita..." (Pessoa 1995, p. 436). Aí está o encontro das *duas realidades* antes anunciadas, *dos dois fumos que se misturam*. Pessoa já não tem segredos ou reservas para si mesmo; entrega-se às suas *duas realidades* psíquicas numa lealdade identificatória sem resistências: *perco-me,* ***duplo de ser eu e essa mulher***.

Eu a mulher legítima e triste do Conjunto,/Eu sofro ser eu através disto tudo como ter sede sem ser de água (Pessoa 1995, p. 410). Por isso, a *vida que o estreita* é uma *ânsia passiva*. Seria a passividade estrutural da posição feminina? Se a *Penisneid*, inveja do pênis, especifica a sexualidade feminina, a passividade não lhe é atributo correlato, instrumento mesmo indispensável para sua suplementação e realização? "Toda a minha vida tem sido de passividade e de sonho" (Pessoa 1974, p. 38). O poeta se vê envolto na *grande ânsia passiva* de assumir esse aspecto de sua sexualidade. É mesmo uma *vida que o estreita, um fogo negro que o consome*, tamanha é sua ignescência. Eis por que o cansaço lhe é sentimento perene; é deveras um *grande cansaço* dar conta sem sossego dessa divisão interior.

"Ó felicidade baça!... O eterno estar no *bifurcar* dos caminhos!... Eu *sonho* e por *detrás da minha atenção sonha comigo alguém*... E talvez eu não seja senão um sonho desse *Alguém* que não existe..." (Pessoa 1995, p. 436). A admissão de sua vida interior lhe traz paz, a felicidade possível... mas uma *felicidade baça*, pois sua condição estrutural consiste no *eterno estar no* ***bi****furcar dos caminhos*. Nem homem só, nem mulher só, sempre no ***bi****furcar* dos caminhos, porque há sempre *alguém* que sonha *comigo*. Mas Pessoa sabe de sua unidade e, por isso, *talvez eu não seja senão um sonho desse* ***Alguém*** *que não existe*. Esse Alguém sempre fica atrás *da minha atenção*, que, como vimos, é sempre uma *atenção algemada*. Mas quem seria esse Alguém com letra maiúscula? É sempre ele mesmo, que se ocupa de habitar incessantemente esse lugar terceiro que Lacan chamou de grande Outro. Esse é o movimento dialético, mediante o qual o poeta não se deixa embair por sua poderosa invasão imaginária e graças ao qual pode sempre se livrar da relação dual ou narcísea e permanecer no mundo terceiro da sublimação. Esse Alguém é também o construto subjetivo, dolorosamente conquistado passo a passo, jamais acabado, sempre ameaçado, nunca satisfeito, diuturnamente falta-para-ser, e que se denomina Fernando Pessoa. É no momento de lançar o intersecionismo que ele apura essa dialética do terceiro e se apruma em *sua* história:

> Hoje, ao tomar de vez a decisão de ser Eu, de viver à altura do meu mister, e, por isso, de desprezar a ideia do *reclame*, e *plebeia sociabilização de mim*, do Intersecionismo, reentrei de vez, de volta da minha viagem de impressões pelos outros, na *posse plena do meu Gênio e na divina consciência da minha Missão*. Hoje só me quero tal qual meu caráter nato quer que eu seja; e meu Gênio, com ele nascido, *me impõe que eu não deixe de ser...* . (Pessoa 1974, p. 42).

... Fernando Pessoa. E em que consiste a conquista desse Gênio que o faz *Alguém* em Portugal? "Atitude por atitude, melhor a mais nobre, a mais alta e a mais calma. *Pose por pose, a pose de ser o que sou*" (Pessoa 1974, p. 42). Por isso, a luta de prestígio já lhe calha totalmente perfunctória: "Nada de desafios à plebe, nada de girândolas para o riso ou a raiva dos inferiores. A superioridade não se mascara de palhaço; é de *renúncia* e de *silêncio* que se veste" (Pessoa 1974, p. 42). Desilude-se do fogo fátuo do intersecionismo e conclui: "Um raio hoje deslumbrou-me de lucidez. Nasci" (Pessoa 1974, p. 42). De superioridade surgida na *renúncia* e no *silêncio*. Renúncia a qualquer gozo que não fosse gozo fálico e silêncio no retiro de seu outrar diuturno... *na posse plena de meu Gênio e na* ***divina consciência*** *da minha Missão... a pose de ser o que sou.*

"Lá fora, a antemanhã tão longínqua! A floresta tão aqui ante outros olhos meus! E eu, que longe desta paisagem quase a esqueço, é ao tê-la que tenho saudades dela, é ao percorrê-la que a choro e a ela aspiro..." (Pessoa 1995, p. 436). A antemanhã está e deve ficar longínqua. Não tem de desabrochar no alvorecer... Quando isso acontecer, a alcova já não existirá nesse seu encontro. A floresta *tão aqui ante* ***outros*** *olhos meus*, pois lhe é consubstancial, retém pelos instantes desses escritos a atenção (algemada) do poeta. Longe dela, esquece-a, mas as saudades trazem-na de volta e agora, ao percorrê-la, chora e a ela aspira. Ele se deixa compenetrar de sua realidade interior. E ao aspirá-la, que descobre?

> As árvores! As flores! O esconder-se copado dos caminhos!
>
> *Passeávamos* às vezes, de *braço dado*, sob os cedros e as olaias, *nenhum de nós pensava em viver*. A *nossa carne era-nos um perfume vago e a nossa vida um eco de som de fonte. Dávamo-nos as mãos* e os *nossos olhos perguntavam-se o que seria o ser sensual e o querer realizar em carne a ilusão do amor...*
>
> No nosso jardim havia flores de todas as belezas... – rosas de contornos enrolados, lírios de um branco amarelecendo-se, papoulas que seriam ocultas se o seu rubro lhes não espreitasse presença, violetas pouco na margem tufada dos canteiros, miosótis mínimos, camélias estéreis de perfume... E, pasmados por cima de ervas altas, olhos, os girassóis isolados fitavam-*nos* grandemente.
>
> *Nós roçávamos a alma* toda vista pelo frescor visível dos musgos e tínhamos, ao passar pelas palmeiras, a intuição esguia de outras terras... E subia-nos o choro à lembrança, *porque nem aqui, ao sermos felizes, o éramos...*
>
> Carvalhos cheios de séculos nodosos faziam tropeçar os nossos pés nos tentáculos mortos das suas raízes... Plátanos estacavam... E ao longe, entre árvore e árvore de perto, pendiam no silêncio das latadas os cachos negrejantes de uvas...
>
> O nosso sonho de viver ia adiante de nós, alado, e nós tínhamos para ele um sorriso igual e alheio, combinado nas almas sem nos olharmos, sem *sabermos um do outro* mais do que a presença apoiada de um braço contra a atenção entregue do outro braço que o sentia (Pessoa 1995, p. 436).

Aqui, às escâncaras, os segredos de "sua" floresta. Não consegue mais ficar na primeira pessoa do singular. Desdobra-se novamente na primeira pessoa do plural. *Passeávamos nós de braço dado...* É a busca da conciliação interior. Parece que aqui estamos diante daquilo que dizia Lacan: a análise traz como cura um efeito de reconciliação subjetiva.

Mas *nenhum de nós pensava em viver*, pois seria a desintegração psíquica, a esquizofrenia. Há para Pessoa uma só possibilidade de viver: conviver com o *bifurcar* e transformá-lo em uma única estrutura psíquica. Por isso, *a* ***nossa*** *carne era-nos um perfume vago e a* ***nossa*** *vida um eco de som de fonte*. O incessante marulhar de uma energia cristalina. A vida pode ser nossa enquanto o som for de fonte, for alimento constante. *Dávamo-nos as mãos*, de braço dado. É na conciliação que ele constrói a subjetividade e não se extravia em exasperação de pulsões inconciliáveis ou em dispersão ou cessão de sua vida íntima. Entrega-se ao passeio de sua floresta interior. As árvores, as flores... *e nossos olhos perguntavam-se o que seria o* ***ser sensual***... como o saber da alcova se veste de *penumbras de ver* são *nossos olhos* que aqui perguntam sobre o *ser sensual* e o querer realizar em *carne* a ilusão do amor. Ele penetra na alcova e se interroga sobre seus desejos. Não se furta deles. Ao contrário, pondera o que seria realizá-los em *carne*.

O nosso sonho de viver ia adiante de nós: ideal projetado, mas, ao mesmo tempo, circunscrito ao real... *e nós tínhamos para ele um sorriso igual e alheio, combinado nas almas sem nos olharmos*. O sorriso é maroto: *igual*, tenta mitigar a duplicidade; *alheio*, não foge à representação da divisão; na distância, graças ao Outro, contempla-se no representado de si. Mas esse movimento é um jogo, é uma trama *combinada, sem nos olharmos, sem sabermos um do outro mais do que a presença apoiada de um braço contra a atenção entregue de outro braço que o sentia*. A *atenção entregue* (ele já a denominara *algemada*) *olha*, *sabe*, mas limita-se à presença do apoio de braço a braço. Não vai além, mas não permanece aquém. Retém firme em seu ego os borbotões dessa energia que o identifica: nem a dispersa em práticas sexuais ilusórias nem a põe em retirada para o poço do recalque.

> *A nossa vida não tinha dentro. Éramos fora e outros*. Desconhecíamo-nos, como se houvéssemos aparecido às nossas almas depois de uma viagem através de sonhos...
>
> Tínhamo-nos esquecido do tempo, e o espaço imenso empequenara-se-nos na atenção. Fora daquelas árvores próximas, daquelas latadas afastadas, daqueles

montes últimos no horizonte haveria alguma coisa de *real*, de merecedor do olhar aberto que se dá às coisas que existem?... (Pessoa 1995, p. 436).

A nossa vida não tinha dentro... toda a imensidão da pulsão dupla (***nossa*** *vida*) não permaneceu num processo de recalque mórbido a se proliferar em sintomas de núcleos patógenos irresolutos. Pessoa explode em *éramos fora e outros*, heterônimos que sublimam numa imensa sinfonia os acordes mais inesperados de uma beleza fascinante.

Como havia dito anteriormente, *sem olharmos*, *sem sabermos*, aqui *desconhecíamo-nos* para conseguir aparecer às ***nossas*** *almas*, como um sonho apenas. Sempre o mesmo movimento: há a projeção de um conhecimento, mas o poeta não permanece nesse primeiro encantamento. Separa-se dele, subjetiva a energia e a reencaminha. Essa constante repetição pode tornar o texto literariamente menos belo ou algo pesado, mas, clinicamente, é condição de subjetivação. Dela, não há uma aquisição definitiva, é fruto árduo do exercício ascético ininterrupto que a garante.

Tínhamo-nos esquecido do tempo e o espaço imenso empequenara-se-nos na atenção. Pessoa se afinara de tal maneira ao ritmo cativo e criativo de seu inconsciente, que dele assumira o tempo e o espaço. O inconsciente não tem outro tempo que o tempo dele mesmo, um tempo que irrompe alheio ao tempo cronológico ou lógico. Sua lógica é própria ao jorro criativo da pulsão, em demandas que se estruturam no espaço que também lhes é próprio, isto é, o espaço de uma linguagem. O espaço que vem de fora.

Fernando o utiliza como referencial do real: *haveria alguma coisa de* ***real****, de merecedor de olhar aberto que se dá às coisas que existem*? Esse espaço lhe garante que não enlouqueça, como tantas vezes temeu. É por isso que, na abertura total a esse jorro criativo do inconsciente, não perde as dimensões do *real*: essas energias são a-viadas, trabalhadas, lapidadas, polidas e engastadas na estrutura apaziguante da palavra.

Ele era como que "possuído" pela energia criativa que brotava irreprimível. Conta que, ao conceber o poema "O Guardador de Rebanhos" foi para casa e, de pé sobre uma cômoda, o compôs de um jato, sem outro tempo e espaço que o tempo do borbulhar inconsciente e o espaço da palavra:

> Num dia em que finalmente desistiria – foi em 8 de março de 1914 – acerquei-me de uma cômoda alta, e, tomando um papel, comecei a escrever, de pé, como escrevo sempre que posso. E escrevi trinta e tantos poemas a fio, numa espécie de êxtase cuja natureza não conseguirei definir. Foi o dia triunfal da minha vida, e nunca poderei ter outro assim. Abri com o título, Guardador de Rebanhos. E o que se seguiu foi o aparecimento de alguém em mim, a quem dei desde logo o nome de Alberto Caeiro (Pessoa 2006b, p. 181).

E assim são todos os verdadeiramente artistas, de todas as áreas, os verdadeiramente poetas, os verdadeiramente escritores. Os que tal não são, não fazem obra que permaneça, não acrescentam cultura. Se o gênio não cativa sua energia, não a disciplina, *in servitutem redigo* (*em escravidão reduzo*, dizia Paulo apóstolo), ela se esvai, se espraia e se perde para ele e para a humanidade. Quantos e quantos humanos que, exatamente por causa do drama de sua genialidade não resolvida, se perderam e se perdem engolfados num suicídio doloroso: a doença (vide Schereber ou nossos poetas românticos), a bebida, a droga... Estimo que cinco por cento dos homens sejam gênios. Mas quão poucos, por exemplo, marcaram presença no século que terminou...

"Na clepsidra da nossa imperfeição gotas regulares de sonho marcavam horas irreais... Nada vale a pena, ó meu amor longínquo, senão o saber como é suave saber que nada vale a pena..." (Pessoa 1995, p. 437). Pessoa adere ao real com tenacidade: na clepsidra que, grão a grão, despeja o tempo cronológico, descobre *as gotas regulares* de sua pulsão homoerótica em demandas que *marcavam horas irreais... Nada vale a pena, ó meu amor longínquo...* Não se deixou enredar numa relação que comprometesse a sublimação permanente de seus impulsos. Por isso, o *meu amor* permanece longínquo... só vale a pena *o saber como é suave saber que nada vale a pena.* Não sei se leio Pessoa, João da Cruz ou Tereza d'Ávila. A linguagem é quase idêntica, estamos no ápice da sublimação humana. Nada mais faz sentido, senão colocar-se integralmente a serviço da inclinação vocacionada. O resto é resto.

> O *movimento parado* das árvores; o *sossego inquieto* das fontes; o *hálito indefinido* do ritmo íntimo das seivas; o entardecer lento das coisas, que parece vir-lhes de dentro e dar mãos de concordância espiritual ao entriste-

cer longínquo, e próximo à alma do alto silêncio do céu; o cair das folhas, compassado e inútil, *pingos de alheamento*, em que a paisagem se nos torna toda para os ouvidos e se entristece em nós como uma pátria recordada – tudo isto, como um *cinto a desatar-se*, cingia-nos, incertamente (Pessoa 1995, p. 437).

Movimento parado, sossego inquieto, ritmo indefinido... oximoros eloquentes: escondem sempre a mesma estrutura em andamento, aquela que permite o duplo movimento, o acolhimento da pulsão e a sublimação dela. A pulsão, aqui descrita como *árvore*, *fonte*, *seiva*, imprime a moção constante em demandas que o autor acolhe e sem cessar canaliza para o fim criativo: *flores de todas as belezas... rosas de contornos enrolados, lírios de um branco amarelando-se, papoulas... violetas... miosótis.*

O entardecer lento das coisas é a condução contínua da pulsão. *Lento*, porque nada pode ser brusco na ordem da criatividade. O *entardecer* vem de *dentro* e de mãos dadas com a *concordância espiritual*, pois a sublimação é a transformação da pulsão, elevando a *alma* ao *alto do silêncio do céu*. A sublimação, dentro da tradição cristã, possibilita ao homem uma extensão do poder criador de Deus e a contemplação de sua própria beleza.

Agora, o processo do alheamento se explicita inteiramente. Lacan, no seminário sobre os "Quatro Conceitos" nos ilustra sobre esse processo do ser humano; processo contínuo, que faculta o acesso à própria subjetividade. Partindo da análise que Hegel fez da luta de prestígio entre o senhor e o escravo, Lacan explicita que a luta entre ambos fica sem saída se eles se postarem em suas posições de prestância e/ou no jogo de amor e ódio. Essa proposta seria a perpetuação do senhorio e da escravidão, da casa grande e da senzala, o que levaria a um impasse. Para solucioná-lo, Hegel apela à dialética da história, e tudo terminaria numa marcha gloriosa da humanidade que caminha para a solução do Saber Absoluto. Lacan, clínico e não apenas filósofo, não descarta o impasse hegeliano; afirma mesmo que ele é de estrutura. Para ele, porém, não há *uma* solução, mas há sempre alguma, desde que, nessa relação mortífera, o homem se remeta ao grande Outro, isto é, apele a um terceiro. A resposta não é remetida a um *grand finale* e, sim, procurada no enfrentamento do real sofrido. Ao surgir, o ser humano se vê confrontado com o poder e o desejo absolutos daquela que o concebeu e o deu à luz. Essa relação é de impasse, uma vez que a criança não pode não depender da mãe. Prematuro por natureza, ele é totalmente derrelito. *Hilflosigkeit* (*helplessness*) dizia Freud, eis seu *Dasein*. E, se essa relação com a mãe não fosse rompida, ele não teria acesso à sua própria subjetividade; estaria mergulhado no integral desejo dela e não se guindaria à posição de sujeito, isto é, de portar desejo próprio. Provavelmente, implanta-se aí o processo da esquizofrenia, sobretudo o da criança autista, ou, não raro, o estatuto da perversão.

O terceiro elemento, que vem pôr um fim nessa relação dual, é o pai. O pai que *a mãe introduz* nessa relação. Insisto sobre isso. A condição de saúde psíquica presente e futura da criança depende da maneira como a mãe lentamente faz o pai presente à criança, explicita-lhe por seus atos que ela é objeto do desejo do pai e a esse desejo consente. Toda neurose ou psicose futura se liga a esse acontecer, à estrutura que aí se molda. Conforme a criança passa por esse processo de desligamento, sua subjetividade se edifica.

Num primeiro processo, não diferente de qualquer animal, a criança descobre uma imagem semelhante à sua no rosto da mãe. Os animais também assim se conhecem quando convivem em bandos ou rebanhos com os semelhantes da mesma espécie. E, ao sentirem o impulso vital de sua maturação sexual, essa energia os compulsa a se ultrapassar na geração de um novo ser que se perpetuará em mais um elo da espécie. Só que, assim fazendo, o animal obedece a um instinto que o impele, dele tem o gozo que se espraia por seu corpo, mas não *sabe* o que está fazendo.

O ser humano, porém, é destinado a outra ordem, à ordem da intelecção, à assunção simbólica de si e de outrem. O primeiro passo consiste na ultrapassagem da imagem. O macaco até pode ir atrás do espelho para constatar se a imagem que viu não é "outro" macaco. Feita a verificação, desistirá de recorrer a esse expediente. Mas a criança que *vê*, no *sorriso* e na alegria, no agrado e na aceitação de sua imagem em espelho da mãe, é invadida por um retorno abissal, uma força mítica que a conclama ao patamar do simbólico. Dentro dela, forma-se uma matriz de si, construída inteira dos elementos imaginários que a mãe lhe ratifica, e essa matriz será consistência de autorreferência para o resto da vida. Esse primeiro quadro de si lhe é tão benfazejo que lhe possibilita dar um passo além do animal: ela *se* reconhece, graças à mãe ou a quem essa função desempenhar, função de tornar presente pela primeira vez o grande Outro, a possibilidade do simbólico. Então, o milagre humano começa a ocorrer: a criança sorri ao ver *sua* imagem, "matriz benfazeja", faz sua imagem *sua*, reconhece-*se* nela. É o início de tudo para o ser humano. Nessa imagem, ele se rejubila ao *se* contemplar. Começa aí o destino humano: irresistivelmente, viver é viver nesse exílio. Nada no homem é instintual, natural. A linguagem e a representação inteligente lhe roubam a natureza e lhe impõem o alheamento.

Todavia, se a criança ficasse presa nessa matriz narcísea, permaneceria inviável como sujeito, seria apenas prisioneira da imagem que a mãe lhe forneceu, e seria então imagem de si e não sujeito de si. Ficaria esteada no puro desejo da mãe. Esse processo primeiro do surgimento para o mundo do humano é um processo de alheamento. O sujeito principia seu processo de identificação alienando-se nessa imagem que o representa e, como é a mãe que lha fornece, a mãe ocupa um lugar onipotente: impõe-se como absoluta, como desejo total de si. Mas, paralelamente, instala-se o segundo momento da identificação. Primeiro, pela presença e ausência da mãe, o infante se *dá conta* de que a mãe não é onipresente e menos ainda onipotente. Ele é obrigado a se desligar da mãe pela ausência dela e isso retorna para ele como necessidade de ter de contar consigo mesmo, já que não pode ter a mãe o tempo todo. É o inicio do processo de castração.

Em seguida, o pai entra em cena, e a criança se redimensiona diante do desejo único da mãe. Graças a essa presença, a criança pode se distanciar dessa imagem onipotente e *se* reconhecer como um terceiro. Esse movimento, Lacan o denominou um verdadeiro engendramento. No momento em que a criança se distancia, melhor ainda, se corta desse envolvimento totalizante da mãe, gera-se como terceiro. Esse "separar-se" da criança, Lacan o denomina verdadeiro *se parere*, ou seja, um "parir-se", parir-se no simbólico. É aí que o ser humano surge como sujeito: sempre e exatamente na medida em que se produz como terceiro. Se esse processo miticamente se perde num início que nos escapa, verdade é que o ser que nasce de uma mulher só se humaniza se se gerar de novo por meio do alheamento da linguagem. Lacan expõe: "É porque o homem deve atravessar toda a *floresta* do significante para se unir a seus objetos válidos e primitivos, que temos de nos haver com toda a dialética do complexo de Édipo" (Lacan 1998b, p. 206).

O ser humano inserido na linguagem articula-se na Lei múltipla, aquela que o pai representa. É esse movimento, repetido *ad infinitum*, enquanto vivo for, que faz o ser humano ser humano. *A palavra é a morte da coisa*, o destino humano é viver no exílio de si mesmo. Pessoa tinha lucidez plena desse *exílio* do humano: "Mas a minha alma só pode ser definida por termos de fora (...) Sim, antes de sermos interior somos exterior/Por isso somos exterior essencialmente" (Pessoa 1995, pp. 241-242). Se o essencial para o poeta é participar do simbólico, é compreensível sua prece: "Benedictus Dominus Deus noster qui dedit nobis signum" ("Bendito o Senhor nosso Deus que nos deu o signo").

Ora, é exatamente este mesmo processo descoberto pela psicanálise que vamos encontrar em Fernando Pessoa. Ele vem metaforicamente consignado, mas é a mesma dialética. *O cair das folhas... pingos de alheamento*: eis o primeiro movimento. Imediatamente, o poeta se corta desse alheamento, porque *a paisagem se torna toda para os **ouvidos***. É pelos ouvidos que a linguagem penetra no recesso de sua subjetividade e o instrumenta para se nominar terceiro. Tudo se passa numa circularidade infinda.

In principio erat Verbum... isto é, o início de tudo. Não é verdade que... *erat actio*. Goethe não tem razão. Para começar, para que a "ação" exista é preciso que se diga "ação". Por isso, Adão e Eva *ouviram* que o Verbo punha ordem nas coisas que viam, nominando-as. E, por essa razão, elas se tornaram belas, passaram da ordem da natureza para a ordem simbólica da cultura. E *Deus contemplou sua obra e viu que tudo estava bom*.

São deveras lindas as metáforas de que Pessoa se vale para designar o processo de alheamento do ser humano: *o cair das folhas, compassado e inútil, pingos de alheamento*. Na árvore genealógica, o filho surge, mas, mal aponta, as folhas dela tombam sobre ele, todas codificadas, mensagens predeterminadas. Mas o poeta se dá conta de que, se a criança aí permanecesse, esse cair de folhas *compassado* lhe seria *inútil*. Dele faria quando muito um esquizofrênico, um ser dividido entre ser de si e ser da mãe. *Pingos de alheamento*: ele se alça à dignidade de sua humanização, graças ao gotejar contínuo de simbólico que, sobre ele, o Outro lhe esparge. Caso assim não fosse, não haveria para ele possibilidade de ser um ser de desejo. O desejo não é outra coisa que saudade de miríades de *pingos de alheamento*, fascinantemente irisados.

Nessa altura, evidencia-se a genialidade da metáfora "floresta do alheamento". O alheamento é condição essencial para a subjetividade humana. Quanto mais recurso buscado no Outro, em princípio, maior subjetividade possível. *Floresta* é um bioma formado por plantas de grande porte. No Brasil, por exemplo, podemos distinguir na floresta tropical, o bioma de maior biodiversidade, três tipos fundamentais para a sustentação da vida em nosso continente e também no mundo: a Floresta Amazônica, a Mata Atlântica e, no sul, o pinheiral (subtropical). Estudos recentes (www.microbeworld.org) revelam que a *floresta tropical é provavelmente o mais rico de todos os tipos de vegetação em termos de espécies de plantas e animais*. As florestas são pulmão do mundo e a estabilização do clima depende delas. É nelas que a vida se renova, como, por exemplo, nos manguezais.

No estudo citado, numa pesquisa sobre folhas de apenas três árvores da Mata Atlântica, descobriu-se que cada uma pode abrigar de 95 a 671 bactérias, 97% delas desconhecidas. Estima-se que a riqueza bacterial dessa mata abrigue de 2 a 13 milhões de seres. Além disso, a floresta é fonte de alimentação e de muitíssimos medicamentos que podem e poderão aliviar os problemas da saúde animal e humana.

Floresta, para Fernando Pessoa, é, pois, a melhor metáfora para nos fazer conhecer a riqueza imensa de sua alma e as surpresas de seu mundo criativo. *Floresta do Alheamento* é todo seu mundo interior, revelado através de seus escritos, mas que, ao mesmo tempo, mantém oculta sua luta interna na condução de seus impulsos.

Floresta do Alheamento é o fervilhar de sua vida altamente produtiva: sua pulsão poética a abundar em tudo e em todos. É nessa floresta, revela ele, que viceja sua pulsão homossexual, *este dolorido mundo onde seríamos dois*.

Da raiz de floresta seguem florir, florescer, florescente, florido... E não é o que aconteceu com a *Floresta do Alheamento* de Fernando Pessoa? *Por isso me esculpi em calma e alheamento... onde minha artificialidade, flor absurda, floresça em afastada beleza*.

Voltando ao nosso texto: *entristece-se*. O poeta, ao recordar sua captação no sorriso encantado da mãe, evoca-o como uma *pátria recordada*. Essa dialética infinda que se impõe à subjetividade humana, Fernando a figura em: *tudo isto, como um cinto a desatar-se, cingia-nos incertamente*. Desata-se da onipotência do alheamento da mãe e cinge-se no engendramento de um parir-se próprio. Mas, *incertamente*, pois o efeito de tal ato é sempre *a posteriori*. Só depois de realizado o sujeito o conhece. Ao ocupar esse lugar terceiro, o homem, iluminado pelo simbólico, articula-se com o real e desencanta-se da paixão imaginária e sujeita-a à produção de suas obras. É esse enredo assumido *in extremis* que faz de Pessoa o poeta irresistível.

> Ali vivemos um *tempo* que *não sabia decorrer*, um *espaço* para que não havia pensar em *poder-se medi-lo*. Um decorrer *fora* do tempo, uma *extensão* que desconhecia os hábitos da *realidade no espaço*... Que horas, ó *companheira inútil do meu tédio*, que horas de desassossego feliz se fingiram ali... Horas de cinza de espírito, dias de saudade espacial, séculos interiores de paisagem externa... E nós não nos perguntávamos para *que era aquilo que não era para nada* (Pessoa 1995, p. 437).

O poeta se volta novamente para o movimento inconsciente que o impulsiona à criatividade. O *tempo*, por ser subjetivo, *não sabe decorrer* e o *espaço*, que é pura representação psíquica, não há *poder-se medi-lo*: o *decorrer* é fora do tempo, jorra inopinadamente e a *extensão* do tempo subjetivo não respeita *os hábitos da realidade no espaço*... O inconsciente desconhece o processo de contradição, assim como a extensão. E o poeta regozija-se com o prazer infindo de entregar-se a essa fonte surpreendente de vida, na qual se admite na dualidade interior de sua sexualidade sempre sublimada: *ó **companheira inútil** do meu tédio, que horas de **desassossego feliz** se fingiram ali*. Mergulha em sua divisão. Resgata o fêmeo que leva em si – *ó **companheira***! –, mas de chofre a afasta: *companheira **inútil***. Serve apenas para a identificação de sua dualidade de impulso, de resto recanaliza a energia que daí pode vir. Mas qual foi o preço para conseguir esse ***desassossego feliz***? Nesse oximoro preciso patenteia a reconciliação subjetiva possível a um homoerótico: seu *desassossego* (*instabilidade afetiva*) *esclarecido* pode ser *feliz*, embora lhe tenha custado *horas de cinza de espírito, dias de* apenas *saudade espacial, e séculos interiores de paisagem externa*. Tudo admitido e vivido, mas como uma paisagem externa, nunca nela fazendo espaço, se concretizando. Apenas a *saudade espacial*. Eis porque a pergunta: *para que era aquilo que não era para nada?* Mas *aquilo era*, e é isso que importa. Tanto que, a seguir, o poeta se dá conta:

> Nós *sabíamos* ali, por uma *intuição* que por certo não tínhamos, que este *dolorido* mundo onde *seríamos dois*, se existia, era para além da linha externa onde as montanhas são hábitos de formas, e para além dessa não havia nada. E era por causa da contradição de saber isto que a nossa hora de ali era escura como uma caverna em terra de supersticiosos, e o nosso senti-la era *estranho* como um perfil de cidade mourisca contra um céu de crepúsculo outonal (Pessoa 1995, p. 437).

Pessoa sabe, mas não por uma intuição *por certo* e, sim, por *este dolorido mundo onde* ***seríamos dois***. É por meio da dor contínua de sua ambivalência que vislumbra esse mundo. Mas, se esse mundo existe, existe *além da linha externa*, da mesma maneira como temos *hábitos* de saber que as montanhas que nos cercam são em nosso horizonte *hábitos de formas*. Nada além; tudo o que há além da cadeia, lá permanece, intuído, concebido, aceito, mas jamais efetivado.

O poeta não pode fugir ao paradoxo e, ao contrário, vive-o. Paradoxo de saber que sabe que *nossa hora de ali era escura*. Essa *hora* é hora do inconsciente, sem hora para surgir, portanto; mas com a condição de permanecer *como uma* ***caverna em terra de supersticiosos***. Nela, evita-se entrar, por um motivo outro que o real perigo. E a crença, a crença que sustenta a arte, a ciência, a religião, a vida, é essa crença que o mantém fora dessa caverna. Por isso, *nosso senti-la era estranho*, como é estranho para o turista ocidental contemplar as fortalezas e os castelos com minaretes deixados pelos mouros em terras de Portugal e Espanha. E toda essa paisagem que contempla em seu interior é vista por um homem maduro, que já se desiludiu das paixões e conhece o trunfo de suas energias copiosamente encaminhadas para o crescimento da humanidade. Fernando, em seu sofrimento, percebe-se em "crepúsculo outonal", é a época da sega, os frutos já amadurecem em abundância.

> Orlas de marés desconhecidas tocavam, no horizonte de ouvirmos, praias que nunca poderíamos ver, e era-nos a felicidade escutar, até vê-lo em nós, esse mar onde sem dúvida singravam caravelas com outros fins em percorrê-lo que não os fins úteis e comandados da Terra.
>
> Reparávamos de repente, como quem repara que vive, que o ar estava cheio de cantos de ave, e que, como perfumes antigos em cetins, o marulho *es-*

> *fregado* das folhas estava mais *entranhado em nós* de que a consciência de o ouvirmos (Pessoa 1995, p. 437).

No texto precedente, o autor falava de montanhas; aqui, apela ao mar para dizer a mesma realidade. Anteriormente, a paisagem; aqui, as marés se abrem aos *ouvidos*, não aos olhos. *Orlas de marés desconhecidas*: os limites da pulsão são imprevisíveis, nem suas *orlas* nem suas *marés* são conhecíveis; sua plasticidade só tem uma barreira humana: *no horizonte de ouvirmos*. A palavra *ouvida*, a que vem do Outro, a que carreia a Lei, é a única capaz de plasmá-la e ordenar. Por isso, é inútil *ver* as praias, *ver* esse mar interior de sossego agitado, singrado por *caravelas com outros fins*, outras que as construídas e comandadas por homens da Terra. A felicidade humana depende de *escutar*... a Lei.

No texto anterior, falava de um *cair de folhas compassado*; aqui, as folhas se esfregam e esse *marulho esfregado das folhas* enche o poeta de graça: é como *cantos de ave*, *perfumes antigos*, ***estranhamento***. Presença angustiante do *unheimlich*, do familiar-estranho, retorno de um objeto sempre misterioso. Tudo anterior à *consciência de o ouvirmos*, porém, a certeza do *marulho **esfregado** das folhas*... ***entranhado em nós***. O poeta se regozija da harmonia conseguida, usufrui do momento de conquista, de paz.

> E assim o murmúrio das aves, o sussurro dos arvoredos e o fundo monótono esquecido do mar eterno punham à nossa vida abandonada uma auréola de não a conhecermos. *Dormimos* ali *acordados dias*, contentes de não ser nada, de *não ter desejos* nem *esperanças*, de nos termos esquecido da *cor dos amores* e do *sabor dos ódios*. Julgávamo-nos imortais... (Pessoa 1995, p. 437).

Esse trecho nos ilumina sobre a plenitude da vida sublime de Pessoa. As energias amealhadas e a-viadas a duras penas colocam-no num estado de êxtase: *julgávamo-nos imortais*. *A **nossa** vida* (homoerótica) já não é obstáculo nem para sua integração pessoal nem para sua produção. Conhecer uma mulher, em hebraico, é copular com ela. Aqui, o poeta diz que essa felicidade foi possível graças a *não conhecermos **nossa** vida*. O retorno é inebriante: *Dormimos ali acordados dias, contentes de não ser nada, de **não ter desejos** nem **esperanças**, de nos termos esquecido da **cor dos amores** e do **sabor dos***

ódios. É a plenitude da Vida; mais uma vez, é como se estivéssemos a ler João da Cruz, Tereza d'Ávila ou Mestre Eckard.

Nesse nível espiritual, o homem paira sobre as contingências da vida, sobre os assaltos das paixões, sobre as misérias e fraquezas humanas, e seu espírito harmoniza-se com o Espírito de Deus, numa união sublimatória totalizante. A quão poucos é facultado esse dom! Pessoa, no sulco dos santos, no ápice de seu crescimento subjetivo, comprova uma felicidade que só a vida sublimada pode proporcionar. Fernando, ***dois*** *ou* ***duas*** *formas de* ***um***, *dormimos ali acordados dias*. Hipálage feliz: *dormimos dois ou duas formas de um*, mas na consciência de *acordados dias*. Nessa posse sublime de si, pode usufruir da paz, da serenidade *de não ter* ***desejos****, nem* ***esperanças*** e de viver o equilíbrio entre a *cor* ***dos amores*** e o ***sabor dos ódios***.

Num parêntese, uma divagação, poderíamos perguntar: não seria também esse o ideal a ser perseguido pelo psicanalista?

Lacan, aos 73 anos, numa entrevista na televisão, propôs abertamente que essa fosse a meta a ser atingida: "Eu cogito apaixonadamente, a fim de que haja novos assim. E, sem dúvida, por eu mesmo não o atingir. Mais somos santos, mais se ri, é meu principio". Tendo em conta a regra da abstenção, a posição do analista é semelhante à do santo, porquanto "o santo é o refugo do gozo".

O mister do psicanalista é de tal ordem que seu objetivo primordial na vida profissional se resume na prática da *sublimação*. Por isso, é deveras elucidativo que Lacan, extremamente coerente, não ligue a moral ou a ética a um princípio externo, mas à assunção do desejo próprio. Só existe uma tristeza: a moral. Aquela em que abrimos mão da responsabilidade de nosso desejo. Ela nos é total. Para bem ou para o mal, "sobre seu desejo não ceder". Do desejo consentido no sintoma que pode produzir a verdadeira alegria no ser humano. Os santos eram, são alegres. Pessoa dizia, em seu homoerotismo assumido e sublimado: *julgávamo-nos imortais*... como "imortais", dizia Freud, são os desejos.

A regra da abstenção, para mim, é a fundamental da escuta analítica. Não nos injunge ela a sermos *contentes de não ser nada* para o analisando e de nos precavermos radicalmente *de não ter desejos nem esperanças, de nos termos esquecido da* ***cor dos amores*** *e do* ***sabor dos ódios***? Senão, como entender que os analistas *não incautos erram*?

> Ali vivemos horas *cheias de um outro sentirmo-las*, horas de uma *imperfeição vazia e tão perfeitas por isso*, tão *diagonais* à certeza retângula da vida... Horas imperiais depostas, horas vestidas de púrpura gasta, horas caídas nesse *mundo de outro mundo* mais cheio de orgulho de ter mais *desmanteladas angústias*... E *doía-nos gozar aquilo*, doía-nos... Porque, apesar do que tinha de exílio calmo, toda essa paisagem nos sabia a sermos deste mundo, toda ela era úmida de um vago tédio, triste e enorme e perverso como a decadência de um império ignoto... (Pessoa 1995, pp. 437-438).

O autor nos chama de novo à quotidianidade de sua vida. Semelhantemente aos místicos, que, por mais arroubos que tivessem, jamais perdiam o senso da realidade, ele nos introduz na dinâmica de sua vida real. Aqui, porém, usa do recurso do significante *hora*. Seu dia era fielmente, como já vimos, pautado pelo ritmo do relógio, da clepsidra: funcionário exemplar, não tergiversava no compromisso de trabalho. Coloca-nos ante uma vida psíquica muito intensa, vivida no ritmo do dia a dia. *Horas cheias*, tudo é vivificado; *horas de outro sentirmo-las*, horas de outro e ele mesmo, já não é o tempo cronológico que conta e, sim, o tempo subjetivo de uma vida outrada; *horas de imperfeição vazia*, isto é, vazias da *imperfeição* do gozo libidinal; *imperfeição vazia* e que, portanto, faculta o relance contínuo da sublimação, e, ***por isso***, *horas perfeitas*, vividas na plenitude das limitações consentidas; *horas diagonais à certeza retângula da vida*.

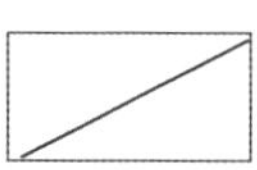

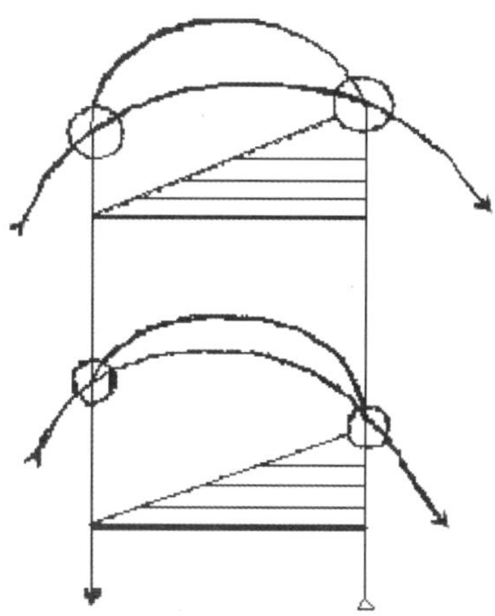

Aqui, de novo, psicanálise e literatura se entrelaçam *como dois fumos que se misturam.*

O gráfico supra é um recurso topológico empregado por Lacan no "Seminário V". A homologia dos dois triângulos superpostos pretende ilustrar a solução encontrada pelo homoerótico no momento em que *o pai era efetivamente uma ameaça para ele* quando criança. O pai se lhe apresenta como um rival diante da mãe: "O sujeito considerou que a boa maneira de resistir ao golpe (da mensagem paterna) era se identificar à mãe, porque a mãe, não se deixaria abalar. É igualmente na *posição* da mãe assim definida que ele se encontrará" (Lacan 1998b, pp. 209-210). Mais uma vez, excelente o uso do conceito *posição* para indicar o situar-se libidinal de cada qual em função do édipo e da castração. Nessa relação tensa, ele reage com *raiva, acusações, queixas* ou *manifestações agressivas*; manifestações que invariavelmente aparecem na análise de homoeróticos.

Fernando expõe para nós esse mesmo acontecer. As horas de *imperfeição vazia* produzem horas *perfeitas*, porque lhe dão o retorno contínuo de horas *tão diagonais à certeza retângula da vida*. Essas horas *tão diagonais* propiciam-lhe a assunção tranquila de sua *obliquidade*. A diagonal que corta o retângulo em dois escalenos iguais, superpostos, dão a ele *certeza retângula da vida*.

De um lado, o sujeito (retângulo) identificado aos *dois fumos que se misturam* e, de outro, o sujeito, humano, conseguindo *ter mais desmanteladas angústias* a serviço de sua enorme produção literária. Fernando, em *exílio calmo*, contempla seu mundo libidinal e constata tranquilamente que *toda essa paisagem sabíamos a sermos deste mundo,* ***mundo de outro mundo***, fruto das *horas diagonais* e alavanca da *certeza retângula da vida*. Uma vida assumida com a precisão de um retângulo, porém, perpassada por uma diagonal.

Concluindo, Fernando Pessoa dá um passo a mais que Lacan: não superpõe os triângulos na identificação, avança como sujeito, integra-os retangularmente na superação de si e no a-viamento de sua energia libidinal: *as duas realidades como dois fumos que se misturam*. Quisesse ou não, acabou se constituindo num exemplo em tudo admirável.

Ele faz da aquisição dessa certeza a mola-mestra de sua vida e, aqui, como no parágrafo anterior, dá outra visão do que lhe foram na vida essas horas profusamente vividas: o fruto da renúncia a *horas imperiais* lhe dá *orgulho de ter mais desmanteladas angústias*. É o segredo da sublimação. Os homoeróticos que procuram mergulhar em águas turvas de práticas sexuais de todo tipo, para fugir às angústias de seus conflitos, acabam levando-as ao paradoxismo do desassossego. Fernando testemunha o contrário: a renúncia lhe traz a *paz dos justos*.

Em seguida às *desmanteladas angústias*, deparamos com algo insólito, um gozo que dói: *doía-nos gozar daquilo, doía-nos*. É um momento em que cessam as angústias (*desmanteladas*) e o gozo toma posse plena. Esse gozo que faz doer lembra-nos de Tereza d'Ávila, tocada pela graça divina:

> Estava pensando agora comigo mesma: talvez do braseiro aceso que é o meu Deus, solte alguma fagulha e caia na alma, de modo a deixá-la sentir aquele abrasamento. Como a fagulha em si é tão deliciosa, mas insuficiente para queimá-la causa-lhe aquela dor... É que essa *dor deliciosa* – que não é *dor* – não fica sempre no mesmo grau. Às vezes dura muito tempo, de outras acaba depressa, conforme apraz ao senhor comunicá-la. Não é coisa que se possa adquirir por meios humanos. Ainda quando acontece prolongar-se, é intermitente: vai e vem. Em suma, jamais é contínua, não acaba de abrasar a alma. Quando vai abrasando a centelha apaga-se. Fica o desejo de tornar a padecer aquele amoroso tormento, causado pela fagulha (Santa Teresa de Jesus 1989, pp. 144-145).

Refugiado no plano da sublimação, Fernando é tocado pela mesma flama que Tereza: o gozo místico, esse gozo que sente nele acontecer lhe dói. É a energia da libido fundindo-se no ouro do *opus* do *Logos*: *doía-nos gozar daquilo, doía-nos*. "Esse gozo é místico" (Lacan), pois embora se passe no corpo, é gozo do simbólico puro, de *significantes dispersos no sujeito* (Ricardo Goldemberg), movimentados exclusivamente pelo Outro, é *gozo inefável de Deus*. Portanto, um gozo fora dos limites do significante fálico. Vê-se em *exílio* (*calmo*) e a paisagem que se descortina em seu mundo interior *sabe-o* em sua sexualidade homoerótica. A paisagem indica sempre o mundo sexual do poeta, inativo como tal e, por isso, *vago... e perverso como a decadência de um império ignoto*. Não cessa de senti-lo como *um império*, porém, mantém-no *ignoto*.

> Nas cortinas da nossa alcova a manhã é uma sombra de luz. Meus lábios, que eu sei que estão pálidos, sabem um ao outro a não quererem ter vida. O ar do nosso quarto neutro é pesado como um reposteiro. A nossa atenção sonolenta ao *mistério* de tudo isto é mole como uma cauda de vestido arrastado num cerimonial no crepúsculo.
> Nenhuma ânsia nossa tem razão de ser. Nossa atenção é um absurdo consentido pela nossa inércia alada.
> Não sei que óleos de penumbra ungem a nossa ideia do nosso corpo. O cansaço que temos é a sombra de um cansaço. Vem-nos de muito longe, como a nossa ideia de haver a nossa vida... (Pessoa 1995, p. 438).

Na alcova não há luz, há *sombra de luz* e os lábios se bastam e excluem o *querer ter vida*. É a ascese-meio, garante da sublimação. Não há outra possibilidade de transformar *energia constante* em produção literária. A renúncia, então: *os lábios... sabem um ao outro a não quererem ter vida*. Por isso, *nosso quarto* (a alcova!) é *neutro*, a atenção, que antes era *algemada*, aqui é *sonolenta*, porém, desperta suficiente ao *mistério* de seu desdobrar efeminado: *mole como uma cauda de vestido arrastado num cerimonial*, mas já *no crepúsculo*. E o poeta é invadido novamente pela paz interior, resultante da renúncia: *nenhuma ânsia nossa tem razão de ser. Nossa atenção*, indispensável e contínua para o processo de sublimação na assunção do ambíguo, *é um absurdo consentido* (*com sentido*). A sublimação é, para muitos – epicuristas, sibaritas, hedonistas, consumistas e outros – uma loucura. E seria de fato, se não fosse *um absurdo consentido*, ou seja, *com sentido*, portanto, com realização do desejo! Essa *inércia* estratégica é *alada*, voa alto, satisfazendo-se com "objetos" mais elevados que os objetos exclusivamente genitais.

O óleo serve para frituras, unge os guerreiros e os que se preparam para a luta da vida (crisma) e os que vão ao combate final (extrema-unção); o óleo lubrifica, evitando os atritos e, consequentemente, o desgaste das partes. Partes que convivem. É essa metáfora que acode o poeta na descrição do *marulho esfregado das folhas*, o marulho de sua ideia e de seu corpo: *óleos de penumbra* [pois a luz da alcova é de penumbra!] *ungem **nossa** ideia e **nosso** corpo*. Então, o cansaço, lubrificado, vira *sombra de cansaço*, como longe fica ***nossa** ideia de haver a **nossa** vida*. Definitivamente, isso está afastado.

"*Nenhum de nós* tem *nome* ou *existência* plausível. Se pudéssemos ser ruidosos ao ponto de nos imaginarmos rindo, riríamos sem dúvida de nos imaginarmos vivos. O frescor aquecido dos lenços acaricia-nos (a ti como a mim decerto) os pés que se sentem, um ao outro, nus" (Pessoa 1995, p. 438). Nem *ele* nem *ela* têm nome ou uma *existência plausível*, uma existência real. Por isso, rir não cabe, só caberia a quem, *ruidoso*, perdesse a compostura e se imaginasse vivo, homem e mulher simultaneamente. O poeta já falou dos olhos, dos ouvidos, dos lábios, das mãos, dos corpos e agora evoca os pés. Os pés, por certo, são duplos, mas ativos, *sentem um ao outro, nus*. Mas esses pés assim agem porque movidos pelo *frescor aquecido dos lenços*. Esse frescor *acaricia-**nos***. A quem? O objeto indireto vem entre parênteses (*a ti como a mim decerto*). Pessoa não abandona sua divisão. Consagra-a incessantemente.

"Desenganemo-nos, meu amor, da vida e dos seus modos. *Fujamos a sermos nós*... Não tiremos do dedo o *anel mágico que chama*, mexendo-se-lhe, pelas fadas do silêncio e pelos elfos da sombra e pelos gnomos do esquecimento..." (Pessoa 1995, p. 438). Enfim o desengano. Tudo foi um sonho. Pessoa vagueou pela "floresta do alheamento". Agora empreende a volta e, separando-se dela, mergulha no real. Toda ilusão é desmantelada: *meu amor, desenganemo-nos da vida e dos seus modos*. Do modo de viver homoeroticamente: *Fujamos de sermos **nós***. Guardemos apenas o anel, embora *mágico que chama*, aliança mantida em sonhos de *fada de silêncio*, *elfos de sombra* e *gnomos de esquecimento*. Como a concretização da prática sexual fica fora de seu projeto, que ela magicamente evolua nesses espíritos e gênios que presidem a Terra.

Ao regressar da viagem de sonho, topa de novo com a *floresta muita*, agora perturbada de *nossa* perturbação e mais triste de nossa tristeza. *Foge* (...) *a nossa ideia do mundo real*. Não há para ele possibilidade de embrenhar-se por esse mundo. Retoma-se, introduzindo o *shifter* disruptivo do mundo ambivalente: *eu possuo-me outra vez no meu sonho errante*. O *nós*, o duplo consentido, é um sonho. Só o *eu* restitui à unidade e o põe a salvo do mundo do alheamento da loucura.

> As flores, as *flores que ali vivi*! Flores que a vista traduzia para seus nomes, conhecendo-as, e cujo perfume a alma colhia, não nelas mas na melodia

> dos nomes... Flores cujos nomes eram repetidos em sequência, orquestras de perfumes sonoros... Árvores cuja volúpia verde punha sombra e frescor no como eram chamadas... Frutos cujo nome era um cravar de dentes na alma da sua polpa... de *outroras felizes*... Clareiras, clareiras claras, que eram sorrisos mais francos da paisagem que se bocejava em próxima... Ó horas multicolores!... Instantes-flores, minutos-árvores, ó tempo estagnado em espaço, tempo morto de espaço coberto de flores, e do perfume de flores, e do perfume de nomes de flores!...
> Loucura de sonho naquele silêncio alheio!... (Pessoa 1995, p. 438).

O vate retoma o real, mas seu jorro poético o leva de volta à beleza e ao encanto da floresta. É o "Cântico dos Cânticos" de Pessoa.

> (...) suave é a fragrância de teus perfumes;
> o teu nome é como um perfume derramado (...)
> (Cântico dos Cânticos, 1.3)

O poeta tenta parar o tempo desse transe místico: *Ó horas multicolores!... Instantes-flores, minutos-árvores, ó tempo estagnado em espaço, tempo morto de espaço coberto de flores, e de perfume de flores e do perfume de nome das flores!...* Tudo dando em *clareiras*, que, no início de "A Floresta", eram *clareiras falsas*, verdadeiras miragens; aqui, após ter explorado toda a *floresta* de seu alheamento, descobre *clareiras* ***claras*** *que eram sorrisos mais francos...* Para melhor expressar seu enlevo, recorre à exclamação e às reticências... Há tanto a ser dito que aqui não cabe. Cessa, então, o decorrer do tempo na concretude das flores, das árvores e do espaço. Extingue o tempo no espaço, para que o espaço, contendo-o, prolongue *ad infinitum* tanta beleza! Vai mesmo à loucura nesse silêncio da *floresta do alheamento!* Pois que o louco ultrapassa a barreira do tempo. Seu inconsciente, em aberto, jorra sem cessar: *Loucura de sonho naquele silêncio alheio!*

> A nossa vida era toda a vida... O *nosso amor era o perfume do amor*... Vivíamos horas impossíveis, *cheias de sermos* nós... E isto *porque sabíamos, com toda a carne da nossa carne, que não éramos uma realidade...*
> Éramos impessoais, ocos de nós, outra coisa qualquer... Éramos aquela paisagem esfumada em consciência de si própria... E assim como *ela era*

> *duas* – de *realidade que era*, e *ilusão – assim éramos nós obscuramente dois*, nenhum *de nós sabendo bem se o outro não era ele-próprio, se o incerto outro viveria...* (Pessoa 1995, p. 438).

Embalado pela paz e pela beleza interior conquistadas, o poeta prossegue na contemplação da vitória na união do duplo: volta à primeira pessoa do plural para se dizer, *a **nossa** vida era **toda** a vida*. Conserva o ambivalente, não o repele nem por isso esmorece. Essa vida unificada se explicita no pronome indefinido *toda*. *Toda* tanto é a vida inteira como a vida plena. O amor que essa união sublimante realiza é o *perfume do amor*. Resguarda-se nele. E é isso que, a exemplo dos místicos, possibilita-lhe *horas impossíveis* para qualquer outra vivência ou encaminhamento pulsionais. Essas *horas impossíveis* evoluem em *cheias de sermos nós*.

No entanto, essa plenitude espiritual só é possível porque Pessoa é um homem implantado no real: o imaginário já não lhe desperta atração. Ele desmascarou as ilusões. É *com toda **carne da nossa carne*** que *sabíamos que não éramos uma realidade*. Toda força pulsional é canalizada com exclusividade ao fim cultural, jamais se transforma em realidade carnal, mas isso só é possível graças à argamassa resultante da *carne de nossa carne*, que, com *certeza retângula sabíamos que não éramos uma realidade*.

O duplo que vive em si (*e assim como ela era **duas** – da realidade que era, e ilusão*) se volatiza no jogo da sublimação: *éramos impessoais, ocos de nós, outra coisa qualquer*, menos a vida homoerótica ativa. Porém, em nenhum momento, o movimento do recalque ou da denegação, pois *éramos aquela paisagem esfumada em **consciência** de si própria*. Os movimentos da pulsão são acolhidos *em consciência de si própria*, o ego os articula na orquestração harmoniosa de sua obra literária. É essa consciência que faz o santo, que faz o poeta Pessoa: "A exaltação e *sublimação do instinto* de pátria são fenômenos *inensináveis* em substância: ou temos naturalmente o sentimento patriótico, ou o não temos; ou temos a *capacidade de exaltar e sublimar* os nossos sentimentos, ou a não temos" (*apud* Berardinelli 1990, p. 37).

Essa consciência engloba a dupla realidade, o *nós, obscuramente dois*, mas que permanece no estágio em que *nenhum de nós sabe bem se o outro não era ele próprio, se o incerto outro viveria*. Texto revelador, texto pungente de todo sofrimento de Pessoa. Do ponto de vista psicanalítico, é muito importante a partícula *não* em *não era ele próprio*. O *não* tem aqui a mesma função da partícula expletiva "ne" em francês: *je crains qu'il **ne** vienne* (*temo que ele venha*). O *não* aqui, como o *ne*, indica o sujeito da enunciação. Pessoa enuncia que o *dois* era *ele-próprio*, o temor é que não fosse ou deixasse de ser. Por isso, levanta a dúvida de *se o incerto outro viveria*.

> Quando emergíamos de repente ante o estagnar dos lagos sentíamo-nos a querer soluçar... Ali aquela paisagem tinha os olhos rasos de água, olhos parados, cheios do tédio inúmero de ser... Cheios, sim, do tédio de ser, de ter de ser qualquer coisa, realidade ou ilusão – e esse tédio tinha a sua pátria e a sua voz na nudez e no exílio dos lagos... E *nós*, caminhando sempre e sem o saber ou querer, parecia ainda assim que *nos* demorávamos à beira daqueles lagos, tanto de *nós* com eles ficava e morava, simbolizado e absorto... (Pessoa 1995, p. 439).

Pessoa emerge. Aproxima-se a hora do amanhecer. Tudo tinha de se realizar na antemanhã. *De repente* o poeta emerge e a *dor do gozo* se impõe inescapável: ele soluça. A própria paisagem chora, ela tem *olhos parados cheios do tédio inúmero de ser*. A volta, a insistência da força constante da libido em si, da pulsão homoerótica determinada, é repleta do *tédio inúmero de ser*. Para ele, que outro destino não dá a essa força que o *engrandecimento da pátria*, é preciso que ela em si, como homoerotismo concreto, reduza-se ao *estagnar dos lagos*. Mas tem olhos suficientes para ver essa sua paisagem interior. Ele a vê com *o tédio de ela ser qualquer coisa*, entre *realidade e ilusão*, mas constata com segurança que esse tédio tem fundamento: não é patológico. Ele tem *sua pátria e sua voz na nudez e no exílio dos lagos*'. A pulsão em si nos escapa, mas a sua representação (a demanda) as denomina e, *ipso facto*, nos injunge a subjetividade. Nós somos a representação, não há escape. O poeta está claramente cônscio disso: conhece a *pátria* de seus impulsos, conhece a *voz* de seus embaixadores, mas *é preciso* que elas se restrinjam à *nudez* e ao *exílio dos lagos*. Embora *caminhando sempre*, pois não há como sopitar a pulsão de escrever por amor à pátria, e *sem o saber ou querer* o homoerotismo, *parecia ainda assim que **nos** demorávamos à beira daqueles lagos*. Embora estagnados, esses lagos eram uma *realidade* de pelo menos um instante. Pessoa não se furtou, pelo contrário, reconheceu com plena lucidez *tanto de nós com eles ficava e morava simbolizado e absorto.* Está aí seu segredo: a consciência clara de sua estruturação sexual, ele é *nós.* Porém, simultaneamente, é o encaminhamento para o simbólico: Outro unificante. No afã, bordeja, circunscreve o real impossível: *nos demorávamos **à beira** daqueles lagos.*

> E que fresco e feliz horror o de não haver ali *ninguém*! Nem *nós*, que por ali íamos, ali estávamos... Porque *nós* não éramos *ninguém*. Nem mesmo éramos coisa...
>
> Não tínhamos vida que a Morte precisasse para matar. Éramos tão tênues e rasteirinhos que o vento do decorrer nos deixara inúteis e a hora passava por nós acariciando-nos como uma brisa pelo cimo de uma palmeira (Pessoa 1995, p. 439).

Um horror é um horror. Algo insuportável. À vista, algo que assusta, algo que apavora. E isso é permanente: *horror fresco*, vivo enquanto sua vida dura. Mas, incrível, ousado oximoro, *horror feliz*. De quê? De *não haver ali ninguém* na prática sexual. Não há *nós, nem que por ali íamos, ali estávamos. Nós* nunca teve corpo: *porque nós não éramos **ninguém**... nem mesmo éramos coisa. Nós* não era *coisa*, era sujeito, único. Vida, sim, jamais negada, mas vida para o excelso e não a que a *morte precisasse para matar*. Por isso, [nós] *éramos tão tênues e rasteirinhos que o vento do decorrer nos deixara inúteis* ("nós" não foi utilizado) *e*, na leveza do espírito, *a hora passava por nós, acariciando-nos como uma brisa pelo cimo de uma palmeira.*

"Não tínhamos época nem propósito. Toda a finalidade das coisas e dos seres ficara-nos à porta daquele *paraíso de ausência*. Imobilizara-se, para nos sentir senti-la, a alma rugosa dos troncos, a alma estendida das folhas, a alma núbil das flores, a alma vergada dos frutos" (Pessoa 1995, p. 439). Abstinência perene: *não tínhamos época nem propósito*. A mortificação, contínua: "É entre a sensação e a consciência d'ela que se passam todas as grandes tragédias da minha vida" (Pessoa 1982b, p. 32). *A* unificação desse propósito é mantida *in extremis*: *toda a finalidade das coisas e dos seres ficara-nos à porta daquele **paraíso de ausência***. Mas, ao contrário do movimento do recalque, o poeta estaca ante o *paraíso de ausência*, imobiliza-se *para nos sentir senti-la*. Ele sabe muito bem que essa *ausência* consentida é um *paraíso* renunciado e, por isso, a paz de espírito. O ego metaboliza essa energia e o sujeito a transforma em vida anímica de ciclo completo: *alma rugosa dos troncos, alma estendida das folhas, alma núbil das flores* e *alma vergada dos frutos*... E quantos e quais!

CONCLUSÃO

"E assim nós morremos a nossa vida, tão atentos separadamente a morrê-la que não reparamos que *éramos um só*, que *cada um* de *nós era uma ilusão do outro*, e *cada um, dentro de si, o mero eco do seu próprio ser*..." (Pessoa 1995, p. 439). Fernando acaba de descrever sua grande luta. Termina a descrição desse desassossego perene e nos ilustra sobre o preço pago por uma castração sempre renovada, cessada apenas pela castração total: a morte. Essa luta consistiu invariavelmente num único movimento de castração: buscar incessantemente a unidade na duplicidade, o ego intermediando ininterruptamente o caminho da sublimação: "E assim nós morremos [!!] *nossa* vida [mas com a consciência lúcida], tão atentos separadamente a morrê-la (...) Em mim foi sempre menor a intensidade das sensações que a intensidade da *consciência* delas" (Pessoa 1982b, p. 49).

A entrega à pulsão de morte era tão plena, *que não reparamos que éramos* ***um só,*** *que* ***cada um de nós era uma ilusão do outro***. Na duplicidade dolorosa, não havia dois, *cada um, dentro de si, era mero eco do seu próprio ser*.

Zumbe uma mosca, incerta e mínima... (Pessoa 1995, p. 439). Belo jogo de estilo! O poeta, para deixar o mundo de fantasias de que se serviu para expor a alcova de seu sofrimento e de sua luta heroica, para assumir *a responsabilidade de existir*, num *shifter* abrupto, introduz-nos no real com um recurso literário inesperado e simples: *Zumbe uma mosca*... E todos saímos do mundo fantástico de "A Floresta" e começamos a procurar o trajeto da mosca que voa ao redor de nós... Ela é *incerta*, voa ao léu; ela é mínima, sem importância, mas é o suficiente para nos transportar para a realidade do dia que amanhece. O dia já vai raiar e, antes que isso aconteça, uma última reflexão.

EPÍLOGO

> Raiam na minha atenção vagos ruídos, nítidos e dispersos, que enchem de ser já dia a minha *consciência* do nosso quarto... *Nosso* quarto? *Nosso de que dois*, se *eu estou sozinho?* Não sei. Tudo se funde e só fica, fugindo, uma *realidade-bruma* em que a minha *incerteza* soçobra e o meu compreender-me, embalado de ópios, adormece... (Pessoa 1995, p. 439).

Eis que o dia vai surgir. Tudo tinha de permanecer na antemanhã. Nada que a ultrapassasse. O dia é para o trabalho, para a atividade produtiva, para a realização literária. O poeta conhece, tem *minha* ***consciência*** *do nosso quarto, de seus ruídos nítidos e dispersos* (*zumbe uma mosca*). *Nosso quarto? Nosso de que dois, se eu estou sozinho? Não sei.* Já foi tudo! Após sonho-pesadelo, retira-se da alcova a que nos conduziu. Introduziu-nos no mistério e na agonia de seu sofrimento: *a floresta do alheamento*. A duplicidade, a ambivalência foram desmascaradas, desiludidas em todos os seus lances. Agora, *tudo se funde*. Então, *nosso quarto*? Nosso? *Nosso que dois, se estou sozinho*? Não sei.

O poeta não caiu no engodo de seu fantasma, transformou-o, ao contrário, em pulsão de vida e esta, unificada qual energia propulsora, levou-o de sublimação em sublimação. Não perde mais tempo em se compreender, rende-se diante de sua realidade psíquica: *fugindo, uma realidade-bruma em que a minha incerteza soçobra e o meu compreender-me, embalado de ópios* [de sonhar!], *adormece... A minha incerteza soçobra*, agora que passei pela prova da *certeza retângula da vida* e, então, *o meu compreender-me* pode cessar... já *adormece*.

A aurora

> A manhã rompeu, como uma queda, do cimo pálido da Hora... Acabaram de arder, meu amor, na lareira da *nossa vida*, as achas dos nossos sonhos...
>
> Desenganemo-nos da esperança, porque trai, do amor, porque cansa, da vida, porque farta e não sacia, e até da morte, porque traz mais do que se quer e menos do que se espera.

> Desenganemo-nos, ó *Velada*, do nosso próprio tédio, porque se envelhece de si próprio e não ousa ser toda a angústia que é (Pessoa 1995, p. 43).

A *Hora, do cimo pálido da Hora*, acabou se impondo. Ela reintroduz o poeta no real. A manhã surgiu. Tudo foi vivido em sua *floresta* de noite escura de João da Cruz. *Acabaram de arder,* ***meu amor****, na lareira de nossa vida, as achas dos nossos sonhos...* Agora, importa nada alimentar que não seja para os fins do *opus* literário. Coloca-se diante da morte como aquele que dela já não pode se furtar: ele é um desenganado. Desenganado da esperança, do amor, da vida e da *morte, porque traz mais do que se quer e menos do que se espera*. É a vida em plenitude, graças ao impulso da pulsão de morte. Eis por que, definitivamente, não se ilude com seu lado feminil: *ó* ***Velada****, desenganemo-nos: Quem éramos? Seríamos* ***dois*** *ou* ***duas*** *formas de um? Que seja sem consciência alguma que somos* ***dois em um****...*

Entregar-se à *Velada* é o próprio tédio, acaba-se envelhecendo pela sua inutilidade e *não ousa ser toda angústia que é*. Por isso, *Velada, ó Silenciosa, com um lençol de linho fino: nítida de* ***outra*** *e de* ***ela*** *(...) esta* ***mulher*** *que* ***comigo*** *veste de* ***observada*** *(...)* ***Sei eu se não és uma parte, quem sabe se a parte essencial e real, de mim****? (...) essa* ***mulher*** *que* ***desconheço erro,*** *outra realidade através da* ***irrealidade*** *dela (...) as duas realidades como dois fumos que se misturam (...)* ***noiva*** *suposta, e já nos desavimos antes de existires (...) perco-me, duplo de* ***ser eu*** *e essa* ***mulher*** *(...) ó companheira inútil de meu tédio. Velada,* porque *vigiada* com *atenção algemada. Eu sonho e por detrás da minha atenção sonha comigo alguém (...) nenhum de nós pensávamos em viver (...) Dávamos-nos as mãos e os nossos olhos perguntavam-se o que seria o ser sensual e o querer realizar em carne a ilusão do amor (...) Nada vale a pena, ó meu amor longínquo (...) movimento parado (...) hábito indefinido (...) que era aquilo que não era para nada? (...) este dolorido mundo onde seríamos dois (...) Dormimos ali acordados dias, contentes de não ser nada,* ***não ter desejos*** *nem* ***esperanças,*** *de nos termos esquecido da cor dos amores e do sabor dos ódios (...) doía-nos gozar aquilo (...) horas diagonais (...) mundo de outro mundo (...) desmanteladas angustias (...) um absurdo consentido (...) Nenhum de nós tem nome ou existência plausível (...) Fujamos a sermos nós (...) Vivíamos horas impossíveis, cheias de sermos nós (...) E assim como* ***ela*** *era* ***duas*** *– da realidade que era e ilusão – assim éramos nós* ***obscuramente dois,*** *nenhum de nós sabendo* *bem se o outro não era ele-próprio, se o* ***incerto outro*** *viveria (...) A exaltação e* ***sublimação*** *do* ***instinto*** *de pátria são fenômenos inensináveis em substância (...) ou temos a capacidade de exaltar e sublimar os nossos sentimentos, ou a não temos. Velada* , significante-mestre, sustentáculo de sua subjetividade, resumo de sua história, sentido de sua existência, segredo de sua força, vigor de seu estilo, porque velada, escondida e vigiada.

E o retorno de renúncia tão completa não se faz esperar. Ele se vê inundado de grande tranquilidade interior: *Não choremos, não odiemos, não desejemos...* Diante dessa paz preciosa e produtiva, estende a mortalha sobre a *Velada*, só que, aqui, na esperança de que silêncio? "Cubramos, *ó silenciosa*, com um lençol de linho fino o perfil hirto da nossa Imperfeição" (Pessoa 1995, p. 439).

De volta ao plural (cubramos), agora apaziguado, concilia-se em sublimação metafórica com a face feminil de si (ó Velada), que velou em *horas impossíveis* da noite que agora beira a antemanhã. Mas essa reconciliação é fruto da estética do silêncio: *Ó silenciosa.* É preciso que *ela* não tome a palavra nem a vez, por isso, nessa luta sem fim *o perfil hirto*, inflectível, severo, *de nossa imperfeição* precisa ser coberto com *o lençol de linho fino* de mortalha. *Nossa imperfeição* não tem outra saída, é só velando. E o apelo final: "Tecelões da desesperança, teçamos mortalhas apenas – mortalhas *brancas* para os sonhos que nunca sonhamos, mortalhas *negras* para os dias que morremos, mortalhas *cor de cinza* para os gestos que apenas sonhamos, mortalhas *imperiais-de-púrpura* para as nossas sensações inúteis" (Pessoa 1982b, p. 106).

Mortalhas para tudo aquilo que teve de ficar pelo caminho na execução da opção assumida. Os tecelões são convocados para que o ajudem na ascese da construção de sua vida sublimante: *Tecelões da desesperança* de consentir numa libido que ficasse presa ao gozo mortífero, já que "gozo não faz energia" (Lacan 1974, p. 35), porque trava, atola, imobiliza, e o desejo, fruto da abstenção, da falta, dinamiza, impulsiona, cria o novo – *mortalhas brancas, mortalhas negras, mortalhas cor de cinza e mortalhas imperiais-de-púrpura* para a estética das mais diversas renúncias que assumiu para construir sua vida subjetiva, sua espiritualidade de propósitos e seu grandioso *opus poeticum*.

7

O INCONSCIENTE EM FERNANDO PESSOA

A consciência da inconsciência da vida é o mais antigo imposto à inteligência. Há inteligências inconscientes...
Fernando Pessoa

Whether we write or speak or do but look
We are ever unapparent. What we are
Cannot be transfused into word or book.
Our soul from us is infinitely far.
Fernando Pessoa

O título deste capítulo engloba um vasto mundo. Ousaria dizer, toda a imensa obra do maior poeta da língua portuguesa. Pessoa produz sem cessar, porque se entrega 24 horas por dia ao trabalho *que não cessa de não se escrever*. Seu inconsciente é de uma prodigalidade inacreditável: tudo brota com abundante generosidade e nada é desperdiçado. Não importa onde, não importa a hora, não importa no que, todo jorro é "transladado" para o real da escrita: guardanapo de papel, pedaço de papel de embrulho, retalho de mata-borrão, no escritório, na rua, na tasca, nos passeios, nada é perdido. Tudo se transforma em poesia: o escritório, as faturas, a correspondência comercial, os navios cargueiros ou de passageiros, o tempo, o espaço, as flores ou a *galinha que passa orgulhosa de seus pintinhos* (Pessoa 1974, p. 37).

Porém, em toda sua obra, há três poemas que descrevem seu vivo e atento relacionamento com os retornos de seu inconsciente. Vai aqui uma tentativa de leitura dessa incrível trilogia.

O EMISSÁRIO DO INCONSCIENTE:

Emissário de um rei desconhecido
Eu cumpro informes instruções de além,
E as bruscas frases que aos meus lábios vêm
Soam-me a um outro e anômalo sentido...

Inconscientemente me divido
Entre mim e a missão que o meu ser tem,
E a glória do meu Rei dá-me o desdém
Por este humano povo entre quem lido...

Não sei se existe o Rei que me mandou.
Minha missão será eu a esquecer,
Meu orgulho o deserto em que em mim estou...

Mas há! Eu sinto-me altas tradições
De antes de tempo e espaço e vida e ser...
Já viram Deus as minhas sensações...
(Pessoa 1995, p. 128).

Emissário de um rei desconhecido/Eu cumpro informes instruções de além. Emissário: a riqueza semiológica desse vocábulo abrange, em vários aspectos, conceitos já precisos do inconsciente. *Emissário* denota desaguadouro, tanto de águas já utilizadas como de águas portadoras de rejeitos humanos ou industriais, destinados ou não a tratamento e reuso. De todo modo, águas já não límpidas, águas carregadas de escórias ou contaminadas. *Emissário*: metáfora precisa de um aspecto do inconsciente, rede de esgoto que, avançando no mar, dejeta escórias humanas. Jogo ambivalente, mensagem de mensagem sub-repticiamente disfarçada, eis a característica primeira das manifestações do inconsciente. Na realidade, o inconsciente é o mais dinâmico emissário de nossos dejetos, de nossas escórias, de nosso núcleo de podridão moral e vilezas: ódio, destruição, manipulação do outro, vingança, obscenidades, indiscrições, fracassos, nossas limitações, não raro dolorosas... Entendo que tanto o *emissário* do primeiro verso como o *informe* do segundo são metáforas "intencionadas", que claramente elucidam a natureza do inconsciente.

De outro lado, *emissário*, "embaixador", estafeta, agente encarregado de uma missão. De fato, emissário procede do latim *e-missarius*. Em latim, a partícula "e" indica afastamento, separação e rege o ablativo. *Missarius* vem de *missio*, que significa missão. Assim, a missa, para os católicos, é "enviada" por excelência, pelo próprio Cristo e para todos os tempos. A *missão* supõe, então, que alguém a "envie", uma ordem a precede, a injunge. Por isso, *e-missário* é cumpridor daquele que *e-mite* a missão. *Missão* é um significante de grave determinação para Fernando Pessoa. O tamanho dessa missão pode ser medido pelas pesadas "Palavras do Pórtico": "Cada vez mais ponho na essência anímica do meu sangue o propósito impessoal de engrandecer a pátria e contribuir para a evolução da humanidade" (Pessoa 1995, p. 15). Sua vida é *Entre mim e a* ***missão*** *que meu ser tem.*

O poeta se dá conta de que ele é um e-missário, contudo, absurdamente, *de um rei desconhecido*. Rei é soberano! Rei impõe suas ordens e mandados. Mas o rei de que se trata é *desconhecido*. E, no entanto, o poeta percebe que é portador de uma missão indeclinável: ele é um *e-missário* desse rei. Existe, então, um reinado, mas um reinado dirigido por um *rei desconhecido*, no qual o poeta-sujeito (Eu) tem a missão inescapável de ser embaixador. Missão estranha: como ser *e-missário* de rei e de reinado "desconhecidos"?

Estranha ainda mais: *Eu cumpro informes instruções do além. Informes*, deformadas, toscas, grosseiras, as instruções chegam impondo cumprimento. Não são claras, literalmente, brincam com o princípio de contradição, são *informes*, já que se apresentam como enigma. Pessoa capta finalmente a maneira contraditória de o inconsciente se comunicar. *In* é proposição latina que indica direção, empregada, sobretudo com verbos de movimento e rege o acusativo. Contudo, *in* é também partícula negativa. Assim, a habilidade do poeta ao falar do in-consciente é perfeita: *informe* tanto é informação, comunicação, mensagem, como algo sem forma, deformado, ou seja, *informe* é sinônimo de inconsciente. O oximoro *informes instruções* reduplica a ambivalência, recurso por excelência do inconsciente. Assim, *informes*, porque não informam e, ao mesmo tempo, são *informes instruções*. O Poeta se interroga:

> Chegado aqui, onde hoje estou, conheço
> Que sou diverso no que *informe* estou.
> No meu próprio caminho me atravesso.
> Não conheço quem fui no que hoje sou.
>
> Serei eu, porque nada é impossível,
> *Vários trazidos de outros mundos*, e
> No mesmo ponto espacial sensível
> Que sou eu, sendo eu por estar aqui?
> (Pessoa 1995, p. 159).

Paradoxalmente, são instruções, "ensinam" o e-missário. Elucidam sobre o *além*, o *além* do *rei desconhecido*. Esse *rei desconhecido* jamais conhecido será. Esse rei chama-se Outro e reina em "outra cena". Manifesta-se soberanamente. Aos poucos, em breves mensagens, a seu bel-prazer e a seu talento. Usa de artifícios, jogando com o imaginário, projetando fantasias tão vivas que acreditamos serem reais. Na verdade, são figurações de nossos reais, mas não nos advertimos deles, tão forte é a mensagem figurativa. Sonhos, atos falhos, chistes, *lapsus linguae*, esquecimentos, lembranças encobridoras, denegações, vácuos de fala, o dito pelo não dito, o dito pela metade, o silêncio brusco... essencialmente o *mal-entendido*, que é específico à linguagem. A "pressão intencional" desse rei Outro não cessa de se revelar em miríades de aparições:

> A experiência analítica permite-nos experimentar a *pressão intencional*. Nós a lemos no sentido simbólico dos sintomas, a partir do momento em que o sujeito renuncia às defesas pelas quais os desvincula das relações que eles mantêm com sua vida cotidiana e com sua história – na finalidade implícita de suas condutas e suas recusas, nos fracassos de sua ação, na confissão de suas fantasias privilegiadas, nos rébus da vida onírica.

> Quase podemos medi-la na modulação reivindicatória que às vezes sustenta todo o discurso, em suas suspensões, suas hesitações, suas inflexões e seus lapsos, nas inexatidões do relato, nas irregularidades da aplicação da regra, nos atrasos para as sessões, nas ausências premeditadas, muitas vezes nas recriminações, nas censuras, nos medos fantasmáticos, nas reações emocionais de cólera e nas demonstrações para fins intimidatórios, sendo tão raras as violências propriamente ditas quanto o implicam a conjuntura de apelo que levou ao médico o doente e a transformação dela, aceita por este último, numa convenção de diálogo (Lacan 1998a, pp. 106-107).

Porém, esse *rei desconhecido*, paradoxalmente, sabe ser generoso, benevolente; ele não se importa de ser retalhado de todas as maneiras, S(A)[1], de possibilitar todas as leituras possíveis, todas novas criações, renovações sem fim. Pessoa tirou proveito dele, exauriu-o com o máximo de suas forças!

E as bruscas frases que a meus lábios vêm/Soam-me a um outro e anômalo sentido. Mais choca: *as bruscas frases que aos meus lábios vêm*. As *instruções* chegam... não aos meus pensamentos, à minha reflexão, ao meu ego, forte de ameias e guaritas, ou à minha vontade... vêm aos meus lábios e em *bruscas frases*. Não há tempo para refletir ou pensar: e *meus lábios* estão replicando. Frases bruscas, do italiano *brusco*, grosseiro, rude, indelicado... e pior, imprevisto. O sonho, principal manifestação do inconsciente: "o processo do sonho é *brusco* e instantâneo. (...) O enigma do conteúdo do sonho denso e comprimido no mais breve momento pareceu-nos poder ser explicado como a *brusca* apreensão de uma produção psíquica há muito tempo preparada e acabada" (Freud 1971 p. 501).

O poeta se dá conta de que, quando menos espera, seus *lábios* já pronunciaram as *informes instruções* do *rei desconhecido*. Pior, as palavras ditas rude e imprevistamente *soam-me a um outro e anômalo sentido*. E como chamar de instruções o que tem *outro e anômalo sentido*? *Anômalo*, fora da norma, da lei, da lógica, do propósito consciente. Imposição sorrateira de uma intenção duramente reveladora. E o poeta a nos instruir:

[1] Significante do Outro.

> Grandes mistérios habitam
> O limiar do meu ser,
> O limiar onde hesitam
> Grandes pássaros que fitam
> Meu transpor tardo de os ver
> (Pessoa 1995, p. 175).

Todavia não há como escapar: *instruções do além*. Evidentemente, não se trata de um transcendental, de um metafísico. Gravado em minúscula, *além* é um território *extraterritorial* dele mesmo, embora o *rei* desse reinado seja desconhecido. O sentido é outro, é de *além* daquele que se poderia supor. Não bastasse, é *anômalo*. *Além* de furtar-se à linguagem da razão, do logos, não raro, neologismos absurdos. Por isso, *informes*, elas a contradizem.

No *Cancioneiro*, o poeta volta, por duas vezes, a empregar o adjetivo *informe*: *Chegado aqui, onde hoje estou, conheço/Que sou diverso no que informe estou* (Pessoa 1995, p. 159).

Ao voltar-se ao passado, constata que *sou diverso* no que *informe estou*. A essa altura da vida, o poeta realiza que não está con-forme ao que ele almejou: *in-forme estou*. Isso porque *informes instruções* o fizeram (*estou*) *diverso* dele mesmo:

> Neste momento insone e triste
> Em que não sei quem hei-de ser,
> Pesa-me o "informe" real que existe
> Na noite antes do amanhecer
> (Pessoa 1995, p. 163).

O poeta amadureceu. Já não interroga as *informes instruções*. Rendeu-se. *Não sei quem hei de ser*. Simplesmente, constata sua descoberta desconcertante: *Pesa-me o informe real* que, isso sim, ele sabe *que existe*. E *existe* precisamente *na noite antes do amanhecer*, sobretudo no sonho e no *momento insone e triste* em que não consegue conciliar o sono. Mas esse *além* lhe é familiar, sabe ser seu:

Deixo de me incluir
Dentro de mim. Não há
Cá-dentro nem lá-fora
(Pessoa 1995, p. 131).

O *Eu* que é verdadeiramente seu vem do *além*. Não adianta insistir num eu que não vem do *além*: *Deixo de me incluir dentro de mim*, pois é *dentro de mim* que verdadeiramente me inclui. Por isso, nem dentro nem fora, nem profundo nem superficial, nem interno nem externo, nem cá nem lá... Simplesmente, *Não há cá-dentro nem lá-fora*. Sua intuição poética descobre que a banda tem um só lado, nem fora nem dentro. Moebius e sua faixa não lhe são necessários. Essa topologia lhe foi revelada por *informes instruções* e *frases bruscas* que só percebia depois de tê-las dito. Nada mais que manifestações do *rei desconhecido*. O poeta revela a descoberta desconcertante dessas manifestações:

Inconscientemente me divido
Entre mim e a missão que o meu ser tem,
E a glória do meu Rei dá-me o desdém
Por este humano povo entre quem lido...
(Pessoa 1995, p. 128).

A condição do poeta é dramática: *inconscientemente me divido*; *mim* e a *missão* injungida. O *fal'ente* divide-se de si mesmo. A fala e ele, eis a noção nítida de sua *dramatis persona*. *Informes instruções* e ele. Vive na ausência de si mesmo. Viceja *entre mim e a missão que meu ser tem*. Seu ser tem uma *missão*, pois ele é um *e-missário*. Primeira missão: "ser". Eterna falta-para-ser. Inacabadamente ser. Angústia (que *não falha*) e dever. Não há como parar, sopitar o impulso. Trata-se de uma injunção ética: não há como não acolher a pulsão para poder *caminhar por este humano povo entre quem lido*. É condição do *humano povo*. Furtar-se seria excluir-se do "*opus* civilizatório", exilar-se da cultura; consequência: nem *humano* nem *povo*.

Segunda missão: aquela *que meu ser tem*, que não é de nenhum outro ser, que só eu, único no mundo, com nenhum antes ou depois de mim, simplesmente aquela que ***meu*** *ser tem. Haí Um* Poeta, poeta maior, consagrado inteiramente à grandeza, à glória de Portugal!

A condição de *humano povo* não é menos trágica: o *rei desconhecido* goza de uma glória sádica. Além de brusca, tosca, é *desdém.* O *rei desconhecido* é absoluto: não respeita o e-missário. Ao mensageiro, a missão indiscutível da conta a pagar, da tarefa a cumprir. Ela é simplesmente imposta. Debalde dela fugir, providenciar-lhe desculpas ou justificativas, desviar a atenção, fazer de conta que não a leva a sério... subterfúgios que apenas borram tudo! Absolutamente inútil: não acolhida, ela certamente voltará em outra forma, quiçá, mais toscamente ainda, em forma de doença. Não há como escapulir, é a condição de fazer parte do *humano povo entre quem lido.* O poeta se rende ao *inconscientemente me divido* e constata:

> Entre o sono e o sonho,
> Entre mim e o que em mim
> É o quem eu me suponho,
> Corre um rio sem fim
> (Pessoa 1995, p. 171).

Realmente inacreditável a riqueza do ser humano: o poeta, dividido *entre mim e o que em mim*, constata que *é o quem eu me suponho*, e percebe, então, que viver no exílio da ex-sistência permite que disponha para a criação contínua de suas obras da energia de *um rio* que *corre sem fim.* Esse rio é a pulsão transformada em *logos.*

Ao contrário de se defender das *informes instruções*, ele as saúda, abrindo-se amplamente a elas: *Eia telegrafia-sem-fios, simpatia metálica do Inconsciente* (Pessoa 1995, p. 311). O *syn-pathos* (*com-pathos*) do inconsciente é da mesma natureza do recalcado. Soa-lhe nitidamente como seu metal tangido! Embora telegráfica, percebe que é de mesma essência: o timbre é o mesmo, pois procede de um mesmo metal percutido, o ouro do *logos.* Diante dessa certeza:

> Não sei se existe o Rei que me mandou
> Minha missão será eu a esquecer
> Meu orgulho o deserto em que em mim estou.
> (Pessoa 1995, p. 128).

Ao negar ***não sei se existe*** *o Rei* (aqui com letra maiúscula) *que me mandou*, longe de estar sendo cínico ou avestruz ("avestroutro"), na verdade, afirma uma certeza: o grande Outro não existe. O grande Outro, *o Rei que me mandou*, é ordenador, é referencial no qual toda fala, toda linguagem pode alcançar a virtualidade de existir. É o lugar topológico onde o *Falus*, o simbólico, circula e o significante descobre seu significado. O grande Outro, o Rei com letra maiúscula, é o operador de toda e qualquer mensagem que se constitua. Sem ele, a trama e o trauma seriam impossíveis. Até mesmo *as informes instruções de além* só são *instruções* porque vêm de *além*, do Outro.

Nesse *entre mim e a missão que meu ser tem, minha missão será eu a esquecer*. O recalque vem em ajuda ao poeta, confere-lhe um refrigério, a graça de esquecer. Senão, como dar conta de tão abundantes informes? Por isso, *meu orgulho o deserto em que em mim estou. Orgulho*, satisfação de elaborar as mensagens, de "transmudá-las" em *opus poeticum*, não desperdiçando-as e, ao mesmo tempo, "esquecendo-as", para que o jorro da criatividade, do Novo, não cesse, e possa infindamente recombinar-se em novas *instruções*.

Agora, *o deserto em que em mim estou* está pronto novamente. *Em mim* está disponível, pronto para uma nova arrancada. Já não é *mais entre mim e a missão, em mim* se tornou *deserto*. Se é *deserto* onde ele está é porque o terreno está limpo, pronto para ser recuperado, fecundado. *Em mim estou...* e não *sou*, porque estando em deserto de imagens e *bruscas frases* posso ser o contínuo e-missário do *Rei desconhecido*. Sempre disponível, aberto a uma nova cartografia. Somente *os* ***não-incautos*** *erram!* (Lacan) ou Pessoa: *Substitui-te a ti-próprio. Tu não és bastante para ti. Sê sempre* ***imprevenido*** *por ti-próprio. Acontece-te perante ti-próprio* (Pessoa 1974, p. 38).

Mas há! Eu sinto-me altas tradições
De antes de tempo e espaço e vida e ser...
Já viram Deus minhas sensações...
(Pessoa 1995, p. 128).

Mas há!, *Es gibt* (Heidegger), *il y a* (Levinas), *Y a de l'Un* (Lacan)[2]. *Es gibt* em vez de "há", "dá-se": o dom da palavra, o dom do existir, o

[2] *Y a de l'Un (Lacan)*: Duas dificuldades de tradução: o pronome *y* e o artigo partitivo, ambos impossíveis de serem traduzidos para o português, sobretudo o partitivo. Uso um subterfúgio linguístico:

dom do Ser. *Es gibt* é menos afirmativa do existir que dom do que acontece, melhor do que eu, faz acontecer. *Es gibt* é a pródiga e fecunda consciência que "dá sentido às coisas":

> O homem está postado de tal modo no interior da abordagem pela presença, que recebe como dom o presentear que *dá-Se*, enquanto percebe aquilo que aparece no *presenti-ficar*. Não fosse o homem o constante destinatário do *dom* que brota do "*dá-Se-presença*", não alcançaria ao homem aquilo que é alcançado no dom, nesse caso o ser não apenas ficaria oculto na ausência deste dom, nem apenas também fechado, mas o homem permaneceria excluído do âmbito e do alcance do: *Dá-Se* ser. O homem não seria homem (Heidegger, 1972, p. 52).

"Dá-se" poeta, "dá-se" um grande homem, "dá-se" Fernando Pessoa, *dá-se presença, Dá-se ser, o dom que brota* para toda humanidade! E Pessoa tem consciência profética de sua *missão*: "E isto leva a crer que deve estar para muito breve o inevitável aparecimento do poeta (...) porque fatalmente o Grande Poeta que este movimento gerará deslocará para segundo plano a figura até agora primacial de Camões" (Pessoa 1995, p. 18).

Il y a, há, situação do ser impessoal, indefinido. Levinas propõe romper com esse *haver* impessoal. Trata-se de uma condição ética para o ser: isso só é possível na condição de ser-para-o-outro:

> para sair do "há" não é necessário pôr-se, mas *depor-se*; fazer um ato de deposição, no sentido em que se fala de reis depostos. A deposição da soberania pelo *eu* é a relação social com outrem, a relação *des-inter-essada*. Escrevo-a com três palavras para realçar a saída do ser que ela significa. Desconfio da palavra "amor", que está estragada, mas a responsabilidade por outrem, o *ser-para-o-outro*, pareceu-me desde essa época parar o rumor anônimo e insignificativo do ser. É sob a forma de uma tal relação que me surgiu a libertação do "há" (Levinas 1982, p. 43).

---

jogo com "há", que seria a tradução de *il y a*, e com "aí", que seria próximo de *y*, daí o neologismo compósito *haí*. Como o português pode dispensar o pronome *il*, que é importantemente supresso por Lacan, senão Um não seria ainda Um, também vem omitido na tradução.

Somente sendo-para-o-outro o eu emerge da condição do *il y a*, do há, e pode escapar a imanência do ser. Fernando Pessoa empenhou sua vida em ser-para-o-outro. Pautou-se pelo propósito inabalável de "a deposição da soberania pelo eu é a relação social com outrem e, sobretudo, relação *des-inter-essada*". A vida inteira agiu na mais estrita *responsabilidade por outrem, o ser-para-o-outro*: o pobre, o excluído da cultura, a situação de Portugal, a humanidade. Desde os cinco anos, no florescer de sua inteligência, já se abre ao outro com sua primeira poesia. A adversativa, *Mas há!*, e o ponto de exclamação explicitam a convicção de sua missão: "Viver não é necessário, o que é necessário é criar" (Pessoa 1995, p. 15). *Mas há!* um Fernando Pessoa dotado de uma imensa riqueza interior; *Mas há!* um Fernando Pessoa integralmente entregue à promoção do outro e ao engrandecimento de Portugal.

Y a de l'Un (Lacan 2003), *haí Um*. Pessoa, sempre esteve vivamente cônscio do peso e do sentido de ser Um entre os poetas da língua portuguesa e da literatura universal. Mas "Um" como Um era Aquele que se declarou: *Eu sou quem sou*. Não *que sou*. Nem imagem, nem figura, nem representação alguma. *Haí Um*, Fernando Pessoa, único. Poeta-Um: a mais lúcida consciência de si, de sua subjetividade. Não um da série de poetas e, sim, a certeza de singularmente poeta-Um. *Mas há!* nos lances ininterruptos do *Rei desconhecido*, faz-se e-missário Único. *Mas há!* entre tudo e todos, *entre mim e a missão*, eu, Fernando Pessoa, especificamente difer*a*nte, por isso, "uniano". Um puro representante de eu ser. Lacan, ao usar o recurso do *y a de l'Un* atingiu o ápice do específico da singularidade do sujeito humano. A psicanálise se deslumbra diante dessa descoberta: diante de cada paciente, de cada ser humano, *Haí Um*. Isso é simplesmente sublime, abissal.

E embora "Um", *Eu sinto-me altas tradições de antes de tempo e espaço, e vida, e ser. Altas tradições*: toda a cultura de seu tempo, sobretudo as transformações trazidas pela industrialização dos países europeus, as grandes correntes filosóficas, as religiões, o ocultismo, os grandes escritores, toda a literatura clássica e a de seu tempo: Homero, Virgílio, Camões, Shakespeare, Milton, Dante, Petrarca, Castelo Branco, Eça de Queiroz, Walt Whitman... *Eu sinto-me altas tradições ... de antes de tempo*: Pessoa leu tudo o que o precedeu em matéria de literatura universal.

De antes... de espaço: África do Sul, Portugal, sobretudo Lisboa. Seu espírito, embora consagrado à glória de Portugal, é todo o universo.

De antes de vida: ao vir ao mundo, precederam-lhe uma mãe culta, um pai jornalista, uma tia, ilustre poetisa, a transmissão de uma inteligência privilegiada e o mais fino sentido dos seres e das coisas. *De antes de ser*: *as altas tradições* que o precederam, um lugar privilegiado para expandir sua inteligência e o dom precioso de sua criatividade poética lhe conferem um apelo iniludível: *De antes de ser as altas tradições* o interpelam ininterruptamente para ocupar o lugar do "Um", *haí* Fernando Pessoa. Continuamente, oportuna e inoportunamente, Ser, ser por excelência o poeta da língua portuguesa até que a morte o tolhesse. *E-missário* de *missão* tão gloriosa: *já viram Deus as minhas sensações*... Se considerarmos "Palavras de Pórtico" (Pessoa 1995, p. 15), a "Prece" (Pessoa 1974, p. 33), o "Compromisso Paradoxal" (Pessoa 1974, p. 33) e a invocação a Nossa Senhora (Pessoa 1995, p. 312), esse verso *já viram Deus minhas sensações* me soa como uma confissão de estado de alma do poeta.

Que cume atingiu Fernando Pessoa em seu aperfeiçoamento humano, na exploração das virtualidades dos dons de uma vida tão rica? Que nos revela o poeta? *Já viram Deus minhas sensações*. Que sensibilidade lhe outorga tamanha graça? Em suas sublimações diuturnas, alcança o privilégio de *as minhas sensações... viram Deus*. Deus não comporta imagens nem figura. Deus é *Logos*. Deus fala. Mas fala à sua maneira, isto é, de infinitas maneiras, porque fala de Infinito. Por isso, ao poeta, Deus falou de maneira pessoana: graças à fala, fala-nos que suas *sensações viram Deus*. Não poderia ser de outra maneira: a fala humana nada pode diante daquele que simplesmente se declara: *Sou quem sou*. Não há imagem, há simplesmente "Ser", Deus. Está aí nossa impotência. "Deus é inconsciente" (Lacan). Mas ele "fala" a cada um como "falou" a Pessoa: é por isso que, de Deus, só podemos ter "experiência". Única. *Real*. Essa experiência, Pessoa a definiu de maneira genial: *Senão por uma diferença na alma* (Pessoa 1995, p. 312). Jamais imaginária, pois, no museu de nossas imagens (imaginário), não há possibilidade de ter uma que fosse d'Ele. As *sensações* de Pessoa são iniludíveis: *já viram Deus*: *Sou Tudo e Deus; minha alma é mais que bela / Pois da minha alma é que a Beleza vem. (...) Deus, absoluto e Deus / Cujo alto amor desceu a ser minha alma / P'ra que minha alma pudesse subir até Deus* (Pessoa 2006a, p. 185).

Eis o ápice de sua caminhada no processo contínuo de suas perenes sublimações. Graças a ter usufruído a fundo, sem reserva, de seu potencial poético, Pessoa produziu um avanço na cultura, na civilização portuguesa, jamais igualado.

Senhor e dono

Súbita mão de algum fantasma oculto
Entre as dobras da noite e do meu sono
Sacode-me e eu acordo, e no abandono
Da noite não enxergo gesto ou vulto.

Mas um terror antigo, que insepulto
Trago no coração, como de um trono
Desce e se afirma meu senhor e dono
Sem ordem, sem meneio e sem insulto.

E eu sinto a minha vida de repente
Presa por uma corda de Inconsciente
A qualquer mão noturna que me guia.

Sinto que sou ninguém salvo uma sombra
De um vulto que não vejo e que me assombra,
E em nada existo como a treva fria
(Pessoa 1995, p. 129).

Fernando Pessoa penetra nos mistérios de sua vida psíquica. Sabe-se trabalhado por forças e imagens que lhe fogem ao domínio: Súbita mão de algum fantasma.

Que é um *fantasma*? Uma alucinação, a representação psíquica de figuras às vezes medonhas, ameaçadoras. O espectro de um "ente" ou de uma coisa, de mortos ou vivos?

Em psicanálise, após Lacan, dizemos que fantasma é a imaginarização da presença de um real do inconsciente, denominado objeto *a*, isto é, um outro que não é especularizável: "O fantasma é a instituição do real que encobre a verdade" (Lacan 1998a, p. 887). A ele, não temos acesso, porque esse outro (*a*) não pertence ao sistema consciente. Mas o que é importante é que esse outro (*a*) é parte da estrutura do sujeito. Pessoa vislumbrou essa descoberta Lacaniana: "Às vezes o melhor modo de ver um objeto é anulá-lo, mas ele subsiste, não sei explicar como, feito de matéria de negação e anulamento" (Pessoa 1982b, p. 120). De fato, o objeto *a* é um resto, o real do objeto da realidade. É um resto eleito e libidinizado.

Fal'ente, o ser humano vive no mundo simbólico, o mundo da apreensão, da representação e, ao mesmo tempo, completa-se por esse outro (*a*), que é o real. Esse real é específico ao sujeito, é a maneira como algo da realidade ou do *Umwelt* se representou nele. Em termos freudianos, ele é elaborado pelo processo primário, processo que é exclusividade do inconsciente. Até nisso, o poeta é preciso: o fantasma é *oculto*. Ele se revela sem aparecer! Talvez a noção de membro fantasma seja o paradigma que melhor possa explicitar o *fantasma oculto*: toda pessoa que perde um membro por acidente ou amputação, no caso de ser destra, por exemplo, cada vez que precisa executar uma ação como escrever ou escovar os dentes, ela "movimenta" o "braço direito", como se ainda o possuísse. Só após muito tempo atuará com outro real, o real de que o braço não existe e não há por que "movimentá-lo". Porém, o outro real não deixará de fazer parte inextinguível do patrimônio subjetivo do sujeito. Paradoxalmente, é esse "outro", o objeto *a* do fantasma, que nos dá o senso da realidade, o sentido dela, o sentido da concretude de nossa existência.

Aqui cabe uma observação importante: é deveras interessante como psicanálise e poesia caminham juntas. Pessoa não conheceu Lacan nem sua obra, que apenas se iniciava. Morreu em 1935, às vésperas de Lacan dar a sua primeira contribuição original para a psicanálise: "O Estádio do Espelho", de 1936. No entanto, antecipa Lacan, denominando de fantasma a manifestação do inconsciente:

> Sou o fantasma de um rei
> Que sem cessar percorre
> As salas de um palácio abandonado...
> Minha história não sei ...
> (...)

Eu não sei o que sou
(Pessoa 2006a, pp. 205-206).

E esse fantasma age de maneira extremamente real: com *súbita mão*. *Mão*: nada mais concreto em nosso corpo, pois a mão é nosso instrumento por excelência, com ela, amanhamos a terra, plantamos, regamos, colhemos, beneficiamos, cozinhamos, comemos, lavamo-nos, limpamo-nos; com ela, acendemos e apagamos o fogo, a luz; é ela que nos instrumentaliza na manipulação dos aparelhos eletroeletrônicos, na condução de veículos, aviões ou naves espaciais; com as mãos, tocamo-nos, afagamo-nos, excitamo-nos, vivemos a troca de amor; as mãos produzem o milagre da escrita, da escultura, da pintura, de todas as artes; são elas que tangem os instrumentos musicais que resultam na harmonia da música e das orquestras; mão e contramão, elas nos indicam as direções a seguir; com "mão firme", a "mão" nos conduz; as mãos se erguem em prece e em ritos de imposição de mãos que transmitem bênçãos, penhor de proteção divina na transmissão das gerações; e as mãos amaldiçoam. As mãos... *Arde-me a alma como se fosse uma mão, fisicamente* (Pessoa 2006, p. 104). Significante extremamente privilegiado do poeta:

...Corre um frio carnal por minh'alma...
(...)
Oh que mudo grito de ânsia põe garras na *Hora*!
Que pasmo de mim anseia por outra coisa que o que chora?...
Estendo as mãos para Além, mas ao estendê-las já vejo
Que não é aquilo que quero aquilo que desejo...
Címbalos de Imperfeição ... Ó tão antiguidade
A *hora* expulsa de si-Tempo! Onda de recuo que invade
O meu abandonar-me a mim-próprio até desfalecer
E recordar tanto o eu presente que me sinto esquecer...
Fluido de auréola transparente de Foi, oco de ter-se...
O mistério sabe-me a eu ser outro...
(Pessoa 1995, p. 108).

O tempo lhe é precioso, Pessoa tem uma concepção jesuítica do tempo; o tempo não se pode malbaratar, o tempo é o crédito disponível para a produção, o tempo não pode falhar, o tempo precisa ser aproveitado para a constituição da subjetividade e do *opus* criativo. O tempo lhe chega no repicar das horas em seu curso fatal e as horas se lhe multiplicam em mil facetas: *hora... Hora que foge... Horas de inquieta calma... Hora matutina... Hora absurda... Hora é de assombros... A hora sabe a ter sido... Horas calmas... A hora dói... A hora visível... Hora de te achar, Das horas... Imperceptível, tímido, da hora... A hora Divina aparece... Horas imortais... Horas colares... Horas multicolores... Fluidez da hora... Hora imaginada... Hora anoitecida e morta... As horas que nós perdemos... Horas mais perfeitas... Horas em surdina... Hora parar... Hora do poente... Horas às filas... Secas as horas... A hora salga... Na incerta inclinação da hora... O chão da hora... sabor quente da hora... Horas do 'spaço... Horas diagonais... Horas imperiais... Horas vestidas de púrpura gasta... Horas caídas neste mundo de outro mundo... Horas impossíveis... Ó cimo pálido da hora... O círculo monótono das horas... Horas desiguais... Hora que ninguém tem... E a hora como um leque fecha-se... Febre imensa das horas... hora horrorosa, horas cor de silêncios e angustias... a febre intensa das horas... garras na Hora... A Hora expulsa de si... Horas de vivermo-las...* Horas de visita do inconsciente.

E as mãos e as luvas se entrecruzam na busca do mistério do inconsciente:

> Mãos brancas, mãos humanas, tão humanas! Tão mistério!
> Que estranho o haver gente, e mãos!
> (Pessoa 2006a, p. 204).

Ou:

> Princesa que morreste
> No meu castelo antigo,
> Tuas mãos – nunca as deste
> Ao meu afago amigo...
> A orla da tua veste –
> Que teve ela comigo?
> Expiraste e já eras
> Morta e não sei onde...

(Perfume das primaveras
O que o teu seio esconde)
Debruço-me sobre as *eras*
E chamo... Ninguém me responde.

Haverá algum dia
E alguma *hora real*
Em que a *minha mão fria*
Encontra a tua afinal
E a minha dor seja alegria
E meu bem o meu mal
(Pessoa 2006a, pp. 207-208).

Em toda sua obra poética, Pessoa privilegia esse significante, que volta pejado de significações: a *mão* do poeta, aqui, é *mão súbita*, inopinada, repentina. Ela "pega" de surpresa, pois o inconsciente, indiscreto, brusco, ele irrompe. E ela, soberana, agarra-nos quando bem lhe apraz:

Entre as dobras da noite e do meu sono
Sacode-me e eu acordo, e no abandono
Da noite não enxergo gesto ou vulto
(Pessoa 1995, p. 129).

O *fantasma oculto*, o pesadelo tem sua astúcia; ele se aproveita das *dobras da noite*. Metáfora tecidual feliz, pois expressa a maneira como o sonho age: ele tem de fintar, aplicar a censura da *dobra* para não acordar o sujeito. Em tecido liso, plano, a "aparição" do *fantasma oculto* seria insuportável. Mas a *dobra* é *sono* também, pois é no sono que o fantasma se manifesta, é no sono que sonhamos. O sono não é feito só de sonhos. O *fantasma oculto* "sabe" bem o momento de aproveitar-se das *dobras* e das inadvertências do sono. No sono mais profundo, paradoxal dizem os neurologistas, ele surge repentino, *mão súbita*, e o sujeito se vê dividido: é ele mesmo que sonha e, no entanto, contempla o sonho numa "outra cena", onde geralmente não se vê (censura) como autor do sonho (fantasma). Freud não hesita em afirmar que todos nós, nesse momento, estamos psicóticos. E há uma só maneira de recobrar-se ante a invasão do *fantasma oculto*: acordar-se. Aqui, o poeta continua a metáfora forte da mão: o fantasma é pura alucinação e, no entanto, tem mão. E não apenas mão, mas *mão súbita* e mão que *sacode-me*. E, como não há outra saída, *eu acordo*. Acordado, ele se dá conta de que tudo não passou de uma alucinação e, no solipsismo do acordar, entende que não há dúvida, o sono e o sonho são unicamente dele: "As figuras imaginárias têm mais relevo e verdade que as reais" (Pessoa 1982b, p. 107).

> ... e no abandono
> Da noite não enxergo gesto ou vulto
> (Pessoa 1995, p. 129).

Sozinho diante da angústia do pesadelo, *no abandono* de tudo e de todos, *não enxergo gesto* da *mão súbita* nem *vultos* do *fantasma oculto*. O sonho passou, mas não passou sua mensagem, a *de algum fantasma oculto*. Pois,

> Mas um terror antigo, que insepulto
> Trago no coração, como de um trono
> Desce e se afirma meu senhor e dono
> Sem ordem, sem meneio e sem insulto
> (Pessoa 1995, p. 129).

O fantasma mostra sua face, sua mensagem: é de *um terror antigo*. Não se trata de um terror momentâneo, terror de um sonho só. Só a mão dele é *súbita*. Mas o terror suscitado pelo fantasma já é *antigo* e, pior, *insepulto*, não há decomposição possível. Por mais que o poeta insista em enterrá-lo, ele volta, porque simplesmente *insepulto*. Em 1934, em nota não assinada e datada de 9 de junho, Pessoa escreveu:

> Há um contraste demasiado entre a vida externa que exubera e o que sinto e penso, sem saber sentir nem pensar – *o cadáver perenemente insepulto das minhas sensações*. Tenho *a impressão de que vivo, nesta pátria informe chamada o universo, sob uma tirania política* que, ainda que me não oprima diretamente, todavia ofende qualquer oculto princípio da minha alma. E

então desce em mim, surdamente, lentamente, a saudade antecipada do exílio impossível (Pessoa 1995, p. 57).

Assim escrevia Freud: "É bem verdade que os desejos inconscientes estão sempre lá. Eles representam as vias sempre abertas à excitação que os emprega. A *indestrutibilidade* é uma característica proeminente dos processos inconscientes. No inconsciente *nada acaba, nada passa, nada é esquecido*" (Freud 1971, p. 491). Não há como o recalcado não voltar. É de sua essência repetir-se. Acontece que esse *terror* não é apenas figura de imaginação, pois *trago no coração*. A morada dele não é a mente, a inteligência ou a abstração. Quando aparece, é bem no coração que se faz presente. O disparo do coração não deixa dúvida: no *abandono*, o sonhante não enxerga *gesto* nem *vulto*, é o coração que salta, revelando a invasão: ... *como de um trono/Desce e se afirma meu senhor e dono/Sem ordem, sem meneio e sem insulto*.

O retorno do terror é sem apelo. Não sobe à mente ou ao ego, simplesmente *desce* ao *coração* e dele se apodera como *meu senhor e dono*. Nada podemos fazer com o retorno do terror do inconsciente, queiramos ou não, não podemos aparar seu golpe. Na qualidade de *senhor e dono*, instala-se *no coração... sem ordem, sem meneio e sem insulto*. Nada sou, senão propriedade desse *senhor e dono*. Mas, graças a ser posse desse proprietário, paradoxalmente, eu ex-sisto e sou sujeito. Aqui, não há a mortífera luta de prestígio. Aqui, quanto mais esse *senhor e dono desce e se afirma*, mais eu me liberto, mais sujeito sou. Detalhe: esse *senhor e dono* não bate à porta, não pergunta se pode entrar, invade simplesmente, mas, um pormenor: *sem insulto*. A verdade não insulta, liberta, quiçá dolorosamente. Insulta ao canalha. Nem poderia ser diferente: a presença do fantasma e de seu terror são obra e graça do próprio sonhante, embora ele o "ignore"! É o ignorar que espanta e angustia. Como pode dentro de mim existir tal terror? A angústia consiste em "ignorar" e, ao mesmo tempo, "saber" que o terror sou eu mesmo, é argila minha. Essa "esquize" me possibilita a esquiva, porque o sonho se apresentou em cena que eu contemplava "fora" de mim: "Em sua atitude para com os desejos de seus sonhos aquele que sonha aparece assim como composto de duas pessoas, reunidas entretanto por uma íntima comunidade" (Freud 1971, p. 493). Mas, por mais que eu fuja à angústia de meu sonho:

E eu sinto a minha vida de repente
Presa por uma corda de Inconsciente
A qualquer mão noturna que me guia
(Pessoa 1995, p. 129).

Há uma certeza inabalável: o sonho é figuração exclusiva do sujeito do inconsciente. Não há engano possível, o material do sonho é "material" constitutivo do sujeito. Por isso, a certeza de *E eu sinto*:

> O inconsciente é o capítulo de minha *história* que é marcado por um *branco* ou ocupado por uma *mentira*: é o capítulo *censurado*. Mas a *verdade* pode ser resgatada; na maioria das vezes, já está escrita em outro lugar. Qual seja:
>
> – nos *monumentos*: e esse é meu corpo, isto é, o *núcleo histérico* da neurose em que o *sintoma histérico* mostra a *estrutura de uma linguagem e se decifra como uma inscrição* que, uma vez recolhida, pode ser destruída sem perda grave;
>
> – *nos documentos* de *arquivo*, igualmente: e esses são as *lembranças de minha infância*, tão impenetráveis quanto eles, quando não lhes conheço a procedência;
>
> – na *evolução semântica*: e isso corresponde ao *estoque* e às *acepções do vocabulário* que me é *particular*, bem como ao *estilo* de *minha vida* e a meu *caráter*;
>
> – nas *tradições* também, ou seja, nas *lendas* que sob forma heroicizada veiculam *minha história*;
>
> – nos *vestígios*, enfim, que conservam inevitavelmente *as distorções* exigidas pela reinserção do capítulo adulterado nos capítulos que o enquadram, e *cujo sentido minha exegese restabelecerá* (Lacan 1998a, pp. 260-261).

Mas Pessoa se dá conta de que o sonho não assinala apenas um episódio de sua história. É *a minha vida* que emerge inteira nessa manifestação aparentemente única:

> O que ensinamos o sujeito a reconhecer como seu inconsciente é sua *história* – ou seja, nós o ajudamos a perfazer a *historicização* atual dos fatos que já *determinaram* em sua existência um certo número de "*reviravoltas*"

> *históricas*. Mas, se eles tiveram esse papel, já foi como *fatos históricos*, isto é, como *reconhecidos* num certo sentido ou *censurados* numa certa ordem (Lacan 1998a, p. 263).

O inconsciente é *meu software*, o registro da minha subjetividade em redes de significantes que me representam e, a qualquer chamado metafórico na tela de meu fantasma, pode vir ao lume de minha consciência.

Minha vida me vem à tona *sem meneio*: *de repente, súbita*. E nessa manifestação o poeta se dá conta de que *minha vida*, a verdadeira, aquela que está oculta na *aletheia*, está *presa por uma* ***corda*** *de inconsciente*. *Presa*, não há como ser diferente: *minha vida* é prisioneira do inconsciente. Freud fala de "estratos", "fiadas", "camadas", "latências" do inconsciente. Lacan, relendo a descoberta de Freud, fala de "cadeia" de significantes, de objetos *a*, de letra. E o poeta fala em *corda*, *corda de inconsciente*. A corda ata, a corda liga objetos ou emite sons que harmonizam o acorde. A corda retém a presa e a liga a um objetivo: feixe, pacote, domínio, morte, cura, domesticação. A corda de que fala o poeta, porém, é corda especial, *corda de inconsciente*, corda que "embaraça", diz Freud, é o amealhado do inconsciente, que perturba e ilumina. Tangê-la é descobrir, criar, inovar, superar, outrar.

Na biografia do mais ilustre dos bispos brasileiros, dom Hélder Câmara, há um testemunho dele sobre o inconsciente, muito especial:

> Alguns dentre os senhores conhecem minha teoria sobre os sonhos da sobreconsciência. Eu não contesto Freud: o subconsciente existe, principal alimento de nossos sonhos.
>
> Quando, porém, após a Vigília, temo não ouvir o despertador soar de novo, às 5 horas, em razão de cansaço, eu durmo o resto da noite na cadeira... É uma grande astúcia. Tenho o costume, então, de ter os mais belos sonhos de minha vida. Tudo aquilo que carrego dentro de mim de mais bonito e de mais puro vem à superfície em sonhos cujas características são a perfeita lógica e a extrema beleza... (*Apud* Broucker 2008, p. 92).

A *mão súbita* de que fala o poeta se revela aqui como procede em seu golpe: *presa a qualquer mão noturna*; *qualquer*, não há como identificar todas as "mãos". Há uma certeza: *a mão é noturna*. É à noite, no sono, que ela aparece. São múltiplas as mãos, mesmo quando atam o mesmo tema. Note-se: *a mão é súbita* e *sinto minha vida de repente*. Em *súbita* e *de repente*, Pessoa explicita o tempo do inconsciente como o tempo do sujeito e não o tempo cronológico:

> Viajei. Julgo inútil explicar-vos que não levei nem meses, nem dias, nem outra quantidade qualquer de qualquer medida de tempo a viajar. Viajei no tempo é certo, mas não do lado de cá do tempo, onde o contamos por horas, dias e meses; foi do outro lado do tempo que eu viajei, onde o tempo se não conta por medida. Decorre, mas sem que seja possível medi-lo (Pessoa 1982b, p. 143).

Há aqui mais um paradoxo: a minha vida é presa por *corda de inconsciente* e, ao mesmo tempo, a *mão súbita* que assombrava é *mão noturna que me guia*. Pessoa é cônscio de que, como sujeito, é do inconsciente que ele depende, pois a *mão noturna me guia*. Dessa fonte inesgotável, hauriu até o fim suas forças: "Nem sequer representei. *Representaram-me*. Fui *não* o ator mas os *gestos* dele" (Pessoa 1982a, p. 227).

Ele conhece bem os dois lados das manifestações que vêm da *corda de inconsciente*. Em "O Mistério do Mundo", revela:

> Sou a Consciência em ódio ao inconsciente,
> Sou um símbolo incarnado em dor e ódio,
> Pedaço de alma de possível Deus
> (...)
> Oh, com que ódio carnal e estonteante
> Meu ser de desterrado vos odeia!
> Eu o inferno. Sou o Cristo negro,
> Pregado na cruz ígnea de mim mesmo.
> *Sou o saber que ignora*,
> Sou a insônia da dor e do pensar...
> (Pessoa 1995, p. 459).

Pregado na cruz ígnea de mim mesmo, não há como safar-se de si, *cruz ígnea*, um fogo negro que o consome, das manifestações da *corda de incons-*

ciente. Uma conclusão óbvia para ele: *sou o saber que ignora*. Tanto o saber consciente, que não se adverte das manifestações do inconsciente, quanto essas mesmas manifestações carecem de revelação. É compreensível, pois: *Oh, com que ódio carnal e estonteante/Meu ser de desterrado vos odeia!*

Esse sofrimento para poeta tão sensível é imenso. *Eu sou o inferno. Sou o Cristo negro*. Compreensível, então, a confissão *Sou a Consciência em ódio ao inconsciente*, pois constata: *Sou um símbolo incarnado em dor e ódio*. E o pior: não há saída, não há sonífero para tal divisão interna: *Sou a insônia da dor e do pensar*. E tudo isso por causa de *meu ser de desterrado*, isto é, de sujeito dividido. Perante o real de suas limitações, reconhece:

> Que vitórias perdidas
> Por não as ter querido!
> Quantas perdidas vidas!
> E o sonho sem ter sido...
> (Pessoa 1995, p. 145).

Mais uma vez, paradoxalmente, esse não é o único lado da *corda de inconsciente*. O poeta de *nulla dies sine linea* sabe que sua criatividade vem toda dessa *corda* que habilissimamente sabe pontear:

> Do fundo da inconsciência
> Da alma sobriamente louca
> Tirei poesia e ciência,
> E não pouca.
> Maravilha do inconsciente!
> Em sonho, sonhos criei.
> E o mundo atônito sente
> Como é belo o que lhe dei
> (Pessoa 1995, p. 466).

Se, de um lado, constatou que o inconsciente não conhece lógica, não tem pudor algum nem moral, é *meu senhor e dono* com *terror antigo, insepulto*, do outro lado, em "O Horror de Conhecer" (Pessoa 1995, p. 464), confessa que, paradoxalmente, é fonte de *água viva* de todas as suas inspirações! É *do fundo da inconsciência* que os lampejos poéticos lhe invadem a alma. Como da fonte só se conhecem os efeitos, reconhece a condição de sujeito dividido: *Da alma sobriamente louca*. É a esquize do sonhante, do devaneante ou do ato falho. Mas, como a loucura é *sóbria*, ela é de bom proveito, bem-vinda mesmo, pois só ela ousa, só ela rompe com o que é chão, repetitivo, rotineiro, sintomático; só ela outra:

> A loucura por que é
> Mais sã que a falta dela?
> (...)
> E eu cambaleio
> Pelas vias escuras da loucura.
> (...)
> Só a loucura é que é grande!
> E só ela é que é feliz!
> (Pessoa 1995, p. 466).

Seu inconsciente lhe é pródigo, profícuo; dele, *Tirei poesia e ciência*. Toda sua produção literária (*poesia*) e seu saber sobre si, sua sabedoria (*ciência*), têm uma única fonte: o ponteio de *a corda de inconsciente*: *Tirei poesia e ciência,/E não pouca/Maravilha do inconsciente!/Em sonho, sonhos criei*. E, em sua fina consciência da fecundidade dessa *corda de inconsciente*: *Não pouca./Maravilha do inconsciente!* Sabe que sua obra é vasta e esplêndida: *não pouca maravilha*, porque diuturnamente *em sonho, sonhos criei*. Não deixou sua pulsão se dispersar em sonhos ou devaneios perecíveis. Ao contrário, serviu-se deles, da fantasia, deles tirou vantagens, isto é, *em sonho, sonhos **criei***. Daí a consciência de seu *opus*: *E o mundo atônito sente/Como é belo o que lhe dei*. De fato, todos os que conhecemos seu legado precioso não podemos deixar de ficar "atônitos" ante *como é belo o que lhe dei*. Por isso, nós, seus pósteros e nossos filhos, lhe somos infinitamente gratos.

E o poeta deseja que *belo o que lhe dei* atravesse gerações. Não destina seus versos apenas a Portugal, ele os quer espalhados *para toda a Humanidade* e imagina leitor, *quem sabe quem os lerá?* Vê-se, então, como um *Rio* a fecundar todas as terras: *Rio, o destino da minha água era não ficar em mim!*

Ciente tanto de sua mortalidade quanto da perenidade de seus versos, formula desejos explícitos sobre sua obra:

Da mais alta janela da minha casa
Com um lenço branco *digo adeus*
Aos meus versos que partem para a humanidade.

E não estou alegre nem triste.
Esse é o destino dos versos.
Escrevi-os e devo mostrá-los a todos
Porque não posso fazer o contrário
Como a flor não pode esconder a cor,
Nem o rio esconder que corre,
Nem a árvore esconder que dá fruto.

Ei-los que vão já longe como que na diligência
E eu sem querer sinto pena
Como uma dor no corpo.

Quem sabe quem os lerá?
Quem sabe a que mãos irão?

Flor, colheu-me o meu destino para os olhos.
Árvore, arrancaram-me os frutos para as bocas.
Rio, o destino da minha água era não ficar em mim.
Submeto-me e sinto-me quase alegre,
Quase alegre como quem se cansa de estar triste.

Ide, ide de mim!
Passa a árvore e fica dispersa...
(Pessoa 1995, p. 227).

Agora, neste preciso momento, em que esse seu desejo está se cumprindo em mim e em você, leitor, voltemo-nos ao poeta do inconsciente:

Sinto que sou ninguém salvo uma sombra
De um vulto que não vejo e que me assombra,
E em nada existo como a treva fria
(Pessoa 1995, p. 109).

Sinto: os sentidos do poeta estão abertos a toda sorte de percepções. Ele adverte:

Em todo o momento de atividade mental acontece em nós um duplo fenômeno de percepção: ao mesmo tempo em que temos consciência dum estado de alma, temos diante de nós, impressionando-nos os sentidos que estão virados para o exterior, uma paisagem qualquer, entendendo por paisagem, para conveniência de frases, tudo o que forma o mundo exterior num determinado momento da nossa percepção (Pessoa 1995, p. 100).

Para quem sabe contemplar,

todo estado de alma é uma paisagem (...) Assim, tendo nós, ao mesmo tempo, consciência do exterior e do nosso espírito, e sendo nosso espírito uma paisagem, temos ao mesmo tempo consciência de duas paisagens (...) De maneira que a arte que queira representar bem a realidade terá que andar através de uma representação simultânea de paisagem interior e da paisagem exterior (Pessoa 1995, p. 100).

Daí: *sinto*. *Sinto que sou ninguém*, *ninguém* por si mesmo, *ninguém* diante de *meu senhor e dono*, pois é meu dono que me faz "alguém". Por isso, não empregou a universal: *não sou ninguém* e sim *sou ninguém*. *Ninguém salvo uma sombra*. *De um vulto que não vejo e que me assombra*. A *sombra* retira o *ninguém* do nada. O poeta ex-siste como *sombra*, ele é o significado de um significante que o nomeia. *Sombra*...

De um vulto que não vejo e que me assombra, eis que o *fantasma oculto* se *revela* e, embora não o veja, ele o *assombra* com seu *terror antigo*, *insepulto*. Sua vida *presa por uma corda de Inconsciente* tem na *mão noturna que me guia* uma certeza inabalável: *E em nada existo como a treva fria*. *Sinto*, nada de *treva fria*; então, *existo* e *em nada como treva fria* me perdi ou extraviei. Por isso, *Tirei poesia e ciência/E não pouca./Maravilha do inconsciente.*

Se, por um instante que seja, cessasse a fonte viva do inconsciente, seria a decadência: "*A decadência é a perda total da inconsciência; porque a inconsciência é o fundamento da vida.* O coração, se pudesse pensar, pararia" (Pessoa 1982a, p. 218).

Pessoa descobriu por si só um grande segredo. A obra, por modesta que seja, é "opor-se ao trabalho do tempo. *Ela toma o fantasma como recurso e não deixa o devaneio destacar-se a serviço da ilusão de criar.* Pois o devaneio destacado da atividade do fantasma (fantasia) nunca está longe da onipotência maníaca ou da melancolia" (Fédida 2002, p. 85). A descoberta desse segredo rendeu a Pessoa uma vida rica e profícua: *não pouca/Maravilha do inconsciente.*

Destino que não compreendo

L'inconscient, c'est que l'homme
soit habité par le signifiant.
Lacan

Para onde vai a minha vida, e quem a leva?
Por que faço eu sempre o que não queria?
Que destino contínuo se passa em mim na treva?
Que parte de mim, que eu desconheço, é que me guia?

O meu destino tem um sentido e tem um jeito,
A minha vida segue uma rota e uma escala,
Mas o consciente de mim é o esboço imperfeito
Daquilo que faço e que sou; não me iguala.

Não me compreendo nem no que, compreendendo, faço.
Não atinjo o fim ao que faço pensando num fim.
É diferente do que é o prazer ou a dor que abraço.
Passo, mas comigo não passa um eu que há em mim.

Quem sou, senhor, na tua treva e no teu fumo?
Além da minha alma, que outra alma há na minha?
Por que me destes o sentimento de um rumo,
Se o rumo que busco não busco, se em mim nada caminha

Senão com um uso não meu dos meus passos, senão
Com um destino escondido de mim nos meus atos?
Para que sou consciente se a consciência é uma ilusão?
Que sou eu entre quê e os fatos?

Fechai-me os olhos, toldai-me a vista da alma!
Ó ilusões! se eu nada sei de mim e da vida,
Ao menos goze esse nada, sem fé, mas com calma,
Ao menos durma viver, como uma praia esquecida...
(Pessoa 1995, p. 129-130).

Para onde vai minha vida, e quem a leva? Que a vida vai, é certeza. Mas para onde? Que direção é essa? A morte? Sim. Contudo, não dela como morte. Com a morte, a vida não vai mais. A morte a leva para sempre. Vai e é sem volta. Mas a obra fica e permanece. O poeta estranhamente fala em ***minha*** *vida* e, no entanto, dá-se conta de que *minha vida* é *minha*, mas, embora *minha*, "alguém", alguma "coisa" a conduz. Então, a pergunta angustiante: *Quem a leva?*, pois, levando-a, sendo *minha*, percebe que ele não a leva. Todavia, não há alternativa: *minha vida*, então, *quem a leva?*

Ainda mais, não só a leva como *Por que faço eu sempre o que não queria?* Que força misteriosa, que energia oculta me impele a *faço eu sempre o que não queria?* Ser levado já vai longe na quebra de minha prerrogativa de ser livre, mas *faço eu sempre o que não queria* me bota numa rota perigosa: não é uma vez ou outra que sou imperado, e, sim, *faço eu sempre. Sempre* é universal ao qual não se pode escapulir. O poeta tem dimensão verdadeira do inconsciente: sabe, com certeza própria, que não há como agir sem que ele nos impila. É a própria explicitação de Freud, de que nada se diz ao acaso. Tudo é por ele sobredeterminado. E o surpreendente é que *faço eu sempre o que não queria.* O "querer" que me é mais sagrado, o selo de minha liberdade, sofre comando que não é meu. Alhures, Pessoa assim declara:

"Guia-se [o homem] por normas que não sabe que existem, nem que por elas se guia, e as suas ideias, os seus sentimentos, os seus atos, são todos *inconscientes* – não porque neles falte a consciência, mas porque neles não *há duas consciências*" (Pessoa 1982b, p.151).

Lacan explicitou essa dura verdade de maneira lapidar: "o desejo inconsciente é desejo do Outro" (Lacan 1966, p. 632). E o apóstolo Paulo, que Lacan cita em seu seminário sobre a ética, confessa lhanamente: "Não sinto gosto pelo que faço, mas não faço o que eu quero, mas faço o que aborreço" (Romanos, 7.15). Estranho destino, um ser dividido, *desterrado* em sua própria subjetividade: *Que destino contínuo se passa em mim na treva?/Que parte de mim, que eu desconheço, é que me guia?*

O poeta se dá conta da tragédia humana: o homem é um ser dividido entre ele e si mesmo. Isso é o mais verdadeiro *destino* do ser humano. E mais: esse *destino* é *contínuo* como *sempre* era o do *faço eu sempre o que não queria*. Estranho mais ainda: esse *destino se passa em mim na treva*. Como é possível ter um destino, um destino que *se passa em mim* e *na treva*? "As mais complicadas atividades de pensamento", diz Freud, "podem se produzir sem que a consciência aí participe" (Freud 1971, p. 504). E o poeta constata, verifica mesmo, que seu eu é dividido. *Fal'ente*, esse ente que fala, o ser humano, vive no exílio de si mesmo. E é isso que o coloca na posição de uma falta-para-ser permanente:

> Entre o que digo e o que calo
> Existo?
> (Pessoa 1995, p. 113).
>
> Que parte de mim, que eu desconheço é que me guia?
> (Pessoa 1995, p. 129).
>
> Vento que passa e esquece,
> Poeira que se ergue e cai...
> Ai de mim se eu pudesse
> *Saber o que em mim vai!*
> (Pessoa 1995, p. 121).

Ele fala de uma *parte de mim*. Não diz qual. Nem pode. Embora sendo *parte de mim*, é parte *que eu desconheço*, mas paradoxalmente *é parte que me guia*. Sua lucidez sobre o psiquismo humano é esplêndida: ele bem sabe que é parte donde brota toda sua criatividade. No poema anterior, já confessara que se deixava guiar por esse *guia*. Esse *guia* desperta ininterruptamente sua falta-para-ser e um desejo inextinguível.

Freud explicita que "as associações de ideias são dirigidas por representações-fim inconscientes", e cita Hartmann: "É o inconsciente que escolhe segundo os fins do interesse; isso vale igualmente para as associações de ideia do pensamento abstrato e para as representações sensíveis ou *agrupamentos artísticos*". E acrescenta: "para os *ditos espirituosos*" (Freud 1971, p. 449).

Pessoa, em sua intuição poética, tem certeza de que toda sua criatividade e suas obras são sustentadas pelo inconsciente. E, incrível, é a parte *que eu desconheço* que o impulsiona.

Freud contesta os que dizem que a narrativa do sonho é "tradução" em "palavras arbitrárias". Os que assim fazem:

> subestimam o determinismo no domínio psíquico. Ora, não há nada de arbitrário. Pode-se sempre mostrar que uma segunda corrente de pensamentos determina os elementos que o primeiro não tinha determinado. Se, por exemplo, eu quisesse imaginar um número de modo totalmente arbitrário eu não o poderia: o número que me viria ao espírito seria determinado por pensamentos que podem estar distantes de minhas intenções imediatas, mas que não agiriam menos de uma maneira unívoca e necessária (Freud 1971, p. 438).

Pessoa é plenamente lúcido dessa verdade. Ele nos comunica sua experiência viva:

> Depois de escrever, leio...
> Por que escrevi isto?
> Onde fui buscar isto?
> De onde me veio isto? Isto é melhor do que eu...
> Seremos nós neste mundo apenas canetas com tinta
> Com que alguém escreve a valer o que nós aqui traçamos?...
> (Pessoa 1995, p. 394).

O meu destino tem um sentido e tem um jeito/A minha vida segue uma rota e uma escala. Todo destino tem um sentido, muitas vezes doloroso, se não trágico. O destino de Pessoa tem igualmente um *sentido* e, mais, *tem um jeito*: *Rio, o destino de minha água era não ficar em mim* ou *Navegar é preciso, viver não é preciso* e, mais ainda, *viver não é necessário, o que é necessário é criar*. É o *jeito* de Pessoa. *Poeta nascitur*, diz o antigo adágio, e Pessoa o revela lhanamente: *Vou escrevendo meus versos sem querer*. E confidencia sua vocação:

> Não tenho ambições nem desejos.
> Ser poeta não é uma ambição minha.
> É a minha maneira de estar sozinho
> (Pessoa 1995, p. 203).

Ou

> E assim escrevo, ora bem, ora mal,
> Ora acertando com o que quero dizer, ora errando,
> Caindo aqui, levantando-me acolá,
> *Mas indo sempre no meu caminho* como um cego teimoso
> (Pessoa 1995, p. 226).

Então, é claro que, com tanta determinação, *A minha vida segue uma rota e uma escala*. A *minha vida* se concretiza, se faz *minha*, porque não abre mão de uma rota e uma escala. *Rota*, a escolha de cada poema, de cada obra, e a *escala*, a parada para sua confecção ou, melhor ainda, a harmonia do poema na escala. Pessoa ativa sua imaginação para criar, transforma-a em obra sem cessar: *viver não é necessário, o que é necessário é criar*. Sua convicção na averiguação de que o inconsciente lhe é *guia*, faz com que declare diante de lampejo criativo: *Mas o consciente de mim é o esboço imperfeito/Daquilo que faço e que sou; não me iguala*. Aqui, sua intuição toca de novo a descoberta da psicanálise: "Para bem compreender a vida psíquica", afirma Freud, "*é indispensável cessar de sobreestimar a consciência.* É preciso ver no inconsciente o fundo de toda vida psíquica... O inconsciente é o próprio psíquico e sua essencial realidade" (Freud 1971, p. 520). Repica Pessoa: *O consciente de mim* é um *esboço* apenas e *esboço imperfeito.*

Esboço imperfeito: a consciência é uma referência pontual, perfunctória e velozmente passageira. Por isso, é *esboço imperfeito*, bosquejo apenas *daquilo que faço*, isto é, sua vasta e bela obra. Também aqui Pessoa coteja Freud:

> O próprio trabalho intelectual é obra das forças psíquicas que durante o dia cumprem tarefa semelhante. Mesmo nas criações intelectuais e artísticas parece que somos levados a estimar demasiadamente o caráter consciente. As informações que nos deixaram sobre esse ponto homens de tão grande fecundidade intelectual como Goethe e Helmholtz mostram bem mais que o que houve de *essencial* e *novo* em suas vidas veio por uma espécie de inspiração súbita e quase completamente acabada (Freud 1971, pp. 520-521).

Pessoa vai mais longe: *o consciente de mim é o esboço imperfeito... do que sou. O mistério sabe-me a eu ser outro.* Ele vive profunda e conscientemente sua divisão subjetiva. *Fal'ente*, pode afirmar: *Eu vejo-me e estou sem mim/conheço-me e não sou eu* ou *Não sou eu quem descrevo. Eu sou a tela/e oculta mão colora alguém em mim.* Aparece aqui a obra da *oculta mão*. Ela *colora alguém em mim.* Ele se sabe puro efeito de seu inconsciente: ele é "alguém" que a *oculta mão colora.* Por isso, o *consciente de mim (...) não me iguala.* Daí sua interrogação: *Seremos nós neste mundo apenas canetas com tinta/Com que alguém escreve a valer o que nós aqui traçamos?*

Contemplando a posição assintótica de sujeito, *não me iguala*, conclui:

> Não meu, não meu é quanto escrevo.
> A quem o devo?
> De quem sou o arauto nado?
> Por que, enganado,
> Julguei ser meu o que era meu?
> Que outro mo deu?
> Mas, seja como for, se a sorte
> For eu ser morte
> De uma outra vida que em mim vive,
> Eu, o que estive

Em ilusão toda esta vida
Aparecida,
Sou grato Ao que do pó que sou
Me levantou.
(E me fez nuvem num momento
De pensamento).
(Ao de quem sou, erguido pó,
Símbolo só)
(Pessoa 1995, p. 164).

Diante dessa consciência da divisão subjetiva estrutural, *Ao de quem sou, erguido pó,/**Símbolo** só*, nada mais lógico que: *Não me compreendo nem no que, compreendendo, faço./Não atinjo o fim ao que faço pensando num fim.*

Lacan, no seminário sobre a psicose, propõe um princípio básico para a escuta do inconsciente: "o compreensível é um termo sempre fugaz, inapreensível; é surpreendente que essa observação jamais tenha sido sopesada como uma lição primordial, uma formulação obrigatória para a entrada da clínica. *Comecem por não acreditar que vocês compreendem. Partam da ideia do mal-entendido fundamental*" (Lacan 1981, p. 29).

Pessoa ilustra que, longe de isso ser um conselho, é a mais pura verdade da divisão do sujeito: *compreendendo* o jorro criativo que brota do inconsciente, *faço*; mas, ao assim fazer, *não me compreendo*, pois tudo é muito mais do que *faço*: *Eu vejo-me e estou sem mim/Conheço-me e não sou eu* (Pessoa 1995, p. 156). Trata-se de um ver que permanece escuro: *Vejo em mim, mais escuro é o que vejo/Quanto mais compreendo/Menos me sinto compreendido. Ó horror/[...] paradoxal deste pensar*... Por mais esforço por ver: *Quanto mais olho, mais eu compreendo/De quanto é escura aquela escuridão/E quanto mais o compreendo, mais/Me sinto escuro em o compreender* (Pessoa 1995, p. 470).

Por isso, Nada sou, nada posso, nada sigo.
Trago, por ilusão, meu ser comigo.
Não compreendo compreender, nem sei
Se hei de ser, sendo nada, o que serei
(Pessoa 1995, p. 145).

Eis por que a sensação de todo poeta, como de todo artista, resume-se em: *Não atinjo o fim ao que faço pensando num fim.* É só *pensando num fim*, num ideal de ego que se pode criar, mas, finda a obra – *ao que faço* –, a mesma conclusão é inevitável: *não atinjo o fim.* E outro caminho saudável não há, senão conformar-se com uma possível equação entre o ego ideal e o ideal de ego. Todavia, a grande questão, para todo humano, é o *não me iguala.* Acontece que a equalização não é possível nem no plano da obra nem, o mais dolorido, no nível moral. Por isso, o Poeta emenda: *É diferente do que é o prazer ou a dor que abraço.*

O *prazer* e *a dor que abraço*, dos quais não foge e aos quais pode se resignar heroicamente, são o real ao qual se rende: seu corpo, seus sentimentos lhos revelam em sua própria carne. Porém, o que o faz sofrer *é diferente*, a saber, as limitações de seu operar, de seu escrever, e a frustração moral do *não atinjo o fim.* A terrível sensação moral de nossas fraquezas e covardias: eu e minhas falhas. O poeta se interroga, examina sua consciência:

Afinal
Que vida fiz eu da vida?
Nada.
Tudo interstícios,
Tudo aproximações,
Tudo função irregular e do absurdo,
Tudo nada.
É por isso que estou tonto...
(Pessoa 1995, p. 399).

Contudo, depois de constatar *Tudo interstícios, Tudo aproximações, Tudo função irregular e do absurdo* queda *tonto*, pois o que é duro, penoso é que: *Passo, mas comigo não passa um eu que há em mim.*

Instalado no simbólico, *símbolo só*, o *fal'ente* não tem como fugir ao compromisso moral de sua ex-sistência: *passo*, o tempo é implacável, mas *comigo não passa*, isto é, permanece a consciência de minha história, *um eu que há em mim*, um eu cuja permanência é fora do tempo. Por mais que recalque, mil evasivas... inútil! Meus atos são meus mesmo, deles *um eu que há em mim* me diz sem parar: "tu és essa argila". Atento a essa divisão, o poeta se resguarda: *Faze de ti um duplo ser guardado* (Pessoa 1995, p. 188): do consciente e do inconsciente. Do fundo da alma, essa dicotomia o atormenta:

Assim fico, fico... Eu sou o que sempre quer partir,
E fica sempre, fica sempre, fica sempre,
Até à morte fica, mesmo que parta, fica, fica, fica...
(Pessoa 1995, p. 343).

Por isso o pedido:

Passa, ave, passa e ensina-me passar.
(Pessoa 1995, p. 225).

Por que depressa passa. E assim é a vida
(...)
E o sentimento de que a vida passa
E o senti-la passar
Toma em mim tal intensidade
De desolado e confrangido *horror*,
Que a esse próprio *horror*, *horror* eu tenho
Por ele e por senti-lo,
E por *senti-lo como tal*
(Pessoa 1995, p. 463).

E por senti-lo como tal, apela ao vento que passa e a poeira que sobe:

Vento que passa e esquece,
Poeira que se ergue e cai...
Ai de *mim se eu pudesse*
Saber *o que em mim* vai!...
(Pessoa 1995, p. 121).

E por não *saber o que em mim vai* pede calma, ele precisa de tempo:

Não: devagar.
Devagar, porque não sei
Onde quero ir.
Há entre mim e meus passos
Uma divergência instintiva.
Há entre *quem sou e estou*
Uma *diferença de verbo*
Que *corresponde à realidade.*

Devagar...
Sim, devagar
(Pessoa 1995, p. 395).

"O inconsciente demanda tempo para se revelar" (Lacan 1998, p. 314): *Devagar... Sim, devagar*, é preciso tempo para assumir o desvio que me constitui entre *quem sou e estou*, uma diferença de verbo, mas *que corresponde à realidade*. Tempo, tempo de semear, tempo de nascer, tempo de crescer, tempo de morrer, para que a obra se perenize, mas, sobretudo, *tempo para compreender*, embora (e apesar de tudo) *não me compreendo nem no que, compreendendo, faço*, preciso de tempo, pois, sem ele, não haveria o "instante de ver", de intuir, de inventar, de criar e, muito menos, o "tempo de concluir": *Passa, ave, passa, e ensina-me a passar!* Ou *Ave que passas, no teu leve olvido/Do voo entregue a.../Ensina-me o sentido/Da vida/A significação atônita das cousas* (Pessoa 2006a, p. 350), a angústia de ex-sistir e de "passar". O compromisso moral de ex-sistir:

Ah, quem escreverá a história do que poderia ter sido?
(...)
Sou quem falhei ser.
Somos todos quem nos propusemos.
A nossa realidade é o que não conseguimos nunca
(Pessoa 1995, p. 388).

Ou:

Tudo que faço ou medito
Fica sempre na metade.
Querendo, quero o infinito.
Fazendo, nada é verdade
(Pessoa 1995, p. 172).

Ou:

Quanto fui, quanto não fui, tudo isso sou.
Quanto quis, quanto não quis, tudo isso me forma.
Quanto amei ou deixei de amar é a mesma saudade em mim
(Pessoa 1995, p. 384).

Quem sou, senhor, na tua treva e no teu fumo? Que senhor é esse? Ele já o conhece: *Desce e afirma meu senhor e dono*. Mas a mensagem que ele envia me deixa *na tua treva e no teu fumo*. Enigmática, cifrada, ela me ilustra, mas não esclarece. Pura significância, me remete aos arcanos de mim mesmo. Por isso, a pergunta lógica: *Além da minha alma, que outra alma há na minha?*

Eis a constatação de nossa maior angústia de ex-sistir: a *Spaltung* que nos aperta a ponto de *que outra alma há na minha?* O poeta vive essa cisão de maneira aguda: *Eu vejo-me e estou sem mim/Conheço-me e não sou eu* (Pessoa 1995, p. 156). Então, incomodado por essa angústia, interroga o *senhor* que se impõe *sem ordem, sem meneio e sem insulto*:

Por que me destes o sentimento de um rumo,
Se o rumo que busco não busco, se em mim nada caminha

Senão com um uso não meu dos meus passos, senão
Com um destino escondido de mim nos meus atos?
(Pessoa 1995, p. 130).

É uma queixa? É uma rendição? É a declaração de uma impotência? É a conclusão de uma estrutura cujas consequências são absolutamente inevitáveis? Como, então, aparar os golpes que inesperadamente o atingem em sua consciência? Muito duro ter *o sentimento de um rumo, se o rumo que busco, não busco*. Eu mesmo, *destronado* por um *trono* do qual *desce e se afirma meu senhor e dono*. O poeta tem a intuição de que não há *público ou privado, dentro ou fora, superficial ou profundo*. Não há psicologia profunda. *Meu senhor* fala a partir da mesma linguagem que eu falo. É letra, letra minha e eu ignorava. É escritura de meu *terreno*, do meu terreiro, escritura de meus desejos. Mas a natureza dessa escrita me impele de tal maneira que *em mim nada caminha/senão com um uso não meu dos meus passos*.

O uso que faço de meus passos não é *meu*, isto é, *em mim nada caminha*, pois em mim caminha unicamente *meu Senhor e dono*. Nada, absolutamente nada do que faço, *passos* ou *caminhos*, escapa ao império de meu inconsciente, por mais que acredite ser dono de meus atos. E, se assim é, *em mim nada caminha senão/Com um destino escondido de mim nos meus atos?* Sim, *fal'entes* que somos, não há como evadir a *um destino escondido de mim*, tramado, urdido com *letras*, as mesmas com que falo ou escrevo. Meus atos são exatamente *atos meus* pela consistência do *destino escondido* que dita *meus passos* e baliza meus caminhos.

Diante de verdade tão disruptiva, perante essa hiância que o Outro me impõe, uma pergunta lancinante: *Para que sou consciente se a consciência é uma ilusão?/Que sou eu entre quê e os fatos?* O poeta conhece a precariedade da consciência diante da irrupção da mensagem inconsciente, *sem ordem, sem meneio*. nem sequer avisa ou pede permissão. Surpreendentemente me coloca em situação constrangedora. Estupefato se pergunta: "Que sou eu entre quê e os fatos"? Isto é, quem sou eu entre minha consciência e *os fatos* das manifestações de meu inconsciente? *Algo* nesse intervalo se precipita, não tenho dúvida, tenho certeza: *haí um*, sou eu mesmo. Eu mesmo e absolutamente mais ninguém. Eu na minha solidão de ser um, uniano. Não faço série, não há como ser binário. Sou terminantemente um. Eis por que a consciência não é mais que uma ilusão. Freud lhe outorgou sua verdadeira razão: não mais entronizada, mas destronada, isto é, colocada na sua vera dimensão.

Numa carta a João Gaspar Simões, a respeito de um jornal de Málaga que fez uma interpretação "psicanalítica" de três poesias suas, Pessoa escreve:

> (...) o Freudismo é um sistema imperfeito, estreito e utilíssimo. É imperfeito se julgamos que nos vai dar a chave, que nenhum sistema nos pode dar, da

complexidade indefinida da alma humana. É estreito se julgamos, por ele, que tudo se reduz à sexualidade, pois nada se reduz a uma coisa só, nem sequer na vida intra-atômica (Pessoa 1974, p. 63).

Mas, curioso, afirma também:

> (...) mas o que tenho lido *tem servido extraordinariamente* – confesso – *para afinar a faca psicológica e limpar ou substituir as lentes do microscópio crítico* ou (...) reconheço o poder hipnótico dos freudismos sobre toda criatura inteligente, sobretudo se a sua inteligência tem a feição crítica (Pessoa 1974, p. 64).

O poeta está vencido. Está fatigado. Rendeu-se a essa hiância abismal entre ele e si mesmo. Entrega-se ao repouso, pois se exauriu na busca da mais real verdade humana: vivemos no exílio de nós mesmos. *Fechai-me os olhos, toldai-me a vista da alma. Fechai*, que visa esse imperativo? Plural? Sim, *Ó ilusões!* Ilusões: descoberta a verdade, *que outra alma há na minha? Fechai-me os olhos* da cara. É preciso ver com outros olhos, estes veem e não enxergam. Mas a *vista* da alma: *fantasma oculto, senhor e dono, vulto, sombra, destino contínuo, rumo, destino escondido*... é intensa coisa. *Toldai-me* apenas e, não, *fechai-me*, pois já não quero perder de *vista* a densidade das paisagens que agora contemplo. Todavia, *toldai-me* para que não submerja. *Toldai-me a vista da alma* para que suporte a *vista* da outra alma que há na minha. *Ó ilusões!* para que as quereria se constatei, *se eu nada sei de mim e da vida?*

Dando-se por vencido, queda-se, exausto de percurso tão aterrador: *Ao menos goze esse nada, sem fé, mas com calma,/Ao menos durma viver, como uma praia esquecida*... *Ao menos goze esse nada*, o inconsciente é verdadeiramente o lugar do gozo por excelência. Esse gozo não cessa de não se escrever, a pulsão não para de se representar. Desse gozo que não cessa, *ao menos goze esse nada* que me é possível, sem que eu me destrua ou morra. Mas *sem fé*, pois *fé é certeza das coisas que não se veem* e o gozo que aqui pontualmente viceja é gozo ao alcance da *vista* da alma, é um gozo real, que se precipita entre mim e o Outro, *mas com calma*, não há por que se afobar, pois, o objeto *a*, garantidamente, pontualmente, infalivelmente o canalizará. Então, *Ao menos durma viver* para que os olhos que veem não impeçam *a vista* que enxerga, a *vista* da alma. *Dormir viver como uma praia* que contempla as marés e recebe o afago de suas *mensagens*, a passagem dos ventos, a movimentação das areias, o fervilhar da vida marinha. Mas *praia escondida* para que o *destino contínuo, o destino escondido* atinjam seu fim. *Durma viver*:

O sono que desce sobre mim,
O sono mental que desce fisicamente sobre mim,
O sono universal que desce individualmente sobre mim,
Esse sono
Parecerá aos outros o sono de dormir,
O sono da vontade de dormir,
O sono de ser sono.

Mas é mais, mais de dentro, mais de cima:
É o sono da soma de todas as desilusões,
É o sono da síntese de todas as desesperanças,
É o sono de haver mundo comigo lá dentro
Sem que eu houvesse contribuído em nada para isso
(Pessoa 1995, p. 398).

E, como tal, e porque tal: *Durma viver*.

8

A OPÇÃO PELA SUBLIMAÇÃO CONFIRMADA

Quero ser uma obra de arte...
Fernando Pessoa

...na divina consciência da minha missão.
Fernando Pessoa

O que escrevo é autonomamente real.
Clarice Lispector

Introdução

A opção da sublimação (mais uma vez, meio e não fim) como ideal de vida sempre esteve presente na existência de homossexuais. Alguns que deram grande contribuição à cultura, partindo da mais sofrida e diversa experiência de vida, deixaram legado explicito.

Assim, Oscar Wilde que conseguiu escandalizar a sociedade de sua época e que terminou os seus dias praticamente exilado em Paris, deu o seguinte depoimento: " To become a work of art is the object of living". Michel Foucault, que mergulhou em todas as orgias homoeróticas, um ano antes de sua morte se pergunta: " A vida de todo indivíduo não poderia ser uma obra de arte"?

Essas conclusões desses dois escritores soam como uma experiência de peso do que valeu a pena ("obra de arte") e do que foi desconstrução ou ilusão na existência deles.

Fernando Pessoa, que optou pela estética da renúncia, dá um testemunho mais elevado ainda, uma vez que dedicou a vida inteira aos ideais da cultura: "A vida de uma pessoa é uma obra de arte"... "Quero ser uma obra de arte". Com a habilidade e a paciência de um escultor lavrou com sua pena as abundantes energias com que nasceu e conseguiu realizar esse desejo: "Quero ser uma obra de arte".

Alcançou em si, graças à escrita literária, aquilo que uma análise fecunda pode alcançar para um sujeito. Em que pesem *meu temperamento instável* e *A impossibilidade de agir foi sempre em mim uma moléstia com etiologia metafísica* (Pessoa 1982b, p. 92), uma vez descoberto seu desejo do objetivo a ser colimado em sua ex-sistência, sobre ele não cedeu em modo algum. Sujeito, porque identificado a seu desejo, moldou sua vida segundo esse desejo esclarecido. Apenas ele o sustentou na construção de sua grandiosa obra.

Seu ideal de ego foi sempre seu. Não se iludiu com a ficção de ideais estranhos a si nem se pautou por idealizações ou ouropéis que o distanciassem desse seu desejo. Não o seduziu o estoicismo e menos ainda o cristianismo romano. Guiava-se pela exortação de Paulo apóstolo. Todo movimento de suas pulsões, ele o vivia segundo o ώς μή:[1] "Isto porém vos digo irmão: que o tempo é breve, resta, pois, que aqueles que têm esposas sejam *como se não* as tivessem, aqueles que choram *como se não* chorassem, e aqueles que compram *como se não* possuíssem, e aqueles que usam deste mundo *como se* não usassem, pois a figura deste mundo passa" (I Cor. 7.29-31).

Viver *como se*, pois *o tempo é breve* no trato dos impulsos e na busca da concretização contínua do ideal: "Se eu pudesse compenetrar-me realmente de quanto a renúncia é bela, que dolorosamente feliz para sempre que eu seria" (Pessoa 1982a, p. 274). Pessoa viveu o maior desapego das coisas materiais e das vaidades da visibilidade. Passou necessidades de todo tipo, mas jamais abriu mão diante de que *o essencial é invisível ao olhar*. *O tempo é*

---

1 Ôs mé = como se não.

breve por nada menos que pela morte que vem aí. Pessoa é vivamente ciente de que o verdadeiro motor da criatividade é a falta-para-ser:

> O que me dói é que o melhor é mau, e que outro, se o houvesse, e que eu sonho, o haveria feito melhor. Tudo quanto fazemos, na arte ou na vida, é a *cópia imperfeita* do *que pensamos em fazer*. Desdiz, não só da perfeição externa, senão da perfeição interna; falha não só à regra do que deveria ser, senão à regra do que julgávamos que poderia ser. Somos ocos não só por dentro, senão também por fora, *párias da antecipação e da promessa* (Pessoa 1982b, p. 54).

Não se inspirou por fora, mergulhou na riqueza de seu gênio e o fez produzir. Desenvolveu a estética da indiferença, a estética da abdicação, a estética da desistência e a estética do silêncio, a fim de explorar o manancial de suas pulsões e canalizar seus impulsos para os ideais que habitavam seu espírito.Guiava-se estritamente pelo real, o real que lhe voltava do mundo externo em suas fantasias ou o real que, reaparecendo de "outra cena" em seus fantasmas, acendia-lhe os desejos. Isso era tão forte nele, que pôde afirmar: "As figuras imaginárias têm mais relevo e verdade que as reais" (Pessoa 1982b, p. 107). Essa disciplina ascética lhe fornecia apoio sempre que sua vontade titubeava.

Esse trato com o real o fez descobrir o que Hegel formulara: o real é racional e vice-versa, o racional é real. A circulação do *Falus* coloca-o vigilante ante a Coisa. Ao nominá-la, institui um saber sobre ela, chamando-a à ex-sistência. Se o psicanalista se ocupa do significante como marca da pura diferença, Pessoa se esmera no "micróbio da significação" (Pessoa 1982b, p. 26) ou no "estalido da diferença" (p. 97) para o *apropriado* (Heidegger) e pode dizer: "Não há nada de real na vida que o não seja porque se descreveu bem" (Pessoa, p. 264). Eis aí o axioma hegeliano ou o lacaniano: *o escrito é do real.*

Desde cedo, descobriu que "A vida é o que fazemos dela" (Pessoa 1982b, p.133) e, evidentemente, a única coisa que conta são as obras, ou seja, para ele, reproduzir no real da escrita o que lhe brotava no espírito. E a produção contínua possibilitou-lhe o amplo aproveitamento de suas potencialidades. Percebeu cedo que o desejo de reconhecimento, de fama, de impressionar (*épater*) é fútil e perfunctório. Ao contrário, reconheceu *seu* desejo e o transformou em obras, *opus* permanente. O desejo firmemente mantido se condensou nesses termos:

> Meu intenso sofrimento patriótico, meu intenso desejo de melhorar as condições de Portugal provoca em mim – como exprimir com que calor, com que intensidade, com que sinceridade! – mil planos que, mesmo se um homem pudesse realizá-los, teria de possuir uma característica que, em mim, é puramente negativa – a força de vontade. Mas sofro – até o limite mesmo da loucura, juro-o – como se pudesse fazer tudo e fosse incapaz de fazê-lo, por deficiência de vontade. O sofrimento é horrível. Mantém-me constantemente, afirmo-o, nos *limites da loucura* (Pessoa 1974, p. 34).

Esse ideal do *poeta por profissão* era alimentado por um jorro de inspirações que de tudo surgia: "A poesia da terra nunca morre. Podemos dizer que as eras passadas foram mais poéticas, mas não podemos dizer (...)" (Pessoa 1974, p. 36). Em sua ficha biográfica, em 30 de março de 1935, em seu currículo, diríamos nós hoje, tira conclusão mais profunda: "O ser poeta e escritor não constitui profissão mas *vocação*" (Pessoa 2006b, p. 197). Essa vocação, que William Blake definia como "ver o mundo num grão de areia, o céu numa flor silvestre, conter o infinito na palma da mão e a eternidade numa hora", Pessoa a viveu como uma liturgia na celebração da vida, pois, para ele, em tudo há poesia:

> A poesia encontra-se em todas as coisas – na terra e no mar, no lago e na margem do rio. Encontra-se também na cidade – não o neguemos – é evidente para mim, aqui, enquanto estou sentado, há poesia nesta mesa, neste papel, neste tinteiro; há poesia no barulho dos carros nas ruas, em cada movimento diminuto, comum, ridículo, de um operário, que do outro lado da rua está pintando a tabuleta de um açougue (Pessoa 1974, p. 36).

A poesia emana-lhe do quotidiano mais simples ou corriqueiro:

> Meu senso íntimo predomina de tal maneira sobre meus cinco sentidos que vejo coisas nesta vida – acredito-o – de modo diferente de outros

> homens. Há para mim – havia – um tesouro de significado numa coisa tão ridícula como uma chave, um prego na parede, os bigodes de um gato. Há para mim uma plenitude de sugestão espiritual em uma galinha com seus pintinhos, atravessando a rua, com ar pomposo. Há para mim um significado mais profundo do que as lágrimas humanas no aroma do sândalo, nas velhas latas num monturo, numa caixa de fósforos caída na sarjeta, em dois papéis sujos que, num dia de ventania, rolarão e se perseguirão rua abaixo. É que a poesia é *espanto, admiração*, como de um ser tombado dos céus, a tomar plena consciência de sua queda, *atônito diante das coisas*. Como de *alguém* que *conhecesse a alma das coisas*, e lutasse para recordar esse conhecimento, lembrando-se de que não era assim que as conhecia, não sob aquelas formas e aquelas condições, mas de nada mais se recordando. (Pessoa 1974, pp. 36-37).

Sua sensibilidade poética é refinada, está atenta ao *novo* que, inopinadamente, faísca-lhe no imaginário. Diante das coisas mínimas, corriqueiras, banais ou grandiosas: *espanto, admiração... atônito diante das coisas... alguém que conhecesse a alma das coisas...* Espírito alerta, aberto ao movimento das coisas e da vida, sensibilissimamente tangido pelo novo e avesso ao repetitivo, ao sintomático, à rotina espiritualmente esterilizante. E o jorro é intenso: "Estou atualmente atravessando uma daquelas crises a que, quando se dão na agricultura, se costuma chamar 'crise de abundância'".

> Tenho a alma num estado de rapidez ideativa tão intenso que preciso fazer da minha atenção um caderno de apontamentos... Versos ingleses, portugueses, raciocínios, temas, projetos, fragmentos de coisas que eu não sei o que são, cartas que não sei como começam ou acabam, relâmpagos de críticas, murmúrios de metafísicas... Toda uma literatura, que vai da bruma – para a bruma – pela bruma... (Pessoa 1974, p. 41).

Por isso, seu sofrimento: "As ideias que perco causam-me uma tortura imensa, sobrevivem-se nessa tortura, escuramente outras" (Pessoa 1974, p. 41).

Pessoa era um sujeito de "desejo advertido". Sabia bem que "minha fraqueza de vontade começou sempre por ser uma fraqueza da vontade de ter vontade" (Pessoa 1982a, p. 319) e, por isso, lança mão de vários recursos, para que "não haja lama nas estradas de meus pensamentos nem folhas mortas nas lagoas de meus propósitos". Seu ideal é grandioso: "Eu, da raça dos descobridores, desprezo o que seja menos que descobrir um Novo Mundo!" (*apud* Crespo 1990, p. 233).

PALAVRAS DO PÓRTICO

"Ó mar salgado, quanto do teu sal
São lágrimas de Portugal!"
Fernando Pessoa

Palavras do pórtico... Na entrada de sua obra, bem no frontispício, um aviso a todo leitor: eis o espírito que o move, eis a força que o sustenta, eis a inspiração de toda sua criação, o ideal a que se propõe:

> Navegantes antigos tinham uma frase gloriosa: "Navegar é preciso; viver não é preciso".
>
> Quero para mim o espírito [d]esta frase, transformada a forma para a casar com o que eu sou:
>
> Viver não é necessário; o que é necessário é *criar*.
>
> Não conto gozar a minha vida; nem em gozá-la penso. Só quero torná-la grande, ainda que para isso tenha de ser o meu corpo e a (minha alma) a lenha desse fogo.
>
> Só quero torná-la de *toda a humanidade*; ainda que para isso tenha de a perder como minha.
>
> Cada vez mais assim penso. Cada vez mais ponho na essência anímica do meu sangue o propósito impessoal de engrandecer a pátria e contribuir para a evolução da humanidade.
>
> É a forma que em mim tomou o misticismo da nossa Raça (Pessoa 1995, p. 15).

Navegantes: talvez, um dos significantes de maior significado para os portugueses de todos os tempos, mas sobretudo para Fernando Pessoa. É deveras curioso que Camões, admirado por ele, o grande vate da epopeia portuguesa, não tenha lhe proporcionado influência maior:

> Tenho uma grande admiração por Camões (o épico, não o lírico), mas não sei de elemento algum camoniano que tenha tido influência em mim, influenciável como sou... É que o que Camões me poderia ensinar já me fora ensinado por outros" (Pessoa 1974, p. 67).
>
> (...) a minha educação é toda inglesa (Pessoa 1974, p. 70).

Sua formação se deveu mais a poetas ou escritores de língua inglesa, como Shakespeare, Milton, Shelley, Keats, Tennyson, Poe, Pope, Carlyle, Whitman, mas nem por isso deixa de ter um sentimento profundo do heroísmo de Portugal na conquista dos mares. *Mar, navegantes, navegar* são significantes que nutrem a mente e a fantasia da corajosa nação portuguesa. E esses significantes são mestres para Fernando Pessoa.

Cônscio da grandeza de sua pátria, ao literalmente lhe consagrar sua vida, em sublimação contínua, evoca um adágio antigo, que denomina de "frase gloriosa": "Navegar é preciso". O anseio da conquista dos mares, das ilhas e das terras encontra nesse mote o *motus perennis* de um singrar sem fim. O imaginário português é habitado pelo domínio das vastas extensões marinhas. E o assíndeto *viver não é preciso* remata em paradoxo a urgência do primeiro mote: "Reproduzimos assim, na espécie dolorosa, a fórmula aventureira dos argonautas: navegar é preciso, viver não é preciso" (Pessoa 1995, p. 54). É por isso que, orgulhosamente, o mar é "Mar Português":

> Ó mar salgado, quanto do teu sal
> São lágrimas de Portugal!
> Por te cruzarmos, quantas mães choraram,
> Quantos filhos em vão rezaram!
> Quantas noivas ficaram por casar
> Para que fosses nosso, ó mar!

Valeu a pena? Tudo vale a pena
Se a alma não é pequena.
Quem quere passar além do Bojador
Tem que passar além da dor.
Deus ao mar o perigo e o abismo deu,
Mas nele é que espelhou o céu
(Pessoa 1995, p. 82).

Pessoa tem sempre presente sua missão. Sabe o quanto ela lhe custará: *Quem quere passar além do Bojador/Tem que passar além da dor*. Graças à renúncia e à pertinácia, alcança a disciplina de suas pulsões. Conquistar os mares? Sim! Há que se advertir, há que se preparar: *Quem quere passar além do Bojador*, isto é, sair ao largo no oceano, *tem que passar além da dor*. Há só um dilema: o risco é enorme e certo, por isso, é preciso traquejo para lidar com a *dor*, estar ciente de que é companheira inevitável da travessia. Tem de ter coragem e brio suficientes para *passar além da dor*, não ser vencido por ela, mas, sim, ao contrário, integrá-la como parte inevitável da aventura.

Dor, que dor é essa? Dor de partir – *partir c'est toujours mourir un peu* – dor das lágrimas, da despedida, das saudades, do retorno ou da não-volta, dor de esposa, dor de mães, dor de filhos, dor de noivas, dor de amigos... Pessoa, aos 14 anos, em plena puberdade, crise que retoma a infância e a latência, assim descreve sua angústia de ter tido de partir precocemente:

ADEUS...
O navio vai partir, sufoco o pranto
Que n'alma faz nascer cruel saudade;
Só me punge a lembrança que em breve há-de
Fugir ao meu olhar o teu encanto.

Não mais ao pé de ti, fruindo santo
Amor em sonho azul; nem a amizade
De amigos me dará felicidade
Igual à que gozei contigo tanto.

Dentro do peito frio meu coração

Ardendo está co'a força da paixão,
Qual mártir exilado em gelo russo...

Vai largando o navio p'ra o largo giro:
Eu meu adeus lhe envio num suspiro,
Ela um adeus me envia num soluço
(Pessoa 2006a, p. 35).

Ele se irmana aos seus compatriotas heroicos que, arrostando essa dor, destemidamente avançaram mar adentro: *para que fosses nosso, ó mar!* Não há conquista verdadeira, não se faz história na existência, se não se faz ao largo *além do Bojador*, lá onde o bojo do mar na Terra rotunda vai lentamente ocultando mastro e vela. Pessoa *quere passar além do Bojador*, mas como marinheiro das letras. *Além do Bojador* é pulsão de vida superando pulsão de morte na grande empreitada da construção da civilização.

Depois de tudo, o poeta se interroga: *Valeu a pena*? Como não, se valeu a *possessio maris*! O Mediterrâneo, o Atlântico, o Índico, o Pacífico... Açores, Madeira, Angola, Goa, Timor Leste, Brasil... Pedro Álvares Cabral, Vasco da Gama, Fernão de Magalhães... E o grande navegador das letras portuguesas volta a se perguntar: *Valeu a pena?* Valeu a pena, porque sua alma não era pequena. Valeu uma imensa obra literária, uma das maiores glórias de Portugal e do mundo: *tudo vale a pena,/se a alma não é pequena*, isto é, se for da grandeza do ideal da pátria portuguesa:

E ao imenso e possível oceano
Ensinam estas Quinas, que aqui vês,
Que o mar com fim será grego ou romano:
O mar sem fim é português
(Pessoa 1995, p. 79).

Essas *quinas* gastas, com mariscos engastados, que as águas salgadas fustigaram, revelam o segredo de por onde passaram: o mar grego e o mar romano se tornaram minúsculos ante *o mar sem fim*, isto é, *o mar português*.

À semelhança de um monge que em ato solene se consagra à vida religiosa, emitindo seus votos, Fernando Pessoa se recolhe diante do altar da pátria e recita a fórmula da consagração de sua vida ao engrandecimento de Portugal: "Quero para mim o espírito (d)esta frase, transformada a forma para a casar com o que eu sou: Viver não é necessário; o que é necessário é criar" (Pessoa 1995, p. 15).

Que busca Pessoa? Aspira alto! Deseja uma conquista semelhante à conquista dos mares. Imbui-se do mesmo espírito que animava os corajosos navegadores, a quem movia a paixão pelo *mar sem fim*, *o mar português*, a este, a possibilidade de um novo consórcio. O *espírito* dessa frase, isto é, o ideal *navegar é preciso*, é evocado, *transformada a forma*, para uma nova união, desta feita com ele mesmo: o *espírito* dos navegadores é escolhido para se casar *com o que eu sou*. A *forma* anterior era com navegação, mares, novas terras. Agora, Pessoa *transforma a forma*, quer ser piloto de outro barco, outro timão terá em mãos, outros mares singrará. Outrará com a mesma ousadia dos mesmos navegadores, mas pelo *mar português* da língua de Camões. *O que eu sou?* Um novo *navegador*, um navegador da bela língua portuguesa. Esse novo ideal o urge tanto quanto incandescia o outro ideal aos grandes marinheiros. E, de chofre, Pessoa revela quem "*eu sou*"; sua alma é tão imensa que a tudo e a todos abarca: "Ah, quanto mais ao povo a alma falta,/mais minha alma atlântica se exalta" (Pessoa 1995, p. 82).

O que eu sou é desapego, é renúncia ao gozo pessoal, à satisfação de paixões paralisantes. *O que eu sou* só tem um sentido, metafísico: *Viver não é necessário*. Minha vida não é minha, a ponto de: *Não é necessário viver*. *Viver* é dispensável diante da grandiosa missão que o espera. Viver é secundário, viver é apenas condição para o que é principal: *o que é necessário é* ***criar***. Os navegadores conquistaram mares, terras, continentes; Fernando Pessoa sente-se chamado, intimado mesmo, a navegar nas letras e nelas expandir a glória de Portugal. País pequeno, mas país de façanhas indescritíveis: conquistas oceânicas, conquistas literárias. Um só imperativo moral move Pessoa no aproveitamento de seu gênio: *o que é necessário é* ***criar***. Ele "sabe" que são as obras que contam e não os voos da imaginação. Tudo fará para que o jorro de suas pulsões privilegiadas não se perca. Recolhe-se, para que se transformem, "se transladem", dizia ele, na estética da palavra, na disciplina de versos e em rigor de prosa. O *necessário* é *criar*: "a minha vida gira em torno da minha obra literária – boa ou má, que seja, ou possa ser. Tudo o mais na vida tem para mim um interesse secundário" (Pessoa 2006b, p. 7).

No encalço desse escopo de ideal tão exigente, recorre à renúncia mais estrita de seus prazeres e gozos materiais: "Não conto gozar a minha vida; nem em gozá-la penso". Abre mão do gozo de sua vida, até mesmo em pensamento ou fantasia: *nem em gozá-la penso*. É a renúncia ao gozo que permite que o desejo de crescer se sublime e se transforme em obras do real. Pessoa sabe que o gozo é o grande empecilho para o desejo, obstrui-o: *Eras sobre eras se somem/No tempo que em eras vem./Ser descontente é ser homem./Que as forças cegas se domem/Pela visão que a alma tem!* (Pessoa 1995, p. 84). O desejo se alimenta da falta. Só a falta cria, só a falta possibilita a real convivência humana. Ou seja: *Ah, quanto mais ao povo a alma falta,/Mais minha alma atlântica se exalta*. Pessoa sofre pelos anseios de libertação de seu povo, pela inserção social dos marginalizados da cultura:

> Antes de todos Fernando Pessoa é o inventor e promotor de escolas poéticas originais, lançadas, disse, não com fins meramente artísticos, mas (...) como uma série de ideias que urge atirar para a publicidade para que possam agir sobre o psiquismo nacional, que precisa trabalhado e percorrido em todas as direções por novas correntes de ideias e emoções que nos arranquem à nossa estagnação (Sá-Carneiro 1985, p. 32).

À sua vida, dá um fim preciso: "Só quero torná-la grande, ainda que para isso tenha de ser o meu corpo e (a minha alma) a lenha desse fogo". Fernando é homem de decisão, embora não o reconhecesse. Toma aqui a resolução de sua vida, quer imolar-se, como outrora os mártires (= testemunhas) da fé: *o meu corpo e (a minha alma) a lenha desse fogo*. Que fogo é esse? Sem apresentá-lo, fala *desse fogo*. De onde ele acende? De onde sua chama? Ao dizer *desse fogo*, suporia que o tivesse nomeado antes. Mas nem é preciso. Ele conhece donde vem o calor de seu gênio. Imola-se na renúncia do gozo que a vida pudesse lhe proporcionar. Não dispensa sua energia. Todo o fogo de sua pulsão sexual, o fogo de toda sua força pulsional é arregimentado para colimar um só ideal: *Só quero torná-la de toda humanidade; ainda que para isso/tenha de a perder como minha*.

Conhece seu gênio, conhece os grandes gênios da literatura, sobretudo os da inglesa, que lhe emprestaram parâmetros de estilo, forma e conteúdo. Almeja alto, além de Portugal. Sua obra se destina a *toda humanidade*:

"Realizar em si toda a humanidade de todos os momentos" (Pessoa 2006b, p. 106). Por isso, quer que sua vida seja consagrada a *toda humanidade*, a ponto de abrir mão dela: *ainda que para isso tenha de a perder como* ***minha***. Eis aí a explicitação de entrega do *viver não é preciso*. Se a vida que o anima e o sustenta se destina a toda humanidade, vai ao extremo de imolá-la: *de a perder como* ***minha***. E o poeta se irmana a todos os homens:

> Bendito seja o mesmo sol de outras terras
> Que faz meus irmãos todos os homens
> Porque todos os homens, um momento no dia, o olham como eu,
> E nesse puro *momento*
> Todo limpo e sensível
> Regressam lacrimosamente
> E com um suspiro que mal sentem
> Ao Homem verdadeiro e primitivo...
> (Pessoa 1995, p. 223).

Cada vez mais assim penso. Elevar a pátria, promover a humanidade: objetivo alimentado diuturnamente. Seu pensamento se concentra num ideal único, uma vida consagrada: *cada vez mais assim penso*. Manter o propósito é renová-lo insistentemente. Todo impulso interior é disciplinado em função da opção sublimatória: *Quanto faças, supremamente faze* (Pessoa 1995, p. 287). Numa nota atribuída ao Barão de Teive, assim explicita seu projeto:

> Meu orgulho, porém, nunca sofreu que eu me permitisse menos que o que a minha inteligência poderia fazer. *Nunca* pude conceder a mim mesmo a autorização para o *meio termo*, para qualquer coisa *menos* na obra que a minha *personalidade inteira* e o *meu desejo todo* (e a minha ambição toda). Se houvesse reconhecido na minha inteligência uma incapacidade para a obra sintética, teria sofreado o meu orgulho, reconhecendo-o por loucura. *Mas a deficiência não esteve nunca na minha inteligência capaz sempre de grandes sínteses e de poderosas sistematizações*. O meu mal estava na tibieza da vontade ante o esforço medonho que essas inteirezas envolviam (Pessoa 1995, p. 52).

Ao meio-termo, à mediocridade fugia Pessoa como ao próprio demo: *Mas a deficiência não esteve nunca na minha inteligência, capaz sempre de grandes sínteses e de poderosas sistematizações*. Em outra nota do mesmo barão, o segredo da capacidade sublimatória de Pessoa:

> Entre o asceta e o homem vulgar não reconheço, na esfera da dignidade da alma, uso intermediário ou médio termo. Quem usa que use, quem abdica que abdique. Use com a brutalidade do uso; abdique com a absoluteza da abdicação. Abdique sem lágrimas, sem consolações de si mesmo, senhor ao menos da força de saber abdicar. Despreze-se, sim, mas com dignidade (Pessoa 1995, p. 53).

Nada de vitimização, de reivindicação histérica ou autocomplacência!

Ao lermos esses dois textos de Fernando Pessoa, não é difícil concluir que se inspirou em sua leitura de Nietzsche, pois se define aí com evidência como o *Übermensch*. Aquele que, em desejo e propósito, propôs-se a superar a si mesmo ("o homem é algo que deve ser superado", *Zaratustra*), para a construção de sua grande obra. Nietzsche, por sua vez, que bem conhecia Freud, por intermediação de Lou Salomé, ao propor o *além do homem* (*Übermensch*) como dever moral na Terra, na existência, não propunha senão outra versão da sublimação.

Finalmente, Pessoa resume a ambos num só neologismo: *Outrar*.

Outrar supõe despojamento do gozo podre do sintoma ou a libertação da instalação no narcisismo insosso, insano e mortífero.

Outrar é o desdobrar-se nas *potencialidades do Outro*, mas com uma condição: *abdique com a absoluteza da abdicação*. Meio não fim. E Lacan resume os dois no imperativo ético: "sobre seu desejo não ceder".

Cada vez mais *ponho na essência anímica do meu sangue o propósito* ***impessoal*** *de engrandecer a pátria e contribuir para a evolução da humanidade*. Pessoa, a fim de alcançar as grandes realizações de sua vida, armou-se de um horror impiedoso às meias-medidas, assim como a dois pesos e duas medidas. Definitivamente, fechou-se no *propósito impessoal* de colocar o seu desejo a serviço da *evolução da humanidade*. No processo de manter acesa a chama-piloto de entrega ao ideal de seu desejo, repica as badaladas do *cada vez mais*. *Cada vez mais*, garante-lhe cadência, é metrônomo de seu compasso criativo. *Cada vez mais*, no mais íntimo de seu ser, *cada vez mais... na essência anímica do meu sangue*. Que *essência*? Nada mais de pessoal, seu narcisismo tem uma única finalidade: captar as energias de suas pulsões e deslocá-las integralmente ao *propósito impessoal*. A nada mais aspira para a satisfação de impulsos que o levariam ao gozo próprio: seu ideal firme é um *propósito* ***impessoal***. As fronteiras de seus ideais vão muito além dos limites de suas dimensões egoicas. Seus ideais alcançaram dimensões pátrias e em humanidade se expandiram: *o propósito* ***impessoal*** *de engrandecer a pátria e contribuir para a evolução da humanidade*.

Depois de oferecer seu corpo, sua alma, seu sangue, agora, desnudado de tudo, pode sustentar *o propósito* ***impessoal*** *de* ***engrandecer*** *a pátria* e *a evolução da humanidade*. *Engrandecer*: é o intuito da obra civilizatória. *Contribuir para a evolução da humanidade*: a humanidade se realiza na medida e na cadência (*cada vez mais*) em que ingressa na cultura e a produz. O poeta se exorta:

> Para ser grande, sê inteiro: nada
> Teu exagera ou exclui.
> Sê todo em cada coisa. Põe quanto és
> No mínimo que fazes.
> Assim em cada lago a lua toda
> Brilha, porque alta vive
> (Pessoa 1995, p. 289).

Produzir cultura: aviamentos das pulsões, mil maneiras de transformá-las em obras de civilização, *engrandecer* o patrimônio, acrescê-lo de obras de mais um testemunho histórico, um contributo à grande obra da ciência, da arte (em Pessoa, literária) e da experiência do sentido radical da fé.

Engrandecer. Pessoa assumiu por completo seus dons, seus carismas e os colocou inteiramente na produção literária. Doravante, Portugal e o mundo já não são mais os mesmos. Fernando Pessoa marcou presença, fez história. Sua obra é testemunho vivo de uma existência assumida até o âmago de suas riquezas anímicas. Marca presença com uma vida inteiramente dedicada ao fim de *engrandecer* todos os que se aproximam de sua imensa contribuição. Após Pessoa, outros são Portugal e a humanidade. Doravante, quem quer que se achegue ao tesouro que nos legou, poderá haurir, em fonte inesgotável, alimento, alento e fortaleza para, por sua vez, ocupar o lugar que é *seu* nessa evolução infinda de uma humanidade em transformação.

Pessoa é poeta de vasto espectro: quem dele se aproxima encontra mensagem para os mais diversos aspectos da alma humana. Nele, podemos espelhar nossos sofrimentos, a angústia de assumir a vida que é nossa, a vida de que devemos dar conta para que fique "testamento" para a geração montante; um testemunho de que ela não foi apenas gozo, não foi vazia, mas desejos transformados em *opus*. Seu destino é o crescimento da humanidade. Daí a constatação: *É a forma que em mim tomou o misticismo de nossa Raça.*

Misticismo: transcendência do ser humano, mediante a qual pode unir-se ao divino através da meditação, da oração, do êxtase ou de outra forma. *Misticismo de nossa Raça*: *nossa* é a *Raça* portuguesa. Portugal, um dos menores países da Europa, veio sempre bafejado pela mística da transcendência, de conquistas além-mar e de façanhas grandiosas. Camões apreendeu fundamente o *misticismo da Raça*: decantou a nação portuguesa, legando-lhe a epopeia imortal de *Os Lusíadas*. *O misticismo da Raça* permanece vivo na crença da volta de el-rei dom Sebastião, o *encoberto*. O mesmo Pessoa sintetizou essa mística em "A Última Nau":

> Levando a bordo El-Rei D. Sebastião,
> E erguendo, como um nome, alto o pendão
> Do Império,
> Foi-se a ultima nau, ao sol aziago
> Erma, e entre choros de anciã e de presago
> Mistério.
>
> Não voltou mais. A que ilha indescoberta
> Aportou? Voltará da sorte incerta
> Que teve?
> Deus guarda o corpo e a forma do futuro,
> Mas Sua luz projeta-o, sonho escuro
> E breve.
>
> *Ah, quanto mais ao povo a alma falta,*
> *Mais a minha alma atlântica se exalta*

E entorna,
E em mim, num mar que não tem tempo ou espaço,
Vejo entre a cerração teu vulto baço
Que torna.

Não sei a hora, mas sei que há a hora,
Demore-a Deus, chame-lhe a alma embora
Mistério.
Surges ao sol em mim, e a nevoa finda:
A mesma, e trazes o pendão ainda
Do Império
(Pessoa 1995, p. 82).

A hora do advento é incerta, mas a volta é crida como certa: "Não sei a hora, mas sei que há a hora,/Demore-a Deus, chame-lhe a alma embora/ Mistério". Daí o anseio do poeta: "Quando virás, ó Encoberto?/Sonho das eras português". Eis aí a confissão de que, para Pessoa, o mito do sebastianismo era, em seu espírito, fonte ininterrupta de ficção literária. Esse mito lhe faculta a sublimação: *Quanto é melhor, quando há bruma,/Esperar por D. Sebastião,/Quer venha ou não!* (Pessoa 2006a, p. 96).

Seu *propósito **impessoal** de engrandecer a pátria e contribuir para a evolução da humanidade* é *a forma que em mim* [Pessoa] *tomou o misticismo da nossa Raça*. O misticismo do mar, mar longínquo, mar profundo, impregna sua alma portuguesa. A mística do sebastianismo, do Encoberto, é-lhe fonte de inspiração constante: *Mas Sua luz projeta-o, sonho escuro/E breve*. Quer dar voz aos anseios do povo: *Ah, quanto mais ao povo a alma falta/Mais minha alma **atlântica** se exalta*. E essa exaltação se transforma *em mim, num mar que não tem tempo e espaço*, o mar de sua obra literária. Sua *alma atlântica* sonha alto:

Quem te sagrou criou-te português.
Do mar e nós em ti nos deu sinal.
Cumpriu-se o Mar, e o Império se desfez.
Senhor, falta cumprir-se Portugal!
(Pessoa 1995, p. 78).

O messianismo de dom Sebastião, cantado em "Mar Português", sustenta-se em "O Encoberto", "À Memória do Presidente-Rei Sidónio Pais" e no "Quinto Império":

O morto que hoje é vivo – El-Rei
D. Sebastião!

Vibra chamando, e aqui convoca...
(Pessoa 1995, p. 97).

Mas agora, *Senhor, falta cumprir-se Portugal.*

COMPROMISSO PARADOXAL

Compromisso entre Alexandre Busca, residente no Inferno, em Parte Alguma, e Jacó Satanás, senhor, embora não rei, do mesmo lugar:

1. Nunca desistir nem recuar do propósito de fazer bem à humanidade.
2. Nunca escrever coisas sensuais ou de qualquer modo más, que possam servir de detrimento ou prejudicar aos que lerem.
3. Nunca esquecer, ao atacar a religião em nome da verdade, que a religião pode dificilmente ser substituída e a pobre criatura humana está chorando nas trevas.
4. Nunca esquecer o sofrimento e as dores humanas.

+ *A marca de Satanás*
2 de outubro de1907 *Alexandre Busca*[2]
(Pessoa, F. 1974, p. 33).

[2] Alexander Search, heterônimo, teria nascido em 13 de junho de 1888, em Lisboa, e teria um irmão, Charles James Search, dois anos mais velho, cuja função era traduzir as obras de Alexander, assim como escrever-lhes prefácios.

Em sua formação cabalística, com apenas 19 anos, no momento em que montava a "Empresa Íbis – Tipografia Editora", com o sonho de se tornar um editor e conquistar sua independência financeira, completa sua consagração de "Palavras de pórtico" pelo "Compromisso paradoxal". O "Compromisso" vem declarado e assinado por Alexandre Busca. Mais um heterônimo: a grandeza de seu espírito encontrou nos heterônimos recurso para expansão de seu potencial. Alexandre, o grande conquistador da Ásia, educado por Aristóteles, é-lhe "apoio", como diria Freud, para exprimir os grandes anseios de conquista de sua alma. Ao nome, de maneira mais simbólica ainda, adjudica o sobrenome Busca (*Search*). E, da *busca*, ele conhece os segredos infindos: "O segredo da busca é que nunca se acha", pois "Tudo quanto buscamos, buscamo-lo por uma ambição, mas essa ambição ou não se atinge, e somos pobres, ou julgamos que a atingimos, e somos loucos ricos" (Pessoa 1982b, p. 54).Relembremos, escreve ainda: "O que me dói é que o *melhor é mau*, e que outro, se o houvesse, e que eu sonho, o haveria feito melhor. *Tudo quanto fazemos, na arte ou na vida, é a copia imperfeita do que pensamos em fazer*" (Pessoa 1982b, p. 54).

Sua vida se resume nesta palavra: *busca*, busca interminável, busca sem cessar para cantar e decantar todos os estados anímicos, todos os sentimentos, todas as maneiras de sentir e ser, todas as facetas da vida humana sobre a Terra. Nada lhe passou despercebido: sua sensibilidade cantou a natureza em toda sua exuberância e o ser humano em suas grandezas e mesquinhezes, a dimensão metafísica da existência humana. O grande segredo de Fernando: *nunca a busca de reconhecimento, mas o reconhecimento da busca, do desejo*. A *busca* incessante de melhor dizer o real em sua impossível condição de ser dito o insta diuturnamente. Entregou a vida a essa tarefa sisífica, embora ciente de que *Tudo quanto fazemos, na arte ou na vida, é a copia imperfeita do que pensamos em fazer*. Eis aí uma boa definição do ser humano: *a falta-para-ser* (Lacan).

Toda a obra de Pessoa lhe foi possível porque, não se perdeu em identificações imaginárias – *O que me dói é que o* ***melhor*** *é* ***mau***, isto é, o melhor é inimigo do bom – e, sobretudo, no pântano da inveja de *que o outro, se houvesse* [porque, evidentemente, não há e é por isso *que eu sonho*], *o haveria feito melhor*. Esse compromisso se confirma numa reflexão que, trinta anos depois, em 5 de junho de 1937, veio a escrever: "Não sinto alma, mas sossego. As coisas externas, que estão nítidas e paradas, ainda as que se movem, são para mim como para o Cristo seria o mundo, quando, da altura de tudo, Satã o tentou. São *nada*, e não compreendo como Satã, velho de tanta ciência, julgasse que com isso tentaria" (Pessoa 1982b, p.110).

Como o inconsciente não tem tempo, ousaria pensar que, ao elaborar o *compromisso*, guiou-se pelo exemplo de Cristo, pois sua vida nessa altura testemunhava que Satanás pouco ou *nada* conseguiu em sua bela existência.

O *compromisso* é *paradoxal*. Em verdade, não é um compromisso. No pacto, falta o consentimento da outra parte. Erige chicanas atrás das quais se muralha. Contra-assinado por Satanás, choca por se tratar de propósitos da maior limpeza d'alma no respeito absoluto ao ser humano. *Alexandre Busca, residente no Inferno, em Parte Alguma*. O inferno é o sofrimento de Busca, da *busca* que não tem fim, da busca que não oferece trégua, senão momentânea, a trégua do desejo realizado, mas incontinente reavivado. A pulsão que o sustenta está em *Parte Alguma*, nem tem *parte* ou local: é presença topológica, é instância psíquica de fantasmas que retornam e se multiplicam movidos pela *constante força*.

O *compromisso paradoxal* é com Satanás, senhor, mas não *rei*, *do mesmo lugar*. Em poemas obscenos, Pessoa nos instruiu que resolveu dizer de uma só vez o que o homoerotismo e a possível relação com uma mulher lhe poderiam proporcionar. Um desabafo pormenorizado de suas fantasias sexuais desrecalcadas e *transladadas* para o simbólico. Para isso, entre outros recursos literários, valeu-se do inglês, língua de sua iniciação. Em "Compromisso paradoxal", porém, revela seu superego cabalístico e cristão: Satanás é o nome das tentações sexuais e outras; Satanás, o príncipe de todos os fantasmas que nos atormentam. Satanás é *Senhor* do *Inferno*, de todo sofrimento com que as pulsões soltas podem nos excruciar: fraquezas morais, covardias, pecados, culpas, remorsos, dor de consciência, arrependimentos e frustrações de toda espécie. Mas Satanás, como a pulsão no retorno do recalcado em seus poemas sobre o inconsciente, é *Senhor, embora não rei, do mesmo lugar*. *Senhor*, porque não há como conter o empuxo das pulsões, mas não *rei*. *Rei* é pretensão sua, impondo a Satanás quatro sentenças universais *nunca* contrapostas por qualquer veleidade do tinhoso. É um aviso, uma advertência a Satanás. Semelhante a Jesus Cristo, que, no início de sua carreira, viu-se tentado por ele no deserto e no pináculo do templo, Pessoa o renuncia , exime-se de gozo perfunctório e de glórias ilusórias em troca de obras concretas que promovam a *pobre criatura humana*. Que Satanás (sua pulsão) desista de atormentá-lo ou de desviar a retidão de seu propósito. Se o "Pórtico" é a consagração de seu nobre projeto, o "Compromisso" visa remover os obstáculos que Jacó Satanás pudesse lhe opor. Pessoa conhece suas limitações, como conhece as artimanhas de Lúcifer.

Num contrato cerrado, em quatro artigos, impõe a Jacó Satanás, sobre papel que leva seu timbre, os princípios que norteiam sua atividade literária. Os artigos vêm encabeçados por um *nunca* sem rodeios ou evasivas. Nada de linguagem ambivalente ou diplomática com o *Senhor* do inferno e, sim, a postura moral clara e convincente que pautará todos os seus escritos. Nem mesmo o *não* entra em pauta. O *não* leva no bojo o seu contrário, o *sim*. Haveria brecha. Seu propósito ao escrever, ao outrar, não comportava qualquer desvio que viesse dispersá-lo de *promover a humanidade*, de se resguardar de ofender o próximo, de defender a verdadeira religião e, sobretudo, de esquecer *os sofrimentos e as dores* da *pobre criatura humana*.

Nunca desistir de fazer o bem à *humanidade*: como no "Pórtico", é à *humanidade* que se dirige e é ela que pretende promover.

Nunca escrever algo imoral ou prejudicial aos seus leitores.

Nunca deixar de atacar a religião em sua hipocrisia, em seu farisaísmo ou fanatismo e, ao mesmo tempo, a verdadeira, defendê-la como saída para a *pobre criatura humana*, *chorando nas trevas* da semiluz da caminhada terrestre.

Nunca, sobretudo, *esquecer o sofrimento e as dores humanas* que atormentam e afligem todo ser vivente. Pessoa, sempre imensamente sensível ao sofrimento do outro.

E, para que esses propósitos universais jamais falhem em sua obra literária, obriga Satanás a contra-assinar esse contrato, avesso às suas emboscadas, para que ele, Fernando Pessoa, possa trabalhar em paz e promover o bem da cultura. Rendido Jacó Satanás, que ironicamente apõe sua marca em forma de cruz, ele pode também assinar como "Alexandre", o Grande da literatura portuguesa e o grande aventureiro da *Busca* incessante em verso e prosa. E, para que o contrato se inscreva em tempo e espaços precisos, vem datado em 7 de outubro de 1907. Fim de sua puberdade – 19 anos

– e início de sua profissão comercial de *correspondente estrangeiro*. A virada para o homem adulto, o risco próprio da aventura da vida.

Apoteose

Fernando Pessoa se pautou por uma vida de grandeza moral ímpar. Na sequência de "Palavras de pórtico" e de "Compromisso paradoxal", vejo "Prece" como um fecho na sustentação de seus propósitos de sublimação. Não tecerei comentários. Direi apenas que ela se inscreve na mais alta tradição da mística judeo-cristã. Trata-se de uma súplica que parte do mais íntimo recôndito de sua alma, a fim de preservar-se da dispersão de seus dons. Seu pedido é único: fazer de sua vida um hino de louvor a Deus e o testemunho de seu amor à pátria e à humanidade. Essa prece impressionante nos esclarece que, além dos múltiplos recursos literários, o poeta se valeu da oração para manter sua energia em sublimação constante. Ela lembra, quase *ipsis litteris*, legados dos grandes místicos cristãos. Agora, ele pode dizer:

> Porque eu sou mais do que conheço e sinto
> Contenho um *eu-além,*
> Tenho em mim todo o mundo, e *em mim pressinto*
> *Mais coisas e outras do que o mundo tem.*
> (...)
> Por isso, meu Altar e meu Calvário
> E minha cruz
> *Eu santifico-me ante mim*, lendário
> *De ter já visto Deus*, numa outra Luz,
>
> E assim *tão alto sobe no Ideal*
> A minha inspiração
> Que fulge em torno à minha fronte, real,
> Uma auréola de amor e redenção.
>
> Redimido da sombra e do Imperfeito
> Conquisto o São-Graal,

Porque contenho dentro do meu peito
Um *Eu que absolve em Bem meu próprio Mal.*

Sombra, atravesso a vida, alheio a ela,
Brilho, estrela, de Além,
Sou Tudo e Deus; minha alma é mais que bela
Pois da minha alma é que a Beleza vem.

Transbordo-me de humano, e (...) , e sóbrio
Para o eu que Deus é.
Sou *Deus tendo consciência de si-próprio*
Sou *eu um Cristo duma outra, a minha, fé*

Deus é tudo; eu sou *Deus portanto* e ó *calma!*
Deus, absoluto e Deus
Cujo alto amor desceu a ser minha alma
P'ra que minha alma pudesse subir até Deus
(Pessoa 2006a, pp. 184-185).

Esses versos testemunham, como nos místicos, a mais íntima união de Pessoa e Deus: *minha alma é mais que bela/Pois da minha alma é que a* ***Beleza*** *vem. Beleza*, gravada em maiúscula, é a própria união com Deus, pois é *da minha* ***alma*** *que a* ***Beleza*** *vem* e não mais da estética grega ou do encantamento da palavra ou da poesia. Deslumbrado com a *Beleza da minha alma*: *Sou tudo* [humano] *e Deus. Meu Deus e meu tudo*, dizia São Francisco, e João da Cruz a emendar: "E como a alma, nesse estado, se une com Ele, tem o sentimento de que todas as coisas são Deus" (São João da Cruz 1984, p. 662). A exemplo dos místicos, que, ao sair do transe, viam-se plenamente inseridos em paz profunda e no real mais cotidiano, Pessoa mergulha em suas dimensões: *Transbordo-me de humano e sóbrio.*

Ao mesmo tempo, nessa identificação anímica com Deus, vê seus eus transformados em Deus: *Para o eu que Deus é.* Mas esse *eu que Deus é* é um Deus que não perde as referências dele próprio: *Sou Deus tendo consciência de si-próprio*, isto é, ancorado no real de *si-próprio*, no *Transbordo-me de humano*, portanto, longe da fantasia ou do delírio. Tudo isso, porém, só lhe é possível pela mais viva fé, pois *Sou eu um Cristo duma outra, a* ***minha****, fé.*

João da Cruz escreve: "Espero ter dado a entender, ao menos em parte, como a fé é noite escura para a alma, e como há de ficar a mesma alma na obscuridade, privada da própria luz natural, para deixar-se conduzir pela fé às sublimes alturas da união" (São João da Cruz 1984, p. 191). E São Paulo remata: "É pois, a fé a substância das coisas que se devem esperar" (Hebreus 11.1). Pessoa sabia gozar da Luz da fé, pois conhecia bem o caminho dos místicos:

> Notavelmente se desvia do caminho da união com Deus, quando se apega a algum sentimento, imaginação, parecer, vontade ou modo próprio, enfim, a qualquer obra ou coisa sua, não sabendo desprender-se e despir-se de tudo isto. Já vimos como o fim ao qual a alma aspira supera tudo o que possa conhecer e gostar de mais elevado: para atingi-lo, há de passar a alma em tudo ao não-saber (São João da Cruz 1984, p. 193).

Despojado de tudo, viveu *como quem nada tendo possui tudo excelentemente* (São João da Cruz 1984, p. 193). E foi pela fé, *a* ***minha***, que Pessoa, por sua vez, foi um Cristo cuja existência foi inteiramente devotada ao resgate de seu povo e da humanidade. Uma vez nessa convivência divina, bem se pode entender sua afirmação: *contenho um* ***eu-além*** e, ao mesmo tempo, que *Tenho em mim todo o mundo*. Constata que ***em mim pressinto/Mais coisas e outras do que o mundo tem.***

A visão de mundo em Fernando se pauta sempre por desdobramentos transcendentais. E o que é magnífico é que ele sabe tirar proveito dessa união privilegiada e leva sua existência em ascese continua: *Por isso, meu Altar e meu Calvário/(...)/****Eu santifico-me ante mim****, lendário/****De ter já visto Deus****, numa outra Luz/E assim* ***tão alto sobe no Ideal***. João da Cruz diz: "*La mirada de Dios enriquece y alumbra l'alma*". Mergulhado no esplendor desse consórcio, toda sua obra tem uma só finalidade, uma única inspiração: *A minha inspiração/Que fulge em torno à minha fronte,* ***real,****/Uma auréola de* ***amor*** *e* ***redenção***. Nesse labor sublimatório, descobre-se ***Redimido, da sombra*** *e do* ***Imperfeito*** e, como tal, fortalecido, ***Conquisto o São-Graal***. E aí um prodígio acontece: transforma em *Bem* o próprio *Mal*: *Porque contenho* *dentro do meu peito/Um Eu que absolve em* ***Bem*** *meu próprio* ***Mal.*** Nessa ex-sistência plenificada de sentido metafísico, reina uma *calma* soberana, fruto do gozo místico: ***Deus é tudo;*** *eu sou* ***Deus portanto*** *e ó* ***calma!/Deus, absoluto e Deus/Cujo alto amor desceu a ser minha alma/P'ra que minha alma pudesse subir até Deus.*** Esses versos testemunham aquilo que os místicos denominavam de *desposório espiritual* da alma com Deus: "A alma chegada ao estado de matrimônio espiritual (...) não fica sem perceber algo 'daquilo' que lhe será dado na glória, como já está transformada em Deus, algo se passa em seu íntimo, do que há de gozar na eternidade" (São João da Cruz 1984, p. 805). Nesse estado, *Deus é tudo* e, se *tudo*, *eu* ***sou Deus*** *portanto* e a paz invade-lhe a alma: *ó calma–* a quietação de tudo e de todos lhe inunda o espírito na plenitude do ***Deus, absoluto*** e ***Deus***. João da Cruz de novo em nosso auxílio:

> *Se Deus, de fato, lhe concede a graça de ser unida à Santíssima Trindade, tornando-se a alma assim deiforme e Deus por participação*, como *podemos achar incrível que ela tenha* em Deus *todo o seu agir*, quanto ao *entendimento, notícia e amor*, ou, dizendo melhor, sejam suas operações todas feitas na *Santíssima Trindade, juntamente com ela, como a mesma Santíssima Trindade?* Assim o é, porém, por participação e comunicação, *sendo Deus quem opera na alma*. Nisto consiste a transformação da alma nas três divinas Pessoas, em poder, sabedoria e amor; nisto também torna-se a alma semelhante a Deus, e para chegar a este fim é que foi criada à sua imagem e semelhança.
>
> Como seja realizada essa transformação, ninguém o pode nem sabe dizer. Só conseguimos dar a entender que o Filho de Deus nos *alcançou este alto estado*, e nos *mereceu esta subida* honra, de podermos ser filhos de Deus, conforme diz São João. Assim o pediu ele ao Pai, pelo mesmo São João, com estas palavras: "Pai, os que me deste, quero que onde eu estou, estejam também eles comigo, *para contemplarem a minha glória* que tu me deste" (São João da Cruz 1984, p.807).

Pessoa ilustra como essa bem-aventurança lhe aconteceu: *Deus, absoluto e Deus* lhe concedeu o dom desse amor. ***Deus***, *cujo alto amor desceu a ser minha alma*, transformou-a nele mesmo *P'ra que minha alma pudesse subir* *até Deus*. Diante de tanta Beleza – ***Pois da minha alma*** *é que a Beleza vem* –, um sentimento de admiração por esse homem inunda nosso espírito e, mais ainda, um sentimento de gratidão, por ter nele um exemplo cuja vida nos convoca à sublimação da existência: *uma **fundamental ideia metafísica**... uma noção de **gravidade** e do **mistério** da **vida**.*

Mas não tenhamos ilusão. O custo de tão alta espiritualidade é fruto de uma luta diuturna. Também como os místicos, Pessoa permanece profundamente enraizado na angústia da cotidianidade. Assim teme ele pela oscilação de sua vontade e de seus propósitos: *Que esterco metafísico os meus propósitos todos*.

> Súbita, uma angústia...
> Ah, que angústia, que náusea do estômago à alma!
> Que amigos que tenho tido!
> Que vazias de tudo as cidades que tenho percorrido!
> Que esterco metafísico os meus propósitos todos!
>
> Uma angústia,
> Uma desconsolação da epiderme da alma,
> Um deixar cair os braços ao sol-pôr do esforço...
> (Pessoa 2006b, p. 57).

Diante de sua divisão subjetiva, sempre vivida como uma fonte de criatividade, declara: *Eu vejo-me e estou sem mim,/Conheço-me e não sou eu* (Pessoa 2006b, p. 30).

Tomado da *fundamental ideia metafísica* e da *noção **de gravidade e do mistério da vida***: "Existo sem que o saiba e morrerei sem que o queira. Sou o intervalo entre o que sou e o que não sou, entre o que sonho e o que a vida fez de mim, a média abstrata e carnal entre coisas que não são nada, sendo eu nada também. (...) Que *desassossego* se sinto, que desconforto se penso, que inutilidade se quero!" (Pessoa 2006b, p. 33).

O mistério da vida... constata corajosamente:

> Há tanta coisa que, sem existir,
> Existe demoradamente,

E demoradamente é nossa e nós...
(Pessoa 2006b, p. 50).
Ó parte externa de mim perdida em labirintos de Deus!
(Pessoa 2006b, p. 109).

Então se pergunta: *Mas o que é que me falta, que o sinto faltar-me no estômago e na circulação do sangue?/Que atordoamento vazio me esfalfa no cérebro?* Diante do *atordoamento vazio*, da angústia e do desassossego, a pergunta constante: *E por que as minhas sensações se revezam tão depressa?*

Devo tomar qualquer coisa ou suicidar-me?
Não: *vou existir*. Arre! Vou existir.
E-xis-tir ...
E--xis--tir...

Avesso à covardia diante da *gravidade* e do *mistério da vida*, corajosamente: *vou e-xis-tir*, isto é, ele assume sua dura ex-sistência hora após hora, para não perder o *Momento*. Fernando Pessoa sabe visceralmente que "existir históricamente, é, para o homem, existir na forma da linguagem" ou "existir humanamente é existir **logicamente**: é produção incessante de sentido" (Lima Vaz 1986, p. 253-254). E "Passagem das horas", desse intrépido *E-xis-tir*, é ao mesmo tempo uma retrospectiva e uma avaliação de sua consciência delicada: *jogo de cartas fastiento entre o Cabo da Boa Esperança e as Canárias*:

Viajei por mais terras do que aquelas em que toquei...
Vi mais paisagens do que aquelas em que pus os olhos...
Experimentei mais sensações do que todas as sensações que senti,

A dor, o pavor, as sensações desencontradas, o desassossego... a angústia:

Porque, por mais que sentisse, sempre me faltou que sentir
E a vida sempre me doeu, sempre foi pouco, e eu infeliz.
A certos momentos do dia recordo tudo isto e *apavoro-me*,

Penso em que é que me ficará desta vida aos bocados, deste auge,
Desta estrada às curvas, deste automóvel à beira da estrada, deste aviso,
Desta turbulência tranquila de sensações desencontradas,
Desta transfusão, desta insubsistência, desta convergência iriada,
Deste *desassossego* no fundo de todos os cálices,
Desta *angústia* no fundo de todos os prazeres...
(Pessoa 2006b, pp. 101-102).

E o *mistério da vida* o interroga no confronto com o *mistério das coisas*:

Não sei se a vida é pouco ou demais para mim.
Não sei se sinto de mais ou de menos, não sei
Se me falta *escrúpulo espiritual*, ponto-de-apoio na inteligência,
Consanguinidade com o mistério das coisas, choque
Aos contatos, sangue sob golpes, estremeção aos ruídos,
Ou se há outra significação para isto mais cômoda e feliz
(Pessoa 2006b, p. 102).

Na falta de escrúpulo espiritual, o mesmo grito lancinante do rei Édipo: μή φυναι, *Seja o que for, era melhor não ter nascido*:

Seja o que for, era melhor não ter nascido,
Porque, de tão interessante que é a todos os momentos,
E a dor de ex-sistir:
A vida chega a doer, a enjoar, a cortar, a roçar, a ranger,
A dar vontade de *dar gritos, de dar pulos, de ficar no chão*, de sair
Para *fora de todas as casas*, de todas as lógicas e de *todas as sacadas*,
E ir ser selvagem para a morte entre árvores e esquecimentos,
Entre tombos, e perigos e ausência de amanhãs,
E tudo isto devia ser qualquer outra coisa mais parecida com o que eu penso,
Com o que eu penso ou sinto, que eu nem sei qual é, ó vida
(Pessoa 2006b, pp. 102-103).

E nada de autopiedade ou de lágrimas pelo caminho da vida afora:

> É preciso querer chorar, mas não sei ir buscar as lágrimas...
> Por mais que me esforce por ter uma grande pena de mim, não choro,
> Tenho a alma rachada sob o indicador curvo que lhe toca...
> Que há de ser de mim? Que há de ser de mim?
> (Pessoa 2006b, p. 103).

E o poeta se depara de novo com sua fraqueza de vontade: *Oh mágoa imensa do mundo, o que falta é agir...* A tarde, *monótona*, cai e a noite entra:

> Acenderam as luzes, cai a noite, a vida substitui-se
> Seja de que maneira for é *preciso continuar a viver*,
> Arde-me a alma como se fosse uma mão, fisicamente
> Estou no caminho de todos e esbarram comigo
> (Pessoa 2006b, p. 104).

A criação, a inventividade são-lhe objetivos indeclináveis: *Assim fico, fico... Eu sou o que sempre quer partir*. Arde-lhe a alma diante da chegada e do novo: *Assim fico, fico... Eu sou o que sempre quer partir*. Com toda sinceridade consigo mesmo, passa em revista o sofrimento da *angústia das pequenas coisas ridículas*:

> E eu, tantas vezes reles, tantas vezes porco, tantas vezes vil,
> Eu tantas vezes irrespondivelmente parasita,
> Indesculpavelmente sujo,
> Eu, que tantas vezes não tenho tido paciência para tomar banho,
> Eu, que tantas vezes tenho sido ridículo, absurdo,
> Que tenho enrolado os pés publicamente nos tapetes das etiquetas,
> Que tenho sido grotesco, mesquinho, submisso e arrogante,
> Que tenho sofrido enxovalhos e calado,
> Que quando não tenho calado, tenho sido mais ridículo ainda;
> Eu, que tenho sido cômico às criadas de hotel,
> Eu, que tenho sentido o piscar de olhos dos moços de fretes,
> Eu, que tenho feito vergonhas financeiras, pedido emprestado sem pagar,

Eu, que, quando a hora do soco surgiu, me tenho agachado
Para fora da possibilidade do soco;
Eu, que tenho sofrido a angústia das pequenas coisas ridículas,
Eu *verifico* que não tenho *par* nisto tudo neste mundo
(Pessoa 2006b, p. 20).

Sua biografia revela que essas limitações o acompanharam ao longo da vida: *Eu verifico que não tenho* ***par*** *nisto tudo neste mundo. Neste mundo* é mundo só dele, sem *par*. E vai bravamente a fundo em sua condição humana. Pergunta-se: *Quem há neste largo mundo que me confesse que uma vez foi vil?* E ele mesmo sai a público:

Então sou só eu que é vil e errôneo nesta terra?

Poderão as mulheres não os terem amado,
Podem ter sido traídos – mas ridículos nunca!
E eu, que tenho sido ridículo sem ter sido traído,
Como posso eu falar com os meus superiores sem titubear?
Eu, que tenho sido *vil*, literalmente *vil*,
Vil no sentido mesquinho e infame da vileza
(Pessoa 2006b, p. 21).

Pessoa guindou-se a alto grau de espiritualidade, porque jamais abandonou o senso crítico, o humor de suas fraquezas e covardias. E, para manter-se nesse difícil equilíbrio, valeu-se de uma das mais belas orações que já se compôs nesse mundo. Se tudo em vida lhe foi poesia, tudo transformou em prece. Em tudo, perpassa a presença de Deus que conforta, anima e purifica. A vastidão de sua grande alma se estende a toda natureza, mas sobretudo aos homens, seus irmãos: "Faze com que saiba amar os outros como irmãos, e servir-te como a um pai". Humano, demasiado humano! (Nietzsche).

Essa elevação de espírito Fernando Pessoa a confirmou em "Páginas de doutrina estética", do seguinte modo:

Operando e animando nesse elemento do espírito se fará o homem viver cada vez mais nele, se o fará viver uma *vida cada vez mais perfeita*. É a abstração o último efeito da evolução do cérebro, a última revelação que em nós o destino fez de si mesmo. É ainda a abstração substancialmente permanente; nela, e na operação dela a que chamamos razão, não vive o homem servo de si, como na sensibilidade, nem pensa superficial do ambiente, como com o entendimento: *vive e pensa sub specie aeternitatis, desprendido e profundo*. Nela, pois, e por ela, se deve efetuar o aperfeiçoamento permanente do homem. As artes que por natureza ministram tal aperfeiçoamento são as artes superiores abstratas – a música e a literatura, e ainda a filosofia, que abusivamente se coloca entre as ciências, como se ela fora mais que o exercício do espírito em se figurar mundos impossíveis (*Apud* Simões 1991, p. 461).

Aí está a grandeza da alma desse poeta: *vive e pensa sub* ***specie aeternitatis***, vive e pensa *sob o olhar da eternidade* e, para tanto, passa sua ex-sistência *desprendido* de si, das glórias do mundo *e profundo* na exploração de todo seu gênio a serviço das *potencialidades do Outro*. A sublimação vitoriosa, o *opus* realizado, o desassossego superado.

Não é de estranhar que, conhecendo suas fraquezas e seus limites, se valesse de seu íntimo contato com Deus – *sub specie aeternitatis*: *Nela, pois, e por ela, se deve efetuar o aperfeiçoamento permanente do homem*. Na busca contínua desse *aperfeiçoamento permanente, sub specie aeternitatis*, a apoteose dessa incrível e generosa prece:

> Senhor, que és o céu e a terra, que és a vida e a morte! O sol és tu e a lua és tu e o vento és tu! Tu és os nossos corpos e as nossas almas e o nosso amor és tu também. Onde nada está tu habitas e onde tudo está – (o teu templo) – eis o teu corpo.
>
> Dá-me alma para te servir e alma para te amar. Dá-me vista para te ver sempre no céu e na terra, ouvidos para te ouvir no vento e no mar, e mãos para trabalhar em teu nome.
>
> Torna-me puro como a água e alto como o céu. Que não haja lama nas estradas dos meus pensamentos nem folhas mortas nas lagoas dos meus propósitos. Faze com que eu saiba amar os outros como irmãos e servir-te como a um pai.
>
> [...]

Minha vida seja digna da tua presença. Meu corpo seja digno da terra, tua cama. Minha alma possa aparecer diante de ti como um filho que volta ao lar.

Torna-me grande como o Sol, para que eu te possa adorar em mim; e torna-me puro como a lua, para que eu te possa rezar em mim; e torna-me claro como o dia para que eu te possa ver sempre em mim e rezar-te e adorar-te

Senhor, protege-me e ampara-me. Dá-me que eu me sinta teu. Senhor, livra-me de mim (Pessoa 1974, pp. 33-34).

Senhor, livra-me de mim

Ao entrar no *barbeiro no modo de costume* soube que o *colega da cadeira da direita morreu ontem*:

Toda a minha boa disposição irracional morreu de repente, como o barbeiro eternamente ausente da cadeira ao lado. Fez frio em tudo quanto penso. Não disse nada.

Saudades! Tenho-as até do que me não foi nada, por uma angústia de fuga do tempo e uma doença do mistério da vida. Caras que via habitualmente nas minhas ruas habituais – se deixo de vê-las entristeço; e não me foram nada, a não ser símbolo de toda a vida.

O velho sem interesse das polainas sujas que cruzava frequentemente comigo às nove e meia da manhã? O cauteleiro coxo que me maçava inutilmente? O velhote redondo e corado do charuto à porta da tabacaria? O dono pálido da tabacaria? O que é feito de todos eles, que, porque os vi e os tornei a ver, foram parte da minha vida? Amanhã também eu me sumirei da Rua da Prata, da Rua dos Douradores, da Rua dos Fanqueiros. Amanhã também eu – *a alma que sente e pensa, o universo que sou para mim* – sim, amanhã eu também serei o que deixou de passar nestas ruas, o que outros vagamente evocarão com um "o que será dele"?. E tudo quanto faço, tudo quanto sinto, tudo quanto vivo, não será mais que um transeunte a menos na quotidianidade de ruas de uma cidade qualquer (Pessoa 2006b, p. 192).

Cruz na porta da tabacaria! (...) Ele era o dono da tabacaria. (...) Horror fechado da tabacaria! Desde ontem a cidade mudou (Pessoa 2006b, p. 192).

Oito dias antes de partir, ele compôs os poemas "The happy sun is shining" e "Le sourire de tes yeux bleus". Sempre guiado pelo seu inconsciente que certeza antecipada o inspirou em tais títulos? Que pressentimento o movia?

No Hospital São Luís dos Franceses, em Lisboa, à espera da partida, suas últimas palavras escritas: *I know not what to-morrow will bring*. No dia seguinte, 30 de novembro de 1935, certamente pôde conhecer o que *amanhã*, sempre adiada pela antemanhã, trouxe: um *sol feliz*, certamente, e olhos que puderam *sorrir*. Desde ontem a cidade mudou, o país mudou, o mundo mudou. *Gracias a la vida, gracias a la tua vida*, Fernando.

Desejo ser um criador de mitos, que é o mistério mais alto que pode obrar alguém da Humanidade: e o seu desejo perpassa as eras, seu mito não cessa de ser criado.

O LEGADO DE FERNANDO

OUTRAR.

Outrar: eu sou, não era, mas agora sou outro porque outros, outrados pelo Outro, me outraram. Nomearam-me e passei a ex-sistir como outro entre outros. Nomeado, a linguagem me fez homem e, uma vez homem, luto para preservar a condição: nunca mais pretendo deixar o *habitat* do verbo. Outro de mim mesmo, mas significantemente outro, singularmente outro, *um do um*. Eu, nem substância e nem essência, simplesmente um lugar de fal'ente, constituído pelo Outro, o Outro da linguagem.

Ex-sistindo pelo Outro, meu destino está traçado. Nesta falta-para-ser radical que me instala em minha *Spaltung*, cuidarei diuturnamente de um extrativismo insaciável do Outro. E, por essa mesma divisão, tentarei aparar os golpes com que Ele me tange, agarrando-me fortemente ao objeto de que me divido, Real de minha consistência.

Outro encontrei-me eu, eu alegria de ser eu, alegria de partilhar a vida com os outros. Mas eu me vejo outro de mim mesmo, habito a linguagem, lugar do Outro que me fez e faz a outorga de ser outro, significante e significado do Outro ao me contemplar no espelho do outro.

Sem o outro nada sou, nada seria, não posso me imaginar sequer sem o outro, pois, se não fossem os outros, os pais meus, por exemplo, eu não seria. Graças a eles, os outros, eu vim a este mundo para ser nada mais que um outro.

E, por minha vez, ao fecundar uma mulher, outra de mim mesmo, ela ao ser outra permite que eu seja outro (pois quem seria eu sem ela?), faculta que sejamos outros na partilha de nossos corpos, de nossos outros – sêmen, outro de mim, minha semente e o óvulo, outro dela, receptáculo-amplexo dessa semente que nela semeio, semente que, não fosse ela, seria irremediavelmente perdida para sempre: infecundo e infrutífero desaparecimento na natureza. Dessa partilha (*coinonia*) justa, perfeita, equitativa, resulta outro de nós mesmos.

A vida é assim, ela só existe no outrar. É na outraridade, isto é, no desejo de ser, de criar que o outro surge: *Ex nihilo suo*... criação do outro que não existia. O amor impulsionando o desejo de suplementação de um e de outra, outrando no outro, o filho. A família, lugar por excelência onde se outra na continuidade da vida.

O cristianismo é por essência outrar: outrar de Deus que encarna como outro entre os outros e exclusivamente por amor desses outros. Outrar no amor ao próximo (ágape, *o mistério da fraternidade desinteressada*, Rahner), condição de Deus aceitar o amor a Ele, pois *só quem ama o próximo* [*o outro*] *pode saber quem é realmente Deus* (Rahner). Outrar generosamente na *coinonia* da solidariedade e dos bens, outrar no perdão ao outro como medida do perdão a nós. A mesma Trindade, *a primeira comunidade*, não principiou sem ser outros, mistério por excelência de não poder, não querer ser Outro sem o Outro, três Outros que fazem somente um Outro. Então, Deus é outrar internamente e, externamente, pelo seu Espírito, a espargir sua presença no coração dos homens. O espírito por essência de sua subjetividade é Outro. Outro de dois Outros, graças à Outridade (*Gottheit*, deidade). Daí sua missão específica: outrar no coração de todo homem, de toda mulher.

A vida é essencialmente outrar: outrar para que haja surgimento, outrar no desdobrar, na *coinonia* da existência.

Outrar é fazer história, é colocar-se a serviço da grande marcha da humanidade, é fincar marco de outragem, de *A grande responsabilidade de existir* (Pessoa) que fecunda os dias, a *passagem das horas* (Pessoa) em exuberância de outridade.

Outridade: *Realizar em si toda a humanidade de todos os momentos* (Pessoa).

Outrar é vocação do humano ser, outrar é sublimar sua energia em *opus* que ajude a grande caminhada, é mensagem que permaneça, é ideal que alimenta, é ânimo que fortalece os momentos em que a fraqueza ou a miséria humanas nos atormentam.

Outrar: *Faze com que eu saiba amar os outros como irmãos e servir-te como a um pai* (Pessoa).

Os outros, que seria de mim sem os outros? Vida, corpo (perfeita e dinâmica harmonia da natureza), ar, luz, alimento, saúde, roupa, água, casa, escola, estudo, terra, vias, pátria, língua, comunidade... *Só humanitariamente é que se pode viver*. Ah! em tudo dependo dos outros e do insecável Outro: *Só amando os homens... Só assim se pode viver*. Outrar é gratidão por existir, por existir entre outros e para os outros. Braços dados, o grande Outro, a Terra está em agonia. É hora de outrar e outrar corajosamente, pois, se solidariamente outrarmos, a salvaremos para os outros, nossos filhos, netos... os pósteros.

Outrar heroicamente para que miséria, discriminação, injustiça, corrupção de governos, juízes, senadores, prostituição de cargos e de corpos, tráfico de influência, de corpos e de órgãos... possa toda essa imundície da pequenez humana outrar em grandeza de alma solidária.

Outrar determinantemente para eliminar as armas, sobretudo as que podem em segundos extinguir o Planeta...

Não há natureza, não há humanidade sem outrar.

Não há paz se a justiça não outrar, porque se ela não outrar a miséria, a fome, a sede extinguirão os homens, as mulheres, as crianças, se ela não outrar a *gulodice da minoria insaciável* (J. Castro), *a riqueza da iniquidade, insulto à miséria do pobre* privarão os outros de comida, de água, de habitação, de ar, da terra de todos os outros que têm o direito à partilha. A ganância do acumular apaga o sujeito de desejo, cristalizando-o no narcisismo da imagem especular e gera um outro, escravo da *mammona* e do *perigoso apego à propriedade*. E estúpido, como se a morte não fosse a única humana certeza.

Outrar é o grande e único segredo de existir: é o segredo dos átomos, que os gregos acreditavam únicos e não solidários em sua estrutura, é o segredo dos minerais, é o segredo das plantas, é o segredo das flores, é o segredo dos animais, é o segredo do vento, é o segredo dos mares, é o segredo do universo, a imensidão solidária do universo estrelado, é o mistério do *ser humano...*

O outrar dos ipês: o rosa enfrentando o inverno, porém prenúncio do amarelo, esplendor de primavera e, por sua vez, profeta do branco. *Se a semente não morrer, não outrar, não haverá outra, árvore.* Ao outrar em suas folhas pelo chão o imaginaríamos morto. Mas eis que outra como uma noiva engalanada em seu esplendor rosa. Mal outrado na beleza de suas núpcias, transforma-se em sementes que alhures vão outrá-lo. Só então assume-se na outragem de suas folhas verdes para prosseguir sua vida, respirar, digerir, crescer e, em sua sombra, acolher os homens.

Todos os anos, a liturgia desse rito encantador da natureza nos convoca à celebração da vida, à estética de ex-sistir. Ipês, genuinamente brasileiros, ornamento primoroso e sustentação de nossas matas e prados, humanização de nossas cidades desumanizadas, fundo apelo à coragem do outrar.

Outrar é celebrar a beleza das estações, é comemorar em outragem as três crises da existência humana.

Outrar, gestor de meus desejos, de meus projetos, jamais parar de outrar, sempre aberto ao outro, ao novo, à arte, à ciência, à experiência de sentido radical da fé. Outrar, ousadamente outrar, diante dos sinais dos tempos, das transformações das eras, do caminhar da história.

Assim fico, fico... Eu sou o que sempre quer partir.

Arde-lhe a alma diante da chegada e do novo.

Outrar generosamente em *crise de abundância...* em *a minha sensibilidade é uma chama ao vento.*

Outrar, sempre ousar outrar, não se pode perder a *passagem das horas*, o *Momento* que se me apresenta. Elevada missão do ser humano quando outrar *se translada* em sublimar, deslocar as pulsões, fazê-las produzir, frutificar, ganho cultural que se converta em superação de si e em *realizar em si toda a humanidade de todos os momentos.*

Outrar é responder *Presente* ao inesperado, ao inopinado, ao estranho, ao desafiante, ao acabrunhante... Outrar: *Presente* sobretudo à vida, ao irmão que me estende ou pede a mão. Outrar: a natureza, o universo, o homem a caminho...

Outrar... como os profetas que, por vocação, intrepidamente outram: denunciam a iniquidade, as injustiças e anunciam a boa-nova para todos. Outram ante *o misterioso receio ancestral à Chegada e ao Novo* (Pessoa).

Outrar... como o poeta que se deslumbra diante da Vida, da Natureza, do Humano Ser: *E o que vejo a cada momento/É aquilo que nunca antes eu tinha visto* (Pessoa).

Outrar, essencialmente outrar: *Sinto-me nascido a cada momento/Para a eterna novidade do mundo* (Pessoa).

GRATIDÃO

À Joaquina E. R. Sampaio – Quinita; a Ângela A. Antonicelli, pelas traduções de "Epithalamium" e pelas observações; gratidão também a Leyla Perrone-Moysés e a Ricardo Goldemberg, pela crítica do primeiro texto e pelas indicações oportunas. Aos colegas, agradeço a paciência de me ouvir várias vezes sobre o assunto.

Finalmente, grato as secretárias Julciléia S. de Carvalho e Carla Maria R. Assunção, pela paciencnciosa atenção.

REFERÊNCIAS BIBLIOGRÁFICAS

BERARDINELLI, C. (org.) (1990). *Fernando Pessoa: Alguma prosa*. Rio de Janeiro: Nova Fronteira.

BROUCKER, J. (2008). *As noites de um profeta: Dom Hélder Câmara no Concílio Vaticano II*. Tradução de Alcides Tedesco. São Paulo: Paulus.

CENTENO, Y.K. (1979). "Fernando Pessoa, Ophélia-bebézinho ou o horror do sexo". *Apud* QUADROS, A. *Fernando Pessoa: Vida, personalidade e génio*. Lisboa: Dom Quixote, pp. 13-14.

CHAUVIN, R. (1975). *A etologia – Estudo biológico do comportamento animal*. Tradução de Roberto de Lacerda. Rio de Janeiro: Zahar.

CORNWELL, J. (2001). Quebra da fé: o Papa, o povo e o destino do catolicismo. Tradução de Marcos Santarrita. Rio de Janeiro: Imago.

COSTA, J.F. (1998). "Não mais, não ainda: A palavra na democracia e na psicanálise". *Revista USP*, n. 37 (mar.-mai.).

________ (1992). *A inocência e o vício: Estudos sobre o homoerotismo*. Rio de Janeiro: Relume-Dumará.

CRESPO, A. (1990). *A vida plural de Fernando Pessoa*. Tradução de José Viale Moutinho. Rio de Janeiro: Bertrand Brasil.

DENZINGER, H.J.D. (2007). *Compêndio dos símbolos, definições e declarações de fé e moral*. Tradução de José Marino Luz e Johan Konings, com base na edição alemã (2005). São Paulo: Paulinas/Loyola.

Disponível em: http://www.ihu.unisinos.br/Acesso em 17/09/2010.

DOR, J. (1989). *Le père et sa fonction en psychanalyse*. Paris: Point Hors Ligne.

DOR, J. (1991a). *O pai e sua função em psicanálise*. Tradução Dulce Duque Estrada. Rio de Janeiro: Jorge Zahar.

DOR, J. (1991b). *Estrutura e perversões*. Tradução de Patrícia Chittoni Ramos. Porto Alegre: Artes Médicas.

ERIBON, D. (2008). *Reflexões sobre a questão gay*. Tradução de Procópio Abreu. Rio de Janeiro: Companhia de Freud.

FÉDIDA, P. (2002). *Dos benefícios da depressão – Elogio da psicoterapia*. Tradução de Martha Gambini. São Paulo: Escuta.

FISCHER, A. (2008). *Como o mundo virou gay? Crônicas sobre a nova ordem sexual*. São Paulo: Ediouro.

FOUCAULT, M. (1972 e 1978). *Histoire de la folie*. Paris: Gallimard.

FREUD, S. (1970a). *La vie sexuelle*. Tradução do alemão por Denise Berger, Jean Laplanche e colaboradores. 2ª ed. Paris: Presses Universitaires de France.

FREUD, S. (1970b). *La technique psychanalytique*. Tradução do alemão por Anne Berman. 3ª ed. Paris: Presses Universitaires de France.

FREUD, S. (1970c). *Cinq psychanalyses*. Tradução de Marie Bonaparte e Rudolph M. Loewenstein. Paris: Presses Universitaires de France.

FREUD, S. (1971). *L'interprétation des rêves*. Tradução do alemão por Hélène Legros. Paris: Gallimard.

FREUD, S. (1975). "Teoría de la libido". *In*: *Mas allá del principio de placer, psicología de las masas y análisis del yo, y otras obras (1920-1922)*. Tradução do alemão por José L. Etcheverry. Obras Completas, vol. XVIII. Buenos Aires: Amorrortu.

FREUD, S. (1986). *El delirio y los sueños en la "Gradiva" de W. Jensen, y otras obras (1906-1908)*. Tradução do alemão por José L. Etcheverry. Obras Completas, vol. IX. Buenos Aires: Amorrortu.

FREUD, S. (1987). "Tres ensayos sobre teoría sexual (1905). I. Las aberraciones sexuales". *In*: *"Fragmento de análisis de un caso de histeria" (caso "Dora"), Tres ensayos de teoría sexual, y otras obras (1901-1905)*. Tradução do alemão por José L. Etcheverry. Obras Completas, vol. VII. Buenos Aires: Amorrortu.

FREUD, S. (1988). *Cinco conferencias sobre psicoanálisis, un recuerdo infantil de Leonardo da Vinci, y otras obras (1910).* Tradução do alemão por José L. Etcheverry. Obras Completas, vol. XI. Buenos Aires: Amorrortu.

FREUD, S. (1989a). *"Contribución a la historia del movimiento psicoanalítico" trabajos sobre metapsicología, y otras obras (1914-1916).* Tradução do alemão por José L. Etcheverry. Obras Completas, vol. XIV. Buenos Aires: Amorrortu.

FREUD, S. (1989b). "El yo y el superyó (ideal del yo)". *In*: *El yo y el ello y otras obras (1923-1925).* Tradução do alemão por José L. Etcheverry. Obras Completas, vol. XIX. Buenos Aires: Amorrortu.

FREUD, S. (1991). *Choix de textes.* Organizado por M. Th. Laveyssière. Paris: Masson.

GIDE, A. (1971). *Córidon.* Tradução de Hamílcar de Garcia. Rio de Janeiro: Civilização Brasileira.

HEICHER FILHO, P. (1989). *Um tema crucial.* Porto Alegre: Sulina.

HEIDEGGER, M. (1972). O fim da filosofia. Tradução de Ernildo Stein. São Paulo: Duas Cidades.

HEIDEGGER, M. (1986). *Acheminement vers la parole.* Tradução de Jean Beaufret, Wolfgang Brokmeier e François Fédier. Paris: Gallimard.

HORNSTEIN, L. (1990). *Cura psicanalítica e sublimação.* Tradução de Francisco F. Settineri e Ricardo Sanguinetti. Porto Alegre: Artes Médicas.

JONES, E. (1969). *La vie et l'oeuvre de Sigmund Freud: Tome 3, Les dernières années de sa vie 1919-1939.* Tradução de Liliane Flournoy. Paris: Presses Universitaires de France.

KEHL, M.R. (2009). *O tempo e o cão – A atualidade das depressões.* São Paulo: Boitempo.

LACAN, J. (s.d.). *Seminário XXI.* Versão em CD-ROM.

LACAN, J. (1966). *Écrits.* Paris: Seuil.

LACAN, J. (1974). *Télévision.* Paris: Seuil.

LACAN, J. (1981). *Le seminaire, livre III – Les psychoses.* Paris: Seuil.

LACAN, J. (1986). "L'éthique de la psychanalyse (1959-1960)". *In*: *Le seminaire, livre VII.* Paris: Seuil.

LACAN, J. (1998a). *Escritos*. Tradução de Vera Ribeiro. Rio de Janeiro: Jorge Zahar.

LACAN, J. (1998b). *Le seminaire, livre V – Les formations de l'inconscient*. Paris: Seuil.

LACAN, J. (2003). *...Ou pior. Seminário XIX (1971-1972)*. Exposição VII (15/3/1972) e exposição VIII (19/4/1972). Tradução de Andréa Tenório Diniz Gonçalves, Deane Pontes Fiúza, Denise Coutinho, Maria Auxiliadora Mascarenhas Fernandes e Michel Colin. Salvador: Espaço Moebius. Publicação não comercial.

LEVINAS, E. (1982). *Ética e infinito*. Tradução de João Gama. Lisboa: Edições 70.

LOPES, T.R. (1990a). *Pessoa por conhecer. Roteiro para uma expedição*. Vol. I. Lisboa: Estampa.

LOPES, T.R. (1990b). *Pessoa por conhecer. Textos para um novo mapa*. Vol. II. Lisboa: Estampa.

MANN, T. (2003). *Morte em Veneza*. Tradução de Eloísa Ferreira Araújo Silva. Rio de Janeiro: O Globo/Folha de S. Paulo.

NASIO, J.D. (2002). *Un psychanalyste sur le divan*. Paris: Payot & Rivages.

PESSOA, F. (1974). *Obras em Prosa* .Vol. único. Rio de Janeiro: José Aguilar.

PESSOA, F. (1982a). *Livro do desassossego*. Vol. I. Lisboa: Ática.

PESSOA, F. (1982b). *Livro do desassossego*. Vol. II. Lisboa: Ática.

PESSOA, F. (1988). *Antínoo*. Tradução de Luís Nogueira. Lisboa: Fenda.

PESSOA, F. (1995). *Obra poética*. Introdução geral por Maria Aliete Galhoz. 14ª reimp. da 3ª ed. Rio de Janeiro: Nova Aguilar.

PESSOA, F. (2004). *Poesia – Álvaro de Campos*. São Paulo: Companhia das Letras.

PESSOA, F. (2006a). *Poesia (1902-1917)*. São Paulo: Companhia das Letras.

PESSOA, F. (2006b). *Quando fui outro*. Rio de Janeiro: Objetiva.

PESSOA, F. (2007). *Poesia (1918-1930)*. São Paulo: Companhia das Letras.

QUADROS, A. (s.d.). *Fernando Pessoa: Vida, personalidade e génio. Uma biografia "autobiográfica"*. Lisboa: Dom Quixote.

ROUDINESCO, E. (2009). *Em defesa da psicanálise: Ensaios e entrevistas*. Tradução de André Telles. Rio de Janeiro: Jorge Zahar.

ROUDINESCO, E. e PLON, M. (1998). *Dicionário de psicanálise*. Tradução de Vera Ribeiro. Rio de Janeiro: Jorge Zahar.

SÁ-CARNEIRO, M. de (1985). *A confissão de Lúcio*. Introdução de António Quadros. Lisboa: Europa-América.

SANTA TERESA DE JESUS (1989). *Castelo interior ou moradas*. Tradução das Carmelitas Descalças do Convento de Santa Teresa, Rio de Janeiro. 4ª ed. São Paulo: Paulinas.

SÃO JOÃO DA CRUZ (1984). *Obras completas*. Petrópolis: Vozes.

SIMÕES, J.G. (1991). *Vida e obra de Fernando Pessoa*. 6ª ed. Lisboa: Dom Quixote.

SOUZA, A. (2003). *Os discursos na psicanálise*. Rio de Janeiro: Companhia de Freud.

VAZ LIMA C. HENRIQUE (1986). *Escritos Filosóficos – Problemas de Fronteira*. Vol. 3. São Paulo: Loyola.

WHITMAN, W. (1991). *Selected poems*. Nova York: Dover Publications, Inc.

WILDE, O. (2007). *Obra completa*. Organização, tradução e notas de Oscar Mendes. 6ª reimp. Rio de Janeiro: Nova Aguilar.

YOURCENAR , M. (1980). *Memórias de Adriano*. Tradução de Martha Calderaro. Rio de Janeiro: Nova Fronteira.

Esta obra foi produzida nas
oficinas da Imos Gráfica e Editora na
cidade do Rio de Janeiro